MW01251889

Histoire du récit pour la jeunesse au XXᵉ siècle

(1929-2000)

P.I.E.-Peter Lang

Bruxelles · Bern · Berlin · Frankfurt/M · New York · Wien

Ganna OTTEVAERE-VAN PRAAG

Histoire du récit pour la jeunesse au XXe siècle

(1929-2000)

Die Deutsche Bibliothek - CIP-Einheitsaufnahme

Ottevaere-van Praag, Ganna:

Histoire du récit pour la jeunesse au XXe siècle : (1929-2000) /
Ganna Ottevaere-van Praag. - Bruxelles : Lang, 1999
ISBN 90-5201-905-3

Couverture : Safran, Bruxelles

© P.I.E.-Peter Lang S.A.
Bruxelles, 1999
E-mail : pie@skynet.be

ISBN 90-5201-905-3
D/1999/5678/07

A mon petit-fils Thibaud (9 ans à l'achèvement du livre),
à ma petite-fille Camille qui vient de naître
et à mes petits-enfants dans l'avenir.

Je tiens à remercier ici particulièrement un collègue romaniste, en l'occurrence Jean Ottevaere, mon mari et depuis toujours mon premier lecteur avant publication.

TABLE DES MATIÈRES

Introduction

Le but que cette étude se propose est de retracer dans ses grandes lignes l'évolution de la littérature narrative pour la jeunesse – et plus particulièrement du roman – telle que cette littérature apparaît dès avant le deuxième tiers du XXe siècle, et cela au travers des collections pour les enfants et adolescents, des catalogues, soit de bibliothèques scolaires, soit d'expositions de livres proposés – aux jeunes – mais désormais sans tenir compte du public visé à l'origine par leurs auteurs. Néanmoins, on comprendra qu'un long développement ne soit pas toujours donné sur de grands auteurs intégrés à la littérature de jeunesse. Ces écrivains ne la concernent parfois qu'incidemment et on peut d'ailleurs trouver d'amples analyses de leurs œuvres dans bien d'autres ouvrages monographiques ou de littérature générale.

Les romans se lisent en principe à partir d'un âge de départ, celui où les compétences et les expériences de l'enfant/adolescent lui permettent une perception suffisante du texte pour qu'il en retire du plaisir.

Cependant, s'il y a un « à partir de », souvent rendu par une gamme d'âge : par exemple *Pour les 12-14 ans,* il n'y a guère de « jusqu'à » (il suffit de passer en revue les indications de couverture dans leurs formules mêmes). En termes d'érudition, nous parlerions de *terminus a quo* et de *terminus ad quem.* Tel roman se lit dès huit ou neuf ans, mais sans limite d'âge.[1] Tout bon livre, riche de ses qualités littéraires, se lit, se relit et s'interprète à un niveau différent selon l'âge et la culture du lecteur.[2] C'est ainsi que celui-ci doit être progressivement capable de combler le non-dit, source, au même titre que l'exprimé, de réflexion, de rêve et d'humour. L'œuvre du romancier Léon Garfield, décédé il y a peu, illustre par son succès, tous âges confondus, ce principe à la fois des plus archaïques (qu'on pense au public de la Bibliothèque Bleue de Troyes,

---

1   Le 11e Salon du Livre de Jeunesse (1995), à Montreuil (Seine-Saint-Denis), a bien mis en lumière que, à la différence du petit enfant, attiré par la poésie (fables, comptines, charades), l'adolescent (ou le préadolescent) apprécie une littérature où la fiction romanesque l'emporte, qu'elle soit réaliste ou futuriste, qu'elle soit proprement littéraire ou de figuration narrative (BD).

2   En 1995, les éditions Québec/Amérique Jeunesse ont publié *La Bibliothèque des Jeunes/Des Trésors pour les 9 à 99 ans,* ouvrage collectif sous la direction de Ginette Guidon.

plus tard à celui du Musée des Familles) et très actuel, en écrivant tout bonnement « pour les familles », pourrait-on dire. En un mot, du premier éveil de la compréhension adolescente à la pleine maturité adulte, il parvient à couvrir toute la gamme des âges. La seconde limite, inexprimée, le *terminus ad quem*, se confond, on le voit, avec la durée même de la vie.

C'est sans doute au lendemain de la Seconde Guerre mondiale que la production romanesque destinée à la jeunesse a connu son développement et ses transformations les plus profondes.[3]

Aussi, pour mieux mettre en lumière continuités et mutations, a-t-il paru préférable de prendre en compte la décennie antérieure au conflit. Comme point de repère, et dans la conviction de l'interaction du social et du culturel, la date de 1929, début de la grande dépression économique, a été choisie.

L'ordre suivi est donc chronologique.[4] La division en chapitres renvoie aux époques marquantes d'une évolution sociale et culturelle soumise aux crises historiques et économiques majeures : les années trente (1929-1945), l'après-guerre et la reconstruction (1945-1960), les « Golden Sixties » et les « prodromes de crise » (1960-1973), enfin, le second creux de la vague économique du XXe siècle (1973-2000...). Tout roman est nécessairement ancré dans une réalité géographique et historique, et on ne saurait donc l'isoler de la société qui l'a vu naître. En conséquence, et au niveau de la réception, parmi les lecteurs contemporains, il s'en trouvera

---

3   Au sujet de la *Grande Bibliothèque*, un des travaux de haut prestige de l'ère mitterrandienne, le défunt Président rappelait en 1995 à Bernard Pivot que la période d'un demi-siècle écoulée depuis la fin de la Seconde Guerre mondiale avait vu la publication de plus de livres que le demi-millénaire qui sépare la carrière d'imprimeur de Gutenberg de 1945. Il va sans dire que l'édition de jeunesse est partie prenante de cet essor sans exemple.

4   L'auteur de la présente étude s'est efforcé de suivre en principe l'ordre de parution des œuvres étudiées ; cependant, il s'agit ici d'un schéma qu'on a voulu aussi souple que possible pour permettre à l'occasion de rapprocher des romans que leurs dates, sans contiguïté stricte entre elles, inscrivent dans une période donnée et que des traits communs rendent, de plus en plus, intéressants à examiner conjointement.

       Pour s'orienter par année, le lecteur pourra se référer en fin de volume à un index chronologique portant sur plus de 530 titres. Il peut se faire que l'internationalisation d'un roman grâce à une traduction, en l'occurrence française, reporte à la toute fin du siècle sa prise en considération, alors que l'édition originale en langue étrangère est quelque peu antérieure.

qui ont connu la guerre ou vécu peu après la fin des hostilités, et d'autres pour qui elle appartient déjà à l'Histoire. Ces derniers, pour leur part, connaissent des sociétés où la promesse d'allégement des conditions de vie grâce aux libertés nouvellement conquises s'annonce tout de même par des lourdeurs dans la prise de conscience et par toutes les confusions inhérentes aux mutations brusques. Buts et priorités se font instables. La famille, lieu où se structurent essentiellement les rapports à soi et à autrui, se désagrège, non pas partout mais assez couramment, pour prendre de nouvelles formes.[5]

La littérature de jeunesse (en l'occurrence le roman), telle qu'on a tenté plus haut d'en délimiter le territoire, est par excellence une littérature internationale. Il est des pays où elle comprend 50% de livres traduits. La masse de romans parus depuis un bon demi-siècle dans nombre de pays parmi ceux qui donnent culturellement le ton, mais pas seulement parmi ceux-là, a obligé l'auteur à opérer une sélection difficile et quelque peu empirique. Il a dû prioritairement tenir compte de ses connaissances linguistiques. Dès lors, son choix s'est porté sur les œuvres écrites en français, anglais, italien, néerlandais et allemand, ou bien sur les romans traduits dans une de ces langues.

Si la référence à telle tradition nationale reste indispensable, l'étude des principaux courants considérés sur un plan strictement national appartient davantage aux spécialistes de chaque pays.

Quant au critère du *bon* roman, il n'est pas nécessairement suffisant pour dégager des tendances statistiques. En fait, quel qu'ait été jadis ou naguère le succès d'un livre nouveau tant auprès du public que de la critique, le principe de sélection retenu ici repose sur l'appréciation positive actuelle de l'une ou de l'autre de ces catégories de lecteurs, et de préférence sur la conjonction des enthousiasmes. Inutile de dire que ce principe s'applique aussi bien à la littérature romanesque d'aujourd'hui. L'évolution et les constantes qu'on a cru pouvoir dégager sont donc

---

5   « La famille européenne traverse une crise aiguë mais n'en occupe pas moins, la première place dans le classement des valeurs et jugements de valeurs de la jeunesse européenne. » *Avis sur la Politique culturelle européenne à l'intention de l'enfance*, Bruxelles, 28-29 février 1996, Comité Economique et Social des Communautés européennes.
Sous la direction de François de Singly a paru un ouvrage collectif, *La famille en question – Etat de la Recherche*, France, éd. Syros, 1996, où l'accent est mis, entre autres, sur les relations familiales et les liens entre générations.

tributaires dans cette étude des exigences de succès, mais aussi et surtout de qualité.

Toutefois, comment prévoir l'accueil que réservera le lectorat aux œuvres dans cinquante ans ? Des romans de qualité ont pu susciter l'engouement à leur époque et perdre petit à petit la cote parce qu'ils ne répondaient plus à la sensibilité et aux aspirations des jeunes lecteurs des générations subséquentes, ou parce que la critique avait mis en évidence leur obsolescence. Entre le texte et ses publics, de toute évidence la connivence ne s'établissait plus. Considérons l'évolution à l'heure actuelle. Ces récits sont-ils devenus trop lents, trop sentimentaux ou même invraisemblables au goût d'aujourd'hui ? *Sur les ailes du Vent du Nord (At the Back of the North Wind,* 1871), de George MacDonald, roman célèbre en son temps et bien après, longtemps mis très haut même par l'appréciation adulte, est néanmoins tombé dans une relative désaffection.

De plus, ne faut-il pas se demander si certains romans ne doivent pas davantage à l'écran qu'au texte leur succès actuel ? Pinocchio, Peter Pan ne se seraient-ils pas transformés en héros légendaires amovibles, intemporels, pratiquement détachés de leur discours originel et prêtant leur mannequin à d'incessantes créations narratives « apocryphes », sans exclusion de la BD, de l'album, du film, du téléfilm, etc. ?

Inversement, on ne peut exclure qu'un roman négligé à son époque ne sorte un jour de la poussière de l'oubli !

Ajoutons, pour soutenir le propos, que la plupart des œuvres dont il sera question, et même les plus anciennes, reviennent régulièrement, dans les revues spécialisées surtout, sous la plume des recenseurs. C'est qu'en effet la majeure partie des récits pris en considération semble résister victorieusement à l'épreuve du temps. Leur large diffusion est d'ailleurs généralement assurée au départ dans leur pays d'origine, et souvent à l'étranger, par au moins une traduction dans une langue étrangère. Nombre d'entre eux ont été couronnés par des prix,[6] parfois attribués par des jurys d'enfants/adolescents.

De plus, des romans-charnières, porteurs à leur parution d'évolutions importantes (*Emile et les détectives,* 1929, roman d'Erich Kästner; *La*

---

6   La création en 1956 du Prix international H.C. Andersen, le « Nobel » des lettres
     juvéniles, décerné tous les deux ans par l'IBBY (International Board on Books for
     Young People, Union internationale de Littérature de Jeunesse), est significative
     de l'expansion de la littérature de jeunesse à l'échelle mondiale.

Maison des Petits-Bonheurs, 1939, de Colette Vivier; *Fifi Brindacier,* 1945, d'Astrid Lindgren; *L'Attrape-cœurs,* 1951, de J.D. Salinger; *Tom et le jardin de minuit,* 1958, de Philippa Pearce; *Le Petit Nicolas,* 1960, de Sempé et Goscinny…), sont considérés comme d'authentiques classiques. L'inégalité dans le développement des commentaires accordés dans ce livre aux romans étudiés s'explique en principe par le critère de l'importance, tant historique que littéraire, de tels d'entre eux (par exemple, l'apport de E. Kästner, H. Bosco, J.R.R. Tolkien, A. Lindgren, T. Jansson, R. Sutcliff).

Au cours des temps, les fictions romanesques n'ont cessé de captiver grands et petits dans la mesure exacte où elles appartiennent à la littérature, non à un simple répertoire de lectures plus ou moins obligées. La permanence de l'enthousiasme réservé par le jeune lecteur à un roman résulte de la créativité, de la puissance d'évocation, de l'humour, de l'expressivité du langage et enfin des techniques de narration. Une densité narrative de bon aloi tient en outre à l'entrelacement de *thèmes* majeurs et éternels (amitié, haine, amour, conflits parents-enfants; ou encore, vieillissement, solitude, souffrance et mort; quand ce ne sont prestiges du Temps et de l'Espace : passé, monde futur, découverte d'hommes et de lieux inconnus), thèmes fréquemment actualisés par certains sujets ponctuels (chômage, exclusion, délinquance, racisme, pollution…). Trop souvent, hélas, les guides de lecture pratiquent une sélection des romans à partir des thèmes exclusivement, c'est-à-dire aux dépens de la tenue esthétique des œuvres.

Est-il urgent de distinguer des *genres* romanesques ? En fait, ils se réduiront essentiellement à deux : *le genre réaliste,* fondé sur une représentation qui se veut objective (encore que la vérité romanesque repose sur une certaine exagération des composantes), voire sur une interprétation simplement poétique de la réalité (entendons dénuée d'éléments magiques); et le genre *merveilleux/fantastique,* fondé sur la transposition fabuleuse de cette même réalité. La fusion du réel et de l'irréel est du reste à la source de maint bon roman moderne.

Il est bien évident que cette dichotomie dans la définition des genres privilégie la manière d'aborder le réel, et qu'une autre distinction pourrait s'élaborer à partir de principes plus proches d'une théorie de la littérature : le burlesque, le satirique, l'aventure, le picaresque, la fantaisie, le réalisme social, l'utopie, etc. Certains de ces *genres* (dans une vision plus conforme à la tradition critique) seront discutés ci-après.

Cependant, la prégnance du réalisme et du merveilleux est assez forte dans les lectures de jeunesse pour justifier de la prendre comme axe de réflexion.

Naturellement, rien n'empêche d'établir une distinction entre les romans réalistes selon leurs coordonnées spatio-temporelles, soit où et quand se déroule l'action ? Dans le passé ou aujourd'hui, pendant les vacances ou à la maison, dans la rue et le quartier, à l'école ou dans un pays exotique ? Toutefois, comment définir de nos jours le *roman historique* et le *roman d'aventures* ? Le premier ne diffère plus guère du récit réaliste et psychologique si ce n'est que le protagoniste s'intègre à une époque du passé. Le roman d'atmosphère historique insiste davantage sur les réactions des protagonistes qu'il ne met en lumière l'événement lui-même. Par ailleurs, n'est-il pas vrai que des œuvres jugées réalistes en leur temps (*Tom Sawyer, Little Women, Les malheurs de Sophie, Sans Famille, Heidi, Dik Trom, Emile et les détectives...*), finissent un jour par appartenir aussi, comme documents d'époque, à l'Histoire sociale ? Toute période que le jeune lecteur n'a pas vécue lui-même, ou que la personne la plus âgée de son entourage n'a pas reconstituée pour lui, appartient à l'Histoire et l'oblige à remonter dans le temps. Quant au *roman d'aventures* (*adventura* = ce qui va advenir), il développe une histoire à rebondissements, centrée sur la découverte de l'inconnu. Le roman d'aventures relève d'abord, à l'instar du roman réaliste, de ses coordonnées spatio-temporelles. Inutile de rappeler qu'il existe, en effet, toutes sortes d'aventures selon les lieux et le moment où elles se jouent : chez soi ou dans la rue, en montagne ou sur mer, dans des pays lointains, dans le futur, etc. Mais l'aventure est un concept polyvalent, difficile à définir : elle a notamment le pouvoir de transformer le héros, d'où sa situation privilégiée dans une littérature présentée, sinon toujours destinée à de jeunes êtres en mutation.

Au lendemain de la Seconde Guerre mondiale, mais surtout à partir de 1960, dès que la liberté de parole[7] fut accordée au jeune héros par la

---

7   Une « identité propre » du mineur d'âge, différent de l'adulte, n'a pas été reconnue avant le 20 novembre 1959, date de la Déclaration des Droits de l'Enfant à l'Assemblée des Nations Unies, Déclaration complétée par celle de 1989, aux termes de laquelle l'enfant, défini comme tout être humain n'ayant pas atteint l'âge de dix-huit ans, obtient *le droit à la liberté d'expression et de pensée*. A cette date (1989), énorme priorité des initiatives individuelles sur la reconnaissance officielle !, des écrivains avaient accordé ce droit à leurs jeunes lecteurs depuis quarante ans.

majorité des écrivains pour la jeunesse, la *perspective juvénile,* discernable dès les années trente et conséquence, entre autres, des développements de la psychologie et de la psychanalyse, confère son *caractère unitaire* à une large partie de la production destinée aux non-adultes. Elle entraîne l'exploration généralisée du territoire trop mal connu jusqu'alors de la vérité intérieure de l'enfant/adolescent (région où n'avaient pénétré auparavant que de rares romans pour adultes; ceux de Ch. Dickens, J. Renard, A. Fournier, L. Pergaud, ainsi que quelques œuvres d'exception seulement parmi celles qui appartiennent au patrimoine littéraire de l'enfance : *Alice au pays des merveilles, Tom Sawyer, Huckleberry Finn, Les quatre filles du docteur March (Little Women), L'Ile au trésor, Les aventures de Pinocchio, Fifi Brindacier.* Le droit à la parole passe dans le roman par cette perspective juvénile. Quand les choses sont interprétées sous le regard du jeune protagoniste ou d'un adulte qui lui est en quelque sorte assimilable (tel le Marcovaldo d'Italo Calvino), les jeunes lecteurs apprennent à se connaître à travers leurs livres. En chassant la vision adultocentrique, la perspective juvénile a évacué du roman l'image du jeune protagoniste parfois exemple de tous les défauts, mais le plus souvent parangon de toutes les vertus imposées par les visées moralisatrices du siècle dernier. S'astreignant à ne pas déborder de la manière enfantine ou adolescente de voir les choses, les écrivains contemporains évitent l'écueil d'un excès de didactisme et le prêchi-prêcha. A l'inverse de leurs devanciers, soucieux de conformer les jeunes à la société et d'éviter le questionnement de soi et des autres au risque de bouleverser un monde cloisonné bien établi, les écrivains contemporains s'emploient à restituer l'être intime du non-adulte.

Perspective juvénile et formes narratives (voix du narrateur, ton, temps, débuts, dénouements…) sont indissociables. Le choix des personnages, et en premier lieu d'un héros, n'est plus dicté par les impératifs d'une démonstration. C'est précisément parce qu'il ne veut pas imposer la sienne au détriment de l'optique des jeunes, que l'écrivain d'aujourd'hui recourt rarement à un narrateur à la troisième personne qui serait le véhicule privilégié de sa vision d'adulte. Au contraire, il cherche à se dissimuler derrière ses personnages, use de polyphonie, et, très souvent, opte pour ériger un enfant/adolescent au rang de locuteur premier.

On observe d'ailleurs que maint roman, ancien ou moderne, qui adopte, sans guère le dépasser, le point de vue d'un jeune héros, a trouvé sa place au fil des ans dans les collections pour la jeunesse. *Poil de carotte* (1894) de Jules Renard; *La Guerre des boutons* (1912) de Louis Pergaud; *Le Grand Meaulnes* (1913) d'Alain Fournier; *Vipère au poing* (1948), roman d'Hervé Bazin, figurent désormais dans les catalogues destinés aux adolescents de quatorze-quinze ans, cependant que *L'Attrape-cœurs*, déjà cité; *Sa-Majesté-des-Mouches* (1954) de William Golding, *Le Pays où l'on n'arrive jamais* (1955) d'André Dhôtel; *La gloire de mon père* (1957) de Marcel Pagnol; *Les allumettes suédoises* (1969) de Robert Sabatier; *L'Ami retrouvé* (1971) de Fred Uhlman… font partie de la production adulte moderne couramment proposée à la lecture juvénile.

Le moment de l'annexion par les collections pour la jeunesse de romans conçus pour un public d'âge à l'origine indéfini dépend tant des valeurs et des interdits d'une société que de la maturité des lecteurs. On sait que les adolescents ont beaucoup évolué. Aujourd'hui, un jeune de seize ans est fort éloigné par ses connaissances et ses expériences, vécues au sein ou à l'extérieur du milieu familial, de son homologue d'il y a un demi-siècle. Même s'il décidait de limiter ses échappées à des infractions aux obligations scolaires, tôt ou tard radio et télévision finiraient par le sensibiliser à un monde changeant toujours plus rapproché, que ses devanciers ne reconnaîtraient guère. Selon les sociologues,[8] le monde actuel diffère tellement de l'ancien que les jeunes ne peuvent plus s'inspirer des modèles du passé et sont contraints de trouver en eux-mêmes de nouvelles valeurs et de nouvelles priorités. Le XXIe siècle sera, vaticine-t-on, le siècle de la solitude, et les jeunes s'y retrouveront donc de plus en plus séparés de leurs semblables par un écran de télévision, un walkman, un moniteur ou telle autre invention électronique. Peut-être, hélas… L'acquisition de l'autonomie ne vous arme pas nécessairement pour un monde souhaitable.

Il n'est donc pas étonnant que les livres du passé se lisent à un âge toujours plus précoce. Récemment, des gamins italiens de neuf ans environ déclaraient à la télévision que *Les aventures de Pinocchio* était un livre « pour les petits ». Quant à eux, ils préféraient les romans d'horreur ! On se dit aussi, à rebours, qu'un jeune lecteur cultivé de quatorze ou de quinze ans n'aurait probablement pas prisé, aux alentours de 1950, la lecture de *L'Écume des jours* (1947) de Boris Vian, publié de nos jours dans les collections pour la jeunesse (Gallimard, Hachette). Il n'aurait pas

---

8   Voir Ch. Handy, *The Empty Raincoat*, 1994, Arrow Books, 1995, p.20.

saisi la confluence de l'absurde, du parodique et d'une froideur persifleuse dans le ton (qu'on trouve aussi, à une date beaucoup plus récente, dans les romans de Patrick Cauvin), confluence héritée sans doute des surréalistes. Cette alliance d'un absurde à base de critique sociale et de la dérision décapante n'était pas de nature à séduire les jeunes adolescents de l'après-guerre. Mais en revanche une simple opération commerciale de rhabillage de la fiction adulte est impuissante à rendre compte du goût sincère et sélectif des jeunes. Ce goût, les bibliothécaires, notamment, devraient être en mesure de le confirmer.

L'avenir de la littérature narrative pour la jeunesse est peut-être lié à ces collections déjà évoquées, par exemple « Mille Soleils » (chez Gallimard), prévues pour un public jeune, où des romans devenus parfois difficiles à trouver en dehors de ces nouvelles formules de fidélisation d'une gamme donnée de lecteurs, sont repris en version intégrale (ou presque !) à l'édition générale (*L'homme invisible* de H. G. Wells; *L'Etranger* d'Albert Camus; *Fahrenheit 451* de Ray Bradbury; *Le vieil homme et la mer* d'Ernest Hemingway; *Le livre de ma mère* d'Albert Cohen). C'est peut-être autour de telles collections que se rencontreront un jour les lecteurs adolescents *et* adultes, bref tous les grands amateurs de narration et de fantaisie. Espérons seulement qu'ils auront tous accès alors aux versions intégrales. Sans plus.

Les années trente (1929-1945)

Une ambition du roman réaliste nouvelle manière : l'objectivité

A première vue, il peut paraître étrange que le ton et l'esprit des romans publiés pour la jeunesse dans les années trente ne répercutent pas davantage, à quelques rares exceptions près, les inquiétudes et les incertitudes soulevées par le premier conflit mondial, qu'ils ne prennent déjà en compte la dépression économique de 1929 ou même la perspective d'une nouvelle guerre. En réalité, les livres accusent alors un net recul sur les événements et les situations. D'une manière paradoxale, ils offrent l'image d'un monde plutôt serein et stable. Les récits sont gais, le ton est à l'optimisme. Les histoires se terminent par des dénouements heureux. La misère ne fait pas peur. A l'entrée de *L'Ile rose* (1924, re-publié en 1929), roman de Charles Vildrac,[1] le petit héros habite dans un logement « ni grand, ni très sain, ni très clair » mais « tenu avec beaucoup de soin et de propreté ». Sa maman coud, son père lit le journal. Au travers d'une évocation, réduite poétiquement à l'épure, d'un paisible vécu quotidien, l'auteur idéalise la vie des « humbles ». Toutefois aux Etats-Unis, comme nous le verrons chez Laura Ingalls Wilder, la réalité est moins embellie que dans le roman français ou anglais.

C'est au lendemain de la Première Guerre mondiale que les femmes entrent massivement sur le marché du travail et voient se développer leur indépendance socio-économique et partant, domestique. La dénatalité s'accroît. Qu'à cela ne tienne ! Nombre de romans évoqueront encore des familles nombreuses auxquelles se dévouent des mères cantonnées au foyer. Serait-ce par réaction ? Quoi qu'il en soit, il semble que la littérature de jeunesse, du moins à cette époque, soit caractérisée par la lenteur de son évolution. Ainsi, se fonde-t-elle encore essentiellement, aux Pays-Bas, sur des rééditions de romans du passé déjà très populaires, tandis qu'en Italie, le renouvellement des lettres enfantines, nourries jusqu'alors d'un esprit moralisant et paternaliste, ne se produira pas avant les années cinquante, quand paraissent les premiers récits, animés par un

---

[1]   Voir « Charles Vildrac ou l'utopie » par Francis Marcoin, *La revue des livres pour enfants*, n° 141, automne 1991, p.41-50

idéal de paix, de fraternité et de justice, dus à Alberto Manzi et à Gianni
Rodari. Pays-Bas, Italie, deux exemples parmi d'autres.

Les écrivains ne mettent donc pas en cause les valeurs morales
traditionnelles. Ils ne font pas place au doute. Ils savent où est le bien (la
générosité, l'honnêteté, l'ardeur à la tâche…) et où commence le mal
(l'avarice, la cruauté…). D'ailleurs, au plan de l'organisation du récit, ils
donnent souvent la parole à un narrateur omniscient, support de leur
propre point de vue.

Sous leur plume, la sagesse et le pouvoir sont entre les mains des
parents (ou de leurs substituts). Des relations sans ambiguïté unissent
parents et enfants. Entre les générations, les distances restent clairement
délimitées. Mais tout n'est pas aussi simple et immuable : les parents,
dans la fiction de tonalité réaliste, passent petit à petit à l'arrière-plan et
les enfants acquièrent une indépendance relative, restreinte aux vacances.
Les critiques anglais circonscriront d'ailleurs, dans ce cas et pour cette
période, le concept de la « *holiday romance* ».

On peut se demander si l'éloignement progressif de l'enfant du monde
des grands, tel que le mettent en relief les œuvres romanesques, ne traduit
pas, en fait, le refus d'un certain comportement adulte ? Cette distance
entre grands et petits n'est-elle pas précisément le remède au mal,
proposé par des écrivains de la jeunesse en butte aux interrogations
angoissées d'une époque anxieuse devant la précarité des valeurs, époque
qui, en dépit de ses aspirations à la liberté sociale et politique, assiste à la
montée des fascismes et au développement violent de la lutte des
classes ? La confiance en un enfant toujours plus indépendant et
dynamique – ou même en un adulte *qui se croit* proche de son cadet
(parce qu'on verra plus tard dans *Sa-Majesté-des-Mouches* que l'enfant
est loin d'être nécessairement bon et innocent) – ne renverrait-elle pas à
une perte d'espoir chez les aînés ? Bien sûr, il est loisible d'y voir aussi
une dérobade, autre face ou autre interprétation du même phénomène.

Une réaction idéaliste contre la guerre, la cruauté et le matérialisme
des hommes, réaction de l'ordre de la robinsonnade tardive, s'exprime
déjà dans la figure d'un de ces adultes quelque peu enfantins, à
la Micawber : le personnage du docteur Dolittle, exilé volontaire parmi
les bêtes que Hugh Lofting rendit célèbre en 1922. Quant à lui Tifernand,
présenté par Vildrac comme l'heureux habitant d'un logement pauvre
mais propre, au troisième étage d'un immeuble populaire, il doit
cependant abandonner les hommes et les villes pour trouver le bonheur

sur une île de la Méditerranée. En fait, l'image initiale d'une digne et paisible pauvreté n'annonce pas chez le petit protagoniste une sorte de rébellion ni un désir de fuite hors de l'obscurité et de l'étroitesse. Mais c'est à Tifernand, l'enfant du peuple, que Vildrac veut confier la tâche (*La colonie*, 1930, suite de *L'Ile rose*) de contribuer à bâtir une société plus juste. Il semble bien que ce soit maintenant au tour de l'enfant de prendre les choses en main; toutefois ses nouvelles responsabilités ne s'exerceront provisoirement qu'au cours d'aventures distrayantes qui ne l'affectent pas en profondeur. Simplement, elles l'aident à passer sans heurts de l'enfance à l'adolescence. En d'autres termes, ce stade lointain du roman de jeunesse voit déjà apparaître la connexion entre le concept de maturation et la situation conjoncturelle du monde environnant à l'égard duquel les initiatives de changement ne viennent pourtant encore que de l'adulte, dans le récit.

A noter que le *roman d'évolution* du siècle dernier (*Les mésaventures de Jean-Paul Choppart,* 1833, de Louis Desnoyers) ne faisait pas aussi précisément ni aussi consciemment le lien entre le développement personnel et l'état de la société.

André Maurois est l'auteur d'une histoire burlesque et divertissante, *Patapoufs et Filifers* (1930). Tournant en dérision la guerre[2] et la futilité de ses causes, il porte à l'avant-plan deux garçons, Edmond Double dit Patapouf, dix ans, gros et lent, et son frère, Thierry Double dit Fil-de-Fer, neuf ans, maigre et vif. Les deux enfants seront les artisans d'un rapprochement entre les peuples. Clin d'œil de connivence entre deux auteurs (Vildrac, Maurois) confiants dans un monde meilleur, la fête de la réconciliation générale a lieu sur « *L'Ile* rose », soit dit en passant dans une jolie apothéose d'inter-textualité volontaire !

Après Charles Vildrac et André Maurois, Georges Duhamel compose à son tour une utopie. *Les jumeaux de Vallangoujard* (1931), amusante histoire, raconte le rêve expérimental de quatre adultes, un professeur, deux médecins et un riche propriétaire. Pour assurer systématiquement le bonheur des hommes et éviter les guerres, il faut « simplifier l'humanité en la ramenant à deux ou trois types, comme les fusils de chasse et les

---

2   J. Perrot qualifie le récit d'A. Maurois de « parodie du dernier conflit international » (le dernier aux yeux des lecteurs de 1930, bien entendu). Pour une plus ample analyse de *Patapoufs et Filifers*, voir J. Perrot, *Du jeu, des enfants et des livres,* Paris, Editions du Cercle de la Librairie, 1987, p.174-176.

carburateurs ».³ Leurs premiers essais s'appliquent à deux jumeaux. A l'heure du fascisme, cette expérience sur l'humain doit se terminer par un *fiasco* car cette expérience débouche droit sur l'illusion égocentrique du seul professeur. Sinon, c'est aller dans le sens d'Hitler, et le livre n'a pas de sens, comme utopie humaniste.

Ce conte d'avertissement moderne, important par sa date, annonce sur le mode badin les utopies négatives d'Aldous Huxley (*Le Meilleur des mondes, Brave New World,* 1932) et de George Orwell (*1984,* 1949) concernant la sujétion biologique ou psychique du citoyen au régime politique.

Que l'action se déroule au foyer, à la ville ou à la campagne, au quotidien, pendant les vacances ou au passé, le protagoniste juvénile se caractérise par sa joie de vivre. C'est un être heureux. Il se débrouille bien tout seul et sort vainqueur de ses aventures. Son sentiment de sécurité jaillit à la fois de la cohésion familiale et d'une certaine indépendance. Le bonheur du héros (voir les romans d'A. Ransome) est intimement lié à la permanence d'un décor (un lac, une maison, une rue…) et à des personnages rassurants. Il n'est guère troublé par des problèmes intimes et identitaires. Il est rare qu'on le mette au courant de la vie hors de son milieu; les références aux événements extérieurs sont peu fréquentes. Même les orphelins ne se posent pas de questions, si ce n'est sur leur avenir matériel. En revanche, l'accent est mis sur un sens aigu, très présent chez les jeunes actants, des réalités du quotidien. Tout ceci prouve bien que le désir d'évasion de l'heure angoissante (« *holiday romance* ») existe, sous-jacent, chez les auteurs, même s'ils n'ont pas encore mis leur héros au diapason de leur mal-être.

En 1929, *Emile et les détectives* (*Emil und die Detektive*) d'Erich Kästner (Prix H.C. Andersen en 1961 pour l'ensemble de son œuvre), marque une étape importante sur la voie d'un art narratif conduit par ce même souci des réalités quotidiennes. Sans aucun didactisme, Kästner nous dit avec justesse ce qu'est l'enfance, et il le dit dans le langage spécifique de ses jeunes protagonistes.

Par rapport à l'un des meilleurs romans réalistes du premier quart du siècle, déjà centré sur une bande d'enfants, *Les gars de la rue Paul* (1906, traduit du hongrois),⁴ le roman de l'écrivain allemand fait une plus

---

3   G. Duhamel, *Les jumeaux de Vallangoujard*, Paris, Paul Hartmann, 1931, p.14.
4   Le roman de Ferenc Molnar, écrit à l'origine pour les adultes, est traversé par un
       sentiment tragique de la vie. Un demi-siècle avant la parution du *Sa-Majesté-des-*

large part aux dialogues. Kästner use moins de descriptions qu'il ne fait parler ses personnages. Son style, tout en phrases simples, est plus familier. L'aventure a cette fois une résonance ludique et l'humour est omniprésent.

Le narrateur d'*Emile et les détectives* s'est rapproché de ses lecteurs par un ton particulièrement jovial et chaleureux. Quand il recourt à des expressions interventionnistes du genre de « beaucoup d'entre vous songeront sans doute » ou de « mais, pour le cas où vous ne le sauriez pas... », il parle à son auditoire de la même manière complice que le conteur des *Aventures de Pinocchio*. L'écrivain allemand pousse la connivence jusqu'à se mettre lui-même en scène. Emile, en effet, rencontrera le journaliste Erich Kästner.

Il est important de le souligner, *Emile et les détectives* est le premier en date des romans policiers pour la jeunesse toujours prisés actuellement. Cette affabulation où, souvent sur un ton humoristique, le suspense s'allie aux réalités psychologiques et sociales, est aujourd'hui plus florissante que jamais.

Le réalisme linguistique de l'auteur est à mettre au compte de son esprit de tolérance et d'une volonté d'ouverture très audacieuse dans l'Allemagne de son époque, en particulier dans les œuvres adressées à la jeunesse. Il participe d'une vision optimiste de l'enfance restituée à elle-même, donc à son langage. Les jeunes héros de Kästner sont individualisés selon leurs propos.

Mouches de William Golding, un enfant souffre-douleur meurt par la faute d'autres enfants. Axée sur l'antagonisme entre deux bandes rivales d'écoliers, la guerre se joue ici, à la différence, par exemple, de la *Guerre des boutons* (1912), roman d'atmosphère champêtre de Louis Pergaud, dans un terrain vague de Budapest.

Les sentiments et les relations entre jeunes garçons sont exprimés par Molnar sans aucune emphase, avec une bouleversante vérité. Le passage à l'âge adulte de Boka, personnage central, est marqué par la perte désespérée des illusions. L'adolescent, qui pleure la mort d'un de ses bons camarades, a pris conscience que la lutte acharnée des « gars » de la rue Paul en vue de sauver ce qui n'était pas seulement leur dernier terrain de jeu, mais aussi une oasis de fantaisie et de rêve, n'a servi à rien. Les adultes, esclaves d'une société de production et de consommation, l'ont sacrifié à la construction d'un nouvel immeuble. Notons aussi le caractère prémonitoire et presque « écologique » de ce récit dans lequel le rôle du mauvais est déjà, en sourdine, imparti à cette promotion immobilière, aujourd'hui « tarte à la crème » de la résistance civile dans la fiction.

Erich Kästner, socialiste que les circonstances politiques et économiques ne portent pas à l'optimisme – les œuvres qu'il n'a pas destinées à l'enfance le prouvent – fait confiance à l'enfant, et seulement à l'enfant, pour sauver la société. La moralité est intrinsèque à son héros. Emile est naturellement bon et animé d'un grand sens de la justice. Il ne se résigne pas au vol de son argent, et sans attendre le secours des grands, va mener son enquête. S'il aide sa mère par tous les moyens, ce n'est pas par obéissance et devoir, mais par amour filial. C'est lui-même qui décide d'être un fils modèle et bon pour une mère dévouée. Emile est un gamin généreux et plein de courage. Capable de grosses polissonneries (il a barbouillé la statue du « Grand-Duc Charles-à-la-figure-de-travers »), il s'astreint également à des tâches désagréables par affection pour ceux qu'il aime.

Issu d'un milieu populaire, orphelin de père, fils d'une mère coiffeuse, Emile est sensible aux réalités sociales. Ce jeune garçon comprend déjà ce que signifie le « plein emploi ». Il connaît la valeur de l'argent. Il sera d'autant plus angoissé, au cours de son voyage en train vers Berlin, de perdre la somme que sa mère a péniblement mise de côté pour sa grand-mère. Il sait qu'il faut payer la nourriture, le gaz, le charbon, le loyer, les habits, son inscription scolaire et les livres.

Kästner élargit à la fois l'espace social et l'espace géographique du roman conçu pour les enfants. L'aventure se déroule – le roman réaliste ne nous y avait pas habitués – dans un cadre urbain. Emile, petit Sherlock Holmes, décide donc, en dépit des recommandations maternelles (il a été convenu qu'il retrouverait sa grand-mère à la descente du train à Berlin) de poursuivre le bandit qui lui a volé une importante somme d'argent. L'aventure d'Emile se joue hors du foyer et ce n'est pas un hasard si l'auteur le fait voyager en train et seul. Kästner veut livrer l'enfant à lui-même. Il lui fait découvrir la capitale à l'insu de ses familiers. La grand-mère d'Emile, qui n'est pas plus conformiste que son petit-fils, aura le dernier mot de l'histoire. Interprète du regard que l'auteur porte sur les choses, elle préconise, à l'inverse de la mère d'Emile, que le garçon continue à voyager seul. Le voyage est, en effet, propice à l'ouverture enfantine sur le monde.

Emile a quitté une paisible petite ville de province où l'on se déplace encore dans des trams tirés par des chevaux. Le conducteur y a tôt fait de s'arrêter à la demande de ses passagers. Ni manivelle, ni freins. A Berlin, on se moque de l'accoutrement vestimentaire d'Emile. Dans les rues de la capitale, le gamin, sociable et sans préjugés, se lie avec de nombreux inconnus.

En accordant à l'enfant indépendance et liberté (mais ceci aussi à l'occasion des vacances !), Erich Kästner rompt avec la tenace vision patriarcale qui jusque-là tenait le protagoniste juvénile du roman allemand prisonnier de foyers conformistes où la vie s'écoule en vase clos. Il ouvre ainsi une voie nouvelle à la littérature de jeunesse de son pays.

Les personnages de Kästner tirent leur relief non seulement de leur langage, un franc-parler vivant et naturel, mais aussi de leur esprit d'initiative, d'invention et de décision. Pleins de joie de vivre et confiants dans l'heureuse issue de leur enquête, leurs rares moments de découragement ne durent guère. Emile et ses copains entretiennent entre eux des rapports spontanés. Ces gosses sont en admiration devant Pony Bibi, la cousine d'Emile. Ils considèrent cette fillette indépendante et débrouillarde comme leur égale.

Une bande de gosses appartenant à des milieux divers s'étaient ligués pour aider l'Emile de Kästner à retrouver son argent. Notre héros finira par se prendre d'affection pour ses nouveaux amis, dévoués et ingénieux, au point d'être heureux qu'on lui ait volé ses sous ! Le récit de l'écrivain allemand est un hymne à la solidarité enfantine. Il annonce *Le cheval sans tête* de Paul Berna.

Emile nous apparaît ainsi comme un anti-Golding avant la lettre. Revers de la médaille, cependant : de par la moralité native de son héros, Kästner ne pèche-t-il pas un rien par idéalisme ? Comme quoi, à chercher un contrepoids au pessimisme on donnerait aisément dans une sorte d'angélisme.

Quelques années plus tard en France, Pierre Véry (*Les disparus de Saint-Agil*, 1935) trouvera aussi son inspiration dans l'enquête policière, menée cette fois par les jeunes élèves d'un pensionnat. A la différence du roman de Kästner, qui se passe tout entier dans le présent, il y a un effet de retour en arrière, dû à un adulte qu'une circonstance fortuite ramène en pensée à ses jeunes années; le héros dans la force de l'âge n'intéresse d'ailleurs que le premier et le dernier chapitre. L'avocat Prosper Lepicq se souviendra (avec nostalgie) de ses exploits de jeunesse en retrouvant une bouteille cachée dans les bois. Elle contient la liste de ses anciens camarades membres, vingt ans auparavant, de l'association des Chiche-Capon. Une adaptation cinématographique réussie de Christian-Jacque (1938) a contribué à la célébrité du livre de P. Véry.

En 1933 paraît en Allemagne le premier volume, *Erwin und Paul*, d'une chronique qui en comptera huit. Dès 1933, l'auteur, Liza Tetzner, émigre en Suisse. *Die Kinder aus Nr. 67*, est une épopée juvénile, d'inspiration socialiste, mais d'une teinte assez sombre,[5] phénomène insolite dans les lettres enfantines de toute cette période. L'écrivain offre en effet une peinture réaliste des dures conditions d'existence de la petite bourgeoisie et de la classe ouvrière à Berlin entre 1931 et 1948. L'œuvre, plus appréciée à l'étranger que dans son pays d'origine, fut elle aussi portée à l'écran (en 1980).

L'odyssée polyphonique et diversifiée d'une bande d'enfants composée par Liza Tetzner commence au début des années trente dans l'arrière-cour d'un immeuble berlinois. Erwin et Paul, liés d'amitié, passent leurs journées à essayer de gagner quelques sous. Ils s'offrent à porter des valises ou à cirer des chaussures en se servant de leurs bonnets ! Le roman suit en particulier le destin de Paul, d'Erwin et de Mirjam, demi-juive, que les événements politiques vont bientôt séparer. Les parents de Paul se plient aux impositions du national-socialisme et Paul devient soldat dans la Wehrmacht; le père d'Erwin réussit à s'échapper d'un camp de concentration et Erwin s'engage dans l'armée anglaise pour libérer son pays du totalitarisme; Mirjam rejoint l'Amérique. Liza Tetzner souligne le courage, le dynamisme et l'esprit de solidarité des jeunes, abandonnés à eux-mêmes après que leurs parents ont fait l'objet de poursuites politiques et raciales, perdu leur travail et émigré; elle rapporte également les attitudes égoïstes, dures et tatillonnes des adultes. L'auteur a pour objectif de mettre à la portée de jeunes lecteurs la nature du régime hitlérien. Tout en évoquant douze ans de fascisme vécus dans leur brutalité par des enfants et des adolescents, elle réussit, à l'aide d'une écriture sobre et rapide, particulièrement vivante, à harmoniser les aspects tragiques et comiques du vécu. Cette longue fresque dramatique et mouvementée se termine néanmoins sur une note d'espoir et de compréhension entre les peuples. Après la guerre, Mirjam a reconstitué une nouvelle bande d'amis, cette fois d'origines nationale et ethnique diverses.

En Grande-Bretagne, la décennie est dominée par Arthur Ransome. Les douze romans de *Swallows and Amazons*, s'échelonnent de 1930 à 1947. Le bonheur des héros de Ransome est indissociable du décor, le

---

5   Néanmoins, la même L. Tetzner a écrit des récits optimistes dans le sillage de certains contes de fées, tel *Cendrillon n'ira pas au bal* (*Das Mädchen in der Glaskutsche,* 1958), publié en 1959 par les éditions G.P., collection Rouge et Or.

« Lake District » (Cumberland) où se déroule l'action des huit romans de la célèbre série; il résulte aussi de la liberté, à l'écart des adultes, dont les adolescents jouissent pendant les vacances. Rappelons que les aventures merveilleuses vécues par les jeunes héros d'Edith Nesbit se déroulaient déjà pendant cette même période. Le goût de la *« holiday romance »* se répand bientôt et Ransome aura beaucoup d'imitateurs.

Avec une grande profusion de détails concrets et authentiques, les romans de Ransome, qui connaissait très bien la région des Lacs pour avoir vécu longtemps à Windermere, évoquent les aventures « lacustres » d'une joyeuse bande d'enfants propriétaires de bateaux. *Pigeon Post* (1936, couronné par le Carnegie Medal, re-publié en 1993), est généralement considéré comme le meilleur de la série. Le romancier met en scène des enfants, détectives en puissance, amenés à résoudre un mystère. Il s'agit en fait d'une chasse au trésor. Les jeunes héros s'emploient à retrouver une mine d'or enfouie dans les « collines bleues de la région des lacs ». Toutes sortes de dangers les menacent : incendies, galeries souterraines instables, chercheur d'or mystérieux, probablement un espion...

Les protagonistes s'individualisent à travers les nombreux dialogues. Ecriture simple, rapide, suggestive :

> Le voyage, en venant du Sud, avait duré une longue journée, mais les quelques dernières minutes passèrent comme des secondes. Ils étaient déjà arrivés dans la région des collines. Des murettes en pierre sèche séparaient les champs les uns des autres. Des rochers gris trouaient l'herbe flétrie. Des crêtes grises et pourpres s'élevaient jusqu'au ciel.[6]

En Suède aussi, pays très tourné pendant ces mêmes années vers la littérature enfantine anglo-saxonne, on cultive la *« holiday romance »* à la Ransome, c'est-à-dire le récit d'aventures menées pendant les vacances d'été par des enfants appartenant à la classe aisée.[7]

Les lecteurs d'aujourd'hui aiment encore s'identifier aux héros d'Arthur Ransome, à ces adolescents sans problèmes et sans angoisses, à l'abri de conflits familiaux, assurés de vivre au cours de leurs vacances des aventures pleines d'imprévus. Le petit lecteur contemporain n'aime-t-il pas aussi s'évader dans le monde à ses yeux enchanteur de la

---

6   A. Ransome, *Pigeon Post,* Red Fow Edition, 1993, p.7, Trad. G.O.-v.P.
7   Voir B. Westin, *Children's Literature in Sweden,* The Swedish Institute, 1991, p.19.

comtesse de Ségur en s'investissant dans les personnages de petits privilégiés du passé, cette fois ?

L'univers lumineux et sans grands conflits d'Arthur Ransome peut à présent paraître à certains, malgré l'engouement qu'il continue à susciter, superficiel, anodin, presque uniquement inféodé au pur divertissement.

De l'autre côté de l'océan, une saga d'un autre genre que celle de Ransome – il s'agit ici d'enfants pauvres – rencontre un succès qui ne s'est pas encore démenti. De 1932 à 1943 paraissent les huit romans autobiographiques (le premier s'intitule *La petite maison dans les grands bois*) de Laura Ingalls Wilder. L'auteur y évoque son enfance et sa jeunesse dans le dernier quart du XIXe siècle. Elle avait alors entre cinq et dix-huit ans. Le paysage, de grandes étendues solitaires, y joue un rôle de premier plan. Cette épopée enveloppée de poésie, écrite dans un style sobre et attachant, a une valeur historique par la reconstitution précise de la vie d'autrefois. C'était au temps où une famille de pionniers comme tant d'autres s'était mise en route vers l'Ouest. Ensemble, parents et enfants combattent le déchaînement des forces de la nature. Tout le suspense du roman tient à cette lutte de tous les jours contre la pauvreté et la fureur des éléments naturels. La survie des hommes (cf. le cinquième et le meilleur de la série, *Un hiver sans fin* (*The Last Winter,* 1940) dans les immenses prairies isolées du Dakota, coupées du reste du monde par la neige pendant sept mois, repose sur la solidarité et les affections familiales. Les enfants, contraints d'aider leurs parents, n'ont pour ainsi dire ni loisirs ni jouets. En dépit d'une existence quotidienne très éprouvante (une des sœurs de Laura est d'ailleurs aveugle), les enfants Ingalls sont heureux, même s'ils doivent se procurer des vivres dans des conditions terribles, si les trains n'arrivent plus… L'attention constante de leurs parents, en qui ils ont une confiance absolue, les rassure et leur donne un sentiment de sécurité. Le héros, c'est le père, peut-être un peu idéalisé par sa fille. Le chef de famille est bon et généreux, décidé et pieux. C'est un homme solide. Il sait tout faire. Le soir, quand la famille est réunie, il détend l'atmosphère. Il chante et joue du violon. Le ménage est soutenu aussi par la maman, animée d'une ardente foi religieuse. Courageuse et patiente, maman Ingalls n'a pas son pareil pour combattre la pénurie. Le manque de denrées élémentaires ne l'empêche presque jamais de parvenir à confectionner quelque chose de bon. Laura, la narratrice, se présente comme une enfant courageuse, dynamique et curieuse de toute chose.

Avec *La petite maison dans la prairie* le monde sentimental de *Little Women* s'est reconstitué par-delà les générations.

Cette idylle (oui, malgré tout), pleine de tonus, où les bons sentiments n'engendrent pas la fadeur, a connu naguère (à l'ère de la télé !) une lecture radiophonique prisée du public.

Le sentiment chaleureux de l'existence tourne dans *Jim at the Corner* (1934), roman de l'Anglaise Eleanor Farjeon (premier Prix H.C. Andersen – celui de 1956 – pour l'ensemble de son œuvre), autour d'un décor, la rue, et d'un personnage pittoresque qui en est comme l'émanation. S'appuyant sur un cadre plus proche de celui d'*Uncle Remus* que de la fenêtre boccacienne à conteur multiple, le roman met en scène un vieux marin qui, chaque jour, assis sur une caisse d'oranges au coin de la rue où habite Derry, raconte à l'enfant une nouvelle histoire remplie des faits mémorables de son passé, du temps où il naviguait encore sur le *Rocking Horse* sous les ordres du brave capitaine Potts. La caisse à oranges, symbole de la continuité des choses, sécurise le petit Derry. Il sait que tant que le décor ne changera pas, le vieux marin reviendra s'asseoir au coin de la rue pour lui raconter des histoires.

> Aussi longtemps que Jim serait assis au coin de la rue, Derry savait qu'on s'y sentirait aussi en sécurité que chez soi.[8]

Les préoccupations se font jour dans la vie quotidienne d'un enfant quand ses aspirations sont contrecarrées. *Ballet Shoes,* 1936, roman de Noel Streatfeild, illustre les efforts d'une fratrie (en fait trois orphelins) en vue d'assurer la carrière de danseuse d'un de ses membres, la petite Anna. Ils s'opposent à un oncle « vieux biscuit sec », obligé, bien à contrecœur, de les accueillir.

L'évocation de la pauvreté en milieu urbain, toute révélatrice qu'elle est du souci d'ancrer la fiction dans la réalité, est nettement idéalisée dans le roman anglais, américain et français uniformément. Rappelons que Tifernand, le petit citadin de l'*Ile rose* quitte cependant son modeste appartement pour trouver le bonheur dans la nature.

Toutefois, la misère n'empêche pas les jeunes protagonistes d'être heureux. *The Family from One-End Street,* 1937, de Eve Garnett (régulièrement repris depuis 1942 jusqu'à nos jours dans les Puffin Books) révèle la cordiale solidarité qui unit un éboueur, sa femme,

---

8   E. Farjeon, *Jim at the Corner*, London, A Magnet Book, 1986, p.2, Trad. G.O.-v.P.

simple lavandière, et leurs sept enfants. L'affection fait oublier à cette famille urbaine l'exiguïté des lieux où ils vivent et la dureté de conditions qui obligent les enfants, l'aînée surtout, à aider les parents. Malgré une analyse, fort superficielle, où les choses sont observées de l'extérieur, un ton paternaliste et condescendant – les riches ont une attitude bienveillante envers les pauvres; ceux-ci seront récompensés pour leur honnêteté, etc. – l'insignifiance des épisodes racontés (une combinaison brûlée, la perte d'un chapeau...), cette chronique de la vie quotidienne, vivante quoique mièvre, n'a pas perdu tout son charme.

L'absence de problèmes, un sentiment de sécurité, le sens de la famille – sur les traces des *Little Women* (1868), de Miss Alcott, connues en français sous le titre *Les quatre filles du docteur March* – un ton joyeux et entraînant expliquent le succès jusqu'à présent d'un roman américain, *The Moffats* (1941) d'Eleonor Estes. Des enfants pauvres y goûtent le bonheur au jour le jour sous la houlette protectrice de l'adulte. En outre, ce qui est à son époque plus original, l'auteur a choisi d'écrire dans le point de vue d'une fillette et de son frère.

En revanche, la vie prend un aspect exagérément ludique dans *Homer Price* (1941), de l'Américain Robert McCloskey, dont l'humour se fonde sur les frasques invraisemblables du héros. Ce roman n'eut guère de succès auprès des petits anglais, pleinement satisfaits par celles de William (*Just William,* 1922) dont Richmal Crompton, prolongeant indéfiniment la série, exploitera la veine jusqu'en 1969. Et pourtant, l'évocation d'un débordement d'espiègleries dans la vie d'un garçonnet n'a rien de vraisemblable. Un peu à la façon de Tintin, mais en plus jeune, ou encore de Peter Pan, William a onze ans à sa première apparition et toujours le même âge quarante-sept ans plus tard, quand l'interminable succession de ses aventures s'interrompt définitivement. En réalité, le lecteur enfant manifeste un goût durable pour ces petits héros constamment farceurs, improbables dans la vie réelle, et dont les incartades mettent à mal l'ordre établi et la dignité des adultes, depuis le légendaire Till l'Espiègle, les Enfants Terribles (ou les Garnements) de la BD, sans oublier Gianburrasca en Italie, ni Dik Trom et Pietje Bell, encore célèbres aux Pays-Bas. La raison de cet engouement ne se trouverait-elle pas dans le rôle confortable de juge et partie que s'octroie le jeune lecteur ? Il s'identifie au personnage transgresseur tout en gardant conscience de n'avoir pas le droit d'en faire autant que lui. Exutoire, donc, et de plus quel enfant n'a jamais rêvé ne fût-ce qu'une minute de ne pas grandir, de ne pas aller à l'école (ou guère), d'avoir tout le temps imaginable pour s'amuser, pour faire des farces !

La Maison des Petits-Bonheurs (1939), de Colette Vivier, délaisse ces visions de la réalité, tantôt édulcorées, tantôt réductrices par une fronde perpétuelle. Son héroïne et narratrice, Aline Dupin, onze ans, est aussi présente que la petite Sophie de la comtesse, mais cette fois par le langage plus que par les actes. A l'égal d'Erich Kästner, Colette Vivier sait se mettre dans la peau d'un enfant en restituant son parler. Aline Dupin est probablement l'héroïne la mieux individualisée du roman français conçu pour l'enfance depuis la fin du XIXe siècle.[9] Bien qu'un grand naturel oblige à se souvenir de Sophie, l'auteur met un terme à la tradition ségurienne de hiérarchie et de caste. La fillette raconte dans un discours spontané et alerte, inventif et imagé, sa vie de tous les jours au sein d'une famille ouvrière unie, comme dans *The Family from One-End Street* (roman beaucoup plus fade que celui de Colette Vivier), par des relations de chaude solidarité.

Longtemps avant qu'elle ne se généralise, on voit déjà s'affirmer ici la perspective juvénile. Rien qui ne soit vu et dit par l'enfant lui-même. Tout au plus peut-on regretter que la fraîcheur de sa parole n'évite pas, à ce stade (1939), certaines intermittences : un peu comme si la grand-mère incisive du Petit Nicolas s'embourbait encore dans les formules quelque peu solennelles de la diction de jadis, avec toutes ces inversions et ces chutes dans le subjonctif. L'humour jaillit de son langage à la fois familier, très précis (les détails concrets abondent : sur la manière de faire un lit, l'emploi de produits d'entretien, etc.) et souvent incorrect dans les dialogues. Ses allusions littéraires renvoient à une culture de gamine malgré tout assez (trop ?) étendue pour une fille d'ouvriers d'avant-guerre ! Elle se réfère aux contes traditionnels (la fée Carabosse), à la mythologie (les cyclopes), à des héros de romans célèbres (Robinson, Michel Strogoff, Vitalis – ici elle va jusqu'à préciser que ce personnage se trouve dans *Sans Famille*). Son journal relate ce qui importe à une petite habitante d'un quartier populaire de Paris, que ce soit à la maison (ses disputes avec sa sœur, son insubordination à l'égard d'une tante, sa bête

---

9   Voir *La revue des livres pour enfants*, n° 141, numéro spécial, automne 1991, « Colette Vivier, Charles Vildrac, Lire Colette Vivier aujourd'hui, Rencontre avec Bernard Epin », p.87 : « Aline Dupin, l'héroïne de *La Maison des Petits-Bonheurs*, c'est le personnage le plus révélateur ; c'est la Sophie de Colette Vivier. »

noire, trop empressée à régenter les autres), que ce soit à l'école ou dans
la rue. Aline habite un immeuble où chacun s'intéresse d'un peu trop près
aux potins de la concierge et des voisins. Pendant l'absence temporaire
de sa mère, elle a la charge du ménage et s'acquitte d'ailleurs très bien de
ses nouvelles responsabilités, tremplin vers sa vie d'adulte. Elle marche
sur les traces de sa mère et préfigure une épouse dévouée aux soins du
ménage. Que pense l'auteur de ce dénouement ? Est-il positif à ses
yeux ? Quoi qu'il en soit, Aline ne semble nullement préoccupée ni par
sa situation présente ni par ses perspectives d'avenir. En revanche, sa
sœur Estelle n'est pas limitée au foyer car elle est destinée à faire des
études. Sans doute le livre de Colette Vivier reflète-t-il ainsi deux
optiques et deux attitudes différentes : celle de qui vit dans le présent ou
dans l'avenir. L'alternative féministe n'est donc nullement exclue.

Revenons aux œuvres en langue anglaise. Des romans bestiaires toujours en vogue, et parfois repris à la littérature générale, composent un
monde à peine moins doucereux que les romans domestiques : *Jodi et le
faon* (*The Yearling,* 1938) de Majorie Rawlings, *Lassie, chien fidèle*
(*Lassie Come Home,* 1941; ici, très léger arrière-plan social tout de
même, le chômage en pays minier contraignant une famille à vendre sa
chienne) de Erich Knight, *Mon amie Flicka* (*My Friend Flicka,* 1941;
l'histoire optimiste de la relation entre une pouliche et un petit garçon qui
sauvera la bête de la mort) de Mary O'Hara...[10] Remarquons, à preuve du
succès de ces histoires zoocentristes, que la plupart d'entre elles ont
donné lieu à des films et à des séries de grande diffusion populaire.

En Grande-Bretagne, le roman à coloration historique se confond avec
le roman d'aventures. Les premières pages de *Cue for Treason* (1940)
que Geoffrey Trease situe au XVIe siècle, à l'époque où au Cumberland,
on commence à clôturer (les *enclosures*) les champs jusque-là possession
commune, relèvent d'une construction fidèle à la vérité. Pour expliquer
l'agitation sociale, l'auteur adopte le point de vue des victimes, c'est-à-
dire des fermiers. Mais une fois le cadre posé, les références historiques
sont négligées au profit d'une intrigue haletante. Le héros, un jeune
garçon, a dû fuir le Cumberland. Il est poursuivi à travers toute

---

10   En 1948, un critique sensible à la poésie du roman de M. O'Hara, écrivait : « Le
        traducteur a usé par moments d'un argot bon enfant qui rompt un peu la poésie du
        livre de Mary O'Hara. Cette poésie est quand même très grande. Elle est
        quelquefois d'une fraîcheur pure comme un beau matin d'été. » *Le Monde* du
        5 mars 1998, « Il y a cinquante ans, dans *Le Monde, Mon amie Flicka* ».

l'Angleterre. Il se joint à une troupe d'acteurs ambulants et gagne Londres où il devient (bien sûr) acteur dans le théâtre dirigé par Shakespeare. Il rencontre le célèbre dramaturge et, de surcroît, contribue à déjouer un complot contre la reine Elizabeth I. Son aventure aux trop nombreuses coïncidences est donc un peu trop belle pour être plausible !

Cependant, *Cue for Treason* ne s'inscrit pas dans la tradition des romans historiques du XIXe siècle, fondés sur des dates, des faits attestés et des biographies de personnages en majorité authentiques. Tout juste inspiré par l'Histoire, il annonce les *romans d'atmosphère historique* de l'après-guerre.

Les écrivains américains ont eux aussi puisé dans l'Histoire, la leur en particulier. Ici encore, la maturation de l'adolescent est déjà au centre de l'intrigue et a autant d'importance que la reconstitution. De ce point de vue, Esther Forbes annonce Rosemary Sutcliff (le premier roman de cet écrivain anglais, *The Eagle of the Ninth* paraîtra en 1954), bien qu'il soit reproché précisément à *Des étoiles nouvelles* (*Johnny Tremain*, 1943; Newbery Medal en 1944), en dépit des qualités littéraires du roman de Miss Forbes, un certain déséquilibre entre la composante psychologique et la substance historique. Le récit est centré sur les obstacles que rencontre, entre quatorze et seize ans, au temps de la révolution américaine, un jeune apprenti décidé à devenir orfèvre.

La réalité poétisée

En 1937 paraît *L'Ane Culotte* d'Henri Bosco. L'auteur avait dicté ce roman à ses élèves de Bourg-en-Bresse, ville où il enseigna dans les années 1930-1931. Ce fut le premier de ses livres axés sur l'enfance, suivi en 1945 de *L'enfant et la rivière*, repris en 1953 par les éditions Gallimard dans leur collection pour la jeunesse (bibliothèque blanche).

Le lecteur de *L'Ane Culotte* est porté aux limites du magique par ce récit envoûtant, écrit dans un style à la fois simple, précis et d'une grande force poétique. A l'inverse de Erich Kästner et de Colette Vivier, Henri Bosco y déserte le décor urbain et l'ordinaire de la vie quotidienne. Ses héros juvéniles sont tournés vers l'insondable et l'enchantement.

Deux enfants, un garçon, Constantin, narrateur rétrospectif, et une fillette, Hyacinthe, petite sauvageonne farouche, inculte et superstitieuse, se sentent irrésistiblement attirés par un homme qui mène une existence

solitaire, à l'écart de tous, Cyprien. Ce vieillard, pur et innocent, vit en
communion avec la nature. Incompris de ses semblables dont il est trop
différent, il n'entretient de rapports avec la sociabilité de son village que
par l'intermédiaire d'un âne affublé de braies.

Constantin est fasciné par ce vieux magicien capable d'ensorceler les
bêtes. Isolé des adultes, le jeune garçon cherche à déchiffrer le mystère
qui auréole le misanthrope. Il n'interroge pas beaucoup son grand-père,
trop contemplatif, « bon et sourd comme un pot », ni sa grand-mère :
« on ne l'interrogeait pas, on la contemplait ». Pour rompre le mur de
silence qui entoure l'ancien, Constantin essaie de faire parler sa propre
confidente, la Peguinotte, chargée des gros travaux domestiques,
« curieuse autant que bavarde ».

Cyprien, doté du pouvoir d'apprivoiser non seulement les animaux,
mais aussi les arbres et les plantes, cherche à faire revivre le paradis
terrestre, c'est-à-dire une île qu'il a connue autrefois, dénaturée depuis
par des colonisateurs. Son but est de reconstituer ce paradis en terre
provençale.

Cyprien voudrait léguer le « don » à Constantin, mais celui-ci comme
une transgression : il dérobe une branche d'amandier dans le paradis en
voie de renaissance. C'est donc à la fillette, Hyacinthe, que le sorcier,
après l'avoir ensorcelée comme si elle était elle-même une bête, lègue, à
contrecœur, ses secrets.

Relevons la référence évidente au mythe biblique du fruit défendu.

Les structures du roman de Bosco exigent du lecteur une attention
particulière. Les rapports entre l'auteur, le texte et le lecteur (autrement
dit la métafiction) démentent les constructions traditionnelles. L'enche-
vêtrement de quatre voix narratives différentes prélude à une complexité
formelle inhabituelle à l'époque dans les romans pour adolescents.[11]

Aux yeux de Pascalet, l'adolescent indépendant et rêveur de *L'Enfant
et la rivière*, la réalité se confond, comme pour Constantin, avec les mystères de la nature et de l'homme. Auprès d'une rivière, Pascalet débusque
tout l'insolite d'un mystérieux braconnier, Bargabot, et de son ami
tsigane, Gatzo. On l'avait prévenu :

---

11   Voir Sandra Beckett, « Voix, Voies narratives dans *L'Ane Culotte* de Henri
      Bosco », dans *Culture, Texte et Jeune Lecteur*, Présentation de Jean Perrot,
      Presses Universitaires de Nancy, 1993.

> A la rivière, mon enfant, il y a des trous morts où l'on se noie, des serpents parmi les roseaux et des Bohémiens sur les rives.
> Il n'en fallait pas plus pour me faire rêver de la rivière, nuit et jour.[12]

Pascalet, esprit aventureux et curieux, espère découvrir les secrets d'un pays triste, pas comme les autres, peuplé d'âmes errantes. Malgré sa peur, il surveille longuement le rivage pour les voir surgir.[13]

Auteur de *Fifi Brindacier* (*Pippi Langstrump*), la Suédoise Astrid Lindgren (Prix H.C. Andersen 1968) nous entraîne, mais d'une toute autre manière que Henri Bosco, aux confins de l'extraordinaire. Elle exalte dans le récit, spécifiquement écrit pour de plus jeunes, il est vrai, la liberté totale de l'enfant. Fifi incarne la provocation et la révolte. Dans la foulée d'Alice ou de Pinocchio (quant il n'en fait qu'à sa tête) elle représente par excellence l'anti-autoritarisme et l'anticonformisme.

Tout se passe comme si, soixante ans après Pinocchio, l'enfant n'était plus condamné à être pendu au haut d'un chêne pour avoir trop aspiré à la liberté.

C'est en 1941, pour sa fille alitée, qu'Astrid Lindgren inventa l'histoire qui l'a rendue célèbre. Elle en termina le manuscrit en 1944 et le fit publier en 1945. Les derniers développements politiques en Europe entrent probablement, comme chez Erich Kästner, pour une large part dans sa propension à faire plus confiance à l'enfant tel qu'il veut se voir lui-même, insolent et rebelle, qu'à ses devanciers par l'âge.

Physique et esprit, Fifi se démarque des autres héros ou héroïnes des romans pour l'enfance. Cette gamine de neuf ans « aux cheveux roux comme des carottes qui se dressaient de chaque côté de la tête »,[14] au nez en forme de petite pomme de terre nouvelle, porte des bas, un marron, un noir, sur de grandes jambes maigres. Ces bas, image de marque et signe de reconnaissance, lui vaudront son nom dans différentes langues, à commencer par l'originale.

Totalement indépendante, douée d'un grand pouvoir de décision, Fifi est hostile à ce qui ne vient pas d'elle. Elle désacralise toute chose et a toujours le mot pour rire. Parmi les droits qu'elle revendique, il y a surtout celui de s'amuser. Elle déborde de fantaisie. Sa pensée, sans cesse en éveil, ses actes incongrus et son parler très personnel – enfant curieuse, Fifi fatigue ses interlocuteurs adultes par ses continuelles interruptions et

---

12   Henri Bosco, *L'Enfant et la rivière*, Gallimard, Folio, 1953, p.15.
13   *Ibid.*, p.96-97.
14   A. Lindgren, *Fifi Brindacier*, Hachette, LP Jeunesse, 1995, p.14.

ses commentaires sans fin – sont dominés par un esprit inventif des plus féconds. Elle crée elle-même les situations, parfois à partir de mots qu'elle a inventés. Elle finit d'ailleurs par croire elle-même et par faire croire à l'existence de ce qu'elle crée de toutes pièces.

Les trois récits de la série Fifi Brindacier se passent au XXe siècle. Il y est fait allusion, entre autres, à de grosses voitures. Fifi vit seule avec un singe qu'elle porte sur son épaule, à l'image de Long John Silver et de son perroquet (voir *L'Ile au trésor),* et un cheval installé dans la véranda de « Drôlederepos », vaste villa entourée d'un jardin embroussaillé. Douée d'une force herculéenne – ce don est une source constante d'humour, il suffit de la voir porter son cheval à bout de bras –, elle se débrouille parfaitement bien et ne craint personne.

Fifi, telle le petit Emile de Kästner, est bonne et généreuse par nature, non par éducation. Elle s'obéit à elle-même : « Si je ne m'obéis pas, je me le répète d'un ton sévère, et si je n'ai pas encore obéi, je me promets une fessée. » Elle ment sans aucune hésitation. En revanche, Fifi a un grand sens de la justice. Aussi sa force, s'en sert-elle pour porter secours aux autres.

Sa mère est morte, mais la fillette l'observe dans le ciel par un petit trou entre les nuages. Quant au père, capitaine au long cours, devenu roi des Cannibales, elle ne doute pas de son retour. Il lui a laissé des monceaux de pièces d'or.

Fifi refuse d'aller à l'école, si ce n'est très rarement, à seule fin d'avoir des vacances et de cerner d'un peu plus près une « nulplication » (= multiplication).

Elle a deux amis, ses voisins, Tommy et Annika, des enfants « normaux ». A l'inverse de l'irrespectueuse Fifi, ils sont « gentils, obéissants et bien élevés »; certes, ils appartiennent à une société conformiste, mais néanmoins, ils sont sympathiques, fidèles en amitié, et se laissent progressivement gagner par le refus d'une existence monotone au point de ne plus pouvoir se passer de la fantaisie de leur amie, toujours de bonne humeur et contente de son sort. Toutefois, Annika relève les contradictions de Fifi : celle-ci a décrété que plus tard, elle serait pirate, mais d'autre part, sur les brisées de Peter Pan, elle refuse de grandir :

> – Mais, Fifi, tu voulais devenir pirate quand tu serais grande !
> Bah !… Ça ne l'empêche pas. Je peux bien devenir un petit, tout petit pirate féroce qui sème la mort et la désolation autour de lui. Pas de problème.[15]

---

15   Astrid Lindgren, *Fifi à Couricoura*, Hachette, LP Jeunesse, p.124.

Fifi prend des cachets pour rester à tout jamais un enfant car elle n'aime pas le monde des adultes :

> – Non, ce n'est pas un truc chouette, dit Fifi. Les grands ne s'amusent jamais. Tout ce qu'ils ont, c'est un boulot ennuyeux, des vêtements ridicules, des cors aux pieds et des dingos locaux.
> – Des *impôts* locaux, corrigea Annika.[16]

La gamine est imprévisible. De son imprévisibilité, source constante de l'attente impatiente et ludique du lecteur, découle l'originalité et le charme de la narration. Pas une seule page du premier volet et des deux volumes suivants *Fifi Princesse* (1946), *Fifi à Couricoura* (1948) n'est empreinte de banalité.

Replacé dans l'évolution des lettres enfantines, le roman d'Astrid Lindgren clôt une période et en annonce une autre. Il porte à son point culminant l'indépendance d'une enfance insouciante et libre de conflits intimes, quoique douée déjà d'un regard sur le monde qui s'avérera riche d'avenir dans le roman pour la jeunesse, enfance insouciante dont le modèle s'éteindra bientôt. Fifi ne tient compte que d'elle-même, elle ignore l'adulte et ne cherche pas à s'opposer à lui pour s'affirmer. Sa philosophie, elle la tire uniquement de ses propres expériences et elle ne s'identifie à aucun modèle.

En portant au faîte de son développement ce culte d'une enfance « hors normes », indifférente cette fois aux contingences sociales, matérielles et morales, le roman suédois préfigure celui dont la substance romanesque va prioritairement relever de ce regard que l'enfant/adolescent porte sur lui-même et sur autrui. L'idéalisme de Kästner devant l'enfance est donc relayé à long intervalle, notons-le, par A. Lindgren. En dépit du charme de la série, nous sommes peut-être en présence d'une régression dans le processus évolutif : Emile était un enfant normal, sans Peter Pan en toile de fond et parfaitement incapable de porter un cheval à bout de bras ! La route vers l'autonomie et le regard spécifique passera par l'universalisation du petit héros dont le parcours « maturatif » pourra comporter encore des plongées dans un merveilleux symbolique, sans pour autant que l'initiable soit au départ et organiquement hors de la norme. Pour sa part, Fifi Brindacier n'était pas entraînée dans le processuel : elle ne pouvait pas l'être, sa constitution extraordinaire la maintenant en-deça du devenir, dans une sorte de fixisme.

---

16   *Fifi à Couricoura*, p.120.

La transition du poétique au merveilleux

L'idée de s'évader dans l'espoir de résoudre les conflits intimes de leur vie quotidienne effleure un grand nombre d'enfants. L'évasion du héros dans un monde onirique, et presque toujours consolateur, est ainsi la solution compensatoire que le roman merveilleux offre depuis le XIXe siècle aux jeunes lecteurs. En fait, dans le roman aussi bien que dans la vie, le petit héros ne s'échappe pas sur un simple caprice. Le saut vers un ailleurs est le plus souvent le résultat d'une exigence profonde.

Et pourtant, c'est simplement pour se libérer de ses obligations scolaires que le héros de Erich Kästner (*Le 35 Mai,* 1931), accompagné de son oncle, adulte farfelu, aussi épris de fantaisie que son neveu, décide de partir vers des terres imaginaires. Mais bientôt, l'auteur éloignera le protagoniste juvénile de son environnement quotidien, pour qu'il puisse d'autant mieux, au pays de l'irréel, prendre conscience de la réalité d'une société automatisée, robotisée, et trop souvent dirigée par des dictateurs.

En Grande-Bretagne, l'exaltation de l'imagination se perpétue dans des œuvres de grande qualité. Le récit pour l'enfance s'y est épanoui dans le merveilleux, soit que l'action se déroule presque entièrement dans un monde enchanté d'où, de loin, il est fait référence au monde vrai (les *Water-Babies*, 1863, de Charles Kingsley; *Alice au pays des Merveilles*, *Alice's Adventures in Wonderland*, 1865, de Lewis Carroll), soit que le héros aille et vienne entre le pays imaginaire et le réel (*Sur les ailes du Vent du Nord*, *At the Back of the North Wind*, 1871, de George MacDonald; les romans d'Edith Nesbit au début de notre siècle; *Peter Pan*, 1902, de J.M. Barrie). Réalité et données fabuleuses se rencontrent également dans de célèbres histoires peuplées d'animaux parlants (*Le vent dans les saules*, *The Wind in the Willows*, 1908, de Kenneth Grahame), d'êtres humains entourés d'animaux parlants (à partir de 1920, les récits d'Hugh Lofting autour du *Doctor Dolittle*), de jouets humanisés (*Winnie l'ourson*, *Winnie-the-Pooh*, 1926, de A.A. Milne), et enfin au cours des aventures magiques et nocturnes (un salut à *Little Nemo*?) d'un enfant maltraité le jour (*The Midnight Folk*, 1927, de John Masfield).

Après la Première Guerre mondiale, la fuite des écrivains dans des univers d'invention ne s'est assurément pas ralentie, comme si plus que jamais la revanche sur un quotidien frustrant n'était possible que par l'esquive.

A l'encontre des écrivains américains qui, depuis Miss Alcott et surtout Mark Twain, révélèrent comment l'enfant rebelle aux contraintes résout dans la réalité un besoin vital de liberté, les Anglais ne se hasardèrent pas, si ce n'est à travers les récits merveilleux, à vanter une enfance récalcitrante et imperméable aux lois de l'adulte. Le héros du livre anglais, révolté contre une situation réelle insatisfaisante, a toujours trouvé le remède à ses tensions internes dans la fuite hors de la réalité (les romans de R. Dahl s'inscriront encore, bien plus tard, dans cette même tradition). C'est par le biais d'histoires fabuleuses que les romanciers anglais osèrent révéler les aspirations à l'autonomie de l'enfant/ adolescent anxieux d'affirmer sa spécificité. Déjà, pour se soustraire au discours normatif des grands, Alice abandonnait en rêve le monde sclérosé de sa vie quotidienne, réglée par des mots privés de leur sens premier (la langue de bois patriarcale), et s'évadait au « Monde des merveilles » où, à l'abri des siens, elle prenait la liberté de remettre en question l'univers absurde que représentait, selon elle, sa vie réelle. La fugue de Peter Pan dans les jardins de Kensington Gardens et au Neverland renvoyait à la rupture consciente ou inconsciente de l'enfant avec les siens. Peter Pan, c'est l'évadé (hors du monde adulte) par essence. Parce qu'il refuse de grandir, il va jusqu'à se priver définitivement d'une mère et d'un foyer pour se conserver une enfance éternelle et demeurer à tout jamais dans un univers de rêve et de fantaisie. A noter que cette projection sur l'enfance trahit chez des écrivains adultes, et jusqu'à Tolkien inclusivement, une aspiration d'adultes, et qu'en la circonstance on pourrait épiloguer sur la peur et le refus de la sexualité.

En 1934, paraît *Mary Poppins*, le premier d'une série de cinq romans due à Pamela Travers. L'originalité du livre, écrit avec légèreté sur un ton chaleureux, réside précisément dans la manière d'intégrer un merveilleux à consonance comique à la vie quotidienne. Pamela Travers ne crée pas un monde imaginaire à l'écart du nôtre. L'action se déroule dans le monde réel où la fonction du personnage au pouvoir magique est de briser la monotonie et de répandre la fantaisie dans un foyer soumis à des règles strictes inféodées aux seules préoccupations matérielles.

A l'égal du roman réaliste de la même époque, *Mary Poppins* exprime une joie de vivre qui renvoie à une société sûre de ses valeurs et confiante en son avenir. Cependant, à la différence des autres héros juvéniles qui gagnent en indépendance, l'enfant, ici, reste sous le contrôle étroit de l'adulte. En compensation, l'auteur introduit la fantaisie dans sa vie sous la forme d'un adulte à son image, épris d'imprévu et de fantaisie, et doué de pouvoirs magiques. C'est grâce à Mary Poppins que les enfants « Banks » (leur père travaille dans une banque) s'arrachent à l'atmosphère terre-à-terre que font régner des parents matérialistes, la bouche toujours pleine de recommandations. Avec la nurse, tout devient enfin possible comme, par exemple, de décoller du plancher pour prendre le thé au plafond.

Mary Poppins et ses mauvaises humeurs ne s'oublient pas facilement. Insolente et coquette à sa façon des plus archaïques, elle ressemble à une grande et mince poupée de bois. Elle a un nez en trompette. Elle porte un chapeau à fleurs; dans une main, elle serre un sac, dans l'autre un parapluie. Elle vous remonte sans aucun effort une rampe de bas en haut. On ne sait d'où elle vient. A-t-elle été amenée par le vent d'Est, repartira-t-elle avec le vent d'Ouest ? Bouffée d'air frais dans la représentation conformiste d'une vie quotidienne, cette fantaisie verra plus tard son succès confirmé par l'adaptation des films Walt Disney.

Un an après la parution de *Mary Poppins*, John Masefield publie une suite à *Midnight Folk*, intitulée *The Box of Delights* (1935), roman où l'auteur mêle encore la magie à l'aventure. Le récit, joliment écrit dans un style parlant et simple, s'insère dans la tradition des œuvres d'Edith Nesbit : il appartient donc à la « *holiday romance* » de type merveilleux.

L'histoire se passe pendant les vacances de Noël. Les héros d'Edith Nesbit pénétraient dans un royaume imaginaire pendant les vacances, ceux de Masefield au cours de la nuit. Cependant, chez Masefield, les rapports entre réel et merveilleux se resserrent. Edith Nesbit invente de toutes pièces des créatures fantastiques, chez Masefield ces créatures sont ces mêmes êtres, hommes ou bêtes (entre autres des chats), que le héros côtoie pendant la journée. De même, les « objets » fabuleux du Pays des merveilles appartenaient à la vie courante : un chapelier; un chat, un jeu de cartes… A son réveil, le petit Kay Harker se souvient parfaitement de ses évasions nocturnes. Kay combat en fait sa détestable gouvernante au cours de ses aventures oniriques qui interagissent avec la vie diurne – elles tournent autour d'une chasse au trésor et d'une très utile boîte à délices (cette boîte magique permet de retourner au temps du roi Arthur et de ses chevaliers) que convoitent les méchants. Ladite dame ne ressemble en rien à Mary Poppins : en effet, elle se transforme la nuit en sorcière, tandis que le garde-chasse se métamorphose en sorcier. Leurs humeurs, le jour, subissent le contrecoup de leurs défaites de la nuit. Déjà

E.T.A. Hoffmann avait relié le fabuleux au réel (*Casse-Noisette*, *Nussknacker und Mäusekönig*, 1816-1817), grâce au personnage de Drosselmeier, parrain le jour d'un couple de petits héros des deux sexes que les rêves de la fillette transforment la nuit en créature sinistre.

La lutte du Bien contre l'Oppression et le Mal, telle que la suggère déjà John Masefield, sera admirablement racontée par J.R.R. Tolkien avec *Bilbo le Hobbit, Histoire d'un aller et retour* (1937), qu'il amplifiera dans les trois volumes du *Seigneur des Anneaux* (*The Lord of the Rings*, 1954), lus aujourd'hui par une foule d'adolescents (et d'adultes) et traduits dans le monde entier. Tolkien a écrit *Bilbo le Hobbit* pour les enfants, en particulier pour son fils; sans doute faut-il concevoir cette œuvre comme une introduction à l'imaginaire et à la poésie, au-delà de son message moral évident. C'est probablement à l'image des enfants, qu'il a engendré les « hobbits », qui, malgré leur petite taille, sont les véritables héros de cette épopée grandiose.

Chez Tolkien, tous les moyens poétiques, le choix des héros, les paysages, les phénomènes atmosphériques sont tributaires de la donnée morale. Ainsi le concept se traduit-il sur le plan formel par un choix et un dosage des traits surnaturels. D'une part, un merveilleux qui accuse l'influence de la tradition pré-chrétienne occidentale sous-tend le monde du Bien. Celui-ci est décrit avec une précision telle qu'il semble seul affirmer son droit à une claire existence. De l'autre côté, un surnaturel inquiétant, mais très vague, plonge l'univers du Mal dans l'ombre et l'indicible. Les héros de la liberté ont une individualité tranchée, les fauteurs du Mal sont des cavaliers noirs sans regard ou l'ombre cuirassée de rois jadis maudits. Les forces au service du bien opposent donc leur matérialité à l'imprécision des êtres maléfiques. Seul Saruman, le magicien perverti opposé à Gandalf, mentor des bons, le seul Saruman, donc, thaumaturge de l'univers semi-inconsistant du mal (vision reprise bien plus tard par Stephen King dans le *Ça*) a quelque épaisseur.

L'originalité de l'œuvre de Tolkien repose, entre autres, sur une interpénétration constante du merveilleux et du réalisme. Le merveilleux du célèbre linguiste d'Oxford relève de la tradition celtique, germanique et scandinave transformée par un contenu nouveau et une imagerie sur laquelle a déteint le monde moderne. Elfes, trolls et nains semblent avoir perdu leur contour mythique en ce qu'il avait d'humainement indéfini. Ils en conservent pourtant une sorte d'aura poétique. Cette adaptation, toute personnelle, des peuples de légende, leur donne une densité exceptionnelle. Le souvenir émanant des traditions, donc, et l'épaisseur quotidienne se fondent en eux intimement. Ils ont acquis une psychologie individuelle. Ils n'ont rien de commun avec les fées et autres silhouettes évanescentes des contes du passé. Ils ne sont pas des instruments de la destinée, mais les artisans de leur sauvegarde et leur choix, perpétuellement remis en question selon une optique quasiment existentielle, fait tout le ressort de l'action. Dans la dualité du monde héroïque, Tolkien ne choisit pas les fondateurs, ceux dont la victoire est d'avance assurée, mais bien au contraire les acteurs d'un combat douteux, les plus proches possibles de l'humain. Les éléments du merveilleux païen s'effacent dans un surnaturel plus vaste, dû à la seule imagination de son auteur, une féerie originale qui relève des *Mille et Une Nuits*, d'une sorte de fiction plus étiologique, profondément engagée dans son contexte magique bien qu'exaltatrice, paradoxalement, du libre arbitre. Tolkien déguise les découvertes techniques et scientifiques du monde contemporain qu'il haïssait en raison de la destruction du paysage par la société industrielle, sous des formes fabuleuses souvent maléfiques. Ainsi, dans le « Nagzul », immense reptile ailé, membrane lisse et nauséabonde, soudain posée à terre comme une nuée enveloppante, au grand effroi des êtres que son approche assourdissante plaque au sol, je verrais volontiers l'image de bombes et d'avions. Et les « palantir », ces pierres « voyantes » qui permettent d'observer les mouvements de l'ennemi, n'évoquent-elles pas le radar ? Des épisodes comme la traversée des Marais des morts renvoient aux expériences que Tolkien a affrontées dans les tranchées lors de la bataille de la Somme, épisode effroyable du premier conflit mondial.

Une imagination sans égale a donc appelé à l'existence une cosmogonie extraordinaire par sa puissance de conviction, son ampleur, sa cohérence et sa précision jusque dans les moindres détails. Ce monde construit et imaginaire finit par être plus présent que le nôtre et le lecteur (en particulier anglophone) n'échappe pas à son envoûtement.

L'univers fabuleux de Tolkien a sa chronologie, son histoire, une géographie précisée par des cartes, jointes à chacun des trois copieux volumes du *Seigneur des Anneaux* et auxquelles il faut s'arrêter pour suivre le déroulement de l'action. Le principe de ces cartes sera repris par de nombreux successeurs de Tolkien dans le genre de la fantaisie héroïque (Ursula Le Guin, Philip Pullman...).

Outre les hommes, quantité d'êtres animent ces terres nouvelles, elfes, nains, trolls, hobbits. Le degré de parenté avec le type humain assigne à chacun de ces peuples son rang selon une hiérarchie avant toute morale. Ils parlent chacun une langue propre, attestée par des ballades et des ritournelles reproduites par l'auteur dans des « originaux » imaginaires, mais linguistiquement cohérents.

Les héros, Bilbo Baggins et son neveu Frodo, appartiennent au peuple des hobbits. Ceux-ci sont de joyeux bonhommes, plus courts et plus agiles que les nains, des artisans pittoresques et truculents, naïfs et blagueurs, qui font contraste au milieu de personnages sages et majestueux. Leur agressivité se « réduit » au colportage de potins. Bilbo et Frodo font exception, car ils s'intéressent aux choses de l'esprit. *Le Hobbit* raconte comment Bilbo, qui rêve d'une vie paisible, sera poussé à anéantir dans sa caverne le dragon Smaug, gardien de trésor et qui terrifie l'audacieux qui s'en approche.

A l'entrée du *Seigneur des Anneaux,* le lecteur apprend que Bilbo n'a jamais révélé à ses concitoyens, comment un jour, au cours d'une expédition, il a enlevé un anneau à une très étrange créature, le Gollum, espèce de hobbit déchu qui vit à l'abri de la lumière et se nourrit de poisson cru (trait révélateur du refus de l'Orient ici le Japon par Tolkien). Gandalf, figure prééminente d'une sorte d'ordre des mages, a seul découvert la valeur de cet anneau, et l'histoire commence quand il force Bilbo à le remettre à son jeune neveu. Gandalf révèle alors à ce dernier qu'il tient là l'anneau unique qui gouverne tous les autres anneaux du pouvoir. C'est l'arme la plus puissante de Sauron, le Mal, qu'il forgea lui-même autrefois dans le creuset cosmogonique de la Montagne de feu, en son pays de Mordor. La perte de l'anneau a affaibli le pouvoir de Sauron, qui déclenche la guerre pour le récupérer. De son côté, le Grand Conseil des Peuples Libres décide la destruction de l'anneau. Frodo est chargé de la périlleuse mission.

Sans doute pourrait-on reprocher à l'épopée de Tolkien (par ailleurs presque exclusivement virile) d'appuyer sur l'acceptation de l'ordre établi. Pourquoi un ébranlement de forces énormes ne doit-il aboutir qu'à rétablir l'ordre ancien, une société de bons et de méchants fixée une fois pour toutes ? La vision morale de Tolkien se nourrit de passé et de légendes, elle n'entrevoit pas un avenir dynamique. A la différence de celles qui l'ont inspirée, la mythologie d'invention de Tolkien est, à s'en tenir au *Seigneur des Anneaux*, acyclique.

Le Hobbit ne connaîtra une large diffusion qu'après la guerre. Entre-temps, d'autres romanciers nouent à leur tour des histoires autour des « petits peuples », entre autres BB' (= D.J. Watkins-Pitchford), qui conte très joliment dans *The Little Grey Men* (1942, Carnegie Medal) l'histoire des derniers gnomes de Grande-Bretagne. On trouve déjà cette fusion entre la fantaisie et l'Histoire dans le *Puck of Pook's Hill* (1906) de Ruddyard Kipling. Puck, un être fabuleux, y incarnait l'esprit de la vieille Angleterre. Il retraçait au profit de deux enfants le passé historique et légendaire du Sussex (où l'auteur vécut les trente dernières années de sa vie). L'amour des lieux stimulait le retour dans le temps. Par l'évocation de sa région, Kipling voulait montrer que l'hiatus entre hier et aujourd'hui est au fond inexistant. Chez BB', il faut bien reconnaître cependant que l'évocation de la campagne anglaise l'emporte sur l'inventivité fictionnelle.

La fantaisie historique

L'imagination prend plaisir à se replonger dans l'Histoire. Le retour au passé, en dehors des romans proprement historiques, est un élément narratif dont les écrivains feront, quoique dans un esprit différent, un usage toujours plus fréquent.

Déjà au début du siècle, Edith Nesbit ajoute une dimension imaginaire au roman. Certains de ses héros voyagent dans le temps, ceux du *Secret de l'amulette* (*The Story of the Amulet*, 1906), par exemple, quittent le XXᵉ siècle et font connaissance avec l'Egypte ancienne, Babylone, Rome, tandis que la reine de Babylone visite Londres au début de ce même XXᵉ siècle. Assurément, ces bonds dans le temps ravivent la fantaisie, mais ils participent d'un simple jeu. Les héros passent d'une époque à l'autre, mais ne s'attardent guère à les comparer. Ils vivent dans le présent tout en jouissant de vacances agréablement agrémentées par de quotidiennes excursions vers un temps reculé. Pour ces voyageurs dans le temps et pour le lecteur, l'apport de tels déplacements est donc encore de pur divertissement.

T.W. White nous renvoie au passé dans un esprit encore plus ludique que E. Nesbit. Mythe et Histoire se mélangent dans *L'Epée dans la pierre* (*The Sword in the Stone*, 1938), roman repris rapidement par les collections de jeunesse,[17] qui raconte l'éducation, sous la houlette de Merlin, du jeune Arthur avant que l'adolescent ne soit fait roi. Merlin lui apprend le monde en le métamorphosant en divers animaux. De ces constantes mutations, en mammifères, en reptiles, en oiseaux et poissons, Arthur tire et développe sa sagesse.

L'humour de l'écrivain relève d'un recours constant à des anachronismes empreints de *nonsense* (d'absurde). L'histoire se déroule il y a bien longtemps, mais les allusions, références, parodies nous ramènent à notre époque : ainsi Merlin ne peut abandonner sa charge sans donner un préavis d'un mois; de même, le magicien possède la quatorzième édition de l'*Encyclopedia Britannica*. Cependant, notre enchanteur avance à reculons dans la vie. Il regarde en arrière, jamais en avant. Il ne dispose pas de la prescience. S'il sait ce qui est arrivé, il ne peut prévoir l'avenir. Son amalgame des époques l'amène à commettre des erreurs, source féconde de comique dans ce roman dont la dimension parodique, selon la sensibilité de chacun, apparaîtra auprès de maints bons esprits comme le rafraîchissement original et bienvenu d'une matière éculée.

Inversement, le retour au passé peut prendre aussi une dimension tragique. Penelope Taberner, héroïne de *A Traveller in Time*, 1939, d'Alison Uttley, roman maintes fois republié jusqu'à nos jours, connaît le cours de l'Histoire car elle vit essentiellement au XXe siècle. Elle n'ignore donc pas que le complot auquel elle participe, mis sur pied pour sauver Marie Stuart, reine d'Ecosse, doit nécessairement échouer. A première vue, le suspense semble devoir être freiné par cette donnée romanesque, mais il n'en est rien. L'imagination de l'auteur se déploie surtout à partir du décor, une vieille ferme du XVIe siècle, située dans le Derbyshire (où l'auteur a passé son enfance) et les allers et retours entre la ferme d'autrefois et celle d'aujourd'hui suffisent à relancer l'attention du lecteur. Comme dans *Puck of Pook's Hill*, le décor, la survivance des lieux à la source de l'inspiration narrative, sert à assurer la continuité entre les époques. Paradoxe du livre d'Alison Uttley : si les événements sont prédéterminés, pour la déception du lecteur, les changements à vue compensent le déjà connu.

---

17   La « Bibliothèque verte » (Hachette) a publié à la suite de *Merlin l'Enchanteur* (1963), film d'animation des studios Walt Disney, *L'épée dans le roc* (1965), première traduction française intégrale du premier volet de la série de cinq romans consacrés par White entre 1938 et 1977 au cycle arthurien.

Le tragique provient également du fait que quant l'héroïne vit dans le passé, elle y vit à l'unisson de ses contemporaines du moment. Elle pense, s'attache et souffre à l'égal de n'importe lequel d'entre eux. Contrainte à un choix douloureux, elle finit par renoncer à l'homme qu'elle aime dans le passé, Francis Badington, pour retourner définitivement au temps qui l'a vu naître. C'est le principe d'une sorte de « *howdunit* », anticipatif (cf. les romans ou films policiers dans lesquels on sait d'avance qui a tué).

A Traveller in Time est une narration dense, poétique et émouvante sur la perception du temps. Ce roman original est en avance sur son époque. Alors que chez Edith Nesbit, le voyage magique était encore un passe-temps divertissant et instructif, chez Alison Uttley il se répercute sur la vie réelle de l'héroïne. Quand Pénélope, comme dans un rêve « qui abolit le temps et l'espace », distingue à peine ce qui appartient au passé et au présent, elle préfigure les héros de Lucy M. Boston (*The Children of Green Knowe*, 1954) ou de Philippa Pearce (*Tom et le Jardin de Minuit*, 1958). Remarquons pourtant que Pénélope garde assez de conscience pour opérer un choix, sortir d'un dilemme.

La fantaisie animalière

Les animaux parlants de la fable et du conte traditionnels sont, à l'aube de la littérature enfantine, le moyen utilisé en vue d'une transmission peut-être lénifiante au jeune lecteur d'une réalité cruelle. Symboles de vices et de vertus, ces animaux parlants n'en constituent pas moins le premier élément merveilleux admis par les pédagogues de l'époque. Au XVII⁰ siècle, on adapte pour la jeunesse les fables d'Esope, et Charles Perrault fait dialoguer le loup et le chat avec les humains. Plus tard, au XIX⁰ siècle, le Pinocchio de Collodi se laisse piéger par les adroites répliques d'un chat et d'un renard. Au XX⁰ siècle, les albums du père Castor, alias Paul Faucher (dont les deux premiers paraissent en 1931), et ceux de Babar (au nombre de six avant la Guerre de 40) que publie à partir de 1931 Jean de Brunhoff, ramènent en force les animaux doués de parole. Babar, l'éléphant bon et fort, habillé de vert et avec un chapeau melon, a depuis fait le tour du monde. Il avait déjà avant-guerre son abc : les animaux nous ont ainsi appris à lire !

Dès 1934, Marcel Aymé conjugue les animaux parlants et les enfants. Il publie alors la première de ses histoires centrées sur deux fillettes gaies et insouciantes, Delphine et Marinette. Cette histoire fut regroupée avec d'autres récits de la même veine parmi les *Contes du Chat perché* (1939) « écrits », précisa l'auteur, « pour les enfants âgés de quatre à soixante-quinze ans ». Ces récits d'inspiration rurale sont par leur humour et leur poésie un chef-d'œuvre de la littérature pour petits et grands. Marcel Aymé donne une présence inoubliable à des animaux magnifiquement individualisés par leur langage, entre autres les animaux de la basse-cour : le Coq, la Vache, le Canard philosophe, le Chat, mais aussi à ceux que les fables nous ont rendus familiers : le Loup, le Paon... On les entend si bien qu'ils sont inoubliables.

Chez Marcel Aymé, à la différence de la fable et du conte traditionnels, le rôle de l'animal n'est pas d'adapter l'enfant au monde en le mettant en garde contre les périls qui le guettent, mais bien de l'aider à se révolter contre lui en se libérant de la présence contraignante de l'adulte. Le monde merveilleux de l'écrivain français est un havre compensatoire et consolateur. Les animaux de la ferme se solidarisent pour soutenir les fillettes dans leur désobéissance à d'injustes parents. Les bêtes sont ainsi devenues les alliés naturels des enfants, puisqu'elles parlent et souffrent elles aussi de la stupide arrogance, de la stérilité des adultes. Ils font montre d'une étonnante ingéniosité quand ils poussent les deux petites à résister à des bourgeois matérialistes, sans fantaisie et vindicatifs. Cette spirituelle satire de l'éducation laisse peu de place au discours prévisible de l'adulte, individu conventionnel aux idées toutes faites. A force d'accumuler mises en gardes et interdictions, les parents perdent leur crédibilité et se transforment en comiques fantoches. Au contraire des animaux, ils n'avouent ni leurs torts ni leurs faiblesses.

L'auteur des *Contes du Chat perché* a mis une langue créatrice, imagée et savoureuse au service d'une substance narrative féconde. Les mots ici recouvrent le problème de l'identité, du mal, de la bonté, de la liberté et de la mort. Bref, les grands problèmes moraux.

Le Petit Prince d'Antoine de Saint-Exupéry (publié en 1943 à New York), fable mythique et initiatrice, nous éloigne des récits animaliers de Marcel Aymé. Et pourtant, c'est encore grâce à des entretiens avec un animal, le renard, que le petit extraterrestre perce le mystère du monde et de la nature humaine.

Saint-Exupéry exprime sa nostalgie de l'amitié en filigrane de l'affection qui unit son petit héros à un fennec. Le Petit Prince s'emploie à apprivoiser le renard pour que l'un ne puisse se passer de l'autre.

Un jour, fuyant son minuscule astéroïde, le héros accompagne des oiseaux migrateurs et débarque sur notre terre en plein Sahara. Il y retrouve l'aviateur Saint-Exupéry et lui raconte comment il a visité six planètes avant de rejoindre la terre et rencontré un roi, un vaniteux, un ivrogne, un homme d'affaires, un allumeur de réverbères (passage très poétique qu'affectionne le public enfantin), un géographe et des créatures étranges, dont le renard.

Le Petit Prince est un être doux et tranquille. Il aime la solitude, et s'il a quitté la petite planète dont il était l'unique habitant, c'est à la suite de malentendus avec une rose qu'il soignait avec amour. Cependant, à la fin de l'histoire, il veut regagner son minuscule astéroïde.

La fable de Saint-Exupéry s'écoute et se lit à des niveaux différents. Le lecteur enfant en apprécie surtout le ton familier, une langue alerte et poétique, sans oublier les dessins de l'auteur; l'adulte, à l'écoute des sérieuses questions existentielles que se pose le héros sur son identité et les choses essentielles de la vie, se laisse gagner par la portée philosophique de l'histoire. Accessoirement, on peut relever que l'auteur – un des premiers ou le dernier ? – a introduit le voyage interplanétaire dans la fable.

Ce récit célèbre achève en quelque sorte l'époque de l'affabulation merveilleuse, celle du jeune protagoniste vu de loin et idéalisé dans son éloignement. L'enfant, dans le livre, apparaît comme le refuge de l'adulte. Les auteurs de fictions magiques semblent éprouver le besoin de maintenir le plus longtemps possible les enfants dans un Eden, un monde meilleur que le nôtre, où ils les font vivre à l'écart de leurs aînés. Peu pressés de voir grandir des êtres bons par nature, que la société n'aurait pas encore contaminés, ils en rapportent les aventures entreprises généralement pour le simple divertissement et en toute indépendance. La tension de l'adulte à la recherche d'un ailleurs ou simplement d'autre chose, tension à la fois sous-jacente et soigneusement évacuée du récit, reste encore, de la sorte, travestie en pure distraction.

L'après-guerre et la reconstruction (1945-1960)

Quiconque se reporte à l'immédiat après-guerre s'interroge, avant même d'ouvrir les livres, sur les effets de la conflagration mondiale en ce qui regarde la littérature de jeunesse. D'emblée, les questions affluent : à quelle espèce de récits pouvait-on s'attendre ? Les œuvres ne parleraient-elles que de l'effroyable conflit, ou bien au contraire l'ignoreraient-elles pour épargner la sensibilité des jeunes ? Marqueraient-elles une définitive rupture avec le climat serein et joyeux des romans de l'avant-guerre, ou bien les écrivains, soucieux d'une reconstruction fondée sur la compréhension entre les peuples, s'emploieraient-ils à présenter l'image d'un monde offrant sécurité et espoir ? Ne feraient-ils pas une nouvelle fois confiance à cette idéalisation de l'enfant, rédempteur bon et innocent ? Mais était-il encore possible de montrer, au sein d'un univers idyllique ou presque, des enfants insouciants, passionnés en priorité par leurs entreprises aventureuses alors que tant de jeunes venaient d'être confrontés à d'énormes souffrances et seraient soumis à l'ébranlement de l'ordre familial, aux dures conditions de l'après-guerre porteuses de bouleversements économiques et sociaux ? Comment définir dorénavant le Bien et le Mal, dont la conception sous-tend depuis toujours le développement de la littérature de jeunesse ?

Un fait semble établi : après un ralentissement de la production et la destruction de nombreux stocks pendant la guerre, l'intérêt pour les lectures juvéniles se ranime. La natalité augmente et la prévision d'un plus grand afflux de jeunes lecteurs stimule les investissements dans des bibliothèques spécialisées. Citons, parmi d'autres, la Bibliothèque Internationale de la Jeunesse (à Munich) qui voit le jour en 1949. Créée par Jella Lepman (voir plus bas), cette bibliothèque est aussi un centre d'information, de documentation et de promotion de la littérature de jeunesse.

Par ailleurs, des institutions officielles soutiennent l'organisation de congrès. Aux Pays-Bas, le premier de ces congrès, « Livre et Jeunesse » (« *Boek en Jeugd* ») se tient en 1951. Tandis que le marché des livres s'élargit, les critiques s'attellent à un travail d'analyse et de sélection. En 1949, le *Times Literary Supplement* s'assortit d'un *Children's Books*

Supplement; en 1953, Gallimard crée la Bibliothèque Blanche réunissant des récits de qualité. La même année, la création, sur l'initiative de Jella Lepman (journaliste allemande que le racisme avait forcée à émigrer aux Etats-Unis et en Grande-Bretagne), de l'IBBY, organisme international destiné à promouvoir et à répandre des œuvres de bon niveau, montre que le livre de jeunesse est considéré maintenant comme un secteur clef dans la logique de la préoccupation, toujours réaffirmée, d'une meilleure compréhension entre les peuples. C'est dans ce même esprit qu'est fondé en 1956 le Prix H.C. Andersen, attribué tous les deux ans à un auteur ou à un illustrateur par un jury international.

Qu'en est-il des œuvres ?

La fiction réaliste

La prise en compte de la Seconde Guerre mondiale

Sans doute peut-on s'en étonner, mais la guerre de 1940-1945 n'aimante pas encore beaucoup d'écrivains : « La plupart des romans inspirés par la Seconde Guerre mondiale ne paraissent pas, à chaud et sans recul, immédiatement après les événements, mais à partir de 1960. Traduits d'une langue à l'autre, ils représentent aujourd'hui une part non négligeable des meilleurs récits pour les jeunes. »[1]

Cependant, quelques œuvres intéressantes voient le jour dès les années quarante. *La Maison des Quatre-Vents* (1946), roman de Colette Vivier, est considéré en France comme le meilleur roman pour l'enfance sur la Résistance.[2] C'est, en effet, un récit captivant et varié. L'histoire se passe à Paris, en 1943, sous l'Occupation, dans un immeuble bourdonnant de vie, situé rue des Quatre-Vents. En harmonie avec *La Maison des Petits-Bonheurs*, mais dans une coloration plus sombre ou plus tragique – Occupation oblige –, Colette Vivier retrouve le microcosme post-naturaliste du logement parisien. Les habitants, pour la plupart de fervents

---

1   G. Ottevaere-van Praag, « Le passé et sa transmission dans le roman contemporain pour la jeunesse (roman d'atmosphère historique, roman réaliste et roman merveilleux », in *Compar(a)ison*, Peter Lang AG, European Academic Publishers, Berne, II/1995, p.137.

2   Voir dans le numéro spécial de *La revue des livres pour enfants* consacré à Colette Vivier et à Charles Vildrac « *Lire Colette Vivier aujourd'hui, Rencontre avec Bernard Epin* », n°141, automne 1991, p.86.

patriotes solidaires les uns des autres, vont et viennent à l'insu d'un couple de collaborateurs dont le fils, parfait petit nazi, finira par dénoncer une famille juive. Bien avant le héros des *Allumettes suédoises* (1969)[3] placé dans des circonstances analogues de séparation dramatique, Michel, le personnage central de Colette Vivier, est plongé dans la tristesse par le départ forcé de son ami Georges, poursuivi par les nazis.

Michel, adolescent passionné et enthousiaste, veut prendre part à la lutte contre l'Occupant. Ce garçon de douze ans qui voue une franche admiration aux Résistants et s'identifie en particulier à l'un d'entre eux, Daniel, en vient à accepter des missions dangereuses (la transmission de messages) qui lui valent d'être interrogé par la *Kommandantur*. Au sortir de ces épreuves, il a définitivement quitté l'enfance. Le principe de maturation, qui deviendra fondamental, est donc acquis dans un plein réalisme dès 1946.

Colette Vivier s'attache l'intérêt du lecteur par une évocation très juste des rapports entre grands et petits, entre Michel et sa mère, par exemple, ou entre enfants (Michel et Georges, Michel et son petit frère). L'attitude à l'égard de l'Occupant allemand commande les relations des adultes entre eux. Elle est clairement mise en évidence un soir de Noël, quand tous les habitants de l'immeuble se rassemblent et apportent leur quote-part à la fête, sauf les collaborateurs.

Quelques années avant Colette Vivier, Vercors avait publié clandestinement, en pleine guerre, *Le silence de la mer* (1942; porté à l'écran en 1948). L'entrée de ce roman, à une date ultérieure, dans les collections de jeunesse s'explique par le style sobre et poétique ainsi que par « l'immédiateté » des personnages, présentation et encombrement descriptifs étant réduits au minimum. Le roman fait place au monologue d'un jeune officier allemand. Muets, un vieil homme et sa nièce, des Français (obligés à l'héberger) l'écoutent. L'auteur y suggérait que la

---

3   Roman de Robert Sabatier repris plus tard par l'édition de jeunesse. Notons que maint roman transfuge accueilli en collection adopte le point de vue juvénile. Les éditeurs de ces collections tiennent également compte de la réalité perçue par le protagoniste. Voir à ce propos, G. Ottevaere-van Praag, *Le roman pour la jeunesse*, Berne, Peter Lang AG, 1996, p.38-40.
     Robert Sabatier revisite avec nostalgie le Paris des années trente à travers le regard d'un enfant de dix ans, Olivier. Les pérégrinations de celui-ci dans les rues de Montmartre l'amènent à rencontrer toutes sortes de figures insolites et pittoresques.

résistance aux horreurs de la guerre tenait également à d'éventuelles relations de fraternité implicite entre Français et Allemands.

L'enfant, quand il est le héros d'œuvres inspirées par le dernier conflit, devient à la fois le symbole de la protestation contre un monde en crise et celui de l'espoir en un monde meilleur. C'est par exemple, à travers le regard vierge d'un orphelin que le Calvino néoréaliste de la première manière veut stigmatiser la guerre.[4] Pin, protagoniste du *Sentier des nids d'araignées* (*Il sentiero dei nidi di ragno*, 1947) œuvre bien connue des collégiens italiens, évolue au milieu des résistants. Il s'interroge sur les mobiles pas toujours désintéressés de leur engagement. Pin subit le mal (le déchaînement de la violence, les raisons impures des actes accomplis), mais conserve sa pureté. Animé à la fois par un besoin inassouvi de tendresse et par le refus de son sort, il se réconcilie pourtant avec la société après sa rencontre avec un résistant solitaire comme lui, individualiste, courageux et honnête, qu'il pourra aimer et admirer.

Ecrit par l'adolescent lui-même, en l'occurrence par une jeune fille entre sa treizième et quinzième année, *Le Journal d'Anne Frank* (*Het Achterhuis,* ou « l'arrière-maison », traduction littérale du titre original) voit le jour en 1947, grâce aux soins du père d'Anne, seul rescapé d'une famille de quatre. Dix-sept ans plus tard, le livre en était déjà à sa 35ᵉ édition, avec trois millions d'exemplaires vendus ! Ce « journal » est encore à l'heure actuelle un des livres les plus lus par les adolescentes allemandes entre douze et quatorze ans.[5]

Les meilleurs romans sur la guerre de 1940-1945 ont été, pour la plupart, écrits par ceux qui ont été mêlés, de près ou de loin, aux événements. Son caractère autobiographique confère au « Journal » d'Anne Frank, née à Francfort en 1929 et réfugiée à l'âge de quatre ans aux Pays-Bas, une dimension tragique. Le lecteur est frappé par le rendu dans une écriture juvénile sans fioritures, de faits terrifiants présentés avec une totale absence d'emphase. Son émotion naît précisément du ton naturel, presque brusque, de ce vécu au jour le jour du temps de guerre,

4   G. Ottevaere-van Praag, *La signification du personnage de l'enfant dans la littérature italienne du XXe siècle*, étude déjà citée, Rassegna di pedagogia, p.284
5   *Literatuur zonder Leeftijd* (« La littérature sans âge »), été 1994, p.49.
     On continue à porter *Le journal d'Anne Frank* à l'écran. Il serait encore, après la Bible, le livre le plus traduit et le plus lu au monde, en particulier par les jeunes. Les Néerlandais considèrent Anne comme une héroïne nationale.

net d'exaltation et aussi, somme toute, d'insistance dans l'indignation. Anne Frank n'accuse pas, elle observe et constate : « Aujourd'hui, je n'ai que des nouvelles déprimantes à t'annoncer. Beaucoup de nos amis juifs sont petit à petit embarqués par la Gestapo, qui ne les ménage pas, loin de là; ils sont transportés dans des fourgons à bétail à Westerbork, au grand camp pour les Juifs, dans la Drenthe. »[6] Anne se demande comment cela doit se passer « dans les régions lointaines et barbares dont Westerbork n'est que l'antichambre ? Nous n'ignorons pas que ces pauvres gens seront massacrés. La radio anglaise parle de chambre à gaz. »[7]

Anne Frank est probablement la première jeune protagoniste (ici, simultanément, l'auteur) à recourir à un « journal » – son père le lui a offert le 12 juin 1942 à l'occasion de ses treize ans – pour confier à une amie imaginaire, Kitty, ses problèmes intimes et sa vision du monde. Elle y raconte au fil des jours son existence clandestine à Amsterdam, dans « l'arrière-maison » (à vrai dire un logement dérobé dans un immeuble de bureaux) qu'avait fait ménager un père prévoyant, échaudé dès 1933 par les lois raciales d'Hitler. Son Journal constitue, comme on sait, un document exceptionnel sur la Seconde Guerre mondiale et en particulier sur le sort réservé aux Juifs, mais il focalise également l'intérêt sur le cheminement vers la maturité d'une adolescente intelligente, vive, attentive et douée d'humour, que les circonstances ont placé dans des conditions exceptionnelles. Le contraste saisissant entre son amour de la vie et le sort qui l'attend rend la lecture du Journal poignante. Confinée dans un espace étroit, Anne a tout loisir d'analyser « son âme », d'observer ses parents, sa sœur Margot de trois ans son aînée, ainsi que les membres de la famille van Daan; le père, proche collaborateur commercial de M. Frank, la mère et Peter, leur fils de seize ans à qui Anne ne trouve aucun attrait. Quant aux parents de Peter, elle leur reproche leur esprit moralisateur. Seule enfant parmi les adultes dont elle se sent incomprise, elle en est réduite à s'adresser à elle-même. Elle ne supporte pas les querelles de ces adultes à bout de nerfs, exacerbés par leur enfermement, et encore moins de ne pouvoir leur faire des remarques. Si elle s'étonne de haïr parfois sa mère dépressive, en revanche, elle exprime de l'affection pour sa grand-mère.

---

6   *Le journal d'Anne Frank* (*Het Achterhuis*), Gallimard, coll. Mille Soleils, 1981, p.50.

7   *Ibid.*, p.50-51.

Elle nous renseigne sur ses activités intellectuelles et ses préférences en matière de livres. Elle lit *La belle Nivernaise* d'Alphonse Daudet et en traduit un chapitre. Elle étudie le français et « ingurgite » tous les jours cinq verbes irréguliers. De la romancière hollandaise Cissy van Marxveld, elle « adore » la série des *Joop ter Heul*, romans pour jeunes filles très populaires à leur époque et encore lus aujourd'hui. Elle collectionne les images de stars. Son père, qu'elle aime et admire beaucoup, lui lit Gœthe et Schiller. Adolescente, donc, au moins bilingue et cultivée.

Ainsi, en dépit de sa solitude et de sa connaissance du sort réservé aux Juifs, Anne exprime encore sa joie de vivre. Elle s'efforce de ne faire aucune place au désespoir et s'émerveille de ne pas avoir renoncé à ses espérances. Ses observations sur autrui et sur elle-même, ses métaphores sont pimentées d'humour : « Se cacher et mener une vie clandestine sont devenus des concepts usuels, comme autrefois les pantoufles de Papa, qui devaient rester devant le poêle ». Résumant les opinions des interlocuteurs, elle les réduit en bloc à un porte-parole collectif, satiriquement intitulé « le logement secret ». Burlesque dépersonnalisation qui atteste *et* le talent *et* l'indépendance de l'auteur.

Son discours d'adolescente est marqué de contradictions. Ainsi, bien qu'elle ne se fasse pas beaucoup d'illusions, elle refuse la prépondérance de l'image du malheur et de la mort. Au contraire, elle cherche à nourrir sa foi dans la victoire finale du bien, c'est-à-dire de la paix et de la sérénité. On le voit, l'extrême richesse de ce livre aux multiples facettes, dépasse de très loin le « *pathos* » de situation atroce auquel on a trop souvent tendance à le limiter. Ainsi, l'Occupation mise entre parenthèses (exercice purement mental bien sûr), resterait avant tout le beau « roman » d'une évolution adolescente.

La vie des enfants « réfugiés », chassés de leur foyer par la guerre, leur difficile adaptation à de nouvelles conditions d'existence a été jusqu'à nos jours le sujet de maint roman. Si l'Angleterre n'a pas traversé les épreuves de l'Occupation, elle a subi sur son sol le contrecoup de la guerre. Les bombardements sur les villes séparent parents et enfants envoyés dans des familles d'accueil. Dès les premières années du conflit, des écrivains tel Noël Streatfeild, Pamela Travers... s'attachent à montrer la vie des « évacués ».

La petite fille de la ville de Liouba Voronkova (1948; trad. du russe), est un des meilleurs de cette longue lignée de récits sur les difficultés de l'adaptation à une nouvelle famille lors d'événements exceptionnels.

L'héroïne de Liouba Voronkova, Valia, une petite orpheline – sa mère est morte, son père mobilisé – est exilée de Moscou. Elle va devoir affronter une communauté paysanne qui lui est tout à fait étrangère. L'histoire se déroule en 1943 dans un village éloigné du champ de bataille. Fille d'ingénieur, sa culture et ses intérêts l'aideront à s'intégrer. Un commun amour de la nature va la rapprocher du grand-père. Valentine, enfant rêveuse, s'adapte petit à petit, après son expérience de l'exode, à sa nouvelle et paisible existence, heureuse de vivre au rythme des saisons et entourée d'animaux. L'auteur évoque avec une grande justesse la diversité des rapports de la fillette avec chacun des membres de sa nouvelle famille; d'abord sa future maman, puis trois enfants au début un peu trop moqueurs : deux sœurs, Thaïs « rousse et malicieuse », dont elle subit les continuels bons tours – la petite espiègle lui sert, par exemple, du sel dans son thé au lieu de sucre –, Groucha la paresseuse que rien ne parvient à intéresser, et enfin un petit frère.

Après la guerre, on encourage les enfants à prendre leurs responsabilités. Encore animé d'un esprit quelque peu moralisateur, Henri Winterfeld raconte comment des jeunes vont prendre eux-mêmes soin de leur ville lors de la disparition de leurs parents. *Les enfants de Timpelback* (*Timpetill*, 1948) renvoie à la grande confiance de l'écrivain allemand dans le dynamisme et le goût de l'initiative des « apprentis » de la vie. Parmi ces derniers, il fait une distinction entre les bons et les mauvais « bergers ». La population du bourg de Timpetill est révoltée par les continuels méfaits perpétrés par une bande de chenapans âgés de douze à treize ans. La bande des Pirates est dirigée par Oscar Stettner, costaud de quatorze ans dont même le père, un boucher, ne vient pas à bout. Thomas, treize ans, fils de cordonnier, adolescent bienveillant et sérieux, va organiser la résistance contre les Pirates. Il parvient à rétablir l'ordre. Les parents, qui s'étaient éloignés provisoirement pour faire valoir leur utilité, reviennent. Thomas a bien conscience d'avoir œuvré à une meilleure compréhension entre grands et petits. Malgré l'éloignement un tantinet artificiel des parents, qui nuit un peu au livre, relevons la première apparition de ces *bandes* appelées à jouer un si grand rôle dans la plus récente littérature juvénile.

Parallèlement au thème de l'intégration à un nouveau milieu, le roman de jeunesse enregistre quelques années plus tard celui de l'errance. Des enfants, victimes des circonstances de guerre, sont ballottés d'un endroit à l'autre. *Le poignard d'argent* (*The Silver Sword*, 1956), roman encore très populaire (recommandé aujourd'hui aux lecteurs de huit à douze ans) de Ian Serraillier est le premier roman anglais à initier les enfants à l'image de la guerre en Europe. Cette histoire passionnante, fertile en épisodes variés, décrit le voyage de trois petits Polonais. Accompagnés par un jeune orphelin, ils fuient leur pays dévasté pour rejoindre leurs parents en Suisse.

Sans jamais perdre l'espoir, ils apprennent à se débrouiller comme des adultes. Le contact avec des nationalités diverses élargit leur espace psychologique. Ecrit dans un esprit de tolérance, le livre veut faire comprendre que les hommes ne sont pas tous responsables des horreurs commises par les régimes politiques : « Je déteste les nazis qui emmenèrent Maman et Papa et firent sauter notre maison et détruisirent la ville. Mais tous les Allemands ne sont pas comme ça »[8], explique un des héros.

The House of Sixty Fathers (1956) de l'écrivain américain d'origine hollandaise Meindert De Jong (Prix H.C. Andersen en 1962), est le récit authentique des modernes tribulations en Chine d'un enfant perdu adopté par un détachement de soixante soldats américains avant qu'il ne retrouve ses parents.

Après la guerre et dans une sorte de corollaire littéraire à visée constructive, le thème de la liberté est devenu une valeur essentielle à défendre aux yeux des jeunes. Il est au cœur de deux récits, l'un allemand, l'autre italien, parus l'un et l'autre en 1949. Ici, la réalité est transposée chez les animaux.

C'est sur le mode humoristique qu'Erich Kästner (*La Conférence des animaux*, *Die Konferenz der Tiere*, 1949) dresse un réquisitoire contre les hommes, incapables de reconstruire la paix dans le monde. Ils sont surtout doués pour tenir des discours. Seuls les animaux sont en mesure de reconstruire. Aussi, venus de tous les continents, se réunissent-ils au Palais de Animaux afin de mettre en échec une de ces sempiternelles et vaines conférences des humains, en l'occurrence la 87e assemblée des chefs d'état qui doit se tenir au Cap. L'humour de l'écrivain découle des images d'un monde inversé où les hommes sont jugés par les bêtes

---

8   I. Serraillier, *The Silver Sword*, Puffin, 1960, p.114, Trad. G.O.-v.P.

(comme dans les images populaires du Monde à l'Envers de jadis ou chez Marcel Aymé, modernement) :

> C'est vrai qu'ils sont terribles. Et pourtant quelle belle vie ils auraient s'ils voulaient ! Ils nagent comme les poissons, courent comme nous, grimpent comme les chamois, et volent comme les aigles. Or, à quoi tout cela leur sert-il, je vous le demande ? – A faire des guerres, rugit Aloïs le lion. Des guerres. Des révolutions. Des grèves. Des famines. Des maladies nouvelles.[9]

Des allusions aux séquelles de la Seconde Guerre mondiale, aux milliers d'orphelins en Europe, aux millions de réfugiés en Allemagne de l'Ouest – beaucoup de vieillards et d'enfants – alimentent le propos :

> Quand Aloïs entra dans la chambre de ses enfants, ceux-ci se mirent à crier : S'il te plaît, lis-nous encore quelque chose ! Le père prit alors *Le Matin du Sahara*, leur dit : Tenez-vous tranquille ! et lut : Quatre ans après la fin de la guerre qui a détruit la moitié du monde et dont les conséquences sont actuellement encore incalculables, des rumeurs circulent selon lesquelles une nouvelle guerre serait en préparation dans le plus grand secret. En outre, …
> – Arrête, Aloïs ! dit sa femme. Ce ne sont pas des histoires pour les petits lionceaux.[10]

Quatre ans avant Kästner, Georges Orwell avait publié *Animal Farm* (1945), apologue célèbre où il dénonçait le totalitarisme soviétique. *La ferme des animaux* a été intégrée dans les collections pour la jeunesse.

Orwell, méfiant à l'égard de l'autorité et sensible aux injustices – on se souviendra de sa phrase « Tous les hommes sont égaux, mais il y en a qui sont plus égaux que d'autres » – faisait entendre qu'il ne faut pas se laisser faire si on veut sauver la démocratie. Au début du roman, un cochon très vieux recommande aux animaux de la ferme de se révolter contre les oppresseurs. Les bêtes chassent alors Mr. Jones, le fermier. Deux d'entre elles, les plus intelligentes, mènent la rébellion et prennent le pouvoir (Boule de Neige et Napoléon, deux jeunes porcs), mais le plus fort recourt à des traitements cruels et expulse le plus faible. Les animaux perdent la liberté et sont désormais soumis à une cruelle dictature.

Le castor Grogh et sa tribu (Prix Collodi attribué au meilleur livre italien pour la jeunesse en 1949), poétique roman d'Alberto Manzi – l'auteur était instituteur dans un pénitencier – adapté en français par Charles Vildrac et Suzanne Roelat – est fécondé comme celui de Kästner par une même valeur mobilisatrice, la défense de la liberté. Grogh

---

9   E. Kästner, *La Conférence des animaux*, Gallimard, Folio Junior, 1988, p.10.
10   *Ibid.*, p.11.

consacre toute son existence à lutter contre l'ennemi (le loup, l'homme, les éléments naturels) pour sauvegarder l'indépendance de sa tribu. Il apprendra aux siens à résister jusqu'au bout et lui-même sacrifie sa vie à son combat. La force émotive sécrétée par le récit, entre sciences naturelles et fantaisie, d'Alberto Manzi, suscite l'amour des animaux et de la nature.

Amadou le bouquillon (1951), récit poétique considéré par certains comme le chef-d'œuvre de Charles Vildrac renvoie à un univers champêtre sans grande violence, plus serein que celui du *Castor Grogh et sa tribu* : « Un monde qui ignore la ville, où les inquiétudes les plus fortes ne viennent jamais remettre en question un ordre fondamental. »[11]

Le héros de Vildrac, un bouquillon « Hélas ! il s'exposait en toute innocence aux plus grands dangers » prend graduellement conscience de ses responsabilités. Il s'initie à l'âge adulte en apprenant à se défendre contre les hommes, entre autres un boucher, exempts toutefois de grande férocité. Obligé de les fuir pour sauver sa vie, il renonce cependant à la liberté qu'il a trop brièvement savourée dans la forêt. En réalité, il a compris qu'il n'était pas fait pour mener une vie solitaire. Il intègre un troupeau et guidera les siens vers les Alpages.

Tout à l'opposé de cette vision optimiste qui se dégage du récit animalier pour enfants de Charles Vildrac, la sombre philosophie du bestiaire d'Orwell, *La ferme des animaux*, annonçait d'une certaine manière *Sa-Majesté-des-Mouches* (*Lord of the Flies*, 1954) de William Golding.

William Golding rompt avec le mythe de l'enfance innocente. Mû par l'ambition d'approfondir l'idée du Mal, à l'origine de tueries, de guerres et de dictatures – Golding avait participé au débarquement en Normandie – il va le traquer chez l'enfant. Pour l'écrivain, l'instinct de destruction et de mort se déchaîne, chez l'enfant comme chez l'adulte, dès que les circonstances les livrent à eux-mêmes.

Au cours d'une guerre atomique, un groupe de jeunes évacués anglais se retrouve, à la suite d'un accident d'avion, isolé sur une île, loin des adultes. Le lecteur est confronté ici à une robinsonnade tout autre qu'idyllique ! C'est même ce qu'on pourrait appeler une anti-robinsonnade. Abandonnés sur une île déserte, les hommes en réalité

---

11   Voir dans la *Revue des livres pour enfants*, n°141, déjà citée, l'étude de Francis
        Marcoin, « Charles Vildrac ou l'utopie », p.48.

s'entre-détruisent. L'auteur a expliqué[12] qu'il avait voulu « renverser le mythe consolateur d'un roman victorien *Coral Island* de Ballantyne, où les enfants, en braves et raisonnables petits anglais, affrontent victorieu-sement leur situation ». Le Mal dans le récit de Golding tient à la cruauté de certains individus, tel que Jack, petit Hitler en puissance. Inféodé à sa hantise de domination et de pouvoir, le jeune garçon prend la tête d'une bande d'enfants passifs, soulagés de pouvoir se soumettre à l'autorité d'un chef. Jack ne recule devant rien et se sert de sa force brutale pour le plaisir de poursuivre, de tuer et de faire tuer d'abord un cochon, ensuite un camarade. Le Bien, ici, est entre les mains de trop rares adolescents assez courageux pour s'opposer à Jack.

L'écrivain italien Alberto Moravia avait développé une semblable conception du Mal dans *Le conformiste* (1951). Initié au freudisme, il montrait pour sa part comment dès l'enfance se manifestent des tendan-ces propres à faire d'un individu quelconque un inadapté, un fasciste. Cependant, à la différence de Jack, le futur « conformiste », heureux d'être pris en charge par les puissants, est moins la proie d'un instinct de destruction et de mort que de la solitude et de l'indifférence parentale. Autrement dit, le pessimisme de Golding est essentiel, et non circonstan-ciel comme celui de Moravia. De plus, ces romanciers illustrent deux facettes différentes de la même algolagnie politique : il y a suiveurs et petits chefs, embrigadeurs et embrigadés. A vrai dire, ces deux aspects sont présents chez Golding, comme ils l'étaient déjà chez Musil.[13]

L'aventure

Les rapports à la réalité des personnages, en particulier juvéniles, sont indissociables des lieux et des temps où ils vivent. Parmi ces coordonnées spatio-temporelles de l'action, nous ferons une distinction entre les espaces rapprochés et les espaces éloignés par rapport au point de départ du héros.

Espaces quotidiens
N'est-il pas surprenant qu'au lendemain de la dernière guerre, les chro-niques de la vie au foyer, à l'école, dans la rue, au village, à la ferme...

---

12 Explication donnée au cours d'une interview accordée au quotidien italien *La Stampa* – 3 avril 1982.
13 *Les Désarrois de l'Elève Törless*, titre cité ailleurs.

telles qu'elles se présentent dans les récits réalistes publiés entre 1945 et 1960, soient encore habités de la même vision sereine d'un ordre stable, inébranlable, et dégagent la même atmosphère paisible que les romans d'avant-guerre ? Nulle part les valeurs traditionnelles ne sont écornées. On offre en général l'image de familles unies par de solides liens affectifs. Le titre d'un roman américain, *All-of-a-Kind Family* (1951; « La famille tous pareils ») de Sydney Taylor, par exemple, n'a rien d'ironique. Cette série rapporte par le biais d'un narrateur rassurant des scènes de la vie quotidienne de l'enfant.

Les personnages juvéniles, qui ne sont encore guère tournés vers le monde intérieur, ne se posent pas de questions sur eux-mêmes et sur autrui. La plupart témoignent d'une grande confiance à l'égard de leurs parents qu'ils considèrent comme des protecteurs et des guides. Les héros de *Treize à la douzaine* (*Cheaper by the Dozen*, 1948), roman autobiographique des Américains Frank et Ernestine Gilbreth, ne remettent pas en cause leur éducation « rationnelle et systématique ». Douze petites têtes rousses adorent leurs parents. Le père, ingénieur, « se promène dans la vie avec l'assurance d'un homme heureux, fier de sa femme, de ses enfants et de ses succès en affaires. »[14] Il applique en famille les théories du rendement fondé sur l'économie du mouvement qu'il utilise dans sa vie professionnelle. Ce tayloriste que ses enfants jugent invulnérable a en outre le génie de la plaisanterie. Le récit dégage une constante bonne humeur. Mais n'a-t-il pas malheureusement quelque chose de la niaiserie satisfaite du « rêve américain » (*american dream*) ?

C'est encore d'allégresse qu'est empreinte la trilogie composée de 1946 à 1953 par Astrid Lindgren autour de Blomkist, adolescent de treize ans qui se veut à tout prix détective, mais sans se prendre tout à fait au sérieux. Le héros de *L'As des détectives*, récit dit sur un ton légèrement burlesque, déploie ses qualités d'enquêteur au sein de son entourage familier. Il défie les adultes et finit par avoir raison des truands.

L'absence de rupture entre le roman réaliste de l'avant-guerre et de l'après-guerre se traduit sur le plan formel par les mêmes rapports de continuité entre les débuts et les dénouements.[15] A la fin du récit, la vie reprend exactement sur les mêmes bases qu'à l'ouverture. Les protagonistes n'ont guère changé, même si le champ de leurs expériences s'est

---

14   F. et E. Gilbreth, *Treize à la douzaine*, Hachette, 1956, chapitre 1.
15   Voir dans *Le roman pour la jeunesse*, *op.cit.*, « Les rapports entre débuts et dénouements ».

étendu. Le roman de Silvio D'Arzo, *Penny Whirton e sua madre* (1948; paru posthume chez Einaudi dans une collection de jeunesse), fait cependant exception à la règle. L'auteur, enseignant mort à l'âge de trente-trois ans, était né de père inconnu. Il projette cette donnée autobiographique sur le héros du récit, Penny, adolescent de treize ans, orphelin de père tourmenté par ses origines. Au début de l'histoire que D'Arzo, fervent admirateur de Stevenson, situe au XVIIIe siècle dans un comté imaginaire de l'Angleterre, Penny côtoie à l'école les fils de riches fonctionnaires. Il a honte de sa pauvreté. Pour pallier le sentiment d'humiliation de son fils, Anna, simple sage-femme, lui fait croire que son père était un vaillant soldat :

> Aucun homme (tu peux en être sûr) n'arrivait à la cheville de ton pauvre père. A cheval et avec une moitié de sabre en main, il accomplissait des actes glorieux comme on en voit dans les livres, et qu'on célèbre encore des années plus tard dans les foires. Et c'est d'ailleurs ce qui s'est passé. Avant de partir en direction de la Bruyère de Fellow, où il devait perdre la vie à la suite d'une trahison ou par malchance ou les deux (car jamais une seule cause ne parvint à avoir raison de lui), il me confia ceci et rien d'autre : « Je souhaite que mon fils sache un jour faire tellement de choses que j'aurai honte du peu que j'aurai fait moi-même… » Tu vois le style, mon garçon ? Eh bien, ça c'était ton père.[16]

En réalité, le père de Penny n'était qu'un pauvre sellier. Quand l'adolescent s'aperçoit que sa mère lui a menti pendant des années, il s'enfuit de son foyer. Il se sent trompé et abandonné par tous et confie sa tristesse, au cours de monologues sentis, à un chien de passage. A son corps défendant, il est entraîné, comme autrefois le jeune protagoniste de *L'Ile au trésor*, dans un cycle d'aventures mouvementées. Il réussit à débarrasser sa ville de ses bandits et de ses fonctionnaires corrompus. Libéré de tout sentiment de dévalorisation, il retourne enfin, transformé,[17] chez sa mère.

Penny, sur le modèle de Jim Hawkins séduit par Long John Silver, se sent attiré par un escroc, l'Aveugle, personnage pittoresque à l'affût de

---

16   Traduit par Claire Ottevaere, Mémoire de fin d'études, 1992-1993, Institut supérieur de traducteurs et interprètes (Bruxelles), p.80. Dans son introduction, C. Ottevaere écrit très justement : « D'Arzo ne cherche pas à se souvenir de sa propre enfance, il cherche à s'en libérer comme s'il voulait commencer une nouvelle vie, privée d'obsessions ou de peurs liées à l'enfance. »

17   Voir *Le roman pour la jeunesse*, « Les rapports entre débuts et dénouements », deuxième catégorie, p.149-161.

nouvelles croustillantes qu'il revend à ses concitoyens. Celui-ci, bien qu'à contrecœur, sera le seul à aider le garçon.

D'Arzo a hérité de Stevenson l'art d'envelopper les personnages et les lieux de mystère. Une atmosphère surréelle s'étend sur le cimetière où Anna va régulièrement s'entretenir avec Ted, son défunt mari. L'attirance pour le Mal sous la forme de la marginalité, pivot des aventures, est un autre élément qui rappelle Stevenson.

Dès les années cinquante paraissent les premières œuvres de quelques-uns des futurs grands écrivains pour la jeunesse de la seconde moitié du siècle, Annie M.G. Schmidt, Philippa Pearce, Rosemary Sutcliff, William Mayne…

Mieux que quiconque, la Hollandaise Annie M.G. Schmidt (Prix H.C. Andersen, 1989) sait se glisser dans la peau des tout-petits. Elle présente les menus faits de leur vie quotidienne comme de passionnantes aventures. Certes, ce n'est pas du roman. Au bénéfice des plus jeunes, elle restitue au travers de très concises scénettes (*Jip en Janneke*, 1951)[18] – comparable par leur esprit aux poésies intemporelles de *When We were Very Young* (1924) de A.A. Milne –, les joies et les petits ennuis d'un garçonnet et d'une fillette : une fête d'anniversaire, le découpage d'images, l'achat de petits cadeaux, une trempette dans l'eau, un bonhomme de neige, des disputes, une coupure dans le pouce, la noyade (ou peu s'en faut) du chien Takkie…

Ces petites difficultés de la vie quotidienne (préoccupations autour d'un chien, disputes sans conséquences) forment également la substance narrative de *Henry Huggins* (1950), de l'Américaine Beverly Cleary. Cette série enchanta les lecteurs de sept à dix ans pendant trente-cinq ans ! *Fifteen* (1956), du même auteur, roman pour adolescents fondé sur le bonheur familial, a survécu jusqu'à nos jours.

Notons déjà, dans un registre plus grave, qu'aux Etats-Unis, où la veine réaliste l'emporte sur l'imaginaire, la nouveauté viendra de l'ouverture vers les minorités. Quelques écrivains illustreront les progrès de celles-ci vers l'intégration.

Bon nombre de récits, ceux par exemple de l'Allemande Herta von Gebhart, soucieuse du bien-être et de la sécurité des cadets, donnent vie aux groupes d'enfants, à leurs petits conflits, à leurs relations entre

---

18   Le premier des cinq recueils de *Jip en Janneke* parut en 1950 sous forme de feuilleton dans *Het Parool*, un grand quotidien d'Amsterdam, et en volume en 1953.

eux ou avec les adultes, aux difficultés de leur adaptation à un nouvel environnement. *La petite fille venue d'ailleurs* (*Das Mädchen von Irgenwoher*, 1956) montre avec finesse et sensibilité l'évolution des rapports entre une petite orpheline de mère et les enfants de la rue où Magdeleine a débarqué un beau jour sans qu'on sache d'où elle vient. Vêtue d'un sarrau vert, la petite fille, s'assied tous les jours, au même endroit, sous une lanterne. Au début, les riverains, les parents (petits commerçants et artisans) et les enfants se montrent méfiants, voire hostiles, à l'égard de l'étrangère. Ils se contentent de la regarder de loin. Toutefois, l'inconnue entourée de mystère mobilise les imaginations enfantines. Serait-ce une magicienne ? ou peut-être une princesse ? Petit-à-petit, la tension autour de Magdeleine se relâche et la fillette sort de son mutisme. Les enfants de la rue deviennent ses amis. Le départ de celle qui avait brisé la monotonie de leur vie quotidienne les plonge dans la tristesse.

Les fictions animalières se déroulent dans la foulée de romans antérieurs, c'est-à-dire au gré des amitiés entre enfants et animaux. Le héros accorde son intérêt presque exclusivement à l'animal qu'il défend contre la cruauté et la cupidité des adultes. Les romans *Jan und das Wildpferd* (1957, « Jean et le cheval sauvage »), *Das Wildpferd Balthasar* (1959, « Le cheval sauvage Balthasar »), de Heinrich Maria Denneborg, sont célèbres en Allemagne.

S'estompe la distinction entre roman domestique et roman scolaire, la célèbre série aux péripéties exclusivement potaches des « Jennings » d'Antony Buckeridge (« Bennett » en français) mise à part, série dont les critiques ne vantent d'ailleurs pas la qualité littéraire. Les aventures des écoliers se déroulent aussi bien à l'école qu'à la maison ou dans la rue. Meindert De Jong (déjà cité) noue l'intrigue de *The Wheel on the School* (1954; Newbery Medal 1955) autour d'élèves décidés à ramener les cigognes dans leur village situé au bord de la mer du Nord, et ils entraînent tous les habitants à les y aider.

Les protagonistes de *A Swarm in May* (1955), premier roman de William Mayne, considéré en Angleterre comme la meilleure histoire (tout de même) « scolaire » de la décennie et apprécié encore de nos jours, sont de petits choristes, élèves de la manécanterie de la cathédrale. La qualité du roman découle de l'atmosphère poétique des lieux, caractéristique des œuvres de l'auteur, et du rendu non-conformiste des bons rapports qu'entretiennent professeurs et écoliers au cours de leur vie quotidienne. *A Grass Rope* (1957, Carnegie Medal), du même auteur, associe l'école, la ferme et le village autour des trois jeunes héros. Mayne invente une histoire pleine de mystère, mais assez compliquée, de chasse au trésor où interviennent les ancêtres des protagonistes. Mary, la fillette du trio, est la seule à croire aux fées, mais c'est plus exactement grâce à sa quête d'une licorne qu'elle mène ses amis sur la voie d'un trésor.

A une époque où les enfants ont acquis le droit aux loisirs, c'est encore à une chasse au trésor que Philippa Pearce consacre son premier roman, *Minnow on the Say* (titre américain, *The Minnow leads to Treasure*, 1955). Deux garçons de milieux différents se lient pour empêcher la famille ruinée de l'un d'eux de devoir vendre sa maison. L'auteur fait preuve d'une approche très chaleureuse de la vie. Ce roman d'aventure joliment raconté se déroule à l'intérieur d'un cadre délimité, celui d'une rivière, de ses rives et d'un moulin. Les dialogues jouent sur le non-dit. Ils mettent le lecteur au courant de l'amitié et de la solidarité entre deux héros d'origine différente : l'un appartient à une famille aristocratique, mais malheureuse, l'autre à une famille populaire unie. Le dénouement est heureux, la famille désargentée conservera sa maison, grâce à un trésor retrouvé.

En Angleterre, des auteurs de récits célèbres, *Les mines du Roi Salomon*, *L'Ile au trésor*, *Moonfleet*… ont depuis longtemps fait de la chasse au trésor sur mer et sur terre le rouage central de leurs scénarios narratifs. Après *Emile et les détectives*, cette aventure exotique se mue en aventure policière et se joue dans un cadre urbain.

Aussi l'action du roman de Paul Berna, *Le cheval sans tête* (1955), traduit dans au moins quatorze langues et objet d'un film tourné par Walt Disney, se déroule-t-elle dans une grande ville, Paris. Le décor, un quartier populaire de la capitale, se profile à l'arrière-plan des aventures et détermine l'unité du récit. L'intrigue policière étaye l'évocation poétique d'un milieu social peu favorisé composé de petites gens (artisans, boulangers, mécaniciens, chiffonniers, cheminots…) unis par une grande solidarité. Les policiers eux-mêmes se perçoivent ici comme des « traîne-savates, des riens du tout, tout juste bons à régler des affaires de vaudeville ». Les personnages, enfants et adultes, sont nombreux et variés.

Au centre du récit de Berna, une bande de dix gosses. Ils s'amusent à dévaler une pente sur un vieux « cheval sans tête » à roulettes. L'auteur souligne la force, la persévérance et l'ingéniosité de ces enfants bien différenciés. La plus présente est peut-être Marion, la fille aux chiens.

Intelligente et calme, le « regard aigu », elle protège la bande aidée d'une meute de chiens faméliques qui accourent dès qu'elle les siffle et attaquent si elle leur en donne l'ordre. L'intrigue bien menée accumule les rebondissements. Grâce à la bande à Gaby (du nom de son chef), on retrouve une liasse de billets volés dans un fourgon du Paris-Vintimille. Aux émotions de la glissade évoquée à l'entrée du roman, s'oppose le sentiment de honte de l'inspecteur Sinet, tandis qu'il « remonte timidement le chemin de la Vache Noire en rasant les murs ». Sa dette de reconnaissance envers les détectives en herbe l'a enfin sensibilisé au monde de l'enfance.

La langue de Paul Berna est à la fois précise et savoureuse. Elle fait la part belle aux expressions argotiques, aux adjectifs et aux noms propres parlants. Comme chez Colette Vivier, les mots sont mis en relief.

La ville, avec ses quartiers populaires et industriels, conditionne également l'action et la psychologie des personnages dans l'œuvre du Suédois Harry Kullman (Prix Nils Holgersson, 1955). David, protagoniste du *Voyage secret* (*Hemlig resa*, 1953), a beaucoup d'imagination. Toujours perdu dans ses rêves, il n'arrête pas de se chercher, dans un perpétuel balancement entre la réalité vécue et ses fantasmes. Un beau jour, ce fils d'avocat se décide à vivre une grande aventure. Il quitte les beaux quartiers pour entreprendre un « voyage secret » dans la Stockholm ouvrière. Pour se donner l'illusion d'un voyage en mer, il transforme le bus qui le mène vers le sud de la capitale suédoise, en bateau. L'aventure « exotique » lui révèle la camaraderie et la solidarité, mais aussi la violence. Il affronte de réels dangers quand il est amené à combattre une horde d'enfants faméliques guidés par un chef brutal et borné, le Poison. Ce dernier, excité par des gamins lui réclamant du sang, se bat armé d'une dangereuse planche à clous (rouillés !). Mais il sera vaincu. Chez Kullman, auteur de ce roman pour la jeunesse, il n'y a pas de victimes. A la différence de William Golding, l'écrivain suédois amortit le choc des réalités trop dures. Il conçoit l'aventure dans la perspective du personnage central, comme un divertissement. Elle ne contribue d'ailleurs pas à l'éveil de la conscience sociale, même si David est gagné par la joie de vivre de ses nouveaux amis qui, en dépit de leur misère, s'émerveillent d'un rien, disque fêlé ou radio cassée.

La nature et son pouvoir de fascination continuent à solliciter l'inspiration des écrivains. Après *L'Ane Culotte* (repris en 1954 dans « La Bibliothèque Blanche » de Gallimard), Henri Bosco publie dans les années cinquante *L'enfant et la rivière* (1953), *Le Renard dans l'île* (1956), *Le chien Barboche* (1957) et les deux récits réunis sous le titre *Bargabot*, suivi de *Pascalet* (1958). La terre provençale conditionne les rapports de Pascalet, l'enfant rêveur, avec la réalité. Pascalet n'est en paix avec lui-même que dans son dialogue avec la nature.

Les affections et les intérêts de Vincent, héros de *Vacances secrètes* (1956), de la romancière belge Maud Frère, sont liés à une propriété rurale, La Marotte, où il a vécu sa petite enfance en compagnie de son grand-père. Désespéré par la vente du domaine, l'adolescent continue à vivre dans le souvenir de son aïeul. Revenu à l'insu de ses parents à La Marotte pendant les vacances, il est décidé, plus tard, une fois devenu médecin de campagne, à racheter la propriété. La recherche identitaire (ou plutôt les retrouvailles identitaires) autour d'un bien ancestral, donnée promise à un bel avenir, se dessine donc déjà chez Maud Frère au milieu des années cinquante.

Passée la veine des *Fifi Brindacier*, viennent chez Astrid Lindgren des narrations tendres et consolatrices qui s'éloignent elles aussi d'une quotidienneté banale. Elles ne prospectent pas la réalité, elles en présentent une version idyllique. Un orphelin (*Rasmus et le vagabond*, 1956), gosse malingre, vit dans l'illusion de se trouver lui-même un jour des parents riches et beaux. Dès lors, il se décide à s'échapper de l'orphelinat. Ses randonnées à travers la campagne et ses villages, par un bel été, lui font reprendre goût à la vie. Sa fugue est à l'origine d'une rencontre exceptionnelle. Sur la grand-route, il fait la connaissance d'un étranger, le vagabond Oscar, sur lequel il reporte toutes les affections qui lui ont manqué jusque-là. Ensemble, Rasmus et Oscar réussissent à démasquer des malfaiteurs. Rasmus, que des fermiers pourtant « beaux et riches » sont tout disposés à adopter, trouve le bonheur quand Oscar et sa femme prennent la résolution de le garder auprès d'eux.

Les romans écrits pour les adolescents sont à cette époque moins nombreux que les récits pour les plus jeunes, néanmoins on ne peut exclure de la littérature de jeunesse les œuvres des années cinquante qui en font désormais partie tant elles seront lues, et pas seulement dans le cadre d'obligations scolaires, par des générations de « *teen-agers* » : entre autres les romans souvenirs de Marcel Pagnol (*La gloire de mon père*, 1958; *Le château de ma mère*, 1958). L'écrivain y relate avec l'humour et le charme que l'on sait son enfance provençale aux côtés de son « hussard noir » de père (l'instituteur).

Aujourd'hui, sauf quelques rares exceptions, la découverte et la connaissance de l'adolescent se confondent avec *sa* littérature, sans compte tenu du public visé à l'origine. L'écriture de fiction cible d'ailleurs de moins en moins les âges. Reste la présence, presque obligatoire, d'au minimum un personnage (ou narrateur) pré-adulte.

Les jeunes protagonistes d'André Dhôtel, écrivain imprégné à l'égal d'Henri Bosco du sens du mystère et de la magie des choses, nouent également des rapports intenses avec la nature et les bêtes. Cependant la fiction du *Pays où l'on n'arrive jamais* (1955; mais repris par la suite en collection de jeunesse), va au-delà de la simple réalité, ici conçue comme l'espace d'événements surprenants. Le héros, qui se révèle être une jeune fille, fluctue entre le rêve et la réalité. Hélène quitte des lieux familiers, un petit village des Ardennes, car ses rêves la reportent sans cesse au « grand pays », qu'elle aurait connu dans sa petite enfance. Elle est aimantée par des pays inconnus et lointains, peuplés de bouleaux, de chênes et même de palmiers dont elle ne s'explique pas la présence et où elle prétend retrouver sa famille.

Quête, appel de la frontière du pays mystérieux, Dhôtel écrit ici, peut-être inconsciemment, dans le sillage de Lord Dunsany et de sa *Fille du Roi des Elfes* (*The King of Elfland's Daughter*, 1924). De même, le parallèle avec Gracq et Buzzati n'est pas inopérant.

Eloignement spatial et temporel (espaces exotiques)
L'aventure au loin se déroule en général dans des paysages où le héros affronte le danger. La morale affleure indirectement. Grandir, dans la conception de l'écrivain, c'est traverser des épreuves et acquérir le sens de ses responsabilités. *L'Orégon était au bout de la piste* (*De Kinder-karavaan*, 1949), de la romancière néerlandaise An Rütgers van der Loeff, raconte l'odyssée presque invraisemblable d'une fratrie à travers les Montages Rocheuses, en 1844, sous la conduite de l'aîné des enfants, un garçon de quatorze ans, personnage légèrement emphatique. L'auteur, dans le souci, peu après la guerre, d'une reconstruction prenant également appui sur la jeunesse, le dote d'un sens excessif de ses responsabilités. A la différence des pionniers décidés à s'installer en Californie, il a choisi, en accomplissement d'un vœu paternel, de continuer sa route tout seul avec ses quatre frères et sœurs (la plus jeune à trois ans) vers l'Orégon. Ce roman vaut tant par l'évocation de la nature que par celle – compte tenu de la réserve ci-dessus – de caractères bien tranchés.

L'aventure exotique a engendré dans les années de l'après-guerre, surtout sous la plume de conteurs germaniques, d'autres récits convaincants. A leur façon, ils marquent une ouverture vers les peuples étrangers. L'Allemand Fritz Mühlenweg fait connaître l'Extrême-Orient aux jeunes lecteurs. Il avait participé à une expédition en Mongolie, où il situe un récit picaresque, *Grosser Tiger und Kompassberg* (1950, connu en anglais sous le titre de *Big Tiger and Christian*). Deux amis, un jeune Chinois et un fils de missionnaire européen, traversent, au cours d'un voyage raconté avec vivacité, le désert de Gobi. *Roter Mond und heisse Zeit* (1957, Prix du livre allemand pour la jeunesse, *Red Moon and High Summer* dans la version anglaise) de Herbert Kaufmann, montre comment, dans le désert du Sahara, vit le peuple Tamaschek. L'auteur souligne la loyauté et la générosité des trois protagonistes. Hans Baumann, autre écrivain allemand très apprécié, localise ses héros dans des pays éloignés du sien (*Die Hohlen der Grossen Jäger*, 1950; *Steppensöhne*, 1954; *Sons of the Steppe* : ici il s'attache à deux petits-fils de Gengis Khan). Ces livres marquent en quelque sorte l'héritage d'un Karl May qu'on aurait amendé de sa fatuité raciale et de son infantile violence (rappelons toutefois en passant, par esprit de justice, que le « racisme » de May est en particulier le résultat des retouches nazies).

Quand le jeune adolescent est au cœur de l'aventure maritime, celle-ci (*The Sea Change*, 1948, Carnegie Medal, de l'écrivain anglais Richard Amstrong) lui insuffle confiance en soi et en la vie.

Le pays où se déploie l'épopée animalière, agencée autour de l'amitié entre l'homme et l'animal, est fréquemment localisé dans d'autres continents. Les bestiaires exotiques, moins alourdis de morale sous-jacente, dénotent aussi un réalisme généralement moins fade que les histoires animalières idylliques des années quarante : Lassie la fidèle n'avait-elle pas un peu trop facilement raison de tous les obstacles (la faim, les distances, la neige, les bandits...) dans sa volonté canine de retrouver son ami J ?

L'héritage de Jack London et de J.O. Curwood a donc renoué avec sa dimension primordiale âpre et tonique.

René Guillot (Prix H.C. Andersen 1964 pour l'ensemble de son œuvre, soit une cinquantaine de romans) fut pendant vingt ans professeur de physique et de mathématiques en Afrique noire, cadre de certains de ses meilleurs récits. En revanche, *Grichka et son ours* (1958), histoire passionnante d'une amitié exceptionnelle entre un garçon de quinze ans et un ours noir, se passe en Laponie.

Au niveau des réactions du public, rappelons que les adolescents ne tardèrent guère à s'assimiler un chef-d'œuvre de cette veine exotique, *Le Lion* (1953) de Joseph Kessel. Le récit, dit sur un ton optimiste, s'édifie autour de la relation d'une fillette avec un lion, King. Au pied du Kilimandjaro, dans un parc national du Kenya, Patricia mène une double vie. La première, sage et sérieuse, toute au grand jour, près de ses parents; la seconde, secrète, parmi les Masaï qui vivent, selon le principe de la délimitation attesté également dans la faune, sans autre structure de propriété individuelle que le *territoire* auquel ils appartiennent.

Le roman se détache des autres œuvres de même inspiration par ses qualités d'écriture et l'analyse psychologique des sentiments de la petite héroïne dans ses rapports avec la nature, les hommes et les animaux.

Patricia, à la fois tendre et sauvage, est remuée par ses élans d'amitié, d'amour même et de jalousie à l'égard de King. Sa souffrance le jour où le lion est tué par un père qu'elle adorait, la fait brutalement sortir de l'enfance :

> Les sentiments essentiels – la maternité, l'amitié, la puissance, le goût du sang, la jalousie et l'amour – Patricia les avait tous connus par le truchement de King. C'était encore le grand lion qui lui faisait découvrir le sentiment de la mort.
> La petite fille chercha de ses yeux obscurcis par l'épouvante un homme qui pût l'aider contre tant de mystère et d'horreur. Elle ne trouva qu'un étranger, un passant. Lui, du moins, il n'avait pas eu le loisir de la blesser.
> Emmenez-moi, emmenez-moi d'ici, me cria-t-elle.[19]

Les liens du héros avec la réalité sont déterminés non seulement par les lieux, familiers ou exotiques, où le place l'écrivain dans son récit, mais aussi par le choix du temps : présent, passé ou futur. Dans bien des cas, l'aventure exotique, lorsqu'elle se déroule aux siècles passés[20] relève de la fiction historique (cf. les romans de H. Baumann). Cependant, l'événement authentique n'est plus considéré en lui-même tel un jalon culturel dans un processus évolutif, mais comme une simple borne

---

19   J. Kessel, *Le Lion*, Gallimard, Folio Junior, 1976, p.250-251.
20   On fait aujourd'hui une distinction entre le roman historique et le roman rétrospectif. L'action du premier se situe avant la naissance de l'auteur, celle du second commence avec sa naissance ou du moins de son vivant. Voir M. Nicolajeva, *Children's Literature Comes of Age, Toward a New Aesthetic*, New York and London, Garland Publishing, Inc. 1996, p.131.

temporelle propre à faire ressortir l'intrépidité et la débrouillardise des hommes.

Kurt Lütgen, auteur de *Kein Winter für Wölfe* (1955, premier Prix allemand du livre pour la jeunesse en 1956) subordonne encore à des intentions morales affichées le récit de faits survenus en 1893-1894 : 275 baleiniers, pris alors dans les glaces de l'Alaska, furent sauvés *in extremis*.

Le roman historique pour la jeunesse a trouvé dès les années cinquante son plus illustre représentant en Rosemary Sutcliff. Influencée par les contes de *Puck of Pook's Hill* (1906) où Rudyard Kipling racontait aux enfants l'histoire de l'ancienne Angleterre (voir le chapitre précédent), Rosemary Sutcliff réactualise le passé de son pays à l'âge du bronze, dans l'Antiquité, au Moyen Age et parfois aux siècles postérieurs. Très bien écrits, ses romans, rigoureuses reconstructions, sont lus aussi bien par les adultes que par les enfants. Cette romancière respectueuse de l'authenticité historique restitue le passé de l'intérieur, comme si elle l'avait vécu elle-même. C'est dire qu'elle évite l'écueil, trop présent dans le roman historique, de l'observation extérieure propre au documentaire. Avec elle, s'efface la distinction entre roman historique et roman réaliste tant ses personnages sont saisis dans leur vérité.

Son sens de l'Histoire ne se perçoit pas à la faveur de faits, batailles ou révolutions, ou de portraits de personnages célèbres, mais dans l'évocation des atmosphères quotidiennes, de la vie du peuple et de son contexte. Ses récits se développent sur des oppositions symboliques. Ils illustrent le cheminement des collectivités et des individus de l'obscurité vers la lumière. Ses héros, comme en témoigne la fin du roman *The Lantern Bearers* (1959, Carnegie Medal), ont conscience que leur action participe d'un long voyage de l'humanité vers l'amélioration de sa destinée :

> Je pense parfois que nous sommes maintenant au crépuscule, dit Eugenus après une pause ! Peut-être la nuit finira-t-elle par nous recouvrir, mais je crois que le matin reviendra. Le Matin renaît toujours après l'obscurité, mais peut-être pas pour ceux qui ont vu le soleil se coucher. Nous sommes les Porteurs de Lanternes, mon ami; à nous d'entretenir la flamme, et dans la mesure de nos moyens de porter en avant la lumière dans l'obscurité et dans le vent.[21]

On sent chez Sutcliff, en plein XXᵉ siècle, quelque chose d'une foi dans le progrès, d'une conscience de la progression humaine propre au

---

21   Trad. G.O.-v.P.

siècle précédent, à un Michelet, entre autres, pour rester dans la sphère de la reconstitution historique.

Elle s'est attachée en particulier à la conquête de la Grande-Bretagne par les Romains. A travers, par exemple, la figure centrale de Béric, un jeune orphelin, en un premier temps esclave dans une riche famille romaine, jusqu'à ce que sa vie prenne un tournant quand il se retrouve naufragé sur les côtes du sud de l'Angleterre (*Outcast*, « Le Paria », 1955). A l'évocation de la vie à Rome succède la description de l'existence sauvage et rude menée par des tribus au-delà du Mur d'Hadrien. Béric retrouve la liberté, la sécurité et l'affection auprès de Justinius, centurion romain, responsable de l'assèchement des marécages.

Rosemary Sutcliff sait maintenir un juste équilibre entre le rendu des sentiments et la narration des événements. La psychologie du personnage n'est pas moins importante que la reconstitution historique. Pour le jeune lecteur d'aujourd'hui le passé se fait présent dès lors qu'il retrouve chez le protagoniste son propre goût de l'aventure, ses émotions et ses espoirs. Lieux et atmosphères le ramènent à des temps anciens, mais l'accent est mis également sur la vie intérieure de tout adolescent en quête de son identité, évoluant vers la maturité en passant par de dures épreuves. *La pourpre du guerrier* (*Warrior Scarlet*, 1958) appelle l'attention sur la vie des hommes à l'âge du bronze, et sur les souffrances physiques et morales d'un jeune adolescent que son bras paralysé a empêché de tuer un loup, condition d'accès à l'épreuve initiatique des futurs chasseurs et guerriers. Lui qui appartient au Peuple Doré est alors contraint de vivre pendant un an au sein du Petit Peuple Sombre, composé à l'inverse du Peuple Doré de petits hommes aux cheveux noirs, des bergers serviteurs de la caste supérieure. Ici un rien de la supériorité nordique se fait hélas sentir ! C'est un des écueils sans doute de la défense de la vie sauvage chère à R. Sutcliff.

L'évocation des éléments naturels entre pour une large part dans l'image que la romancière nous donne de la réalité d'autrefois. La lutte contre les tempêtes violentes et répétées au cours desquelles Justinius et Béric (*Outcast*) combattent côte à côte est une apologie de la vie libre opposée à la vie urbaine, à la société, peut-être pas seulement romaine, qui vous frustre souvent sans recours de votre liberté. Ainsi Béric a-t-il été injustement condamné aux galères pour un meurtre qu'il n'avait pas commis. L'auteur privilégie les oppositions et les symétries : le bien et le mal (sous une autre forme : l'amour et la brutalité...), le clair et le sombre. Aussi ses histoires sont-elles ponctuées par les apparitions parallèles, aux moments de crise traversés par l'adolescent, de personnages sympathiques et antipathiques (par exemple, un frère et une sœur). On est là au confluent de la moralité médiévale, ou du *Roman de la Rose* et de l'antithèse hugolienne.

Dans cette même période, l'invasion romaine en Grande-Bretagne, la conquête du pays par les Normands, ont été également le sujet de nombreux romans de Henry Treece. Il en a consacré plusieurs aux Vikings, présentés comme des individus vigoureux et sauvages, engagés dans des luttes pleines de fureur.

L'Affaire Caïus (1953), roman de l'écrivain allemand Henri Winterfeld, montre de son côté la vie quotidienne des écoliers dans la Rome ancienne. Le cadre scolaire s'élargit quand les enfants impliqués dans une aventure policière s'introduisent dans des milieux variés.

L'aventure au futur, autrement dit ce qui sera bientôt la science-fiction, n'appartient pas encore vraiment à la littérature de jeunesse. L'Américain Robert Heinlein raconte dans *Rocket Ship Galileo* (1947) l'équipée de lycéens accompagnés d'un chercheur qui débarquent sur la lune grâce à une fusée de fabrication artisanale. Ils y découvrent des survivants nazis décidés à reconquérir le monde. Toutefois, c'est grâce aux romans annexés de Ray Bradbury (*The Martian Chronicles*, 1950; *Fahrenheit 451*, 1953) et d'Arthur C. Clarke (*Island in the Sky*, 1952), que le jeune public plongé dans leur évocation, va s'initier rapidement à de nouvelles sociétés, à d'autres modes de vie, opposés au modèle américain, jugé matérialiste et intolérant.

Chez l'enfant, réel et imaginaire ont tendance à se confondre (ce même phénomène chez l'adulte frôlerait la pathologie). Aussi ne s'étonnera-t-on pas si le roman réaliste au goût du jeune lecteur dévie spontanément du tangible. Afin de répondre au besoin de sécurité et de relative insouciance inhérent à l'enfance, le récit objectif amplifie plausiblement les aspects positifs du réel (cf. l'œuvre d'Astrid Lindgren) ou se transforme en fantaisie réaliste pour en atténuer les côtés trop éprouvants.

Néanmoins, on est gagné par une certaine perplexité devant une production réaliste dont l'ensemble dégage, de façon si paradoxale après une guerre dévastatrice, mais à l'exception, bien sûr, des œuvres plus dures reprises à la littérature générale, un grand sens du bonheur. Par rapport à la période précédente, on observe peu de changements significatifs. Seul le roman historique s'élabore sur d'autres bases.

Le protagoniste juvénile est encore un être sans tourments. Enfants et adolescents sont généralement sages et réservés. Ils ne connaissent pas d'inquiétude profonde. Les écrivains ne soulignent pas moins qu'autrefois leur force de caractère développée dans le respect des valeurs d'une société sûre d'elle.

Pourtant, dès 1950, des images nouvelles de l'enfant/adolescent, de son entourage et de la société en général se profilent des deux côtés de l'Océan. Le plus souvent d'ailleurs, en marge des livres *écrits* pour les adolescents, comme dans les deux cas que nous allons étudier.

Aux Etats-Unis, J.D. Salinger impose sa vision lucide, partiellement autobiographique, de l'adolescent, jeune individu anxieux et inadapté (*L'Attrape-cœurs*, *The Catcher-in-the-Rye*, 1951). Ses incertitudes empêchent Holden Caufield d'être heureux. Il ne trouve pas de réconfort auprès des adultes, eux-mêmes incertains, et il ne les respecte pas. Holden, âgé de seize ans, est en pleine crise d'adolescence. Révolté contre la société des adultes, sans force pour lutter contre elle, il souffre de son impuissance. Ce désorienté en proie au mal de vivre, incarne le drame de la solitude juvénile.

Salinger n'est pas stimulé par les impératifs d'une morale conventionnelle. Il se contente d'observer son héros de l'intérieur et de dire ce que c'est vraiment que d'être un adolescent, sans tenir compte de ce qu'on voudrait qu'il soit. L'auteur a choisi le point de vue exclusif de son héros tel qu'il est, sans rien d'exemplaire.

Holden néanmoins est gentil par nature. Renvoyé de son collège, cet espèce de Don Quichotte, ni chair ni poisson, cherche pendant ses trois jours d'errance dans New York à aider les autres.

Il semble incapable de grandir. Relativisant sans cesse ses jugements, il n'agit jamais. Ainsi, fasciné par les expériences sexuelles, mais hésitant, il n'ose pas vraiment s'engager. Pour retarder le moment d'entrer dans un monde qu'il juge médiocre et conventionnel, il s'accroche désespérément au souvenir d'Allie, son frère décédé, et cherche secours auprès de sa petite sœur Phoebe. Elle seule, qui est prête à le suivre n'importe où pour l'arracher à lui-même, le comprend. Ses parents, pour leur part, sont proches de l'indifférence et ne l'aident pas à trouver la confiance en soi.

Dans l'héritage de *Huckleberry Finn*, la révolte passive du héros se traduit dans le langage parlé, volontiers grossier et hyperbolique propre aux lycéens. Agressivité verbale, qu'il serait abusif de prendre au pied de la lettre. On sait que Salinger s'est retiré du monde, dans une ascèse d'inspiration bouddhiste.

En France, l'inspiration surréaliste[22] a déteint sur l'image de l'enfant telle qu'elle se propage à partir de *Zazie dans le métro* (1959),[23] de Raymond Queneau. Pareille d'une certaine façon à Holden, Zazie, fillette à la fois innocente et perverse c'est par esprit de taquinerie qu'elle s'intéresse aux expériences sexuelles des grands ne veut pas qu'on lui borne la réalité. Elle veut vivre des expériences en toute indépendance et de préférence en dehors de la famille. Malgré son agressivité, des réactions parfois cruelles et un langage beaucoup plus insolent que le leur, elle s'inscrit dans la lignée des petits protagonistes indomptables, telle Alice – mais une Alice de l'aventure urbaine et suburbaine –, Pinocchio, l'éternel fugueur, Fifi Brindacier obstinée à n'en faire qu'à sa tête…

Le passage de l'enfant à l'adolescent – Zazie déclare à la fin de ses explorations aventureuses dans Paris qu'elle *a vieilli* ! – et de l'adolescent à l'adulte ne tient pas à la persévérance, voire à l'héroïsme qu'ils auraient montré au cours d'épreuves initiatiques, mais à de simples circonstances. Les dénouements chez J.D. Salinger et R. Queneau semblent exclure toute prétention morale et pédagogique. Leurs romans, à l'instar de l'insolence d'un Boris Vian, ont rencontré un vif succès auprès d'une audience juvénile, même s'ils n'avaient pas été conçus pour elle.

Le merveilleux

L'immédiat après-guerre engendre des œuvres nées d'un désir de paix. Nous avons déjà évoqué, en particulier dans les pages consacrées aux récits inspirés directement ou indirectement par la Seconde Guerre mondiale, les histoires animalières d'Erich Kästner et d'Alberto Manzi, véritables apologies narratives de la liberté.

---

22   Pour Julien Gracq, « si le surréalisme n'a pas réussi à changer la vie, il l'a tout de même passablement modifiée : il a réussi à faire circuler beaucoup plus largement la poésie, jusque dans la vie courante ». (Europe 1, 19 février 1996).

23   Le roman de Queneau a été publié gamme des plus de onze ans dans la collection « Mille Soleils » de Gallimard.

Le dénouement de *La fameuse invasion de la Sicile par les ours* (*La famosa invasione degli orsi in Sicilia*, 1945), épopée teintée de burlesque, prône pareillement la vie libre des animaux sauvés de l'oppression infligée par l'homme. Le récit de Dino Buzzati relève de l'allégorie, mais la signification de la métaphore que sont ces aventures guerrières du peuple des ours n'est pas évidente. Car qui sont ces ours, envahisseurs de la Sicile ? Chassés par le froid et la faim, ils abandonnent leurs montagnes. Descendus en file indienne et arrivés en vue des riches villes côtières de la plaine sous la conduite du gigantesque et invincible ours Babbon, ils se battent à coup de boules de neige contre le Grand-Duc de Sicile, un tyran vaniteux. Léonce, le roi des ours, détrône ce dernier et prend sa place. Il mène pour sa part un combat personnel car il veut retrouver Tonio, l'enfant que deux chasseurs lui ont ravi un jour qu'il était parti avec lui ramasser des champignons. Léonce règne en « maître incontesté sur la Sicile » :

> Les hommes et les ours s'entendent fort bien et les jours s'écoulent paisiblement, la paix règne et semble devoir régner à tout jamais dans les cœurs.[24]

Mais les ours se laissent corrompre par les hommes et Léonce leur fait promettre avant de mourir de retourner dans la montagne :

> Quittez cette ville, où vous n'avez trouvé que la richesse et non la paix de l'âme. Quittez ces vêtements ridicules. Jetez l'or au loin. Jetez les canons, les fusils et toutes les autres diableries que vous avez apprises des hommes.[25]

En somme, cette histoire pleine d'imagination et de fantaisie, mais dont la dimension comique empêche par trop qu'on la prenne au sérieux, ne nous renseigne pas clairement sur les enjeux d'un combat et la nature des combattants. Qui se cache, par exemple, derrière Troll, vieil ogre perfide ? Après les guerres, comme à l'annonce de celles-ci, la simplicité des clefs de décodage des œuvres, à quelque art elles appartiennent, semble, pour satisfaire pleinement, devoir être proportionnelle à la souffrance, ou à tout le moins, à l'énorme tension psychologique collectivement subie (qu'on pense au *Docteur Faustus*, 1947, de Thomas Mann, ou encore aux films de Chaplin et de Kubrick : *Le grand dictateur* sur le plan de l'avertissement; *Docteur Folamour*, sur celui de la parodie dénonciatrice).

---

24   D. Buzzati, *La fameuse invasion de la Sicile par les ours*, Stock, Folio Junior, 1968, p.77.
25   *Ibid.*, p.110.

L'auteur a tiré son texte de desseins qu'il avait faits lui-même pour les fillettes de son beau-frère. Son « épopée » tissée d'amusantes poésies et de ritournelles, n'est en fait qu'une œuvre occasionnelle pour l'enfance au sein d'une vaste production destinée au public adulte. Cependant, ses premières œuvres (*Barnabo des montagnes, Bárnabo delle Montagne*, 1933) montraient déjà comment l'écrivain italien tirait son inspiration de la montagne et de ses légendes peuplées de brigands et d'animaux parlants.

Autre réplique d'après-guerre au totalitarisme, jaillie cette fois d'une fantaisie ludique : le recours à *la miniaturisation*. Ce procédé apparente d'un pays à l'autre les écrivains conduits à l'évidence par le souci de valoriser les plus vulnérables. Avec Tove Jansson, Rumer Godden, Otfried Preussler, Mary Norton, Gianni Rodari, J.R.R. Tolkien, Tomiko Inui, Erica Lillegg, Alf Prøysen, A.M.G. Schmidt..., les plus petits sont ingénieux et débrouillards. Désormais ce sont eux qui prennent la parole. Ils finissent également par l'emporter sur l'outrecuidance des grands – lourds – et forts.

C'est à partir de la réduction de ses personnages que Tove Jansson, Finlandaise de langue suédoise, va créer un univers profondément original et poétique, admirablement équilibré entre réalisme, merveilleux et humour. Perçu sous un angle différent par des créatures rapetissées, notre monde se révèle sous des aspects insolites, dans une heureuse application du principe swiftien.

Le premier récit de la saga des Moumine (douze titres paraissent de 1945 à 1970),[26] fut conçu dès 1944, à l'heure où la Finlande était en train de perdre la guerre contre l'Union Soviétique. Cependant, le microcosme inventé par Tove Jansson n'a rien de défaitiste. Bien au contraire, il rayonne d'optimisme et de chaleur humaine. Cette œuvre est tout entière un message d'espoir. Elle communique l'amour de la vie.

Tove Jansson a dit d'elle-même qu'elle est « le symbole de l'enfance heureuse ».[27] Pour satisfaire imaginairement un désir de paix, a-t-elle expliqué, elle s'est souvenue de sa propre enfance.

L'auteur a vécu sa jeunesse, entre un père sculpteur et une mère illustratrice, au sein d'un milieu bohème d'artistes. Douée tant pour l'écriture

---

26   Leur succès dans les pays scandinaves et anglo-saxons fut immédiat, mais plus tardif dans les pays francophones (fin des années soixante, en cours de série).

27   Voir l'entretien accordé par T. Jansson au quotidien italien *La Stampa* le 3 novembre 1990.

que pour le dessin, dès 1953 elle adaptera elle-même à l'intention du public anglophone ses récits pour les jeunes en bandes dessinées.

Au centre du microcosme de Tove Jansson, il y a donc une famille idéale, heureuse et unie. Les Moumines, petits trolls[28] ronds comparables par leur physique à des petits hippopotames, vivent au fil des saisons dans une chatoyante vallée située entre la mer et les bois. Ils sont entourés d'êtres bizarres aux noms loufoques (Emules, Renaclérican, Snorque, Hatifnattes), aux contours et aux caractères parfaitement reconnaissables. Les uns font penser à des animaux, d'autres à l'homme, ou encore à des fantômes, et même à des légumes. Le Renaclerican, l'ami de Moumine, évoquerait d'abord l'humain. Il part souvent à l'aventure, il aime sa liberté. « Il s'intéresse plutôt aux paysages qu'aux gens. » La Filigonde est un être solitaire; elle trouve que rien ne va. Snif est égocentrique. En revanche, on peut compter sur Touticki, prête à aider sans le faire remarquer… Toutes ces créatures, y compris les mouchons, touillons et scroutons, sont plongées dans des aventures étranges et surréelles. Animés de sentiments humains immuables, génériques, ils n'évoluent pas.

Comme personnage central de cette « mythologie » moderne (au sens de la création d'un univers fictif et surréel), il y a Maman Moumine. Mieux que quiconque, elle incarne la philosophie transmise par Tove Jansson pour qui la joie de vivre est inséparable de l'amour qu'on se porte les uns aux autres. Maman Moumine est gaie. Constamment encourageante, elle se montre attentive à tout et à tous, mais elle ne se mêle pas des affaires d'autrui si ce n'est pas indispensable. L'auteur rejette l'indifférence et le scepticisme :

> – J'ai une idée ! cria Moumine. S'il te plaît, Magicien, fais partir toute la table avec tout ce qui est dessus pour que ça arrive au Renaclerican là où il se trouve en ce moment !
> Aussitôt la table se leva entre les arbres et s'envola vers le Midi avec les crêpes et la confiture, les fruits et les fleurs, le punch et les bonbons et aussi avec le livre, que le rat Musqué avait posé sur un coin.
> – Ah ! non ! dit le rat Musqué. Je vous prie de bien vouloir me faire revenir mon bouquin tout de suite !

---

28   Les Trolls n'ont rien ici de la légende scandinave, ils ne sont ni poilus, ni nocturnes, ni perfides. Après les Hobbits de Tolkien et avant les Barbapapas aux formes parfois imprévisibles dans leur adaptabilité – héros boulus des albums d'Annette Tison et Talus Taylor – la morphologie des Moumines est déjà clairement orientée vers l'acceptation de la différence, et donc de l'antiracisme.

> – Ce qui est fait est fait ! dit Magicien. Mais, vous aurez un nouveau livre,
> Monsieur. Tenez !
> – *De l'utilité de tout*, lut le rat Musqué. Mais ce n'est pas ça du tout ! Dans le
> mien, il était question de *l'inutilité de tout* !
> Magicien éclata de rire.[29]

L'affectueuse et enthousiaste Maman Moumine – le mot suédois
« Mumin » ne contient-il pas déjà quelque chose de maternel ? – est à
l'origine du sentiment de sécurité qu'éprouve son fils Moumine. Bien
sûr, Papa Moumine, à la fois protecteur et peu sévère y entre pour une
part. Celui-ci adore sa famille, mais quelque fois il s'ennuie un peu.
Alors, il s'en va en compagnie « d'hatifnattes ou d'autres individus
douteux ». Toujours compréhensive, Maman Moumine lui pardonne
volontiers. En d'autres termes, l'âge adulte – sauf pour les mamans –
n'est guère intéressant. On s'y ennuie et on traîne au café (une expédition
dont nous avons ici la transposition limpide). Mieux vaut donc *par nature*
rester figé dans l'enfance. Le public enfantin de la série en atteste par son
enthousiasme. De même que chez Annie Schmidt, nous sommes encore
bien loin des affres de l'adolescence. Qu'à cela ne tienne : certaines
grandes œuvres de sagesse ne baignent-elles pas dans un présent éternel ?
La référence à *Winnie l'ourson* s'impose déjà !

C'est grâce à un arrière-plan psychologique favorable que le petit
Moumine ose satisfaire son besoin d'indépendance et partir à l'aventure
avec son ami Renaclerican. Selon Tove Jansson, il n'y a pas de plus belle
enfance que celle où existe un équilibre entre le sentiment de sécurité et
l'excitation, entre l'aventure et la protection, entre les couleurs vives et le
sombre de la nuit.[30] Moumine, qui incarne comme Fifi Brindacier ces
belles premières années, appartient (avec Peter Pan) à la catégorie
paradoxale des enfants qui ne grandissent pas.

Le petit se reconnaît parfaitement dans l'univers de Tove Jansson, où
imagination et fantaisie se conjuguent à une grande sagesse de la vie.
L'auteur, si proche de son enfance et qui n'a rien oublié de ses peurs et
de ses joies d'autrefois, nous les restitue magistralement à travers le passage dans le registre du fabuleux. Un exemple : Moumine, sorti méta-
morphosé d'un chapeau magique commence à s'affoler quand personne
ne le reconnaît, mais la terrible angoisse de perdre son identité ne dure

---

29   Tove Jansson, *Moumine le troll* (*Trollkarlens Hatt*, 1948), Bibliothèque
      internationale, Fernand Nathan, 1968, p.178-179.

30   Voir l'entretien publié dans *La Stampa*, déjà cité.

pas, elle s'évanouit aussitôt que sa maman, le regardant attentivement, lui confirme : « Oui, tu es bien Moumine ! ».

Autre illustration du besoin fondamental de se voir reconnu par autrui, le scrouton Titi. On ne doute plus de son existence le jour où Renaclerican lui donne un nom :

> – Tu comprends, avant d'avoir un nom j'avais l'habitude d'errer un peu partout et il arrivait ceci ou cela, mais ça ne me regardait pas vraiment, tu vois ?
> Le Renaclerican voulut répondre mais le scrouton continua aussitôt :
> Maintenant, je suis quelqu'un, dit le scrouton et tout me regarde. Ce qui m'arrive, ça m'arrive, ça m'arrive à *moi*, Titi – ou, je vois les choses à ma façon, tu comprends ?
> – Je comprends, dit le Renaclerican. Et je suis content pour toi.[31]

Et quel enfant trop faible pour se défendre ne rêve pas de devenir invisible ?

> Vous savez bien qu'on peut devenir invisible si on nous fait peur trop souvent, dit Touticki en avalant un champignon de Paris qui ressemblait à une gentille petite boule de neige. Eh bien, cette Nini a une tante qui lui faisait peur en s'occupant d'elle à contrecœur. Je l'ai rencontrée et je peux vous dire qu'elle était affreuse. Elle ne se fâchait jamais… La colère ça peut se comprendre. Elle était glaciale et ironique.[32]

Les histoires qui naissent autour de Moumine font autant de place aux joies de l'enfant qu'à ses appréhensions : la joie d'avoir échappé au danger, celle de découvrir une île, ou une grotte dissimulée dans les buissons, de savourer une belle et trop rare soirée d'été, de fouiller dans le grand sac plein de menus objets – fils de fer, bonbons, coquillages, cailloux… – appartenant à maman, ou bien dans les armoires, les tiroirs, les coins et recoins de la maison… Le sens de la fête est partout présent. Les mots eux-mêmes sont une source de plaisir quand d'aventure ils s'échappent d'un dictionnaire et se mettent à ramper sur le plancher… Et que dire des effrois et des bonheurs que procure la nature sauvage et capricieuse ? Les paysages dans l'œuvre de l'écrivain finlandais, tantôt sereins, tantôt animés par le déchaînement des tempêtes et des ouragans, jouent dans le texte un rôle non négligeable d'acteurs silencieux.

L'image amusante et anti-conformiste d'un monde peuplé de petits êtres imaginaires relève chez Tove Jansson de l'invention ludique. Les

---

31   T. Jansson, *Contes de la vallée de Moumine*, « La mélodie de printemps », Hachette, LP Jeunesse, p.214.
32   *Contes de la vallée de Moumine*, « L'enfant invisible », p.15.

histoires de Moumine ne transmettent pas de messages précis, si ce n'est que ces récits de tonalité joyeuse répandent un sentiment de sécurité et de chaleur humaine fondé sur les affections et les amitiés. A propos de ces dernières, on se souviendra du roman de Kenneth Grahame (*Le vent dans les saules*), où le sentiment de confiance est éveillé également par les solides amitiés que nouent entre eux quatre petits animaux : une taupe, un rat d'eau, un blaireau et un crapaud. Les deux écrivains sont des poètes au message implicite.

Finalement, l'allégresse émane de la prose même de Tove Jansson, de son écriture séduisante, créatrice de mille détails poétiques et sensoriels, voués à la révélation des choses essentielles de la vie.

A l'égal des animaux, les personnages miniaturisés (humains rétrécis, créatures irréelles, jouets ou légumes soudain animés) constituent un écran entre le petit lecteur et la réalité. L'enfant, et par conséquent le jeune lecteur, est gagné par un sentiment de sécurité quand il peut comparer son sort à celui des êtres « inférieurs » encore plus mal lotis que lui. De surcroît, la miniaturisation des personnages a en elle-même quelque chose de divertissant (de là peut-être le succès auprès des jeunes de Gulliver, dont la taille semble passer de celle du nain à celle du géant). Outre un ressort du comique très exploitable, ce procédé offre la clef d'une relativisation de l'humain. Mais le changement dans la perspective habituelle, c'est-à-dire dans celle qui consiste à regarder constamment les choses de bas en haut, ne prive-t-il pas d'une part de son sérieux la vision de ceux qui sont obligés d'appréhender le monde sous des aspects insolites ? On se souviendra de la grivoise hilarité des troupes de Lilliput défilant entre les jambes de Gulliver, et donc sous le relief de ses gigantesques proportions.

Les meilleurs auteurs conservent toutefois les avantages de la disproportion (par exemple la sécurisation de l'enfant désormais capable de dominer; la fraîcheur des effets comiques…) sans que leurs histoires perdent de leur pertinence. C'est ainsi qu'une vingtaine d'années avant la parution des *Moumine*, la fantaisie de A.A. Milne avait déjà pris le chemin de la miniaturisation au moment où cet auteur développa un monde cohérent à partir d'une donnée surréelle : à l'origine une figure de jouet, mais douée de vie comme la marionnette Pinocchio en personne. Le personnage romanesque de Winnie l'ourson, l'ours en peluche, (*Winnie-the-Pooh*, 1926) a fait le tour du monde. A l'égal d'une figure réelle, le héros de Milne s'est imposé par son aspect physique, sa naïveté, son goût du miel... Il est devenu le modèle des *teddy-bears* de la littérature enfantine. Winnie, que son maître, le petit Christopher Robin brinquebale de tous côtés, n'a pas la vie facile. Ce protagoniste de petite taille contribue à donner à l'enfant un sentiment de supériorité : « L'enfant qui vit dans un monde dominé par l'adulte aime le monde des jouets et des animaux qu'il peut à son tour dominer. Il s'identifie parfaitement au petit garçon de *Winnie l'Ourson* qui exerce son pouvoir sur des jouets, tout en leur donnant la vie. »[33] Ceci dit, l'histoire de Winnie est aussi d'un détachement et d'une « sagesse » exquises, qu'on a rapprochés de la philosophie du Tao.

L'Anglaise Rumer Godden, dans un récit au succès durable, *Une maison de poupées* (*The Doll's House*, 1947), choisit, précisément, pour amortir la gravité de son propos, d'animer des poupées. Ces poupées à notre image s'occupent à juger le comportement des hommes et des enfants. Créatures privées de liberté, ce sont de pauvres et douloureuses victimes, maltraitées par les enfants, contre lesquels elles ne peuvent se défendre. La poupée joue ici le rôle de l'enfant : « Sortir de sa propre histoire pour pénétrer dans celle des autres quand on est un enfant, petit, faible, vulnérable, suppose qu'on va dominer cet univers étranger. Cela explique peut-être, entre autres, le thème de la miniaturisation, si constant et généralement si favorable. »[34]

Dans le roman de Rumer Godden, le dépaysement d'une miniaturisation sécurisante initie mais avec ménagement, par de fines analyses psychologiques, les lecteurs novices à des aspects tragiques de la vie des adultes. L'existence paisible dans la maison de poupées de Rumer Godden est bouleversée par l'arrivée d'une belle poupée en porcelaine foncièrement méchante. Lady dissimule sa laideur intérieure derrière son « fameux sourire ». Il faudra beaucoup de temps à Emily, une des deux fillettes, propriétaires de la maison en réduction, pour se rendre compte de la nature pernicieuse de sa protégée. Lady, cruelle, vaniteuse, égocentrique, sera un jour responsable de la « mort » d'une de ses compagnes.

Ce mouvement ondoyant de la « démonstration » peut être discuté. D'abord on *sécurise* en permettant aux enfants de dominer plus faible

---

33   *Les Livres pour les enfants*, ouvrage collectif, Paris, Les Editions ouvrières, Collection « Enfance heureuse », 1973, voir Geneviève Patte, « Les propositions de l'imaginaire », p.98.

34   *Les Livres pour les enfants*, *op.cit.*, Isabelle Jan, « Le récit pour enfants », p.149.

qu'eux, ensuite, on *relativise* en montrant que la méchanceté peut exister partout (la méchante poupée). On n'est pas obligé de penser que cette preuve de la possibilité universelle du mal soit très efficace pour rendre plus humain. L'effet contraire est tout aussi probable, ou plus.

C'est un merveilleux à consonance comique, cette fois, que Gianni Rodari (Prix H.C. Andersen, 1970) met au service de sa critique sociale. Son premier roman, *Il romanzo di Cipollino* (1951, rebaptisé en 1957, *Le avventure di Cipollino*, traduit en français, en russe, en allemand, en chinois, en japonais, en croate, adapté pour le théâtre de marionnettes et sous forme de jeu radiophonique) repose sur l'humanisation d'une microsociété végétale et animale. Il en avait inventé les personnages dès 1950 pour l'hebdomadaire *Il Pioniere*, périodique d'orientation communiste qu'il dirigea lui-même pendant un certain temps. *Les aventures de Cipollino* procèdent d'un esprit anti-autoritaire. Ce roman se recommande non seulement par son humour et sa gaieté, mais aussi par une remarquable inventivité linguistique et stylistique. Rodari, qui a été instituteur, est assurément un partisan de la formation pédagogique par le rire et par le jeu. Cipollino (en français Ciboulet) est probablement le personnage le plus connu de Rodari. Il apparaît dans l'imaginaire des petits Italiens de l'après-guerre comme l'incarnation de l'amitié, du pacifisme et de l'anti-racisme.

Ciboulet est le cadet d'une famille d'oignons. Cette famille est pauvre : « Que voulez-vous, quand on naît dans une famille d'oignons, on n'échappe pas aux larmes. »[35]

On aura reconnu à travers la fantaisie et l'humour la parenté spirituelle avec Carlo Collodi et les rapports assez étroits avec cette donnée primordiale : la figure du pantin qui s'anime d'emblée. D'ailleurs, Cipollino, presque toujours de bonne humeur, comme son ancêtre en bois, est peut-être plus coquin encore que Pinocchio. A l'image d'un petit Till l'Espiègle, c'est un farceur, surtout quand il s'agit de se défendre contre les puissants; et parmi eux le tyran, le prince Citron. Cipollino a plus d'un tour dans son sac pour narguer l'autorité. Armé d'un vif esprit d'initiative, il se sert de sa nature végétale, pour faire pleurer les méchants, entendez les riches, les oppresseurs. Lui-même est bon, généreux et enclin à pardonner.

Sur les traces de Collodi, Rodari recourt à la métaphorisation pour montrer sous une forme imagée et drôle, à l'échelle des petits, les

---

35   G. Rodari, *Les aventures de Cipollino,* La Farandole, 1956.

injustices de l'ordre établi. Mais la critique du système social au lendemain de vingt ans de fascisme est plus virulente chez notre contemporain. On peut même dire que les deux auteurs présentent, plus qu'une parenté spirituelle, un esprit frondeur analogue, et surtout, au départ, une identité de structure. Rodari, conduit par un idéal de liberté et de justice sociale, est tout entier du côté des opprimés, des petites gens brimées par les exploiteurs. La Justice, toute relative, ne vient en aide qu'aux puissants. L'avocat, il sor Pisello (petit pois), est un être soupçonneux qui a lui-même beaucoup de péchés sur la conscience. Il se range toujours du côté des plus forts. Même la Taupe, pourtant généreuse et bonne, se réjouit de la pendaison imminente de Pisello.

Les petites gens se contenteraient de peu à condition de vivre libres et en paix. Cipollino se rebelle contre tous ceux qui les en empêchent et invite les autres à refuser de se soumettre. Unissant les uns et les autres dans son combat, il parvient à libérer son père, injustement emprisonné par le prince Citron. Il fera exiler cet aristocrate et proclamer la République. Cependant, la méchanceté ne se confond pas toujours avec la naissance. Cipollino, d'origine « paysanne » (c'est un oignon !) a trouvé un allié en Ciliegino (« la petite cerise »), d'origine noble. Le « bon » Ciliegno, révolté contre l'autoritarisme des siens, a choisi le camp des défavorisés. L'intégration des classes sociales est assurée, dans le sillage du *Cuore* d'Edmondo De Amicis, par l'école, « le jeu le plus beau ». A la fin, Cipollino et Ciliegino se retrouvent assis, côte à côte, sur un même banc. Exaltation socialiste, à la Brecht, du savoir libérateur.

Les aspirations de Pinocchio à la liberté étaient contrariées. La marionnette n'était autorisée à transgresser les lois morales et sociales que provisoirement, au cours d'un voyage fabuleux. Quelque quatre-vingts ans plus tard, l'apologue optimiste de Rodari donne à l'enfant son droit à la liberté et à la fantaisie.

Déjà Collodi mettait en œuvre un procédé proche de la miniaturisation – tel Kenneth Grahame il donne la parole « au petit peuple » – en choisissant un insecte menu, le Grillon Parlant, pour incarner l'autorité morale. L'humour de Rodari rejoint également un certain déséquilibre des proportions entre la faute et la punition, vecteur de la caricature du pédant, déjà présente chez Collodi : un ton grave, celui d'ailleurs des avertissements du Grillon Parlant à Pinocchio, annonce d'énormes châtiments appliqués à des actes anodins : « – Gare à ces enfants qui passent leur temps à regarder voler les mouches… ils finiront en prison; – Gare à ces enfants qui perdent leur temps à dessiner… Que peuvent-ils devenir à l'âge adulte ? Tout au plus des barbouilleurs, sales, mal vêtus, ceux-là aussi ils finissent un jour en prison. »[36]

Des scènes du récit de Rodari font écho à des épisodes célèbres du roman collodien : trois médecins sont appelés au chevet d'un enfant malade. Sentencieux à l'égal de leurs ancêtres toscans, ils ne se contredisent pas moins qu'eux. Seul le médecin des pauvres, mandé en grand secret – le docteur Marron prescrit peu de médicaments et les paie de sa poche –, a diagnostiqué la maladie dont souffre le fils de la comtesse : la mélancolie provoquée par la solitude. « Oh quelle affreuse maladie que d'être sans compagnie. »

Rodari excelle dans les dialogues, nombreux et spirituels, émaillés de sagesse proverbiale; il fait dire à Fragoletta (la petite fraise) ce qu'exprimait déjà Lao-Tseu vers le VIe siècle avant notre ère (*Content de peu n'a rien à craindre*) : « Qui se contente de peu, jouit de la vie. »

Gianni Rodari a largement contribué, du côté italien, à la décrispation du discours narratif destiné aux jeunes lecteurs. Il n'est pas de page où il ne joue sur les mots et leur ambiguïté sémantique, sur les proverbes, sur des interventions ironiques du narrateur…

Peu après *Les aventures de Cipollino*, l'imaginaire du romancier italien s'éloigne de ce contexte maraîcher qu'il connaissait bien pour avoir parcouru les marchés à l'époque où il s'occupait de problèmes alimentaires pour le quotidien communiste *L'Unità*. L'inspiration de *La Gondola fantasma* (1955) est régie par le culturel. Le merveilleux de ce récit situé à Venise se dégage d'une gondole abandonnée sur la lagune. L'œuvre très bien construite et pleine d'humour, est une espèce de chant de la liberté, où l'auteur oppose des pirates venus de Bagdad aux masques de la « Commedia dell'arte » (Arlequin, Pantalon, Colombine, Polichinelle). L'humour relève, entre autres, de références à des histoires célèbres (celle de *Pinocchio*, de *La princesse sur un pois*…), dont Rodari bouscule les décors.

Chez E.B. White, le beau rôle est dévolu, non pas à un petit oignon, mais à une araignée. N'est-ce pas d'ailleurs un tour de force narratif que de centrer un récit d'une grande densité romanesque sur l'amitié entre une fillette et un arachnide ? Mais dans un sens c'est aussi renoncer avec

---

36   Voir Rodari, *Le avventure di Cipollino*, Roma, Editori Riuniti, VIIe édition en 1994, p.50.

le mythe d'Arachné, la bonne fileuse qui défia Athéna, et fut métamorphosée par la déesse en articulé à huit pattes !

Charlotte's Web (1952) est un des meilleurs romans de fantaisie publiés aux Etats-Unis. L'œuvre, en contrepoint à la guerre et à ses destructions, est un nouvel hymne triomphal à la vie, à la nature et à la solidarité. L'histoire se déroule en grande partie dans une grange où « régnait souvent aussi une espèce d'odeur paisible... comme si rien de mauvais ne pouvait désormais arriver dans le monde. »[37]

C'est grâce à une araignée[38] capable de tisser des messages magiques dans sa toile, qu'une petite fille, Fern, parvient à sauver de la mort un petit cochon, Wilbur (Narcisse en français).

E.B. White fait vivre côte à côte hommes et animaux humanisés. Tous se distinguent par une individualité aux contours bien dessinés. Fern, par exemple, fait preuve d'indépendance. Révoltée contre le point de vue de ses parents, elle réussit à imposer sa vision des choses. Elle adore tous les animaux, même sous les formes les plus éloignées de l'humain, comme, par excellence, l'araignée (quoique...). Elle s'oppose avec acharnement au « meurtre » des créatures sans défense. Les animaux de White sont doués de parole, de pensées et de sentiments, mais ils ne renoncent pas à leur spécificité animale. Ils passent une grande partie de leur temps à manger, à dormir et à jouer. Charlotte, l'araignée (en français Pénélope), intelligente et dévouée, tisse inlassablement sa toile, telle la femme d'Ulysse, pour retarder la mort de Wilbur. Celui-ci est peureux. Il craint sa fin prochaine, et c'est bien naturel, mais il hésite aussi à se faire de nouveaux amis : « [...] quel risque à courir que l'amitié ! ». Il est vrai qu'il mettra du temps à découvrir le bon cœur que Pénélope dissimule « sous ses dehors audacieux et cruels. »[39] La nuit, il rêve que des hommes armés de couteaux et de fusils viennent le chercher, mais le jour la confiance lui revient. Le mauvais, c'est le rat; il introduit une note discordante dans l'harmonie des bons sentiments. Timpleton (Archimède) est en effet un grand égoïste; privé de toute conscience morale, il n'a jamais le moindre remords. N'empêche, lui aussi joue un rôle utile au sein de la nature, ou même un rôle circonstanciel bienvenu, car l'odeur

---

37   E. B. White, *La toile de Pénélope*, Hachette, Bibliothèque Rose, 1954 ; *La toile de Charlotte*, Ecole des loisirs, 1982.

38   Autre araignée sympathique, celle de *Tricoti Tricota* (1957 ; réédition), un album du Père Castor.

39   E. B. White, *La toile de Pénélope*, Hachette, Bibliothèque Rose, 1954, p.46.

nauséabonde d'un œuf d'oie pourri qu'il a volé empêche le frère de Fern de tuer Charlotte.

Mary Norton, écrivain anglais, douée à l'égal d'E.B. White d'une féconde imagination inventive, n'évoque pas pour sa part la vie au fil des saisons de petits animaux, habitants d'une grange et d'une basse-cour; en revanche, elle se penche sur la vie quotidienne d'une famille lilliputienne installée sous les planchers et derrière les plinthes d'une grande et vieille demeure (*The Borrowers*, 1952, Carnegie Medal, *Les chapardeurs*). Il s'agit cette fois de héros humains réduits à une taille minuscule. Que les occupants ne s'étonnent pas si des objets disparaissent; ils doivent savoir que pour survivre, une famille « d'emprunteurs » vient les y dérober. A une condition, cependant, il faut que dans le monde ordinaire les humains soient gouvernés par un esprit de routine, sinon les petites créatures ne retrouvent plus rien. L'existence de ces dernières est difficile et pleine de dangers. Pod, le père, se décarcasse pour ramener chaque jour le nécessaire à sa petite famille, et pour cela il doit accomplir de périlleuses escalades sur les étagères. Au bout du compte, nos chapardeurs se ménagent un intérieur confortable dont Homily, la maman, est très fière.

L'imagination créatrice de Mary Norton se débride à partir du regard que les lilliputiens portent sur les choses. Les objets auxquels ils attribuent un usage inattendu prennent un relief insolite. Des bouts de vieilles lettres récupérées dans les corbeilles à papier ornent les murs du salon de la famille de Pod; une boîte à bijoux laquée et capitonnée, devient, couvercle ouvert, un banc à dossier.

Cependant, abondance de biens nuit. Un garçon débarqué du monde réel vient loger dans la maison et fait connaissance avec la petite Arrietty, quatorze ans, une enfant solitaire, fille de Pod et Homily. Dès lors, la vie relativement tranquille des lilliputiens, pourtant sans cesse obligés de se cacher, prend fin car le garçon, soucieux d'aider ses nouveaux amis, leur procure tout ce qui leur manque. Il s'ensuit qu'on s'aperçoit de la disparition des objets, et nos lilliputiens seront contraints de s'exiler dans les champs. Le contact avec les « grands » humains leur a été néfaste. La moralité de l'histoire comporte la condamnation de la facilité et, au fond, l'exaltation de l'effort. Il fallut attendre près de cinquante ans pour qu'un film soit tiré du récit de M. Norton, alors qu'il s'y prêtait fort bien. Il est vrai que le principe du rétrécissement (ou de son contraire) est actuellement en vogue.

L'Indien du placard (*The Indian in the Cupboard*, 1952) de Lynne Reid Banks, offre également une image originale du monde renversé. Par le biais d'une relation hors du commun racontée avec beaucoup d'humour, l'auteur prône la tolérance et le respect de l'autre. Le récit se charpente ici aussi à partir d'un retournement des rapports enfants-adultes. Omri, le jeune héros, devient responsable d'un adulte en miniature.[40] Il s'agit d'un Peau-Rouge, vieille figurine en plastique haute de sept centimètres qu'il a reçue pour son anniversaire. Il l'enferme dans une armoire métallique où l'Indien se transforme en être vivant. Le bonheur d'avoir en permanence un compagnon pour lui tout seul n'est pas sans mélange car le petit adulte se révèle irascible et exigeant. Il complique la vie d'Omri, chargé en dépit de son jeune âge des responsabilités d'un « père ». Décidément, même la miniaturisation de l'adulte ne suffit pas à faciliter le compagnonnage entre l'enfant et son aîné !

A l'instar de Mary Norton, un écrivain japonais, Tomiko Inui, fait mener, parallèlement à l'existence des hommes dans notre société, une autre vie, mais à petite échelle, à des créatures fabuleuses (*Le secret du verre bleu*, proposé pour le Prix Andersen en 1961). A la différence des minuscules humains imaginés par l'écrivain anglais, Inui donne vie à quatre lutins, « locataires » eux aussi des endroits cachés d'une maison située cette fois à Tokyo. Cependant, la miniaturisation ne relève pas ici de la simple fantaisie, elle s'inscrit dans un contexte historique précis et metaphorise un message de solidarité. En effet, l'histoire se passe au début de la Seconde Guerre mondiale. Le conflit met fin à la vie paisible que les êtres réels et les êtres imaginaires ont mené jusque-là. La famille Moryama doit plus que jamais aider les lutins, car ils sont anglais. La survie des « Milky » ne dépend pas de « chapardages », mais d'un quotidien verre de lait, versé dans un verre bleu, que leur procure un des enfants Moryama. Réalisme et fabuleux dans ce récit japonais se rapprochent et finissent par fusionner.

---

40   Nicolas Tucker souligne que peu d'écrivains ont choisi des adultes miniaturisés pour accompagner le jeune protagoniste : « *Elsewhere a few children's writers have experimented with the idea of very small adults as hero – companions, as in Mary Norton's Borrowers (1952) series or Lynne Reid Banks novel,* The Indian in the Cupboard *(1952).* » N. Tucker, « Finding the Right Voice: The Search of the Ideal Companion in Adventure » in *The Voice of the Narrator in Children's Literature*, edited by Ch. F. Otten and G. D. Schmidt, Greenwood Press, 1989, p.145.

La Néerlandaise Annie M.G. Schmidt, auteur de *Monsieur Ouiplala* (*Wiplala*, 1957), sensibilise à son tour ses lecteurs aux bienfaits d'une vie sereine. Des enfants amstellodamois sont lassés d'une existence trop monotone à leur goût. Un être surréel va introduire la fantaisie dans leur vie, mais au prix de tant de bouleversements que la famille du savant Bloume saura apprécier, après le départ de Ouiplala, le retour à la vie somme toute pas si déplaisante qu'ils menaient avant son arrivée.

Ouiplala est un petit sorcier. Il a été chassé par les siens parce qu'il ne savait pas bien ensorceler. A force d'ensorceler et de désensorceler les humains, il devient maître dans son art et repart brusquement là d'où il était venu. Habitué depuis toujours à une petite taille, il ne souffre pas d'un sentiment d'infériorité. Après avoir réduit le professeur Bloume et ses deux enfants à un format minuscule, il leur fait traverser des expériences extraordinaires. Ensemble, ils survolent Amsterdam à dos d'oiseau et de canard. Les Bloume y gagnent une image enrichie de leur ville et de ses habitants. Toutefois, la famille, à la suite de sa métamorphose, éprouve l'insécurité des êtres faibles menacés par les « grands » – lourds – et forts, et se trouve contrainte à se mettre à l'abri de leurs regards trop curieux. L'ascendance de *Monsieur Ouiplala*, et ses affinités, se voient assez : il suffit de citer Nils Holgersson et Mary Poppins.

En Norvège aussi on aime les métamorphoses. La série « Mrs. Pepperpot » (*Mère Brimborion, Teskje-kjerringa*, 1957) d'Alf Prøysen, narration pétillante d'inventivité, raconte de façon très amusante, à travers la transformation d'une vieille dame réduite à tout moment à la taille d'une petite cuillère à thé, les énormes difficultés que doivent surmonter les petits êtres. Mère Brimborion, sûre de s'en tirer, est toujours de bonne humeur, qu'elle tombe d'un comptoir et se retrouve enfermée dans un tiroir ou encore qu'elle doive, toute minuscule, affronter un énorme élan à qui elle réussit à faire peur car : « Il arrive ainsi, souvent, que celui qui ne craint rien des grands tremble devant les petits. »[41]

Chez Astrid Lindgren, le merveilleux s'allie à la réalité intime de l'enfant. Il naît de consciences troublées. L'auteur a construit *Mio, mon Mio* (*Mio, min Mio*, 1954) sur l'image renversée et compensatoire du vécu quotidien de l'enfant malheureux. Ses aspirations à l'affection et à

---

41   A. Prøysen, *Mère Brimborion*, Le Livre de Poche jeunesse, Editions G.P., 1986, p.93.

une identité valorisante se concrétisent dans ses projections oniriques. Frédrik Vilhelm Olsson, héros de ce beau récit écrit dans une prose scandée par la répétition d'épithètes propres au genre épique (par exemple la source est toujours « la Source qui étanche la soif ») est un orphelin solitaire. Son oncle et sa tante l'ont accueilli à contrecœur dans leur foyer : « Tante Elsa n'arrêtait pas de dire que le jour de son arrivée dans sa maison fut un jour de malheur. »[42]

Il fuit et la police le recherche en vain, car il est parti à tout jamais pour un royaume merveilleux où il découvre le bonheur. Il y a rejoint le Roi son père, un homme bon et généreux. Il s'y fait des amis. Au pays du Lointain, le prince Mio prend sa revanche. Il combat le Mal incarné par Kato, chevalier cruel qui emporte les enfants et les fait disparaître. Mio triomphera de son puissant adversaire. Et l'auteur, s'identifiant à son héros, de conclure : « Oui, c'est ça la vérité, Fredrik Vilhelm Olsson se trouve au Pays du Lointain et il est bien, vraiment bien chez le roi son père. » Quelques années avant Michael Ende, Astrid Lindgren porte résolument l'imaginaire au pouvoir.

Tout comme la romancière suédoise, Erica Lillegg, écrivain autrichien, transforme la réalité intime de l'enfant en aventure magique. Vevi, héroïne du livre homonyme (traduit en italien et en suédois, 1956), roman charmant et riche en fantaisie, est une petite orpheline insatisfaite. Dès que les choses lui déplaisent, elle se dédouble et se fait remplacer par son sosie, un radis. Radischen incarne les mauvais penchants de Vevi. Mais bientôt, plus personne n'arrive à faire la différence entre les deux fillettes. Radischen est crainte et haïe. Vevi doit coûte que coûte la rattraper et l'éliminer. L'aventure, fondée sur le dédoublement du héros, prend progressivement une dimension inquiétante, un peu celle d'une histoire de double à la façon de Poe, mais à la portée des enfants.

Vevi se situe entre Pinocchio et Fifi Brindacier. De son ancêtre italien, elle a conservé les bonnes intentions. Elle voudrait obéir aux conseils qu'on lui donne, mais ne résiste pas mieux que la marionnette à la tentation de s'approcher dès qu'un cirque est en vue. Par ailleurs, elle évoque Fifi par son dynamisme, son exubérance et son franc-parler. Elle ne respecte que les adultes qu'elle aime. Et quels qu'ils soient, elle se moque de leurs discours pompeux. Une grande affection réciproque la lie à son frère Christian, aussi discret et austère qu'elle est elle-même extravertie.

---

42   A. Lindgren, *Mio, mon Mio*, Hachette jeunesse, 1991, p.18.

L'auteur intègre habilement à son récit différentes allusions aux aventures de héros romanesques célèbres. Par exemple, Vevi voyage à la manière du baron Münchhausen : elle est propulsée à Paris sur un boulet de canon. Ce roman d'une fantaisie très attachante doit une partie de sa séduction à une intertextualité accessible à tous les lecteurs.

Dans l'époque qui nous occupe, la fantaisie épique perpétue la tradition. Elle s'épanouit dans la création de mondes seconds où les protagonistes évoluent à mille lieues de leurs foyers. *Le lion et la sorcière blanche* (*The Lion, the Witch and the Wardrobe*, 1950), de C. S. Lewis, s'inscrit dans la tradition anglo-saxonne de ces mondes fabuleux coupés du nôtre ou presque, du moins plus importants que le monde réel et insituables, tels que les ont imaginés Charles Kingsley, Lewis Carroll, George MacDonald, L. Frank Baum, J.M. Barrie…

Les premières des sept chroniques de Narnia (la dernière, *The Last Battle*, Carnegie Medal, date de 1956) s'intègrent entre les dates de publication des livres étroitement apparentés de J.J.R. Tolkien, *Bilbo le Hobbit* (1937) et *Le Seigneur des Anneaux* (1954-1955) (présentés anticipativement p.35-38). A la différence des épopées de Tolkien, son ami et collègue à l'université d'Oxford (on prétend d'ailleurs que Tolkien ne mettait pas très haut les récits de Lewis), C.S. Lewis, grand admirateur de George MacDonald et d'Edith Nesbit, est l'auteur d'une allégorie d'inspiration franchement chrétienne et confessionnelle, pas seulement du fait d'une vague atmosphère, mais en vertu de la mise en œuvre d'une symbolique très marquée du côté évangélique. Ainsi, Tolkien qui écrivit *Bilbo le Hobbit* pour ses enfants, confère du relief à la lutte du Bien contre le Mal en accentuant le rapport des forces par la miniaturisation du héros. La victoire du Bien sur des puissances maléfiques et indéfinissables est assurée dans l'épopée tolkienne par un brave petit Hobbit, habitant d'un simple trou, entraîné par un magicien et treize nains à accomplir d'extraordinaires exploits apparemment au-dessus de ses forces. Les Hobbits, en effet, « ont la crainte des grands ». En revanche, au royaume imaginaire de Narnia, les forces du Bien sont dirigées par un lion héraldique, Aslan, personnage comparable à bien des égards à un Maître souverain, voire au Christ lui-même. Ce n'est d'ailleurs pas par hasard que Aslan est un des noms possibles de l'animal en hébreu. Le grand lion, à la fois « bon et terrible », répand une ombre d'or dans les cœurs. Le pays de Narnia ne sera délivré du Mal, incarné par la Sorcière blanche – à son apparition, tout le monde a froid –, qu'à la mort et à la résurrection d'Aslan. Celui-ci est entouré de dryades et de naïades, de licornes, de nymphes et de centaures. Quand il s'adresse aux enfants venus en Narnia par esprit de curiosité et d'aventure, après avoir traversé une armoire, il les appelle fils d'Adam et fils d'Eve (nouvelle allusion biblique). Aslan est toujours présent sur le devant de la scène ou à l'arrière plan. Avec lui règne une atmosphère de pardon et de miracle. Il peut agir sur la nature et faire passer la forêt en quelques heures de janvier à mai. La série est jalonnée de symboles empruntés au récit évangélique : un des quatre jeunes personnages, Edmond, figure une espèce de Judas enfantin entraîné dans la traîtrise par l'appât de simples friandises, en l'occurrence du rahat-lokoum (de nouveau l'Orient !). Naturellement, sa Rédemption sera l'œuvre d'Aslan, mais Edmond mourra pour entrer dans un monde meilleur. Les protagonistes juvéniles ont la conscience du péché. L'un d'eux, Pierre, n'affirme-t-il pas que c'est de sa faute si Edmond a été « conduit au mal ».

Les chroniques de Narnia ont connu une grande fortune auprès des enfants. C'est que leur auteur construit des aventures passionnantes. Doué d'une belle imagination créatrice, il multiplie les situations, les événements et les images, qu'il puise à la source des mythologies chrétiennes, classiques et nordiques. Il donne vie à toutes sortes de personnages fabuleux, bons ou mauvais d'ailleurs, centaures, faunes, ogres, géants, animaux parlants... Son art réside dans la variété bien plus que dans la profondeur des caractères.

Cependant, l'omniscience d'un narrateur moralisant, aux fréquentes interventions, le ton sentencieux et sans aucun humour du lion Aslan, porte-parole des idées de l'auteur, pourrait à l'occasion décourager des esprits indépendants réfractaires à un protectorat éthique trop manifeste.

Avec la science-fiction, il est vrai encore très rare à cette époque dans l'édition pour la jeunesse, le merveilleux s'engage dans une nouvelle voie. Peu avant que Ray Bradbury ne lui donne un élan décisif (*Les chroniques de Mars* remontent à 1950; *Fahrenheit 451* à 1955) dans des œuvres dont s'empareront les jeunes lecteurs, William Pène Du Bois conjugue la science-fiction et l'utopie. Son roman, *The Twenty-one Balloons* (1947, Newbery Medal 1948), très populaire aux Etats-Unis, relève d'un goût de l'invention technologique à la Jules Verne.

Un professeur interrompt un voyage en ballon et fait escale sur une île, Krakatoa, où il assiste au crépuscule d'une civilisation imaginaire. Grâce à la technique, les hommes y vivent dans un monde utopique où l'alimentation, tout comme le travail lui-même qui la produit, sont devenus pratiquement superflus. Toutefois, ce qui prévaut dans ce roman américain n'est pas la vision futuriste, ni une réflexion sur l'utopie, mais un imaginaire excentrique et le déploiement de l'invention ludique.

Faute de don magique, il ne reste à l'enfant/adolescent contestataire et avide d'autonomie qu'à s'éloigner de la société. C'est ce que recommande Italo Calvino dans *Le baron perché* (*Il barone rampante*, 1957), une fable philosophique au croisement de la fantaisie et de la réalité, bientôt récupérée par le public juvénile. Si le héros, Cosimo Piovasco di Rondo, héritier d'une famille aristocratique de Ligurie, a décidé à l'âge de douze ans de passer le restant de ses jours dans les arbres, c'est parce qu'il refuse les normes absurdes imposées par ses aînés, dont en outre il ne supporte pas la présence permanente.

Otfried Preussler quant à lui, dessine plus particulièrement, par le biais d'un récit plein d'humour, les contours de la Bonté, de l'humanité qu'une réelle indépendance d'esprit rend lucide et active. *La petite sorcière* (*Die kleine Hexe*, 1957; Prix du meilleur livre allemand en 1958, considéré en Allemagne comme une des œuvres les plus marquantes depuis la fin de la guerre), s'attache à montrer que le Bien n'est pas toujours où l'on croit, mais qu'il se cache derrière des apparences traditionnellement déplaisantes.[43] Le titre de tonalité affectueuse de « La petite sorcière » annonce à lui seul une volonté de démystification. En rendant sympathique un personnage totalement négatif, féminin de surcroît, tel que l'ont rendu populaire croyances et contes du courant oral, l'auteur s'en prend habilement aux préjugés. La petite sorcière de cent trente-six ans, personnage comique, met les rieurs de son côté. Conseillée par le corbeau Abracadabra, pendant du Grillon Parlant, elle veut devenir bonne. Serviable et épris d'équité, cet esprit espiègle fait le bien tout en jouant des tours. Elle, la plus « jeune », la plus petite, la moins expérimentée des sorcières finit par l'emporter, toute seule, sur ses aînées, les « vieilles » sorcières, ennemies du Bien.

James Krüss (Prix H.C. Andersen en 1968), célèbre contemporain de Preussler, aime les histoires « belles et instructives ». Aussi, pareil à Gianni Rodari, vise-t-il à travers ses récits, nés également d'une foisonnante fantaisie poétique, à influencer le comportement social.

---

43   A propos de « l'image décriée de la sorcière », voir G. Arfeux-Vaucher, *La vieillesse et la mort dans la littérature enfantine de 1880 à nos jours*, Paris, Imago, 1994, p.179-187.

Le Chasseur d'étoiles et autres histoires (1956; traduction littérale du titre allemand : « Le phare sur les falaises des homards », *Der Leuchtturm auf den Hummerklippen*) allie le réalisme du décor (un phare au beau milieu de la mer du Nord) et la précision historique à un fabuleux situé « peu avant la Seconde Guerre mondiale ». Toutefois leur isolement empêche les actants de savoir grand-chose de la guerre. L'auteur groupe ses récits autour d'un gardien de phare lié d'amitié avec une intelligente mouette. A deux, ils déjouent les noirs desseins de créatures malveillantes. Jean est un gardien de phare miséricordieux. Il accueille hommes et animaux et donne à tous l'occasion de raconter une histoire. Chaque histoire en amène une autre. Ce principe de recueil à cadre rappelle ceux de la Renaissance, sans parler des Mille et une Nuits. L'auteur montre comment la générosité et l'entraide en ce bas monde contrebalancent la malignité. Le bonheur, écrit à Jean Tante Julie, devenue « citoyenne des Iles Heureuses », « c'est de vivre dans un bel endroit, être riche sans possessions, heureux sans revenus, mais surtout vivre en paix sans armée et ne pas être contraint de fuir les hommes et les bêtes ».[44]

Dès avant la parution de *Tom et le jardin de minuit* (1958; Carnegie Medal en 1959), de l'Anglaise Philippa Pearce, l'irruption du fabuleux dans le quotidien prend d'autres formes que celles de créatures miniaturisées, ou de personnages, adultes et enfants, doués de pouvoirs magiques.

Sous l'influence, probablement, du freudisme et de l'importance qu'il attribue au subconscient et aux rêves, la fantaisie bascule dans le psychologique. Le « merveilleux » n'est alors plus dissociable de la perception que le protagoniste juvénile a lui-même de la réalité. Les contours du monde réel perçus jusqu'à présent comme un ensemble cohérent, sûr et stable, commencent à vaciller dès lors que la frontière entre le vrai et l'irréel passe par la vie intime du héros.[45] L'ancrage psychologique à la source de la fantaisie est de plus en plus clairement marqué dans trois romans de premier plan : *The Children of Green Knowe* (1954) de Lucy M. Boston, *Marianne Dreams* (1958) de

---

44   J. Krüss, *Le Chasseur d'étoiles et autres histoires*, Fernand Nathan, Bibliothèque Internationale, 1969, p.222.

45   « C'est par rapport à ce tracé mouvant entre la réalité et l'impossible que le protagoniste moderne cherche anxieusement à se situer », *Le roman pour la jeunesse, op.cit.*, p.202.

Catherine Storr, et *Tom et le jardin de minuit* (*Tom's Midnight Garden*, 1958).

Un décor, lien entre le passé et le présent, inspire Lucy M. Boston comme il avait inspiré Alison Uttley, auteur de *A Traveller in Time* (récit qui se passe à Thackers, une très ancienne ferme). Lucy M. Boston situe une série de sept romans à « Green Knowe », une des plus vieilles maisons privées, toute en pierre, d'Angleterre (Cambridgeshire). C'est là qu'elle a vécu pendant cinquante ans, dès l'enfance et jusqu'à sa mort.

Tolly, un garçonnet solitaire et en manque d'affection, orphelin de mère (son père s'est remarié et est parti loin) est le héros du premier récit, *The Children of Green Knowe*, beau roman parcouru par le sentiment de la permanence des choses. Il va rendre visite à son arrière-grand-mère, Mrs. Oldknow, vieille dame bienveillante (au patronyme significatif !) particulièrement discrète, et noue avec elle une intense relation affective. L'aïeule est amicale sans être possessive. Elle partage avec Tolly le même pouvoir d'émerveillement. Imprégnée de l'atmosphère de sa maison dont elle ne veut pas que se perde le souvenir (en réalité la vieille dame et l'auteur ne font qu'un), elle stimule l'imagination de Tolly en lui racontant la vie de trois enfants – Toby, Alexandre et Linnet – qui habitèrent la vieille demeure aux cours des siècles. L'enfant se sent heureux et échappe à la solitude. Il joue désormais avec Toby, Alexandre et Linnet, disparus pendant l'épidémie de peste de 1665. Pour Tolly, le passé se fond dans le présent mais les bonds continuels d'un temps à l'autre finissent par brouiller chez le petit garçon la conscience du monde vrai. Il se demande s'il a vraiment rencontré et entendu les voix de ces anciens habitants de Green Knowe. A ses yeux, la réalité se dédouble comme se dédoublent les hommes et les choses que lui renvoient les multiples miroirs de la maison. Il ne sait pas si les événements ont vraiment eu lieu.

Marianne Dreams de Catherine Storr, relate, comme le titre l'indique, une aventure onirique. Le rêve procède de la dialectique intime de la petite héroïne. Marianne, une enfant malade, cherche une compensation aux frustrations de sa vie quotidienne. Tout ce qu'elle dessine le jour se concrétise au cours de ses rêves nocturnes et elle se demande peu à peu si elle n'est pas prise au piège d'un engrenage dessin-rêve. Avec un crayon magique, elle dessine une maison dans laquelle elle se transporte en songe. Elle y introduit Mark. Sur son dessin, elle malmène la figure de son camarade et entoure la maison de barreaux. Entre-temps, dans la réalité, Mark tombe malade et son état empire. Prise de remords, Marianne cherche à aider Mark et dessine tout ce dont il aura besoin dans sa vie onirique. L'état du garçon s'améliore alors dans sa vie réelle. Ainsi, il y a interaction entre le rêve et la réalité quand l'héroïne cherche par des gribouillis sur son dessin à prendre sa revanche contre les conditions journalières, et à réparer ensuite le mal qu'elle fait dans son rêve à un autre enfant malade, Mark.

Tom et le jardin de minuit, est un roman-charnière. Il approfondit l'exploration d'une conscience juvénile. Par sa focalisation sur les hésitations du héros perturbé entre ses deux vies, la réelle et la fictive, il révolutionne, parallèlement à *Marianne Dreams*, le roman merveilleux. Tom, le protagoniste de Philippa Pearce, devient lui-même le lien entre le vrai et l'invérifiable. C'est là une étape toute nouvelle, dans le genre ici étudié.

Il s'en faut que le voyage magique ait affecté les prédécesseurs de Tom, comme c'est son cas, dans leur être intime. Les héros de Edith Nesbit, dont la fantaisie a influencé nombre d'écrivains, font très bien la distinction entre le monde merveilleux et le vrai; le passage du premier au second, ou *vice versa* ne semble pas les troubler. Ils s'éloignent sans angoisse du monde réel, certains d'y revenir un jour.

C'est à travers une construction narrative originale, subtile et cohérente que Philippa Pearce offre une suggestive méditation sur la relativité du temps. Au cœur de son roman, il y a cette interrogation permanente du héros sur les époques, la sienne et celle des autres. Il perçoit que son temps à lui, dans la vie réelle, passe beaucoup plus lentement que celui de ses rêves où il voit se transformer une fillette de l'époque victorienne en une vieille dame du temps présent. Le protagoniste est dérouté par ses allers et retours sans ordre logique entre sa vie tangible et celle de son subconscient. Ses incertitudes – il se demande sans cesse s'il rêve ou non – confèrent au roman sa profondeur et sa force émotive.

Aucune périodicité dans ces retours à l'époque victorienne qui suscitent chez le jeune garçon doutes et investigations :

> Tom n'avait vu des femmes de chambre que sur des images, mais il la reconnut à son tablier blanc, son bonnet, ses manchettes et ses bas noirs. Il n'était pas un expert en matière de mode, mais la robe lui parut plutôt longue.
> Elle portait du papier, du petit bois et une boîte d'allumettes.[46]

---

46   Ph. Pearce, *Tom et le jardin de minuit*, Gallimard, Folio Junior, 1993, p.23.

Au départ, Tom est frustré dans la vie réelle. Ses parents, pour le soustraire à la contagion de la rougeole dont son frère est atteint, l'ont envoyé pendant les vacances scolaires chez un oncle et une tante sans enfants. Ceux-ci habitent une vieille demeure victorienne aménagée en appartements. La vieille Madame Bartolomée, ancienne propriétaire de la maison, est maintenant la locataire de l'appartement mansardé. Le garçon se sent abandonné et livré à la solitude. Il a dû renoncer à son jardin et à des projets de vacances.

Dans le mur du hall, fixée là pour l'éternité, une horloge ancienne, seule réminiscence du passé, va l'aider à se construire un monde compensatoire, un territoire inconnu d'une grande beauté. Elle sonne... une treizième heure :

> Treize ? L'esprit de Tom eut un sursaut : avait-elle vraiment dit treize ? Même les pendules folles ne font jamais cela. Sans doute l'avait-il imaginé. Est-ce qu'il n'était pas en train de s'endormir, ou de dormir déjà ? Mais non, éveillé ou somnolent, il avait compté jusqu'à treize. Il en était sûr.
> Il était mal à l'aise à l'idée que cet événement l'affecterait : il pouvait le sentir jusque dans ses os. L'immobilité était devenue de l'attente; la maison semblait retenir son souffle; l'obscurité l'oppressait; il croyait entendre une question insistante :
> – Allons, Tom, l'horloge a frappé treize coups, que veux-tu y faire ?
> – Rien, dit Tom tout haut.[47]

Remarquons chemin faisant la vertu efficace de ces « meubles de passage » : l'armoire chez Lewis, ici l'horloge de plancher.

Quand il entend sonner l'heure magique, Tom quitte sa chambre, descend et pénètre dans un superbe jardin où il se lie avec une nouvelle compagne de jeux, Hatty. La fillette lui fait découvrir la nature à l'époque où les hommes ne l'avaient pas encore abîmée. Le jardin d'autrefois a été remplacé aujourd'hui par une cour où l'on entrepose des poubelles. A la fin de l'histoire, Tom comprendra que Madame Bartholomée, n'est autre que Hatty devenue vieille. La nostalgie des temps passés explique qu'elle a voulu, pareille en cela à la vieille dame de Green Knowe, les faire revivre pour un enfant. Elle raconte à Tom qu'il est le garçon imaginaire qu'elle s'était inventé jadis pour tromper sa solitude d'enfant mal-aimée. Pendant le séjour de Tom dans sa maison, elle a rêvé du passé et le garçon est revenu dans ses rêves. La nuit où son évasion onirique ne la ramène plus à son enfance et à Tom, le merveilleux jardin disparaît. Tom

---

47   *Tom et le jardin de minuit*, p.29.

a donc été non seulement « rêvé » par autrui, mais il s'est aussi senti, subconsciemment, introduit dans ces visions du sommeil qui ne sont en fait que le mirage d'un passé où, bien avant sa naissance, on avait déjà fabulé son personnage !

La parole imaginante, très importante au lendemain de la Guerre 1940-1945, s'est donc investie dans des formes variées, traditionnelles *et* nouvelles. Après les sombres années de la guerre, les œuvres de fantaisie trahissent une aspiration à des vies simples et paisibles, au retour à la sérénité d'antan, d'avant les bouleversements des existences. Les plus célèbres romans racontent les expériences miniaturisées des petits et des faibles mis à présent en position de force. Cet appel à un renversement des rapports évidents, est une manière humoristique de se venger de la réalité. Toutefois, le choix de la version fabuleuse de la réalité atteste également, surtout en période de crise, une volonté de ne pas privilégier une approche concrète et objective des problèmes. Une littérature d'adultes de même caractéristique serait d'ailleurs vite taxée de dérobade.

Par rapport aux anciennes, les œuvres de l'après-guerre témoignent d'une interpénétration plus intime du merveilleux et du réel. Les menus faits quotidiens, assument, jusque dans l'épopée mythique de Tolkien, une importance accrue. Certes, la réalité était présente chez Edith Nesbit, John Masefield et d'autres… mais elle formait surtout un point de départ. Sans être totalement détachée du monde merveilleux, elle n'en était pas moins bien distincte. La balance penchait du côté de l'imaginaire. Le héros se dérobait à la société, tel le bon et l'innocent Dr. Dolittle (*The Story of Doctor Dolittle*, 1920) qui, accompagné de ses animaux parlants, quittait la civilisation et les hommes, cruels et cupides, pour rejoindre la jungle africaine. C'était pour Hugh Lofting sa façon de réagir, à travers la fuite de son héros, aux horreurs de la Première Guerre mondiale. En revanche, la bonté, la générosité dans les récits postérieurs, consistent à faire front, c'est-à-dire à neutraliser des êtres féroces et à leur soustraire des armes de destruction.

Depuis que le voyage vers des terres exotiques ou enchantées (en fait depuis la fin du couple Jules Verne-Lewis Carroll) est remplacé par l'irruption du surnaturel dans notre monde quotidien, le fabuleux nouvelle manière offre des leçons d'entraide et de générosité. La vie dans les foyers miniaturisés installés au sein même de notre société, n'est certes pas facile. Les petits sont vulnérables. Obligés, pour éviter le danger, de se cacher, ils dépendent de la générosité des humains. La fantaisie, dans les romans de l'après-guerre, a surgi du sentiment de l'insécurité de la vie, dissimulé généralement derrière une tonalité joyeuse. L'irruption du surnaturel dans le quotidien n'est en rien une nouveauté chez les adultes (cf. *Le Grand Meaulnes*). Ce qui est nouveau ici, c'est la fréquente utilisation de ce principe.

Au terme des années cinquante, on peut prévoir une intégration plus poussée de l'irréel au réel, ainsi qu'une extension du merveilleux psychologique issu du paysage intime d'un héros incapable de tracer une ligne de démarcation bien nette entre l'imaginaire et le concret. Ces deux tendances sont porteuses de développements et d'enrichissements ultérieurs pour les récits à affabulation merveilleuse.

Les années dites d'opulence (*Golden Sixties*) et les prodromes de crise (1960-1973)

Un nouveau réalisme : l'investigation des consciences juvéniles

Qui ne se souvient des années soixante comme d'années, plus même que d'espoir, de réalisation à portée de main, d'années où tout paraissait devenir possible ? Les jeunes surtout pensaient qu'ils pourraient ébranler une société élitaire et sclérosée, puis faire bouger les choses dans tous les domaines, de la politique aux arts. La culture hippie s'accompagnait souvent d'une pensée libertaire. En amont, une situation économique plus favorable, ainsi que l'amélioration du niveau de vie, déclenchaient un appel à la libération individuelle et collective. C'était un de ces moments de l'histoire où l'individualisme des artistes « perturbateurs » est relancé par la liberté de créer.

Au début de cette fructueuse décennie (disons d'emblée que l'édition pour la jeunesse y est en plein essor), la fiction romanesque réaliste offerte aux jeunes lecteurs prend elle aussi un tournant : la parole, dans un nombre croissant de romans, est donnée en priorité au non-adulte. Un très grand nombre d'écrivains veulent dorénavant percevoir les choses à travers le regard juvénile. Autrement dit, l'écrivain, jusqu'alors l'adulte seul juge du monde, s'efface au profit de héros dont il se veut l'interprète fidèle. Autrefois, la voix d'un narrateur omniscient et sûr de lui, friand de fréquentes interventions autoritaires dans le récit, était presque toujours prépondérante, au détriment de celle du non-adulte. A partir des années soixante, le narrateur à la première ou à la troisième personne épouse d'ordinaire le point de vue d'un jeune personnage central et s'efforce de ne pas déborder sur une réalité dont le héros lui-même n'aurait pas conscience. Toutefois, le roman réaliste peut confiner à l'œuvre de fantaisie et d'humour dès que les images du réel perçues par le ou les héros sont outrées ou anormalement répétées.

Grâce à la généralisation de cette perspective juvénile, le roman réaliste destiné aux jeunes lecteurs va récupérer, par la révélation de l'expérience intérieure du non-adulte (dans le sillage mais pas nécessairement sous l'influence de *L'Attrape-cœurs*, 1951, de J.D. Salinger), le retard qu'il a pris sur le roman en général.

La nouvelle approche du personnage du non-adulte recoupe les recherches contemporaines en psychologie et en psychanalyse, qui ont su mettre à nu la complexité de la psyché de l'enfant. L'authenticité de la vie intime du protagoniste juvénile confère, dans bien des cas, sa densité au roman. La qualité artistique des œuvres tient surtout à la bonne individualisation, à partir de leur vérité intérieure, de héros juvéniles autrefois pratiquement interchangeables. Et leur force, à l'équilibre, tout autant qu'à une sorte de tension contrastante, entre la richesse et la profondeur des thèmes entrelacés (connaissance de soi et des autres, amitié, solitude, maladie, mort, rapports entre générations…) et la limpidité d'une écriture sobre et expressive.

Comment s'expliquer cet effacement volontaire, dès l'écriture du livre, de l'adulte à présent préoccupé de faire parler les jeunes ? On peut se demander si cette focalisation sur le monde intime des enfants et des adolescents, si ce besoin de les sonder, ne traduit pas en réalité une anxiété latente, celle de l'adulte ébranlé dans ses certitudes, c'est-à-dire beaucoup moins convaincu qu'auparavant, et pour ainsi dire jusqu'à la période qui nous occupe, d'être l'unique détenteur de vérité. L'autorité des aînés a été affaiblie par le dernier conflit planétaire. L'euphorie de l'après-guerre a cédé progressivement la place à de nouveaux sujets d'angoisse : la guerre froide, les armes nucléaires, la relativisation des « valeurs » occidentales face au tiers-monde, au quart-monde… En ce qui concerne, mais pas exclusivement les Etats-Unis, l'intervention au Vietnam provoque de violentes réactions. L'adulte peut-il encore se reconnaître comme un guide de confiance ? Contraint par les événements, ne serait-il pas enclin à se tourner vers la jeunesse, parabole d'espoir ? Les romans qui dévoilent dans le personnage du non-adulte un gage de renouveau et d'anticonformisme, attestent, dirait-on, ce désir de mettre en commun à l'avenir les responsabilités de l'une et l'autre génération.

La révolte estudiantine de 1968, où l'on a vu jusqu'aux collégiens manifester dans la rue, couvait depuis quelques années en Europe occidentale et ce n'est pas du jour au lendemain que les jeunes ont commencé à se poser des questions sur la société, sur le monde comme il va (ou comme il allait au moment d'une rupture ponctuelle). L'élévation du niveau d'instruction et, donc, l'affluence des étudiants, enfants du baby-boom de l'après-guerre, entassés dans des auditoires bondés, ont soulevé un « ras-le-bol » qui servit de détonateur, déclenchant le refus de l'obéis-sance passive, de l'autoritarisme traditionnel sous toutes ses formes (bellicisme, colonialisme, racisme, répressions sexuelles…).

Certes, les romans antérieurs à l'époque que nous abordons ont su rendre compte des réactions juvéniles à l'événement extérieur (un vol, une chasse au trésor, un déplacement exceptionnel, une découverte extraordinaire…), cependant les émotions suscitées par ces péripéties ne laissaient en général pas de traces durables chez le héros et les expériences vécues par le protagoniste, hormis par exemple un Pinocchio, étaient souvent perçues par le lecteur tel un simple divertissement. Celui-ci savait d'avance, comme à la lecture d'un conte de fées, que le héros finirait par sortir vainqueur de ses épreuves puisqu'il pouvait compter in extremis sur l'aide de parents protecteurs ou d'autres adultes fiables comme le héros du conte sur l'intervention du surnaturel. Les fins étaient toujours heureuses et le héros se retrouvait sans avoir guère évolué par rapport à ce qu'il était au début de l'aventure, même si sa vie intérieure s'était enrichie de quelque souvenir de l'expérience vécue.[1] Les œuvres se signalaient par un réalisme de surface, pittoresque et plaisant. Si les jeunes lecteurs contemporains retournent avec plaisir aux récits d'autrefois, c'est probablement qu'ils y découvrent, à quelques exceptions près, un monde stable et serein qui leur donne un sentiment de dépaysement rassurant. Sécurisante nostalgie.

En revanche, après 1960, le protagoniste juvénile se transforme sous l'effet d'expériences intimes nées de ses relations à autrui. Il se remet lui-même en question. Il s'interroge sur ses parents et sur les adultes de son entourage. On le voit évoluer tandis qu'il cherche à remédier à ses insatisfactions.

Aujourd'hui, le roman réaliste se construit autour d'un non-adulte tout autre que passif et soumis. Le héros s'efforce de faire face à une réalité quotidienne difficile et d'y assumer sa liberté et son indépendance. C'est un « existentialiste » dont la personnalité s'affirme par des choix. Il ne prend l'adulte en modèle que s'il en a décidé ainsi. Sa décision repose sur l'affection et la confiance qu'il éprouve en ses aînés.

1　　Voir dans *Le roman pour la jeunesse*, *op.cit.*, « Les rapports entre débuts et dénouements », p.141 et 165 : « Des trois catégories sur lesquelles s'articule notre classification, la première (« retour à la case de départ ») comprend une majorité d'œuvres antérieures à 1950 », p.165.

Ce roman d'un nouveau type évoque généralement de courtes périodes de la vie du non-adulte, marquées aux yeux du protagoniste lui-même de grande signification. Il a conscience qu'elles lui font franchir une étape importante sur la voie de la maturité.

Cependant, quelques romans de transition décrivent encore la vie du héros sur une longue période. *L'Ile des Dauphins bleus* (*Island of the Blue Dolphins*, 1960, Newbery Medal), par exemple, est une œuvre à la fois traditionnelle et moderne. L'héroïne de cette robinsonnade de Scott O'Dell, une histoire d'ailleurs authentique, est Karana, une jeune Indienne, abandonnée pendant dix-huit ans dans une solitude complète sur une île de la côte californienne. Douée de courage et d'une grande force de caractère, elle s'est éduquée toute seule et a su choisir la voie de la sagesse. L'œuvre est moderne en ce sens qu'il ne s'agit plus seulement d'une aventure « exotique », où l'accent serait exclusivement mis sur les réactions de l'héroïne à des circonstances exceptionnelles, mais bien d'un parcours « intérieur » vers la maturité, même si, un peu paradoxalement, la jeune femme ne se révèle pas vraiment, au sortir de son interminable isolement, très différente de ce qu'elle était au départ. Il faut sans doute faire ici la part de l'« indianisé », d'une plus grande fixité attribuée, à tort ou à raison, aux peuples exotiques, tous âges confondus. Du reste, la robinsonnade n'est pas un genre évolutif. Depuis Defoe, l'épreuve de confirmation – et de conformation – y prédomine.

La conscience de soi et du monde extérieur perçue par le non-adulte relève de son âge. On s'est donc demandé *quelle réalité* les écrivains, à l'heure où commence à se généraliser la perspective juvénile, donnent à voir à partir de l'enfant proprement dit, du préadolescent, de l'adolescent, sinon d'un adulte proche de l'enfance par sa nature et ses préoccupations ?

L'enfant (le héros a moins de onze ans)

Le récit qui a pour protagoniste l'enfant de moins de onze ans se tisse essentiellement autour des relations que ce dernier établit avec ses parents, ses grands-parents, un instituteur, un étranger, des camarades et souvent – surtout s'il est enfant unique – avec un animal, voire un objet inanimé. L'arrivée ou la perte d'un chien, entre autres, est à l'origine de romans très réussis. Les écrivains imposent tout aussi bien des personnages d'enfants confrontés aux difficultés d'un quotidien courant qu'aux rigueurs de circonstances cruelles (maladie, mort, abandon, misère...) et parfois catastrophiques (situations de guerre).

Les relations entre enfants du même âge, ainsi qu'avec d'autres générations, sont au cœur du très beau roman espagnol *Nin, Paulina et les lumières de la montagne* (*Paulina, el mundo y las estrellas*, 1960) de Ana Maria Matute. L'auteur y fait parler, à la première personne, une orpheline de treize ans qui retourne à des événements, essentiels à son développement psychologique, qu'elle vécut à l'âge de dix. L'héroïne se voit telle qu'elle était lorsqu'elle quitta la ville, se séparant de la cousine germaine de son père qui l'avait jusqu'à ce jour élevée strictement. Paulina n'a jamais aimé Susana :

> La voix de Susana ressemble à une lime. Vous n'avez jamais entendu une lime mordre un morceau de fer ?[2]

Elle se souvient de son arrivée chez ses grands-parents, propriétaires d'un domaine dans les montagnes (en fait les Pyrénées). Paulina sait et dit le pourquoi de son affection pour ses grands-parents et pour Nin. Au village, elle noue une grande amitié avec Nin, le fils aveugle d'un des métayers de son grand-père. Sa douleur éclate quand le petit aveugle, recueilli par ses grands-parents, s'est échappé à l'insu de tous pour retourner chez les siens :

> Et moi, comment expliquer ce que j'éprouvais ? Je n'avais pas une larme. Ah, que j'aimais Nin ! Mon Dieu, que je l'aimais ! Jusqu'alors, je ne m'étais pas rendu compte que je tenais tellement à lui. Bien sûr, je lui avais appris à lire. Mais, c'était là bien peu de chose en comparaison de ce que Nin m'avait appris à moi : à savoir qu'être laide et trop petite, ce n'était pas un grand malheur. Qu'il y a, de par le monde, des garçons et des filles fort malheureux et d'autres qui, sans être malheureux, vivent très tôt comme des hommes et des femmes, avec beaucoup de

---

2   A-M. Matute, *Nin, Paulina et les lumières de la montagne*, Ed. Fernand Nathan, Bibliothèque internationale, 1971, p.10.

> travail et de responsabilités. Parce que la vie est souvent injuste et cruelle, et il y
> en a beaucoup qui, même s'ils sont bons, ne s'aperçoivent pas du bien qu'ils ne
> font pas et qu'ils pourraient faire. Dans le monde, ce n'est pas tout de ne pas faire
> le mal : il faut aussi penser à faire le bien. Voilà tout ce que Nin m'avait appris et
> c'est pourquoi je l'aimais tant. Parce que, voyez-vous, je n'avais pas de frères de
> sang, comme disait la tante Rosalia, mais j'en avais de cœur, et qui les
> valaient bien.[3]

Paulina s'attache aux gens de la montagne et à la terre.
Progressivement, sous l'influence de son nouvel entourage, elle se
transforme et apprend à relativiser jusqu'à son antipathie à l'égard de
Susana, venue faire une brève visite à ses grands-parents :

> Elle recommença à m'embrasser, cette fois avec plus de tendresse. Je crois qu'au
> fond, elle m'aimait assez, mais ce qui lui plaisait le plus, finalement, c'était de
> prononcer des paroles pleines d'une substance amère et puis voilà, plus rien après.
> Il me sembla que, moi aussi, j'arriverais à la comprendre. A bien examiner les
> choses, on pouvait dire qu'elle ne s'était pas si mal comportée durant ces deux
> jours. Oui, c'est vrai que je grandissais. Oui, c'est vrai qu'on voyait le temps
> passer, comme ils disaient tous, depuis la grand-mère jusqu'à Lorenzo en passant
> par Marta.[4]

Cette fine analyse psychologique, restituée à partir du regard intérieur
de l'adolescente, se conjugue dans le roman sobre et poétique de la
romancière espagnole avec une atmosphère mystérieuse, voire magique.

Parallèlement, l'écrivain slovaque Jaroslava Blazkova a souligné, lui
aussi, les relations d'un enfant avec ses camarades et avec ses grands-
parents. Un langage familier et drôle rythme *Un merveilleux grand-père*
(1961). Le petit André n'apprécierait pas la vie qu'il mène dans le
quartier populaire et encore calme, proche des traditions paysannes, en
bordure de la ville où son père travaille à l'usine, sans la chaleureuse
présence au foyer de ses grands-parents. Ils sont gentils, attentifs et
encourageants. A l'inverse de son père, ils ne traitent pas ses petits
trésors de « saletés » et ne jugent pas, comme sa mère, toujours
impatiente, qu'il abîme tout ce qu'il touche. A chaque sortie de ses
parents, le petit se sent triste. « Vous sortez encore » murmure André,
« vous sortez toujours ».[5] Si sa mère ronchonne, en revanche sa grand-
mère est toujours contente. Elle aime raconter des histoires et, à l'aide de

---

3   *Nin, Paulina et les lumières de la montagne*, p.10.
4   *Ibid.*, p.160.
5   J. Blaskova, *Un merveilleux grand-père*, Hachette, LP Jeunesse, Editions G.P.
     1973, p.67.

son battoir électrique, elle prépare de bons clafoutis. Elle crie, mais ne le chasse pas : « Elle lui serre la tête contre elle et lui met dans la bouche une prune juteuse et sucrée. »[6]

André adore son grand-père. Celui-ci, encore jeune (cinquante ans), est un homme jovial. Adroit, il sait tout faire. En outre, il a beaucoup de fantaisie et participe volontiers aux jeux de son petit-fils avec son ami Rudo. Le lit d'André se trouve à côté de celui de son grand-père et quand il a des cauchemars, l'aïeul le rassure.

Mais s'il y en a une qu'André n'aime pas, c'est cette chipie de Mirabelle, une petite voisine qui « porte toujours des bas blancs avec un volant et deux nœuds blancs ». Mais André « affirme que tout ce qui est beau comme Mirabelle n'est pas forcément bon ».[7] La fillette ment :

> Mais, le pire, c'est qu'elle est méchante et qu'elle se moque ! André ne peut pas comprendre ça. Quand il fait une bêtise, il la cache sous son tricot, comme un hérisson. Mais ça pique, ça brûle, ça démange tant qu'il n'a pas avoué.[8]

La nouvelle perspective romanesque fondée sur le strict point de vue des jeunes, a engendré également un nouvel humour : « Aujourd'hui, à la source de l'humour, de son essence et de toute une tactique narrative, il y a l'opposition radicale entre l'angle de vision de l'adulte et celui de l'enfant/adolescent. »[9]

Désormais, l'écrivain se plaît à déformer comiquement la réalité en la soumettant au regard de l'enfant, apparemment naïf et simplificateur, mais contestataire en profondeur. Le comique tient également au réalisme brutal d'un certain langage d'ascendance populaire propre à telles enfances, même bourgeoises, des années soixante. De cette déformation burlesque et de ce parler sans concession les adultes font souvent les frais.

Mais la désacralisation des aînés véhiculée par la vision amusée des jeunes ne renvoie-t-elle pas, une fois de plus, aux incertitudes de nos contemporains sur la société et en particulier sur eux-mêmes ?

L'esprit humoristique de Goscinny et de Sempé, son illustrateur, s'exerce à l'encontre de l'adulte et de l'enfant à la fois. *Le Petit Nicolas*

6　　*Un merveilleux grand-père*, p.68.
7　　*Ibid* , p.29.
8　　*Ibid.*, p.36.
9　　G.O.-v.P., « L'humour dans le roman pour la jeunesse : évolution d'une forme d'esprit et d'une technique », in *Alice*, Modave (Belgique), éd. Le Hêtre Pourpre, automne 1996, n°3, p.62.

(1960) et les quatre autres volumes de la série (*Les récrés du Petit Nicolas*, 1961, *Le Petit Nicolas et les copains*, 1962, *Les vacances du Petit Nicolas*, 1963, *Joachim a des ennuis*, 1964) se lisent à deux niveaux différents. Premièrement, le petit lecteur se divertit en retrouvant, sous une forme décalée de la réalité par l'exagération et la répétition des situations et des mots, les images de sa vie domestique ou scolaire; au second niveau, le lecteur averti perçoit les sous-entendus, le non-dit ironique à travers le langage parlé et délicieusement incorrect du jeune narrateur. Autant dire que dans l'intention même de leurs auteurs, semble-t-il, il s'agit d'emblée de *textes à double public* :

> C'est dommage que la maîtresse nous ait défendu de rire sans sa permission, parce qu'on a eu un mal fou à se retenir. Moi, je vais raconter l'histoire ce soir à Papa, ça va le faire rigoler, je suis sûr qu'il ne la connaît pas. L'inspecteur qui n'avait besoin de la permission de personne, a beaucoup ri, mais comme il a vu que personne ne disait rien dans la classe, il a remis ses sourcils en place, il a toussé et il a dit : « Bon, assez ri, au travail. – Nous étions en train d'étudier les fables, a dit la maîtresse, *Le Corbeau et le Renard*. – Parfait, parfait, a dit l'inspecteur, eh, bien, continuez ». La maîtresse a fait semblant de chercher au hasard dans la classe, et puis elle a montré Agnan du doigt : « Vous, Agnan, récitez-nous la fable ». Mais l'inspecteur a levé la main. « Vous permettez ? » il a dit à la maîtresse, et puis il a montré Clotaire. « Vous, là-bas, dans le fond, récitez-moi cette fable ». Clotaire a ouvert la bouche et il s'est mis à pleurer. « Mais, qu'est-ce qu'il a », a demandé l'inspecteur. La maîtresse a dit qu'il fallait excuser Clotaire, qu'il était très timide, alors, c'est Rufus qui a été interrogé. Rufus, c'est un copain, et son papa, il est agent de police. Rufus a dit qu'il ne connaissait pas la fable par cœur, mais qu'il savait à peu près de quoi il s'agissait et il a commencé à expliquer que c'était l'histoire d'un corbeau qui tenait dans son bec un roquefort. « Un roquefort » a demandé l'inspecteur, qui avait l'air de plus en plus étonné. « Mais, non, a dit Alceste, c'était un camembert. – Pas du tout, a dit Rufus, le camembert, le corbeau il n'aurait pas pu le tenir dans son bec, ça coule et puis ça sent pas bon ! – ça sent pas bon, mais c'est chouette à manger, j'ai essayé, une fois. – Bah, a dit Rufus, tu es bête et je vais dire à mon père de donner des tas de contraventions à ton papa ! ». Et ils se sont battus.[10]

Le discours de Nicolas, merveille d'humour, fige ses copains dans des attitudes et des réactions prévisibles. Le petit narrateur les caractérise au moral et au physique d'un trait unique et définitif. « Avatar » de l'épithète épique ! C'est par quoi, à vingt-six siècles de distance, les Petits Nicolas, c'est *aussi* si l'on veut, de l'Homère « rafraîchi » ! Geoffroy a un papa très riche qui lui achète tous les jouets qu'il veut;

---

10   Sempé/Goscinny, *Le Petit Nicolas*, Denoël, Folio, 1996, p.45-46.

Agnan, le cafard, est le premier de la classe et le chouchou de la maîtresse. Il a des lunettes, c'est très ennuyeux parce qu'on ne peut pas taper dessus comme on le voudrait; Eudes est un copain très fort, il tape dur; Alceste, Nicolas l'aime bien, il est très gros et il mange tout le temps; Clotaire, lui, dort sans désemparer...

Les écoliers prennent de bonnes résolutions. Ils promettent d'être sages, suivent cependant leur propre logique, un seul mot entraînant une nouvelle association d'idées, le plus souvent génératrice de grabuge. Les situations dégénèrent alors en bagarre. La pagaille fait rire l'enfant – Nicolas répète avec une belle constance, « qu'on a bien rigolé » – mais l'adulte est la victime du désordre. Il est ridiculisé (l'inspecteur, par exemple, à la suite de la scène citée ci-dessus, s'est couvert d'encre partout et s'empresse de déguerpir). Notons que les gamineries du Petit Nicolas et de ses camarades n'ont rien de commun avec la méchanceté vindicative de Gianburrasca (héros de l'Italien Vamba) ni de *Bibi et Bibo* (les *Katzenjammer Kids*, 1897, de Rudolph Dirks, qui lui-même s'était inspiré de *Max und Moritz*, célèbre histoire en images de Wilhelm Busch).

Quoi qu'il en soit, l'adulte ne sort pas grandi des propos malgré tout gentiment contestataires de Nicolas. Ce n'est pas que le gamin trouve que ses aînés sont méchants, mais dans le « monde renversé » de Goscinny, l'enfant prend la place de son éducateur naturel pour souligner les faiblesses et les contradictions d'un être lui-même incapable d'évoluer. Les adultes, selon Nicolas, n'ont pas de suite dans les idées. On peut prévoir leurs discours. Leurs automatismes font rire. Cependant, quand Nicolas s'attend à une réaction logique de la part de ses parents, elle ne vient pas. Même si Nicolas a beaucoup d'affection pour ses parents, n'empêche, il juge que père et mère feignent de mettre les intérêts du fiston avant les leurs, mais qu'en réalité ils pensent en priorité au confort. Son père spécialement : il le considère comme un enfant, son égal. Il n'a que l'apparence de l'autorité et change tout le temps d'avis. Aux yeux de Nicolas, il n'y a pas de véritable communication entre ses parents et lui; le dialogue ne s'installe pas parce qu'ils ne savent pas se mettre dans sa peau. Le regard porté sur la petite bourgeoisie dans les années soixante fait comprendre que les discussions autour de l'argent, des factures de l'épicier et du boucher, des termes à honorer... l'emportent sur l'attention à l'enfant. Le portrait des parents de Delphine et Marinette était sans doute plus sombre, mais il y a des points communs.

Les débats intérieurs de l'enfant seront souvent éclairés à la lumière d'un événementiel ancien, qui plus est en rupture collective avec l'ordinaire des jours de l'époque. Le roman d'atmosphère historique à la façon de Rosemary Sutcliff (pour une définition de ce roman historique nouvelle manière, voir le chapitre précédent) relève désormais de ce regard tout neuf que les jeunes portent autour d'eux. Que l'histoire se passe en des temps anciens ou récents, l'écrivain s'attache aux réactions à l'événement qui découlent chez le jeune héros de son monde intime.

Le passé lointain est revécu par l'intermédiaire du personnage central de l'enfant dans un récit captivant de Jean-Claude Noguès intitulé *Le faucon déniché* (1972), récit qui nous ramène au Moyen Age. Ici l'enfant revendique son identité en transgressant un interdit. Fils de paysan, il n'a pas le droit de se mêler de fauconnerie, mais il refuse cette injustice et affronte de graves dangers pour conserver un faucon.

Au début des années soixante paraissent les premiers romans inspirés par la Seconde Guerre mondiale, restituée le plus souvent sous l'angle de la vision juvénile. Les commentaires du narrateur omniscient, tel : « Ses parents, épouvantés par son dernier exploit, avaient mesuré soudain le danger que représentait pour eux ce parfait petit nazi qu'ils avaient pourtant façonné eux-mêmes »[11], tendent petit à petit à disparaître. Le protagoniste de maint récit est un enfant.

Le lecteur de *Mon ami Frédéric* (*Damals war es Friedrich*, 1961), un des premiers romans allemands de grande renommée internationale sur le passé récent, entre dans l'Histoire en s'identifiant à deux garçons, le narrateur et le jeune juif Frédéric Schneider. L'auteur, Hans Peter Richter, montre comment les répercussions du régime nazi brisent dans l'œuf une amitié naissante. Les deux garçons, choyés par leurs parents, habitent dans le même immeuble et fréquentent la même classe. Tout les porte l'un vers l'autre, mais l'un aura droit à sa jeunesse, l'autre mourra.

Si *Mon ami Frédéric* présente les persécutions à l'encontre des Juifs comme une donnée incontournable, il n'y est fait aucune allusion (pas plus que dans nombre de romans postérieurs et pas seulement allemands) à l'origine religieuse d'une haine raciale séculaire. N'a-t-on pas relevé que Hitler, en réalité, n'avait fait autre chose qu'appliquer, en s'appuyant sur la turpitude d'une pseudoscience des races (les Nazis étaient aussi anti-chrétiens, il est donc impensable qu'Hitler se soit avant tout autorisé

---

11   C. Vivier, *La Maison des Quatre-Vents*, éd. G.P.Rouge et Or, Souveraine, 1946, p.150.

de Luther), un programme énoncé dès le XVIe siècle par le réformateur, à savoir de brûler tous les Juifs ?

Le Veilleur (*The Winged Watchman*, 1962), émouvant roman de Hilda van Stockum, née à Rotterdam, naturalisée américaine, raconte la vie quotidienne d'une famille hollandaise sous l'Occupation.

Joris a six ans lorsque les Allemands envahissent les Pays-Bas. Jusque-là il a vécu heureux dans une ferme de la région des Polders, entre ses parents et son frère aîné. Il a des copains, un chien... Le sentiment que son existence vacille l'envahit quand la famille prend le chemin de la résistance à l'occupant en cachant un parachutiste anglais (qu'il a découvert lui-même) et des enfants, notamment une fillette juive. Un des thèmes du récit, celui de l'antagonisme entre résistants et colla-borateurs, reviendra d'ailleurs sous la plume des romanciers, hollandais et français en particulier.

Outre la précision historique, la justesse des sentiments et des réactions des petits protagonistes confère au roman de Hilda van Stockum son mérite. Ainsi, malgré un ciel envahi par les bombardiers, les enfants se refusent à croire que saint Nicolas ne viendra pas :

> – Une autre fois, Joris arriva avec une histoire de Gestapo qui avait arrêté Saint Nicolas pour avoir circulé sans carte d'identité. Koba le prit au sérieux et secoua la tête. Mais Betsy mit le doigt sur le point faible :
> « Il n'a pas besoin de carte d'identité; tout le monde le connaît, claironna-t-elle. Tu dis des bêtises. »[12]

Alki Zei, dans un excellent roman, *Le tigre dans la vitrine* (*To Kaplani sis Vitrinas*, 1963), relate pour sa part la montée du fascisme en Grèce. Elle reconstruit à partir d'éléments autobiographiques la vie quotidienne de deux fillettes appartenant à un milieu cultivé, socialement privilégié.

Un beau jour, Mélia, la petite narratrice, commence à remarquer, dans une existence journalière qu'elle trouvait monotone, surtout le dimanche, l'envahissement progressif de phénomènes préoccupants. Les remous politiques donnent une nouvelle coloration au rituel des habitudes familiales. Ainsi le jeudi, quand la tante Despina, propriétaire de la maison, ouvre le grand salon où défilent les notables de la petite île située en face de la côte turque, la fillette prend conscience de violents antagonismes. Les opinions des visiteurs ne concordent pas du tout avec

---

12   H. van Stockum, *Le Veilleur*, Hachette Jeunesse, 1991, p.119-120.

les idées de son père et de son grand-père. Les discours des invités du jeudi lui donnent l'occasion de capter, installée derrière un tigre empaillé dans la vitrine, des bribes de l'actualité. Le préfet déclare que la patrie est en danger. Les bolcheviks arrivent. Ils vont enlever les enfants à leurs parents et pendre au milieu de la place l'évêque « à la main froide et molle comme de la mie de pain » selon Mélia.[13] Quand le consul des Pays-Bas clame que la Grèce aurait besoin d'un Hitler, elle voit trembler de rage les mains de son père.

La fillette dit son admiration et son affection pour son grand-père. Elle se confie souvent à lui. Il leur raconte, à elle et à sa sœur, les légendes et les mythes de l'Antiquité. Il leur parle de Périclès et du temps où la Grèce était une démocratie. Les gens alors vivaient bien et étaient heureux, leur affirme-t-il.

Parmi les œuvres de qualité du patrimoine juvénile, on compte de nombreux romans autobiographiques d'écrivains qui ont su retracer avec talent leur jeunesse sur fond de Seconde Guerre mondiale et d'après-guerre.

La déportation en Sibérie arrache, un fatal matin de 1941, une petite Polonaise de dix ans à son enfance douillette (Esther Hautzig, *La steppe infinie*, *The Endless Steppe*, 1968). L'héroïne allie l'évocation de son enfance choyée et heureuse à la description de sa nouvelle existence, au cours de cinq années d'exil pendant lesquelles elle a connu la faim et des privations de toute espèce. Gamine, elle adorait Wilno, sa ville natale avec ses églises blanches et leurs clochers rouges, sa maison grouillante de vie, et surtout le jardin, centre de son univers. Le changement de décor, le passage d'un jardin limité à des espaces sans fin apparaît comme symbolique de la rupture entre une enfance dont la narratrice se voit brusquement bannie et le passage à une adolescence plus inquiète. Elle est parvenue à s'adapter aux circonstances, grâce précisément à ce paysage sibérien immense, au début source de terreur, mais à la longue promesse de calme et de tranquillité :

> J'avais fini par adorer la steppe, l'espace immense et la solitude. Au sortir de nos cabanes bondées, la steppe était l'endroit où l'on pouvait donner libre cours à ses pensées, à ses sentiments et à ses rêves…[14]

---

13   A. Zei, *Le tigre dans la vitrine*, Editions La Farandole, Collection « Prélude », 1973.

14   E. Hautzig, *La steppe infinie*, L'Ecole des loisirs, 1986, p.244.

Un sac de billes, 1973, de Joseph Joffo, frappe par le contraste entre la substance romanesque, à savoir les errances souvent pénibles de deux enfants juifs de dix et douze ans pendant l'Occupation – chassés de Paris et contraints pour survivre à se débrouiller tout seuls dans un monde cruel –, et le ton jovial d'un narrateur (Jo le plus jeune) débordant de vitalité et d'humour. L'auteur, que la guerre a exclu de son enfance, du temps où il aimait jouer aux billes, a réussi à retrouver la langue de ses dix ans (bien pesés) pour raconter avec verve une fuite vers la zone libre vécue également, en dépit des dangers, comme une aventure ludique :

> Et dire qu'il y a quelques jours encore, j'aurais été fou de joie de me trouver dans une situation semblable : tout y est, la nuit, le bruissement des feuilles, l'attente, les Indiens en face avec leurs guetteurs tapis, et moi le cow-boy désarmé qui vais franchir le passage à la limite de leurs camps.[15]

Au cours de l'aventure forcée, l'évocation des heures de grande tension alterne avec des souvenirs de bonheur. Par exemple, quand les « deux parigots élevés au relent des caniveaux » respirent tout à coup « les grands vents campagnards ». Ils séjournent dans une ferme et le petit Jo, fasciné par le monde animal, en profite pour jouer avec « des chiots, des porcelets dans des litières de paille pourrie ».

Le style colle au rythme rapide de la narration. L'écrivain cultive les raccourcis. Les synthèses imagées traduisent la pensée métaphorique d'un enfant :

> Il s'agite beaucoup en ce moment le père Mancelier, je le surprends à regarder le portrait de Pétain d'un œil qui n'est pas encore critique mais qui n'est déjà plus totalement admirateur. C'est à cela que je sais que les Alliés avancent, l'œil d'Ambroise est plus révélateur pour moi que Radio Londres.[16]

Pour sa part, la romancière autrichienne, Christine Nöstlinger, ressuscite dans *Hanneton vole* (*Maïkafer Flieg*, 1973) une seule année de son enfance : 1945. Elle a alors neuf ans. Les Allemands fuient Vienne, les Soviétiques les remplacent, les Américains lancent des bombes. L'auteur décrit l'atmosphère de confusion, dans un « pays en flammes », qui régnait cette année-là. Les choses sont vues avec le regard critique et amusé que portait sur elles une gamine indépendante et audacieuse : l'attitude de sa grand-mère, de son grand-père, de son père, toujours ivre, obligé de boire avec les occupants russes de sa maison. Les circonstances

15　J. Joffo, *Un sac de billes*, J.C. Lattès (édition spéciale), 1973, p.63.
16　*Ibid.*, p.252.

de guerre ont fait rencontrer à la fillette toutes sortes d'adultes, notamment Cohn, un cuisinier russe, d'une laideur repoussante et que personne n'aime, sauf Christine, l'héroïne. C'est un homme un peu fou, chaleureux et enthousiaste, toujours de bonne humeur.

Hors de tout contexte historique, il y a ces événements exceptionnels qui s'inscrivent dans le parcours individuel de l'enfant. C'est ainsi que la Suédoise Maria Gripe, auteur d'un roman remarquable par l'individualisation des personnages d'enfants et la sobriété du style, *Hugo et Joséphine* (*Hugo och Josefin*, 1962), dénude les sentiments d'une fillette depuis le jour de son entrée à l'école primaire. Ce jour-là, elle est tout heureuse. Il fait beau, elle porte des souliers flambants neufs, elle s'assure que son ruban maintient sa coiffure... Cette belle confiance en soi ne résistera pas, en un premier temps, à la méchanceté et au conformisme de ses camarades de classe. Sa gentillesse, sa tolérance, sa compréhension d'autrui ne viennent pas à bout de l'hostilité générale. C'est surtout la fille du confiseur, Gunnel, « une sorte de génie dans l'art de persécuter les autres »,[17] qui la tourmente et monte les enfants contre elle. Joséphine cache sa véritable identité. Un secret entoure son nom. Gunnel exploite la faiblesse de Joséphine :

> Ce n'est ni très malin, ni réellement méchant, mais Joséphine reçoit le choc et en reste comme paralysée, clouée sur place. Elle ne sait où aller et se sent totalement impuissante, sans défense. Debout, elle jette des regards anxieux autour d'elle, ce qui, bien entendu, n'arrange rien. Les plus pacifiques eux-mêmes s'excitent et hument l'odeur du sang.[18]

Joséphine croyait en toute bonne foi que l'école servait à vous enseigner une foule de choses intéressantes. Malheureusement, cette petite fille modeste et pleine de dignité apprend à ses dépens qu'on y fait, pendant les récréations et à la sortie de la classe, des expériences pénibles. On se moque de son père, le pasteur, un échalas, et de sa mère, « une paresseuse, imbue d'elle-même... ». Joséphine, pour la première fois, se pose des questions sur ses parents.

Chez Maria Gripe, les liens entre les enfants se teintent de poésie. Le sentiment d'exclusion qu'éprouve Joséphine prend fin quand Hugo, rencontré sur le chemin de l'école, noue avec elle une solide amitié. C'est que le jeune garçon représente ce qui fait défaut à Joséphine. Hugo est sûr de lui. C'est une personnalité rayonnante en dépit d'un statut social

---

17   M. Gripe, *Hugo et Joséphine*, Paris, Editions de l'Amitié, G.T. Rageot, p.86.
18   *Ibid.*, p.121-122.

peu enviable. Il aime la vie solitaire et pourtant sa confiance en soi n'est pas favorisée par sa situation familiale. Orphelin de mère, il vit seul avec son père au cœur de la forêt. Ce garçon-là prend la vie du bon côté. Très différent des autres, il est délicieusement imprévisible. Il s'intéresse à tout mais ne fréquente l'école que quand il en a le temps. Réponses et commentaires sont chez lui empreints d'humour. Sa fantaisie s'exerce également lorsqu'il taille et sculpte de menus morceaux de bois. Il est heureux de protéger Joséphine. L'amitié lui apprend à donner et à partager. C'est grâce à la présence chaleureuse d'Hugo que Joséphine ne se sent plus contrainte au repli sur soi et réussit à s'intégrer dans la classe. A l'inverse de Hugo, fort et serein au départ, elle se construit progressivement sa philosophie de la vie. Pourquoi Hugo, toujours très mal fagoté, ne suscite-t-il pas de quolibets alors qu'on se moque de ses habits à elle ?

> Personne ne lui a jamais dit qu'il était vieux jeu ou ridicule. Curieux, n'est-ce pas ?
> Eh bien, non ! Ce n'est pas aussi extraordinaire qu'il paraît. Cela s'explique : ou bien il faut être exactement semblable aux autres, ou être totalement différent d'eux... comme l'est Hugo.[19]

Hugo protège Joséphine non seulement contre son mal-être au contact des humains, mais également contre des peurs intimes irrationnelles suscitées par l'obscurité et la proximité de la grande forêt (métaphore du sexuel comme dans le Petit Chaperon Rouge ?) :

> Ce matin, le jour n'est pas encore levé. Hugo arrive muni d'une lanterne. Joséphine et lui partent pour l'école dans l'obscurité. Ils cheminent en silence. Pas un bruit autour d'eux. De chaque côté de la route, les arbres se dressent, hauts et sombres. Le ciel est noir. Hugo marche et balance sa lanterne dont les rais lumineux font briller les troncs encore mouillés et miroiter les flaques d'eau éparses.
> Il parle à Joséphine des êtres mystérieux qui peuplent les bois et s'y cachent. Mais, avec lui, elle n'a pas peur. N'appartient-il pas à toute une lignée de charbonniers, d'hommes qui vivent et travaillent dans les bois ? Rien de ce qu'il s'y passe ne lui est étranger. Il est l'ami de tous les habitants de la forêt.
> Joséphine se sent en sécurité, même si elle croit apercevoir, flottant entre les arbres, les longs cheveux d'une nymphe..., à moins que ce ne soit simplement les rayons lumineux de la lanterne que tient Hugo.[20]

---

19   *Hugo et Joséphine*, p.87.
20   *Ibid.*, p.132-133.

Tout l'art de l'écrivain se dévoile sous l'évocation poétique des sentiments. Peu de romanciers ont su, à l'égal de Maria Gripe, restituer par un
style remarquablement simple, en partant du langage intérieur d'un
enfant universel, les pensées ainsi que les émotions, aussi « entières » que
soudaines, des plus jeunes. D'ailleurs, l'aventure même dans *Hugo et
Joséphine* est indissociable d'un parcours psychologique qui restitue
fidèlement les variations des mouvements intimes chez l'enfant.

Par ce roman de Maria Gripe, la fiction romanesque réaliste destinée
aux plus petits du public juvénile aborde résolument les temps modernes.

Une autre œuvre suédoise de valeur s'inscrit dans la veine de *Hugo et
Joséphine*. Les héros, un garçon et une fille, des *Exploits pour une pierre
blanche* (*Den Vita Stenen*, 1964) de Gunnel Linde, se sentent mal dans
leur peau. Ils trouvent la confiance en eux-mêmes grâce à leur amitié,
dont un caillou blanc est le symbole. Ils se le passent l'un à l'autre après
l'accomplissement d'un exploit, comme, par exemple, celui d'amener
l'éléphant du cirque dans le jardin de l'institutrice. Les deux enfants
luttent contre l'incertitude de leur identité. Aucun des deux n'ose dire
comment il s'appelle réellement. Mais ici encore, le garçon est
plus solide que la fille :

> Fia pensait parfois que tout aurait été plus simple si elle avait été grande et forte,
> capable de se défendre, ou encore jolie comme certaines de ses compagnes à
> l'école. Tel n'était, hélas, pas le cas. Fia se trouvait si laide que, parfois après
> s'être regardée dans la glace, elle se donnait des coups de poing sur le nez.[21]

Fia et Hampus sont un peu plus âgés que Hugo et Joséphine. La
communion affective et la naissance d'un attrait sexuel réciproque –
Hampus pour sa part juge Fia très « belle quand elle rit et repousse ses
cheveux en arrière » – donnent à la petite fille l'assurance qui lui avait
manqué jusque-là.

Auteur d'un bref roman tout en finesse et en grande partie
autobiographique, *L'histoire de Monsieur Sommer* (*Die Geschichte von
Herrn Sommer*, 1963) de Patrick Süskind, ressuscite des amours
enfantines sensuelles et nimbées de poésie. Parmi les personnages et les
épisodes ineffaçables de son enfance, outre le mystérieux M. Sommer,
toujours à courir dehors et à marcher comme un fou, le narrateur se
souvient de Carolina Kuckelman, sa condisciple, et d'un rendez-vous

---

21   G. Linde, *Exploits pour une pierre blanche*, Paris, Editions de l'Amitié –
        G.T. Rageot, 1976, p.11.

préparé avec minutie, mais manqué. Il l'aimait pour ses yeux, ses sourcils et ses cheveux sombres, le duvet derrière l'oreille, son rire, sa voix rauque...

Ursula Wölfel, elle, met en lumière le rôle positif de l'adulte, en l'occurrence d'un père, sur un enfant que sa vie quotidienne et son physique rendent triste. Tim (*Tim, souliers de feu, Feuerschuh und Windsandale,* 1961; Prix du livre allemand pour la jeunesse, 1962) souffre de se trouver trop gros. Ses camarades se moquent de lui. Il vit dans un sous-sol avec son père, un cordonnier. A l'occasion de son anniversaire, ce père affectueux et blagueur lui offre des souliers neufs, d'un rouge feu, et l'entraîne à travers champs, forêts et montagnes. Au cours de leurs aventures, il conte à son fils des histoires propres à le ragaillardir. Au retour, Tim, changé par les joyeux dialogues avec son père, s'accepte comme il est.

C'est encore le rôle positif de l'adulte, en l'occurrence celui de l'instituteur, que Anne Pierjean met en relief dans un roman écrit avec grande simplicité et beaucoup de sensibilité, *Marika* (1972; Grand Prix du Salon de l'Enfance). Une orpheline de huit ans, petite fille de l'Assistance, est passée de nourrice en nourrice. Sauvage et farouchement enfermée dans sa solitude à son arrivée dans une école de montagne, elle va reprendre goût à la vie grâce à la délicatesse et au savoir-faire affectueux de son institutrice. Bientôt Marika ne peut plus se passer de Marianne. L'émotion poétique de l'œuvre se dégage dès la description des tous premiers contacts de Marika avec ses condisciples :

> Maintenant, c'est la leçon d'histoire. Chris écoute mal. Il regarde Marika qui relève un peu la tête et écarte les bras. L'ardoise est très proche du coude, prête à tomber si Marika n'y prend garde. Ça y est : le coude recule, recule et l'ardoise...
> – Marika, attention !
> Chris s'est penché vivement pour saisir l'ardoise qui bascule. Marika, surprise, se détend comme un renard attaqué, intercepte au passage la main de Chris, penche son visage sur la main et...
> Chris ramène à lui la main où perlent deux gouttes de sang.
> Mordu, elle l'a mordu !
> L'ardoise tombe.
> On entend son brisement dans le silence.
> Personne ne songe à ramasser les éclats dont la cassure est striée, brillante comme une mine de crayon. Chris cache sa main dans son bureau. Gêné et malheureux de ne pas comprendre le pourquoi de cette morsure. Il se souvient d'un petit renard

trouvé dans un piège, un jour, à l'orée du bois. Il avait voulu le secourir, et lui aussi l'avait mordu…[22]

Le thème de l'amitié entre l'enfant et l'animal est au centre de récits convaincants. Il domine le roman *Eric et le chien du port* (*Magnus och skeppshunden Jack*, 1960) du Suédois, Hans Peterson. Les variations des sentiments d'un enfant à l'égard d'un chien sont évoquées avec une fine intuition. Erik, enfant unique, souffre de sa solitude. Il s'attache à un chien abandonné, mais Jack nostalgique de son ancien maître, un marin, ne lui rend pas vraiment son affection. Dans un premier temps, le gosse refuse d'accepter cette situation. Néanmoins, au retour du bateau au port, il comprend qu'il doit restituer son chien à son vrai propriétaire. Il s'efforce de capter l'« état d'âme » de Jack en l'assimilant au sien.

Betsy Byars, dans un de ses meilleurs romans, *Ma renarde de minuit* (*The Midnight Fox*, 1968) décrit l'énorme fascination qu'un jeune garçon de dix ans éprouve à l'égard d'une renarde noire. Les vacances forcées de Tom à la ferme de son oncle – il donne ainsi l'occasion à ses parents de faire un voyage en Europe – se déroulent au rythme de ses rencontres avec la renarde. Son monologue est scandé par les apparitions de la bête. Dès la première, il est subjugué :

> Durant de longues secondes, je ne fis pas un mouvement, et le renard pas davantage. Il avait la tête légèrement inclinée, la queue incurvée en l'air, une patte de devant en suspens. De toute ma vie je n'ai rien vu qui pût être comparé à cette vision saisissante : un renard en arrêt dans l'herbe, à moins de trois mètres de là, son regard d'or pâle posé sur moi, et sa robe soyeuse et noire ondoyant doucement au vent.[23]

La maturation psychologique de Tom résulte de son rapport à l'animal. Avant de connaître la renarde, il se sent tout le contraire d'un héros, mais la fierté de la bête, son impérieux besoin de liberté et son courage forcent le respect de l'enfant. Tom acquiert progressivement un esprit indépendant et apprend à vaincre sa peur. Il accepte de courir des risques pour sauver l'unique renardeau de la noire Hermeline. Le roman contemporain pour la jeunesse, à l'inverse de l'ancien, nous fait ainsi

---

22   A. Pierjean, *Marika*, Paris, Editions G.P., Collection Spirale, 1972, p.19-20.
23   B. Byars, *Ma renarde de minuit*, Flammarion, Castor Poche, 1984, p.74.
      Un autre bon roman, plus tardif, de Betsy Byars, *The Cartoonist* (1978) montre les efforts déployés par un jeune garçon pour préserver son intimité contre l'emprise d'une mère quelque peu possessive. V. *Le roman pour la jeunesse*, p.157.

comprendre qu'on ne naît pas héros, mais qu'on peut le devenir. Betsy Byars sait rendre son récit captivant en mêlant à l'analyse par le petit protagoniste de ses relations avec « sa » renarde l'évocation des autres temps forts de sa vie, qu'il a passés en compagnie de son ami Peter.

L'invention de compagnons imaginaires (des animaux, des plantes...) fait souvent partie de l'expérience intérieure de l'enfant, *a fortiori* s'il se sent frustré et a besoin de compensation. L'envie d'avoir un chien poursuit un jeune garçon désenchanté par sa situation inconfortable entre deux sœurs aînées et deux petits frères. Il se sent laissé pour compte (*Un chien tout petit, A Dog so Small*, 1962). C'est autour de ce thème très simple que Philippa Pearce a construit une histoire originale. Un grand-père a promis un chien à son petit-fils, mais le chien ne vient pas. Le petit en crée un, tout petit, dans son imagination et s'y attache passionnément. Il vit tant et si bien dans son rêve qu'il finit par se faire renverser et se retrouve à l'hôpital. A la suite de quoi ses parents décident de déménager pour que leur fils puisse finalement avoir un vrai chien, mais le gosse, encore très attaché à l'animal qu'il a inventé de toutes pièces, aura beaucoup de mal à s'habituer au vrai.

On voit ici – et on verra encore – la versatilité de Philippa Pearce et aussi la permanence chez elle des idées de rêve et de rêveries.

C'est par désespoir que Zézé, protagoniste du récit autobiographique *Mon bel oranger, histoire d'un petit garçon qui, un jour, découvrit la douleur* (*Meu Pé de Laranja Lima*, 1969), de José Mauro de Vasconcelos, écrivain brésilien, transforme en interlocuteur attentif et gentil un objet inanimé, à savoir un petit pied d'oranges douces. Le roman s'ordonne autour des dialogues que le protagoniste entretient avec son « Minguinho ». Zézé, enfant sensible et doué d'imagination, perd dès l'âge de cinq ans sa belle confiance initiale dans la vie. La misère de leurs conditions d'existence a poussé les siens, riverains de la route de Rio-Saõ Paulo, à une violence aveugle envers lui. Il devient le souffre-douleur des adultes, l'exutoire de leur défoulement. A la maison, tous le battent, hormis une de ses sœurs, même quand il n'a pas commis de fautes. Malgré tout, Zézé, enfant précoce – à l'âge de cinq ans, il a appris à lire tout seul – leur témoigne de la compréhension. Sa mère lui fait pitié. Depuis ses six ans, cette indienne analphabète travaille à l'usine. Elle n'aime pas battre son fils et ne frappe jamais fort :

> Maman est très gentille avec moi, vous savez ? Quand elle veut me battre, elle prend de petites branches de guanxuma au jardin et elle n'attrape que mes jambes.

> Elle a une vie très fatigante et le soir, quand elle rentre à la maison, elle n'a même plus la force de parler…[24]

Son père, en particulier, que le chômage remplit d'amertume, est très agressif. Il se sent humilié parce que sa femme est seule à subvenir aux besoins de la famille :

> – Et Papa ? – Ah ! lui, je ne sais pas. Il n'a jamais de chance. Je crois qu'il doit être comme moi, le mauvais de la famille.[25]

Ses quelques espiègleries, qui sont dans son caractère, amènent Zézé à se croire tout simplement méchant. Il voit en lui comme un bon à rien et pense même à se suicider :

> Je ne vaux rien. Je suis très méchant. C'est pour ça que le jour de Noël, c'est le diable qui naît pour moi et que je n'ai rien. Je suis une peste. Une petite peste. Un démon. Un rien du tout. Une de mes sœurs a dit qu'un méchant garçon comme moi n'aurait pas dû naître.[26]

Un jour cependant Zézé reprend espoir, quand il trouve enfin la tendresse, « sans laquelle la vie n'est pas grand chose » auprès d'un étranger, un Portugais, homme bon, généreux et attentif. Il s'épanche auprès de son nouveau confident et va jusqu'à lui confier qu'il envisage de tuer son père, mais c'est un Huckleberry Finn adouci :

> Tuer, ça ne veut pas dire que je vais prendre le revolver de Buck Jones et faire boum ! Non. Je vais le tuer dans mon cœur, en cessant de l'aimer. Et un jour il sera mort.[27]

La mort soudaine de ce premier ami, écrasé par un train, est un choc traumatisant. Et quand, de surcroît, on coupe le petit pied d'oranges douces, symbole de revanche sur une douloureuse condition enfantine, Zézé n'a plus personne pour l'aider dans le malheur, plus personne pour l'écouter. La vie le contraint à entrer dès l'âge de six ans dans le monde féroce des adultes.

Ce roman, lecture obligée dans d'innombrables écoles en dehors du monde lusophone, a connu, malgré l'imposition scolaire, si souvent rebutante, un succès mondial.

---

24   J. Mauro de Vasconcelos, *Mon bel oranger, histoire d'un petit garçon qui, un jour, découvrit la douleur*, Stock, LP Jeunesse, 1971, p.162.

25   *Ibid.*, p.60.

26   *Ibid.*, p.158-159.

27   *Ibid.*, p.194.

D'autres écrivains s'attachent également à montrer comment la mort d'un être cher accélère le processus d'accès à la maturité.

Un roman poétique et d'une tonalité méditative, *A Sound of Chariots* (1973), de l'Ecossaise Mollie Hunter, raconte la lente et douloureuse récupération de Bridie McShane, après la mort de son père, à la suite de blessures reçues à la Première Guerre mondiale. La fillette, âgée de neuf ans au début de l'histoire, vouait une grande admiration à ce père avec qui elle avait partagé de nombreux intérêts, entre autres le goût du langage. Sensible et observatrice, elle rêve de devenir écrivain. Si elle était très proche de son père, en revanche elle sent que sa mère et sa sœur, sont trop différentes d'elle pour la sortir de son isolement. Livrée à elle-même, la fillette, et plus tard l'adolescente, devra combattre seule sa hantise de la mort, de la sienne en particulier, et du temps qui passe.

Rumer Godden construit, dans un esprit de compréhension envers les minorités ethniques, un roman très attachant, *La petite fille à la roulotte* (*The Diddakoi*, 1972; Whithbread Literary Award for Children's Novel). Elle cerne avec une réelle pénétration psychologique le monde intime d'une fillette demi-tzigane. Kizzy, sept ans, est indépendante, combative et fière. C'est une orpheline très difficile à maîtriser, même pour les adultes qui ne cherchent qu'à l'aider. Malgré leur générosité, l'enfant, cruellement maltraitée par ses camarades de classe, ne trouve refuge qu'auprès d'un vieux cheval J, dernier vestige de sa vie passée dans une roulotte auprès de son arrière-grand-mère. Elle ne pense qu'à fuir. Cependant, tout finit par s'arranger, un peu trop bien peut-être, à l'image d'un dénouement de conte de fées. Kizzy est adoptée par un couple riche sans devoir renoncer totalement au mode de vie de ses ancêtres gitans. Par exemple, ils mettent (un peu artificiellement !) une roulotte à sa disposition dans le jardin. Une forme de « happy end », on le voit, qui renoue avec les dénouements d'époque *Sans Famille*.

L'apprentissage harmonieux de la vie, qui permet de passer sans heurt d'une étape à l'autre, n'est certes pas accordé à tous les enfants. L'écriture, limpide et familière, de Peter Härtling, accompagne le flux mental des pensées chaotiques d'un enfant incurable placé dans un foyer d'accueil. Filot, comme le titre du roman l'indique, *On l'appelait Filot* (*Das war der Hirbel*, 1973), ne semble pas avoir droit à une identité. C'est qu'on n'y voit pas un enfant comme les autres :

> Filot avait une maladie que personne ne connaissait vraiment bien. A sa naissance, le médecin avait dû le tirer avec une pince du ventre de sa mère et l'avait blessé.[28]

Lui-même privé d'affection, il n'aime pas les autres, hormis sa mère, pourtant très indifférente, qui vient lui faire une brève visite tous les trois mois. De son point de vue, les adultes forment une énorme force agressive prête à l'écraser. Ses aînés l'accusent systématiquement de méfaits qu'il n'a pas commis. Très méfiant, il leur oppose d'ailleurs un négativisme permanent. A l'inverse de Zézé, Filot ne se confie à personne, sauf à lui-même. Il ne dialogue même pas, il monologue. Le livre se clôt sur un appel à l'affection et c'est son unique message positif. L'auteur explique en effet dans sa postface que Filot ne peut pas s'en tirer parce que trop peu de gens se donnent la peine de le comprendre.

Tous les écrivains, loin de là, n'investissent pas, à l'égal de José de Vasconcelos et de Peter Härtling, la réalité de l'enfant aux prises avec des conditions particulièrement cruelles. Certains s'emploient à transcrire de petites scènes d'une quotidienneté banale.

Sur la lancée de la série axée autour du personnage de Henry Higgins, apparue dès 1950 et prolongée pendant trente-cinq ans, Bervely Cleary continue à séduire les plus jeunes par d'amusantes chroniques domestiques et scolaires pleines de charme fondées, entre autres, sur le personnage de Ramona (*Ramona la peste, Ramona the Pest*, 1968), une gentille fillette, surnommée la peste bien qu'elle n'ait rien de méchant ni même d'espiègle :

> Ceux qui la qualifiaient de « peste » ne comprenaient pas qu'une toute petite personne, perdue parmi les grands, « doit » se montrer plus bruyante, obstinée et agressive que les autres, simplement pour affirmer son existence.[29]

Ramona a de la personnalité. Elle est dynamique, imaginative et pleine de curiosité. Toutefois, l'auteur est bien conscient que la vie des plus petits n'est pas faite que de joies. Ramona traverse des moments de forte anxiété. Le jour de Halloween, cachée sous un masque effrayant de vieille sorcière, elle ne s'attendait pas à ce que plus personne ne la reconnaisse et ne tarde pas à souffrir de la perte de son identité : « Si

28   P. Härtling, *On l'appelait Filot*, Bordas, Aux quatre coins du monde, 1979, p.10.
29   B. Cleary, *Ramona la peste*, Editions de l'Amitié, G.T. Rageot, 1979, p.131.

personne ne la connaissait plus par son nom, elle n'était plus rien. Que deviendrait-elle ? »[30]

Les romans de Judy Blume, autre romancière américaine très appréciée des enfants du monde entier, ne s'échafaudent pas autour d'individualités frappantes, mais l'auteur sollicite habilement l'attention en traitant avec humour les conflits psychologiques que nombre d'enfants rencontrent dans leur vie courante : par exemple, la jalousie à l'encontre d'un petit frère (*C'est dur à supporter, Tales of a Forth Grade Nothing*, 1972).

Le récit de Peter Hatcher, le héros, est l'amer lamento d'un garçonnet de dix ans, jaloux de son cadet de trois, qu'il trouve insupportable. L'auteur, enchantée par les romans de E.L. Konigsburg et L. Fitzhugh (voir plus loin « Le héros est un préadolescent »), parce qu'« ils charriaient de l'humour, de l'émotion et du réalisme » a voulu écrire dans le même esprit que ses devancières.[31]

Certains écrivains cultivent un réalisme burlesque et s'amusent, parfois au mépris de toute vraisemblance, à donner la suprématie à leurs petits héros sur l'adulte.

Le manoir aux loups (*The Wolves of Willoughby Chase*, 1962), passionnant roman de Joan Aiken, est une fantaisie historique de tonalité moqueuse. L'histoire se passe dans un XIXe siècle imaginaire. L'auteur invente un faux roi. Les petites héroïnes de ce pastiche de Dickens vont connaître les expériences déjà vécues par Oliver Twist et David Copperfield dans des orphelinats sordides où sévissent ici de sinistres gardiennes. Mais voilà que l'épreuve est conçue comme un jeu. Les fillettes, soumises à la faim, au travail forcé, et à de cruels châtiments, ne s'abandonnent jamais à un vrai désespoir. Ce qui compte, c'est l'ingéniosité que deux petites cousines, unies par l'amitié et la solidarité, déploient en vue de dénouer les complots ourdis par des adultes perfides, avec, en première ligne, la machiavélique gouvernante Melle Slighcarp, captatrice d'héritage. Très différenciées, les fillettes se complètent très bien : l'une est impulsive et audacieuse, l'autre réfléchie et prudente. Elles déjouent ensemble les situations les plus périlleuses, et c'est à bon droit que leurs prodigieuses aventures sont restées à tout jamais gravées

---

30   *Ramona la peste*, p.116.
31   « Le phénomène Blume, Rencontre avec Judy Blume, l'un des auteurs les mieux vendus à travers le monde », *Le Monde des livres, Jeunesse*, page réalisée par Florence Noiville, 11 mars 1994.

dans la légende de Willougby Chase, « l'imposante demeure dressée sur une éminence à découvert au cœur des collines ».[32]

Joan Aiken, comme beaucoup de romanciers anglais, favorise la distorsion du réel. Son récit, fondé sur les glorieux mais invraisemblables exploits de jeunes enfants, bifurque franchement vers l'imaginaire par ses coordonnées temporelles. Il se déroule à une époque inexistante de l'Histoire d'Angleterre – en 1832, sous le règne d'un roi inventé de toutes pièces, James III. De surcroît, le décor est quelque peu futuriste, car le tunnel sous la Manche est déjà construit; des milliers de loups, fuyant les hivers rigoureux du Nord de l'Europe, l'empruntent pour se réfugier dans les îles Britanniques. Harmonisation, donc, du ludique et d'une certaine fantaisie naturaliste et historique. Et pour l'intertextualité, Madame MacMiche n'est pas loin…

Alimentant le genre comique, des romanciers transforment un quotidien sans relief par la création de petits héros farceurs qui font tout le contraire de ce qu'on attend d'eux. Le réalisme est sollicité jusqu'à l'extravagance du fait d'incessantes espiègleries d'où le protagoniste, caractérisé par sa seule indiscipline, sort toujours vainqueur. Manière encore une fois d'exalter la victoire des petits sur les grands. Zozo (*Zozo la tornade, Emil i Lönneberga*, 1963), est le petit héros plein de joie de vivre et d'invention cocasse d'une série comique d'Astrid Lindgren. L'auteur s'amuse à préciser les jours où Zozo, sept ans, mène ses actions polissonnes. Le 22 mai, il se coince la tête dans une soupière, le 10 juin, il hisse sa petite sœur au sommet d'un mât; il mange toutes les saucisses entreposées dans un cellier… Zozo, tel un petit frère de Fifi Brindacier, est fort « comme un petit bœuf ». Il zozote, manière de faire enrager les grands et ne veut pas obéir, mais il ne lui arrive rien de bien grave, car sa maman ne demande qu'à lui pardonner. Ses frasques n'entraînent pas, à l'inverse des « malheurs » de la petite Sophie, de désagréables punitions.

Le préadolescent (le héros a entre onze et treize ans)

Lorsque le héros a moins de onze ans, il évolue généralement entre son foyer (ou celui d'un parent proche) et l'école. Dès lors, il appréhende la réalité au travers de ses relations avec les élèves de sa classe, ses institu-teurs, et parfois avec un étranger. Pour sa part, le préadolescent découvre de nouveaux horizons et d'autres milieux. Maint romancier voit en lui un

32   J. Aiken, *Le manoir aux loups*, Gallimard Jeunesse, Lecture Junior, 1995, p.7.

être au caractère entier, hostile aux demi-mesures, centré sur lui-même et attiré par l'inconnu. Cependant, comme si la crise le dénouait, l'égocentrisme du préadolescent n'affleure guère si de dures conditions d'existence le contraignent à lutter pour sa survie et celle des siens (voir plus avant *Sur la piste du léopard*).

A l'écoute du monde secret de deux petites filles de onze ans, le Norvégien Tarjei Vesaas déploie une envoûtante narration étayée par une écriture simple et allusive, à partir de cette exigence d'absolu propre, semble-t-il, aux yeux préadolescents. *Palais de glace* (*Is-Slottet*, 1963)[33] est un roman d'une grande force poétique. L'analyse psychologique des deux héroïnes se dégage au cours d'une intrigue dont le symbolisme est perçu dès la première page. La nature omniprésente est indissociable des réalités psychiques, elle est aussi mystérieuse que l'enfant intérieur :

> Siss, emballée comme un paquet, était, tout en marchant, plongée dans ses pensées. Elle se rendait chez Unn, une fille qu'elle connaissait à peine. Pour la première fois elle allait vers quelque chose d'inconnu, et elle en était tout émue. Elle sursauta.
> Un grand bruit interrompit ses réflexions anxieuses sur ce rendez-vous. Un long craquement qui se prolongeait dans le lointain avant de s'évanouir. Cela provenait de la glace sur le grand lac, un peu plus bas. Loin d'être dangereux, ce bruit annonçait au contraire, quelque chose d'agréable : la glace reprenait de l'épaisseur. Tonnant comme des coups de fusils, de longues fentes se formaient, profondes et étroites comme des lames de couteaux, pour se ressouder plus fort chaque matin.[34]

La glace qui prend de l'épaisseur n'est-elle pas un signe avant-coureur de la naissance d'une amitié vouée à se cimenter malgré la menace d'une éventuelle fissure ?

Quand Siss et Unn, toutes deux enfants uniques, se rencontrent pour la première fois, elles ont comme un coup de foudre l'une pour l'autre. Siss est sur-le-champ fascinée par l'extraordinaire personnalité, forte, brillante, énigmatique, mais aussi timide et farouche de « la nouvelle venue dans la région ». C'est le début mais déjà la fin d'une amitié exclu-

---

33   Bien qu'il ne leur fût pas destiné à l'origine, le roman de Vesaas appartient désormais autant au patrimoine littéraire des non-adultes qu'à celui de leurs aînés. Il est repris dans les sélections de romans pour adolescents établies par des spécialistes de littérature de jeunesse (notamment Ville de Bruxelles, Séminaire de littérature pour la jeunesse Paul Hurtmans, Salon du jeune lecteur 1996) ou des équipes de bibliothécaires aidés par les critiques parues dans des revues telles que *Griffon, La revue des livres pour enfants, Nous voulons lire...*

34   T. Vesaas, *Le palais de glace*, GF. Flammarion, 1985, p.31, début du récit.

sive, car Siss ne reverra pas Unn vivante. Celle-ci est irrésistiblement attirée par la pureté et la beauté d'une cascade transformée en « palais de glace ». Incapable de se démarquer entre le rêve et la réalité, elle meurt prisonnière d'un cercueil transparent construit par le gel. Siss et Unn ont su préserver à tout jamais une amitié qu'elles voulaient aussi totale que secrète, l'une par la mort, l'autre par un isolement volontaire où elle s'accroche avec désespoir au souvenir de la disparue. La situation du *Palais de Glace* par rapport au roman de maturation est donc très particulière, et le livre se ferme sur un appel implicite à l'interprétation du lecteur.

Au fil d'une analyse introspective prenante, développée à la première personne (*David, c'est moi, I am David*, 1963), la romancière danoise Anne Holm a traqué la lente remontée vers la lumière d'un garçon de douze ans, depuis son enfermement jusqu'à une totale liberté et la réappropriation de son identité.

Victime de la violence, David avait fini par perdre le souvenir du bonheur. Il s'est échappé d'un camp d'internement en Grèce et au bout d'un long périple, il réussit à retrouver sa mère au Danemark. Les circonstances (volontairement laissées dans l'ombre) sont visiblement celles de l'hégémonie nazie et de la Seconde Guerre mondiale.

L'auteur s'en tient strictement aux perceptions de son héros pour montrer comment celui-ci reconquiert son identité et découvre les valeurs de la vie. Elle évoque son émergence hors de la peur, de l'obscurité, de la solitude et de l'anonymat du camp. Il se sent redevenir lui-même après s'être débarrassé dans une rivière de la crasse que son corps avait accumulée pendant les années antérieures à sa fuite. Progressivement, sa pensée se remet à fonctionner. Voyant rire pour la première fois, il retrouve la chaleur humaine et s'aperçoit, au plan de la communication, qu'il connaît plusieurs langues, surtout le français et quelques mots d'hébreu. La beauté des paysages italiens, l'enchantement des couleurs, la peinture, la musique, tout l'éblouit. Enfin, en retrouvant sa mère, il reprend son identité :

> C'était le français qu'il parlait le mieux. David a repris son baluchon et s'est avancé et a sonné à la porte. Quand la femme lui a ouvert, il a parfaitement reconnu la personne qu'il avait vue en photo – cette femme dont les yeux avaient vu tant de choses et qui arrivait malgré tout à sourire.
> David a dit en français :
> « Madame, David, c'est moi ».

> La femme l'a regardé droit dans les yeux, puis elle a dit d'une voix claire et nette :
> « David... mon fils, David... ».[35]

Cette évocation de l'extrême cruauté infligée au non-adulte implique une condamnation sans appel de ses aînés, agents du mal, et la reconnaissance de la supériorité du héros juvénile capable au moins autant qu'eux d'aider autrui (David sauve la vie d'une fillette) et de surmonter les plus éprouvantes expériences.

Rascal (1963), roman très exaltant de l'Américain Sterling North est un hymne à l'amitié et à la nature. Le romancier a puisé dans ses propres souvenirs. A l'âge de onze ans, il trouve au creux d'une souche un raton laveur à peine né. Il va le nourrir et l'élever lui-même.

> C'est en mai 1918 qu'un nouvel ami et compagnon est entré dans ma vie : un étonnant personnage, avec du caractère et une peau annelée...[36]

Dorénavant, Sterling partage toutes ses expériences avec son inséparable ami. Il découvre le monde par le regard du petit animal qu'il observe constamment. Grâce à son compagnonnage avec Rascal, cet orphelin de mère laissé complètement libre d'aller et venir à sa guise par un père tolérant et détaché des contingences matérielles – selon son fils il est doté d'un « vaste savoir en désordre », parvient à oublier sa solitude et connaît une authentique année de bonheur. Outre une immense tendresse, il voue à la charmante bête une grande admiration. Courageuse, elle a de prodigieuses capacités d'adaptation. Sterling estime que Rascal est supérieur a beaucoup d'hommes :

> Rascal avait la capacité rare chez les êtres humains d'éprouver de la gratitude. Vous lui donniez sa nourriture préférée, vous lui disiez un mot gentil, et il était votre ami.[37]

Au récit de ses multiples aventures dans les bois, à la campagne, et le long de poissonneuses rivières, le jeune narrateur mêle des échos de la guerre 14-18. Il suit les événements car son frère se bat en France. Son histoire s'enrichit également des jugements qu'il porte sur ses deux sœurs aînées, des adultes; l'affection s'y combine au discernement. Il adore sa tante Lillie. Cette dernière se sacrifie pour son mari et ses trois fils.

---

35   A. Holm, *David, c'est moi*, Editions Hachette/Stock, 1986, p.220.
36   S. North, *Rascal*, L'Ecole des loisirs, Medium poche, 1987, début du récit.
37   *Ibid.*, p.51.

Sterling ne comprend pas qu'elle se tue ainsi au travail sans jamais obtenir d'eux la moindre reconnaissance.

C'est sur un ton beaucoup plus dur et plus caustique que celui emprunté par le Petit Nicolas, qu'une jeune américaine de onze ans, Harriet, héroïne de *Harriet l'espionne* (*Harriet the Spy*, 1964), roman original et amusant de l'Américaine Louise Fitzhugh, caricature avec une joyeuse sincérité grands et petits. Pareille au héros de Goscinny, Harriet fait rire par un mélange de candeur juvénile et de férocité. La gamine est bien décidée à devenir écrivain, aussi ne se déplace-t-elle jamais sans emmener un carnet de notes. Après l'école, elle va espionner des habitants de Manhattan (une riche divorcée, des épiciers italiens, un fabricant de cages à oiseaux…), et c'est sans ménagement et avec beaucoup d'ironie qu'elle fait part de ses observations, notamment sur sa directrice :

> Miss Whitehead m'a l'air d'avoir de plus grands pieds. Miss Whitehead a des dents qui avancent, des cheveux plats, des pieds en forme de skis et un grand ventre qui pendouille.[38]

ou sur un professeur :

> Je me dis que Miss Elson est de ces personnes qui ne se donnent pas la peine de changer d'avis.[39]

L'auteur n'exprime pas de nostalgie à l'égard de l'enfance. Harriet est déjà tout à fait tournée vers l'âge adulte. Bien qu'elle se dise que « les adultes sont plus bêtes d'année en année », elle les interroge souvent sur leurs expériences. Pour accéder à l'âge adulte, il est difficile de se passer d'eux dès qu'il s'agit de s'informer sur ce qu'on ne comprend pas : « Ma mère est toujours en train de dire que tout le problème de Pinky Whitehead, c'est sa mère. Il faut que je lui demande ce qu'elle veut dire par là, sinon je ne saurais jamais à quoi m'en tenir. Est-ce que sa mère le hait ? Je le haïrais si j'étais à sa place. »[40]

Une telle exigence de vérité lui coûtera cher le jour où son carnet plein de remarques justes mais désobligeantes tombera entre les mains de ses camarades de classe. Harriet est victime de sa lucidité comme si on lui refusait le droit à la clairvoyance.

---

38   L. Fitzhugh, *Harriet l'espionne*, Nathan, Bibliothèque internationale, p.33.
39   *Ibid.*, p.34.
40   *Ibid.*, p.33.

Depuis les aventures de *Tom Sawyer* (1876) et celles de *Huckleberry Finn* (1884), en passant par les méditations introspectives du héros de *L'Attrape-cœurs* (1951) de J.D. Salinger, le point de vue du non-adulte a fécondé maintes œuvres spécialement réussies de la littérature réaliste américaine.

Très souvent le jeune héros affirme sa personnalité en s'attachant à un adulte original. L'auteur, par le biais de ces liens affectifs établis en dehors de la conformité, déboulonne des parents trop convaincus du bien-fondé de l'éducation qu'ils donnent. Ainsi, la seule personne qui trouvait grâce aux yeux de Harriet l'espionne, était sa nourrice, Ole Golly. A l'appui d'une vision claire et nette de la vie, celle-ci émaillait à tout bout de champ sa conversation de citations d'écrivains célèbres.

Claudia, héroïne de *Fugue au Métropolitain* (*From the Mixed-Up Files of Mrs Basil E. Frankweiler,* 1967), de la romancière américaine Elaine L. Konigsburg, a comme Harriet une personnalité bien tranchée. Cette gamine de douze ans, connotée par un besoin d'indépendance et un grand appétit de connaissances, refuse la routine et les injustices de son milieu familial (trop de tâches ménagères incombent à cette aînée d'une fratrie de quatre enfants). Pour échapper à l'uniformité des jours, elle fugue avec un de ses petits frères au Métropolitain (Metropolitan Museum of Art) de New York. Eblouie par tout ce qu'elle y contemple, elle se sent heureuse. Sa rencontre avec une intéressante octogénaire, vive et ironique, nimbée de mystère, valorise enfin l'adulte à ses yeux. Elle veut voir en Mrs Basil E. Frankweiler sa nouvelle grand-mère. Le célèbre musée a acquis une statue dont la paternité est attribuée à Michel-Ange, et que lui a vendue Mrs Frankweiler. La gamine a découvert d'importants indices qui confirment que la statue représentant un ange est bien de Michel-Ange. Revigorée par son succès, elle rentre au foyer la tête haute. Sa passionnante escapade a même changé l'attitude des siens à son égard.

Judy Blume est connue pour avoir exercé une influence certaine sur la littérature des préadolescents. Son style rapide et percutant facilite l'identification de ses lecteurs à des héros de onze ans telle Margaret, protagoniste de *Dieu, Tu es là ? C'est moi, Margaret* (*Are You there, God ? It's me, Margaret,* 1970). Margaret, très centrée sur elle-même, raconte avec entrain ses triples préoccupations : son angoisse due au déménagement de la région de New York à celle du New Jersey, ses hésitations religieuses (sa mère vient d'une famille catholique, son père est d'origine juive, tous deux sont agnostiques) avec leurs conséquences sur ses rapports avec ses grands-parents, et un développement physique trop lent à son goût. Pour discuter de tous ces problèmes, un interlocuteur quotidien : Dieu.

L'individualité du jeune héros prend également du relief dans des histoires irradiantes par le sentiment de dépaysement qui s'en dégage, qu'elles se déroulent dans le passé ou dans des paysages lointains.

Les héros des romans picaresques du talentueux romancier anglais Léon Garfield, sont de jeunes orphelins lancés dans un monde interlope de bandits et d'assassins (*Jack Holborn*, 1964; *Black Jack*, 1967; *Smith*, 1967). Certes, leur détresse provient de misérables conditions de vie, mais surtout de la difficulté de s'en sortir parce que leur âge et leur inexpérience ne leur permettent pas de déchiffrer leurs aînés. Dans le sillage de Jim Hawkins, tout à la fois attiré et terrorisé par le pirate unijambiste Long John Silver, les protagonistes juvéniles de Garfield se définissent au gré de leurs rapports avec des adultes de moralité douteuse qu'ils observent avec effroi et souvent avec dégoût.

Les romans d'atmosphère historique de Garfield sont servis par un langage humoristique, imagé et plein d'allant. Son style nerveux donne un air tonique aux réalités les plus tristes. Des détails authentiques initient le lecteur à l'Angleterre du XVIIIᵉ siècle, comme en témoigne ce suggestif début de *Smith* :

> Il s'appelait Smith et il avait douze ans. Ce qui était déjà un miracle, car on aurait dit que la petite vérole, la tuberculose, la fièvre cérébrale, le typhus et même la corde du bourreau s'étaient gardés de l'approcher de peur d'attraper quelque chose. Ou alors, ils n'étaient pas assez rapides. Smith avait une agilité remarquable, et une façon de détaler dans les ruelles ou de disparaître dans les impasses qu'il fallait voir pour y croire. Ce n'était pas qu'on le voyait souvent, car Smith était une espèce de lutin barbouillé de suie qui hantait le Londres de la violence et des maisons délabrées.[41]

Sur la piste du léopard (*Leoparden*, 1970) œuvre de Cecil Bødker (Prix H.C. Andersen, 1976), célèbre romancière danoise, renvoie aux modes de vie d'une société archaïque. L'action de ce « *thriller* » se déroule en Ethiopie. L'auteur raconte sobrement une captivante histoire de poursuite, riche en rebondissements, où les situations et les hommes sont envisagés par un petit Africain dont l'âge n'est pas précisé. A-t-il déjà onze ans ? Tibeso, gardien de troupeau, est un garçon solide,

---

41   L. Garfield, *Smith*, Librairie Générale française, LP Jeunesse, 1984, *incipit*.

débrouillard et patient. Sa famille est pauvre, aussi ne peut-il rester les bras croisés devant la disparition de ses bêtes, vol imputé en un premier temps au seul léopard. Sans aide aucune, en proie aux superstitions véhiculées par les vieux, il réussit cependant à démasquer le vrai voleur de bétail. Au sortir de sa périlleuse chasse à l'homme, Tibeso est fier : son éprouvante initiation à l'indépendance a culminé dans un double combat sur la bête et sur le léopard – ainsi nomme-t-on également le chef d'une bande de voleurs et de meurtriers. Sa victoire est reconnue par la communauté quand on lui remet l'oreille du fauve abattu.

Dès avant la parution de *Sur la piste du léopard*, Cecil Bødker avait commencé à publier une série (douze volumes déjà parus) de récits d'inspiration folklorique autour d'un jeune garçon Silas, capable de séduire hommes et bêtes en jouant à la façon d'Orphée d'un instrument enchanté : ici une flûte. La première histoire s'intitule *Silas et la jument noire* (1967). Le jeune héros y combat en faveur des opprimés.

C'est sur une préadolescente qui va perdre en quelques mois à peine sa confiance dans les adultes, que se concentre l'écrivain américain Betty Green dans *L'été de mon soldat allemand* (*Summer of My German Soldier,* 1973), roman intéressant; toutefois la démonstration y pointe (un peu trop) sous les oppositions symboliques. Et pourtant, l'auteur rapporte une histoire vraie. Elle a elle-même connu le malaise d'une fillette juive marginalisée dans une petite ville de l'Arkansas. Le seul ami de l'héroïne est cependant un adulte, mais exclu de la communauté.

A l'arrière-plan, la Seconde Guerre mondiale. Patty Bergen, bien que juive, n'hésite pas, par pure humanité, à cacher et à nourrir au cours de l'été de ses douze ans, un allemand Anton Reicker, échappé du camp de Jenkensville, petite ville de l'Arkansas. Le discours à la première personne de la jeune narratrice fait prendre conscience que le mal n'est pas toujours où on le croit. Pour Patty, capable de juger les choses par elle-même, il n'est sûrement pas du côté d'Anton, autrefois étudiant en médecine forcé un jour de s'engager dans l'armée allemande. Gentil, d'un abord agréable, liant avec elle, c'est lui aussi un solitaire. Cet « érudit, intéressé par les livres et les idées » devient son ami. Il lui raconte l'histoire de sa famille, ses réactions personnelles au nazisme. Il commente les principes d'Hitler. Sa « transgression » apporte à Patty un sentiment de bonheur, car dans son foyer, elle n'a jamais connu l'affection si ce n'est celle de Ruth, la servante noire, une femme très bonne. Ses parents ont toujours favorisé sa sœur, beaucoup plus jolie qu'elle. Ils vont jusqu'à battre Patty. Son père, un homme dur et violent, ne tient aucun compte de sa fille et Anton, pense Patty, est meilleur que lui. C'est d'ailleurs son père, patriote extrémiste et haineux, qui la dénonce aux autorités. Cependant, Patty a perçu une évolution dans l'attitude de son père à son égard :

> Le nouvel ingrédient n'était pas l'amour, cela n'était pas aussi bon. C'était, je suppose du respect. Du respect pour une personne qu'il était incapable de détruire.[42]

Elle sera condamnée à passer une demi-année dans une maison de correction. Ses expériences « estivales » ont enseigné à la petite adolescente que l'inhumanité n'est pas nécessairement le fait de l'étranger, mais peut-être celui des familiers, des concitoyens, d'une foule cruelle emportée par ses préjugés et sa bigoterie. C'est eux qu'elle trouve immoraux. Elle ne se sent pas culpabilisée par le verdict de l'entourage, elle que certains ont traitée de « putain juive nazie ». Sa conscience renvoie la pierre; l'immoralité est dans l'autre camp. Quelques très rares adultes échappent toutefois à sa condamnation, telles Ruth et sa grand-mère dont l'affection ne lui a jamais fait défaut.

Du récit de la romancière américaine, le lecteur garde en mémoire un chaleureux plaidoyer en faveur de la tolérance et de la compréhension entre les hommes au-delà de leurs origines et des circonstances.

L'adolescent (le héros a au moins treize ans)

Après 1960, la fiction réaliste centrée sur l'adolescent se développe rapidement. Des récits convaincants, d'ailleurs de grande diffusion, commencent à affluer, mais c'est surtout aux Etats-Unis, où l'on affectionne le « *problem novel* », que ce filon réaliste culminera dans les années soixante-dix en romans de haute tenue.

Les récits écrits dans le point de vue des adolescents renvoient à la nouvelle conscience que les jeunes prennent de leur état psychologique et de leur situation sociale. Les écrivains, juges et parties, bien sûr, mais cette fois dans le sens positif, celui de l'ouverture, et comme par un retour sur eux-mêmes, les montrent désemparés dans une société où l'autorité parentale est à la dérive. L'influence de J.D. Salinger ne s'est d'ailleurs pas limitée aux seuls Etats-Unis. Obsédé par des doutes sur lui-

---

42   B. Green, *L'été de mon soldat allemand*, L'Ecole des loisirs, 1985, p.177.

même et sur autrui, ne sachant vers qui se tourner, l'adolescent hésite dans ses choix comportementaux. La carence des adultes, indifférents et égocentriques, est partout mise en évidence. Les œuvres racontent comment, contraints par l'incommunicabilité avec leur entourage à une autonomie forcée, les « *teen-agers* » s'arrachent à leurs désarrois, parfois sous l'impact de nouvelles affections, en assumant des responsabilités. Le secours ne vient généralement pas des parents, mais de camarades ou d'adultes, parfois excentriques, sans rapports avec le milieu familial. Il arrive aussi que le passage du héros à l'âge adulte soit très brusque dès lors qu'il s'opère sous l'effet d'un choc, par exemple, la mort d'une personne, dont, sans qu'il l'ait voulue, la faute incombe cependant au héros.

Bernard Clavel, l'auteur de *Malataverne* (1960, publié récemment dans la collection pour la jeunesse « Plein Vent » aux éditions R. Laffont) a su rendre avec intensité la solitude et l'angoisse croissante d'un garçon de quinze ans, Robert, à partir du moment où il se refuse à suivre deux camarades plus âgés que lui fermement décidés à accomplir un délit. Les dialogues soulignent les oppositions psychologiques et sociales. Les trois jeunes gens avaient mis au point un plan minutieux en vue de dévaliser une vieille femme, seule habitante d'une ferme isolée. Robert est pris de panique quand il entrevoit les conséquences de leur « sale coup ». Il cherche de l'aide afin d'empêcher un méfait qui pourrait tourner au meurtre, mais cet orphelin de mère n'en trouve ni chez un père trop abruti même pour l'écouter, ni ailleurs. L'adolescent, sous l'effet d'une réaction démesurée et incontrôlée, tue la vieille dame qu'il voulait à lui tout seul sauver de la mort. Il ne comprend pas comment, en voulant la défendre dans une bousculade avec ses ex-complices, il a pu commettre un tel acte et devenir inopinément un criminel :

> Durant quelques secondes, il n'y eut que le hurlement du vent et, plus éloigné, le tapage des chiens qui continuait avec, ça et là, un cri d'homme ou de femme. Parcouru d'abord par un frisson, Robert sentit monter en lui un sanglot qui s'arrêta dans sa gorge. Tout se brouilla et il murmura simplement : – Je voulais pas... non, non, je voulais pas...[43]

L'indifférence initiale des adultes se mue après l'homicide en une féroce détermination à « lui en faire baver », et d'abord à mener le coupable au poste de gendarmerie :

---

43   B. Clavel, *Malataverne*, Paris, Editions Robert Laffont, « Plein Vent », 1960, p.224.

> Robert pleurait : sans secousses, sans effort, un peu comme il marchait.
> A présent, son ombre s'allongeait devant lui. Un peu en retrait avançait aussi
> l'ombre du fermier. Le fermier gesticulait en bougonnant. Les mêmes mots
> revenaient toujours : « Vermine… voyou… génisse crevée… payer… prison… ».
> Robert n'écoutait pas.[44]

Des romans américains intéressants par leur efficacité romanesque se
jouent de même presque entièrement en dehors du cadre familial. Ils
offrent l'image d'adolescents qui, privés de sollicitude parentale, sont
responsables de mort d'homme.

Les images cinématographiques de la délinquance juvénile influen-
cent le récit *The Outsiders* (1967), écrit à l'âge de dix-sept ans par
l'Américaine S.E. Hinton. Le jeune narrateur relate comment il a perdu
en une semaine trois de ses amis. Inspirée par le cinéma, cette histoire de
bandes rivales, violentes et agressives, a elle-même été portée à l'écran.

John et Laura (*The Pigman*, 1968), de Paul Zindel, est une invitation
à la réflexion. Reposant sur une solide construction, le roman alterne,
d'un chapitre à l'autre, les points de vue de deux jeunes gens de seize ans
bien différenciés par leur caractère :

> Je n'aurais jamais dû laisser John écrire le premier chapitre, il a une fameuse
> tendance à tout exagérer. Je ne suis pas sur des charbons ardents, et je suis encore
> loin de la crise d'urticaire. Il est vrai que pas mal d'événements inhabituels se
> sont produits ces derniers mois et qu'il est nécessaire de les raconter par écrit tant
> qu'ils sont présents à notre mémoire et avant que nous les digérions et les
> rejetions au fond de nos souvenirs.[45]

On s'attendrait à ce que la mort d'un professeur alcoolique dont, John
et Laura se sentent responsables, transforme en profondeur les deux adolescents. Il n'en est rien, et c'est là que le bât blesse, dans cette absence
chez les protagonistes de Zindel de réelles émotions. Leur discours ne
donne pas l'impression qu'ils ont été durablement affectés par la mort du
généreux et accueillant M. Pignati. Ils se contentent de constater les faits
et de reconnaître leurs erreurs. Cependant, le roman de Zindel a suscité
un grand intérêt chez des lecteurs sensibles à la psychologie, qu'ils ont
jugée « remarquablement vraie », des trois protagonistes, celle des deux
adolescents et du vieillard.[46] Il se peut, hélas, que la froideur des jeunes

---

44 *Malataverne*, p.226.
45 P. Zindel, *John et Laura*, Hachette, Bibliothèque rouge, La collection des 15-
    17 ans, 1974, p.16.
46 « Le livre : découverte de la vie, le silence ou l'éveil », article de Monique
    Bermond et Roger Boquie qui répondaient à deux mamans convaincues de la

générations soit justement le fond de leur psychologie et qu'on touche la vérité du drame sans l'exactitude du rendu des émotions absentes, dans la simple transcription d'une indifférence effarante.

Nourri, tout comme *Harriet l'espionne* de l'idée que les adultes n'ont plus guère de leçons à donner à leurs cadets, le roman *C'est la vie, mon vieux chat* (*It's Like This, Cat*, 1963), d'Emily Neville est de ceux qui donnent dans le sillage de *L'Attrape-cœurs*, une orientation moderne au roman réaliste américain pour la jeunesse. A son époque, ce roman fut tenu pour révolutionnaire à l'égal de *Harriet l'espionne*, car c'est au sein même de sa famille que le héros éprouve un sentiment d'aliénation. L'histoire, à laquelle l'humour donne son allant, est construite sur l'opposition entre un jeune New-Yorkais de quatorze ans et son père avocat. La mère est trop faible pour être d'aucun secours à son fils. Ce dernier s'éloigne de son foyer et trouve le remède à la solitude auprès d'une inconnue, vieille dame excentrique entourée de chats. Cependant, il se rapproche de son père quand celui-ci, renonçant à ses idées toutes faites, finit par aider un marginal, son nouvel ami. Le respect filial ne va donc plus de soi, il se mérite.

L'Ile des Dauphins (*Dolphin Island*, 1963, repris en collection de jeunesse), de l'écrivain anglais de SF, Arthur C. Clarke, donne l'exemple dynamique d'un narrateur omniscient qui parvient cependant à son tour, par empathie, à épouser le point de vue juvénile. Le héros de ce roman fondé sur les données les plus avancées de la science à son époque, est un orphelin de seize ans. Il a rompu avec son milieu d'origine et a fugué. En quête de nouveaux horizons, il fait naufrage mais échappe à la mort grâce à des dauphins. Lui aussi sauvera la vie de ceux auxquels il s'est attaché, avec l'aide de deux dauphins. Si autrefois il a rejeté les siens, il se découvre maintenant de nouvelles affections pour des étrangers librement choisis : il noue ainsi des liens filiaux avec le savant dont il partage l'amour de la mer et des animaux.

L'accès à la maturité, dans les œuvres au réalisme âpre de Ivan Southall, un des meilleurs écrivains australiens, s'accomplit sans l'aide de l'adulte et sous l'impact de circonstances exceptionnelles très éprouvantes comme, par exemple, un énorme incendie de forêts et de prairies (*Course contre le feu*). A la différence de la plupart des écrivains qui,

nocivité du roman de l'écrivain américain (Bruxelles, *Le Ligueur*, hebdomadaire de la Ligue des familles, n°50, 26 décembre 1975).

après 1960, s'intéressèrent davantage à l'évolution d'un seul personnage qu'à celle des individus dans un ensemble, un groupe donné, mêmes occasionnels, l'auteur de *Course contre le feu* (*Ash Road*, 1965) révèle les transformations psychologiques que subissent plusieurs adolescents et adolescentes lors de la catastrophe. Au début de ce roman raconté avec vivacité, trois jeunes gens ont obtenu par la ruse de pouvoir s'éloigner pour la première fois de « l'enclos familial » et de passer une semaine de liberté dans la nature :

> Libres, ils voulaient être libres sans rien qui leur rappelât le monde des adultes, loin de la famille, des commissions urgentes, des sœurs encombrantes, des pelouses à tondre et des douches journalières.[47]

L'expédition commence très mal. Grahame, garçon de quinze ans, trop gentil aux yeux de ses camarades, a causé, par inadvertance, l'immense incendie de forêts et de pâturages.

Les mérites de la narration résident dans l'évocation parallèle de la progression du feu et des réactions qu'elle éveille chez l'adulte, les adolescents et les enfants. Les uns et les autres commencent à se voir différemment. La vieille génération, les grands-pères surtout, suscitent par leur courage et leur savoir-faire une admiration sans bornes chez les jeunes.

A Peter, en particulier, un maigrichon que son grand-père traite de mollasson, la lutte contre le feu dévastateur apporte la joie de se sentir fort et courageux. Il aspire maintenant à la maturité :

> Peter courait comme il n'avait jamais couru, en proie à une sorte d'ivresse. Sans pouvoir le formuler, il avait le sentiment de laisser derrière lui son enfance, pour entrer enfin dans l'âge adulte. Il détestait son enfance et s'en éloignait avec joie, prêt à se prouver à lui-même qu'il était un homme. Prêt aussi à accepter le baptême du feu, dût-il en mourir. Pourvu que grand-mère soit sauvée par lui et que tout le monde le sût.[48]

Autre écrivain australien célèbre, Patricia Wrightson (Prix H.C. Andersen 1986) met au jour la réalité intérieure des jeunes.[49] Dans

---

47   I. Southall, *Course contre le feu*, Paris, Bibliothèque de l'Amitié – G.T. Rageot, 1974, p.10.

48   *Course contre le feu*, p.149.

49   Une dizaine d'années plus tard, P. Wrightson décrira les pensées et les croyances des aborigènes dans une trilogie épique dont le jeune Wirrun est le pivot (le premier volume, *The Ice is Coming*, paraît en 1967).

I Own the Racecourse (1968), roman réaliste non dénué d'émotion poétique, elle appréhende celle d'un retardé mental.

Andy est bon. Sa gentillesse lui attire toutes les sympathies. Il a d'ailleurs un grand besoin d'amitié. Pareil à tout adolescent, Andy veut s'affirmer, cependant il vit perdu dans ses pensées. La tension narrative naît de son incapacité à faire la part entre la réalité objective et la sienne. Ses amis s'amusent, dans une espèce de Monopoly imaginaire, à acheter et à troquer des propriétés. Andy est bien décidé à les surpasser. Il rassemble péniblement trois dollars pour acheter à un vieux vagabond roué qui profite de son innocence un champ de course. Persuadé d'être en possession de beau Beeckam Park, Andy connaît le bonheur. Chacun fait semblant de le croire propriétaire et l'appelle patron. Il veut gérer lui-même son bien et finit par gêner le personnel. Ses camarades participent certes à sa joie, mais l'un d'eux, Joe, est inquiet. Il se demande s'il n'est pas dangereux de laisser vivre Andy dans une réalité valorisante, quoique bien illusoire. L'auteur invente un superbe dénouement psychologique : Andy retourne sereinement au temps où il ne possédait pas encore le champ de course; le comité directeur de Beeckam Park, attentif à ne pas l'humilier, lui a racheté « sa » propriété pour dix dollars. Après cette profitable tractation, l'adolescent conserve le sentiment de son importance.

La réussite d'un des premiers récits de l'excellente romancière noire américaine Virginia Hamilton, *The Planet of Junior Brown* (1971; Newbery Medal 1972), est à mettre au crédit d'un dépassement du réel par sa valeur symbolique. Tout s'y déroule dans l'obscurité, comme si enfants et adolescents noirs, dont l'auteur interprète avec une fine psychologie la grande détresse, n'avaient pas droit à la lumière. L'incipit met d'emblée l'accent sur la tonalité sombre : « Tous les trois étaient cachés dans l'obscurité » (« *The three of them were hidden in the dark* »). Virginia Hamilton décrit une société de jeunes totalement coupés de leurs aînés. Elle nous fait comprendre que seule la confiance dans l'autre, la fraternité, apporte la consolation et la joie dans l'existence.

L'auteur campe deux lycéens liés, à l'ouverture du roman, par un vif intérêt commun pour la construction d'une sorte de planétarium qu'ils agencent en secret, dans les sous-sols de leur école, avec l'aide d'un ancien concierge de l'établissement. A leurs yeux, ces planètes artificielles remplacent le foyer domestique. Bientôt, ils n'assisteront plus aux cours et chercheront à survivre cachés dans des souterrains, à l'abri des adultes qu'ils jugent médiocres et égoïstes. Junior Brown n'ose guère se montrer au grand jour. Cet obèse de cent cinquante kilos ne supporte pas d'être couvé par une mère névrosée. Très bon artiste, il se réfugie dans la musique et dans l'amitié que lui offre Buddy Clark, un garçon sans attaches, par ailleurs fort doué pour les mathématiques. Buddy s'occupe des enfants sans foyers. Il les aide à squatter des immeubles abandonnés et à se soustraire au contrôle de leurs aînés.

Plus fort et plus loin que les héros juvéniles victimes de la solitude et de la carence affective, Andrea (*Ciao, Andrea*, 1971), protagoniste du roman de Marcello Argilli, une célébrité en Italie, va jusqu'à contester l'institution familiale elle-même. Pour se libérer du poids de relations figées, il quitte les siens et se choisit un nouveau père, qu'il vient voir au gré de son inspiration ou de sa fantaisie.

L'Anglaise Jill Paton Walsh, écrivain de grand talent, fait preuve d'une remarquable pénétration psychologique dans un roman, *L'année où l'on a repeint la barque* (*Goldengrove*, 1972). Elle analyse en profondeur à la Virginia Woolf, les sentiments et les émotions d'une jeune fille, Madge Fielding, au sortir de son enfance. L'héroïne se révèle à la fois dans la conversation et dans ses monologues.

Mad vit avec sa mère, séparée de son père et de son frère, dont on lui a caché l'identité. Tourmentée par ses conflits intimes, la rencontre avec un aveugle, au cours de vacances qu'elle passe comme chaque année en Cornouailles, à Goldengrove (St Yves), propriété de sa grand-mère, provoque une crise d'adolescence. Grâce à cet aveugle à qui elle fait la lecture de poésies et d'essais, elle apprend à se « voir », à mesurer son importance et à observer les autres. Le renoncement de Mad à l'enfance est pénible. Elle tâche de comprendre pourquoi cet auditeur refuse l'attention permanente et l'affection qu'elle lui offre. Elle finira par prendre conscience qu'il dissimule son désespoir derrière un mur de froideur. A la cécité, symbole d'obscurité, s'oppose la lumineuse nature. Les paysages (la mer, la baie et le phare – ceux-là mêmes qui inspirèrent Virginia Woolf) font également partie du monde intime de Mad. Cependant, sa tristesse confine à la souffrance quand elle apprend durant ce même été où elle s'occupe de l'aveugle, que Paul, depuis toujours son compagnon de jeux à Goldengrove, et qu'elle croyait être son cousin, est en réalité son frère. Elle cherche, mais en vain, la raison de cette dissimulation de la vérité. En fait, il a vécu avec son père, séparé de sa mère. Mad se rend compte que jamais elle ne pourra pardonner aux adultes de l'avoir frustrée d'un frère dont elle avait tant désiré la présence. La blessure est cette fois inguérissable. L'apprentissage de réalités douloureuses auxquelles personne ne pourra jamais remédier a creusé une énorme brèche dans son optimisme; toutefois son goût de la vie renaît à la pensée d'avoir découvert et de connaître dorénavant les choses comme elles sont. Une page est tournée.

Le personnage de l'adolescent et l'actualisation du passé

Lorsque l'action du roman historique se déroule dans un passé antérieur à la naissance de l'écrivain, il arrive encore fréquemment – et cela ne vaut pas seulement pour la période traitée ici – que le point de vue du narrateur, porte-parole de l'écrivain, éclipse l'optique juvénile même dans des récits bâtis autour d'une figure d'adolescent dont l'évolution intime n'est pourtant pas négligée. C'est que l'attention portée à la reconstitution d'époques révolues modifie le genre narratif, faisant écran à la focalisation sur le psychisme du héros.[50]

Hester Burton, auteur de *Time of Trial* (1963; Carnegie Medal), sélectionne des événements authentiques auxquels elle confronte des adolescents qui, sans aucune aide mais en aidant les autres, luttent jour après jour contre le danger. Son roman s'organise autour d'une jeune fille dynamique et pleine d'esprit, optimiste et courageuse. C'est la fille d'un éditeur radical. Celui-ci, honnête et un peu naïf, lutte pour le droit à la liberté d'expression. Père et fille sont des personnages convaincants. L'auteur, en bonne historienne, est soucieuse de montrer dans toute leur vérité les dures conditions sociales que connaissent les Londoniens au début du XIXe siècle.

A n'en pas douter, Miep Diekmann, considérée aux Pays-Bas comme le meilleur auteur de romans historiques, structure ses récits autour d'adolescents. Comme Rosemary Sutcliff et Hester Burton, elle met en relation des faits authentiques du passé et leur impact sur la vie des jeunes. Cependant, reconstitution historique (soignée, documentée) et transmission de message prévalent, à la différence des romans de Rosemary Sutcliff, sur la sensibilisation à la vie intérieure des actants. L'action du récit *Le chirurgien de la flibuste* (*Marijn bij de*

---

50   Les notions de roman historique et roman rétrospectif seront précisées dans le
      chapitre suivant. Voir « Le passé et sa transmission : le roman historique, le
      roman rétrospectif », p.170.

Lorredraaiers, 1965), bon roman d'amour et d'aventures maritimes écrit dans une langue simple et dynamique, se déroule au XVIIe siècle. Miep Diekmann évoque les conditions de vie atroces des esclaves de Curaçao, île des Caraïbes sous la domination des Pays-Bas, ainsi que les généreux efforts contre l'esclavage de deux adolescents devenus soudainement responsables de leurs actes à la mort de leurs parents, emportés par un cyclone. Marin, le héros, a quatorze ans au début de l'histoire, dix-sept à sa conclusion. Entre-temps, devenu jeune « médecin » (l'auteur souligne dans sa préface que la vie était très courte à l'époque, et les adolescents par conséquent contraints de prendre très jeunes leurs responsabilités), il soigne les noirs sur des navires corsaires. Il ne pourra empêcher que la jeune fille noire qu'il aime soit enlevée et violée par le capitaine, dont elle a eu un enfant. A nouveau menacée de viol par des marins, elle se suicide en se jetant avec son bébé par-dessus bord. On voit que si le propos est généreux – ou simplement équitable – et la reconstitution de qualité, Miep Diekmann ne fait pas... dans la dentelle !

Depuis sa parution de 1967 à 1969, la trilogie *The Flambards* (Guardian Children's Fiction Award, 1970) dont on a tiré des téléfilms, a joui d'une grande popularité. Les trois romans de K.M. Peyton, situés dans le Nord de l'Angleterre, méritent l'attention, malgré un style sans grand relief, par une intéressante évocation des bouleversements sociaux intervenus au cours de la période 1910-1920, donc Grande Guerre incluse, ainsi que de leurs répercussions sur la vie des protagonistes. *Flambards in Summer*, le dernier volume, raconte comment Christina Russell, aussi décidée que la Scarlett de *Autant en emporte le vent*, va tout mettre en œuvre pour sauver la propriété, les Flambards, où riche orpheline elle a passé toute son enfance (contée au premier volume) avec les deux fils du propriétaire, qui n'est autre que son oncle. Elle épousera l'un d'eux, Will, un aviateur. A sa mort, pendant la guerre, elle refuse d'épouser Mark, le second, car à ses yeux il incarne le passé, l'époque où la famille vivait de l'élevage des chevaux. Mark, incapable de s'adapter à des temps nouveaux, continue à rêver de chasses et de chevaux. Cette passion, qu'il a héritée de son père, a causé la ruine de la propriété. Aussi Christina, autre Lady Chatterley, préférera refaire sa vie avec Dick, l'ancien palefrenier qui l'aime depuis toujours. A travers ce choix de l'héroïne, la romancière anglaise exprime sa foi démocratique en de meilleures conditions économiques et sociales favorisées par le développement des nouvelles technologies. Les machines, aux Flambards, remplaceront une main-d'œuvre désormais introuvable. K.M. Peyton n'est pas sans naïveté « démocratique ». On sait que les machines ont ruiné l'emploi. De plus, il s'agit de sauver une grande propriété ! Curieuse démocrate !

Lorsque l'action est située dans un passé historique récent, l'authenticité des sentiments juvéniles est d'autant plus sensible que les écrivains – nous l'avons déjà dit – ont vécu eux-mêmes les événements, soit de près, soit de loin.

Manfred Peters, surnommé Manny, le narrateur de *La Maison rouge* (*Im roten Hinterhaus*, 1966; Prix allemand du livre pour la jeunesse), roman de Peter Berger, a quatorze ans, c'est-à-dire l'âge qu'avait l'auteur au début de la période décrite : de 1929 à la Seconde Guerre mondiale. Il appartient à un milieu ouvrier et fait partie d'une famille de huit enfants. Cette famille nombreuse logée dans une très modeste maison rouge au bord du Rhin, est frappée de plein fouet par la crise économique de 1929. En outre, avec l'installation du régime nazi, ses membres sont tiraillés par leurs divergences politiques. Un des frères de Manni est un fervent adepte d'Hitler. Les sentiments de l'adolescent à l'égard des siens, de son père en particulier dont la mise au chômage renforce l'agressivité (« il savait très précisément à quel moment il n'y avait plus que les coups pour faire avancer les choses »)[51] réfractent des temps difficiles qui laissent peu de place aux démonstrations d'affection. Manni voue une grande admiration à sa mère, réduite à une vie de sacrifices, mais encore capable de freiner la violence paternelle. Il lui est reconnaissant de sa tendresse. L'autobiographisme de Peter Berger se recommande par l'attention que l'auteur porte à chacun de ses personnages, cernés avec sensibilité et humour grâce à un témoignage juvénile vécu.

A partir de 1960, les romans inspirés par la Seconde Guerre mondiale et ses préliminaires, et conçus dans l'optique du non-adulte, ne sont plus rares. Ils rendent compte généralement de maturations juvéniles précoces. Les écrivains donnent vie à des adolescents plongés malgré eux dans un monde instable dont ils imputent la responsabilité à leurs aînés; pour sa part, le non-adulte conquiert sa propre estime en réussissant à survivre même sans l'aide des grands, voire par sa participation à la Résistance... S'il vit dangereusement, il est cependant heureux de jouir d'une liberté et d'une indépendance inespérées à son âge et de rompre ainsi la monotonie d'une vie domestique trop programmée.

---

51   P. Berger, *La maison rouge*, L'Ecole des loisirs, Medium, 1988, p.27.

Un lycée pas comme les autres (1962; grand Prix de la littérature pour les jeunes, France), d'Yvonne Meynier, se présente sous la forme d'un roman épistolaire. Une mère échange des lettres avec ses deux filles « évacuées » dans un lycée hors de Rennes. L'auteur s'insurge contre la guerre et le racisme par une évocation de la ville bretonne sous l'Occupation et des allusions aux poursuites raciales.

A deux on est plus fort (*Fireweed,* 1969) est un roman d'une lecture poignante dû à l'auteur de *L'année où l'on a repeint la barque* (*Goldengrove*). Jill Paton Walsh y décrit, en faisant contraster horreur et beauté, la survie de deux jeunes gens, Bill et Julie, âgés de quinze ans, attirés l'un par l'autre. Ils se sont rencontrés dans un abri pendant le terrible hiver de 1940, à Londres, lors d'une alerte à l'époque du *blitz*. Ils vont vivre dans la cave d'un immeuble bombardé. Condamnés pendant les années de guerre à s'en tirer par leurs propres moyens, ils sont décidés à ne plus retomber sous la tutelle des grands une fois la guerre terminée. Ils ne pourront cependant empêcher, sous la pression des clivages sociaux, qu'on les oblige à se séparer. Bill, le narrateur, décrit la vie dans les abris. L'angoisse du danger n'empêche pas qu'on chante, boive, raconte des blagues. Les dialogues frappent par leur vérité.

Un grand et émouvant succès de tonalité élégiaque, *L'Ami retrouvé* (*Reunion*, 1971) de Fred Uhlman, retrace la brève et ardente amitié, à l'aube du nazisme, entre deux adolescents de seize ans esseulés, de cette solitude d'adolescents qui s'interrogent et se cherchent, mais d'origine sociale différente : le narrateur, Hans Schwarz, est fils unique d'un médecin juif bien intégré dans la société allemande, médaillé militaire de surcroît; Conrad, comte von Hohenfels, appartient à la vieille noblesse protestante. Le court roman de Fred Uhlman est un superbe raccourci des événements de l'année 1932-1933, tels qu'ils marquèrent de façon indélébile la jeunesse des deux jeunes gens. Après leur première rencontre au lycée de Stuttgart, fascinés l'un par l'autre, ils sont désormais inséparables. Hans vit les mois les plus heureux de sa vie. C'est le printemps :

> Les collines bleuâtres de la Souabe, pleines de douceur et de sérénité, étaient couvertes de vignobles et de vergers et couronnées de châteaux.[52]

Malgré quelques signes précurseurs, la sinistre réalité n'a pas encore éclaté dans une Stuttgart « aussi calme et raisonnable que jamais ». En

---

52   F. Uhlman, *L'Ami retrouvé*, Gallimard Folio, p.42.

parcourant les rues de la ville, les deux amis unis par leurs affinités électives discutent âprement de la vie, des sciences et de l'existence de Dieu; ils échangent leurs points de vue sur Madame Bovary, Hein, Schiller... Ils se confient leurs pensées intimes, et entrouvrent leur domaine secret : livres et collections d'objets rares... Ils se sentent encore libres de résoudre seuls leurs problèmes :

> Il ne nous venait jamais à l'esprit de consulter nos parents. Ils appartenaient, nous en étions convaincus à un autre monde; ils ne nous auraient pas compris ou se seraient refusés à nous prendre au sérieux. Nous ne parlions presque jamais d'eux; ils nous semblaient aussi éloignés que les nébuleuses, trop adultes, trop confinés dans des conventions de toutes sortes.[53]

Malheureusement, les adultes vont s'occuper d'eux ! Si la mère de Hans, qui a trop à faire pour se « tracasser à propos des nazis et des communistes », reçoit Conrad avec simplicité et cordialité, en revanche la mère de Conrad refuse de faire la connaissance de Hans. Cette aristocrate polonaise qui hait les Juifs et en a peur « bien qu'elle n'en ait jamais rencontré un seul » voue d'emblée une grande admiration à Hitler. Bientôt le vénérable Karl Alexander Gymnasium n'est plus le « temple des humanités » qu'il avait été. La présence nazie se manifeste à l'intérieur de ses murs comme partout dans la ville. Les parents de Hans décident d'envoyer leur fils en Amérique. Eux-mêmes choisissent de se suicider. Avant son départ, Hans reçoit une lettre dans laquelle Conrad, que l'antisémitisme ancestral n'a pas contaminé, lui exprime néanmoins une foi fervente en Hitler. Il « retrouvera » son ami des années plus tard, le jour où il apprend que Conrad von Hohenfels, impliqué dans le complot contre Hitler, a été exécuté. Il accepte maintenant de se souvenir du passé.

La résistance à l'occupation allemande constitue un champ d'inspiration fécond, exploité par les écrivains pour mettre en lumière le rôle actif du protagoniste adolescent, ses capacités à évaluer les situations avant de prendre de justes décisions.

Nicole Ciravegna, écrivain d'origine provençale, relate dans *La rue qui descend vers la mer* (1971) des faits authentiques : l'encerclement du vieux port de Marseille en janvier 1943. Elle articule son histoire autour de deux adolescents amoureux l'un de l'autre : Aldo Galieri, jeune résistant italien (les événements sont généralement considérés dans le point de

---

53   *L'Ami retrouvé*, p.56.

vue de celui-ci); Sarah, jeune fille juive cachée sous le nom de Lila. Tous deux seront arrêtés au cours de la fameuse rafle à Marseille.

Le roman *Oorlogswinter* (1972; *Michel* en français; *Winter in Wartime* en anglais) de l'écrivain néerlandais Jan Terlow, a été traduit en de nombreuses langues. L'auteur de ce roman nuancé, raconté avec talent, campe un adolescent – il a environ seize ans à la fin du récit – entraîné dans la résistance au cours du dernier hiver de la guerre. Michel a beau être un garçon réfléchi, il se sent bien seul quand il s'agit de ne pas se laisser abuser par les apparences. Il s'interroge sur les hommes – qui est collaborateur, qui ne l'est pas ? – et apprend à s'en méfier. Sa mère stimule son courage. Il cache et soigne un pilote anglais et sauve deux Juifs allemands. L'histoire de ces deux derniers ramène le lecteur à des faits historiques, entre autres à la tristement célèbre Nuit de Cristal… L'existence quotidienne de Michel remet en mémoire l'inhumaine dureté des conditions de vie qu'entraîne l'occupation des Pays-Bas – même les vieillards font des kilomètres à pied pour aider leurs familles à se nourrir. Et pourtant privations et atrocités sont chassées un court moment de son esprit quand un soldat ennemi sauve son petit frère au péril de sa vie. La fin du récit consacre la nécessité de combattre non *dans* une guerre, mais d'abord et avant tout *contre* la guerre, quelle qu'elle soit.

Des conflits récents sont également abordés à la lumière du point de vue adolescent. Joan Lindgard est née à Edimbourg, mais a vécu toute sa jeunesse, depuis l'âge de deux ans, à Belfast. Son roman, *Le douze juillet* (*The Twelfth Day of July*, 1970) fait clairement comprendre, par le biais d'une histoire à la Roméo et Juliette, les troubles qui secouent l'Irlande du Nord. L'ancestral antagonisme religieux et politique sépare deux adolescents des quartiers ouvriers de Belfast. Les chapitres alternés renvoient chacun une image de la communauté protestante ou catholique. A la veille du 12 juillet, journée protestante en l'honneur de Guillaume d'Orange, des espiègleries dégénèrent en violentes bagarres. A l'épilogue, des adolescents des deux camps, parmi eux les deux amoureux, se réunissent sur la plage. Retrouvailles symboliques par lesquelles l'auteur sous-entend que ce n'est pas parce que les parents ont toujours été ennemis que leurs enfants doivent l'être à leur tour.

Joan Lingard joint le féminisme à la dénonciation de l'intolérance et du fanatisme. Sadie, l'héroïne protestante, caractère décidé et entreprenant, a horreur des tâches ménagères :

L'égalité des sexes ! Parlons-en ! Des fariboles, oui ! Il fallait toujours se battre
pour obtenir ce qu'on voulait si on avait le malheur d'être une fille.[54]

Il est dommage cependant qu'une écriture trop terne ne rende pas avec
plus de couleur les personnages malgré tout attachants de ce roman bien
structuré.

En conclusion à cette analyse d'œuvres réalistes de qualité parues
entre 1960 et 1973 et bien accueillies par le public ou la critique, il faut
reconnaître que le point de vue d'un non-adulte à qui la majorité des
écrivains accorde désormais la liberté d'expression a enrichi les fictions
romanesques de résonances encore rares dans les œuvres antérieures. La
réalité prospectée est indissociable de l'interprétation subjective qu'en
propose le jeune héros. Dès les années soixante, le roman réaliste montre
sa capacité à révéler aux jeunes lecteurs la complexité, que beaucoup
ignoraient, de leur vie intérieure, entre autres choses leur perception du
temps et de la mort. Que le ton soit grave ou ludique, il donne une grande
impression de vérité. Enfants et adolescents disent le pourquoi de leurs
joies et de leurs peines, de leurs sympathies ou antipathies à l'égard de
leurs pairs et de leurs aînés. Faire exprimer aux jeunes leur mal-être, leur
solitude, leurs difficultés d'adaptation et d'intégration, leur rébellion...
est une manière pour les adultes de dénoncer leurs propres insuffisances
et de remettre en cause les valeurs morales et sociales traditionnelles.

Relevons à ce propos la césure entre la science et l'opinion. La
génétique comportementale avait décrit la crise d'originalité juvénile bien
avant que le gros de la production littéraire pour les jeunes n'adopte une
perspective conforme à cet acquis.

L'originalité et la variété des romans abordés dans ces pages relèvent
donc du regard prêté par l'écrivain à des protagonistes individualisés par
l'âge et le caractère. Il y a les tendres comme Joséphine (*Hugo et
Joséphine*), les dynamiques comme Ramona (*Ramona la peste*) et Harriet
(*Harriet l'espionne*). Le regard juvénile varie en fonction du milieu
social, milieu soit aisé (*Le tigre dans la vitrine, L'année où l'on a repeint
la barque...*), soit défavorable à cause de la misère (*Mon bel oranger*), ou
encore de la classe moyenne (*Le Petit Nicolas*). La vision des jeunes
apparaît déterminée par l'absence ou la mort de l'un ou de l'autre parent
(*A Sound of Chariots*), la maladie (*On l'appelait Filot*), ou la couleur de
la peau (*The Planet of Junior Brown*), le milieu géographique (*Sur la*

---

54   J. Lingard, *Le Douze juillet*, Castor Poche Flammarion, 1983, p.156.

piste du Léopard), ou enfin l'amour de la nature et des animaux (*Rascal...*).

Que l'action se déroule à notre époque ou dans le passé (*Smith, Le Faucon déniché...*), les réactions des jeunes actants à l'événement, banal ou exceptionnel, sont prioritaires. Elles attestent que grandir n'est jamais facile. Le passage de l'enfance à l'adolescence ou à l'âge adulte est parfois douloureusement précoce (*Mon bel oranger, A Sound of Chariots, David, c'est moi, L'Ami retrouvé, Malataverne, John et Laura...*). Considérés dans leur ensemble, les romans postérieurs à 1960 témoignent, à l'inverse des récits des époques précédentes, que la vie est certes une aventure nourrie de découvertes, mais qui ne participe plus d'un jeu. Le monde enchanté des *Holiday Novels*, pourtant si proche encore, a bel et bien disparu à l'horizon.

Les premiers romans sur la Seconde Guerre mondiale, pour la plupart autobiographiques, ont encore élargi le champ romanesque. On y voit les protagonistes traverser de vastes espaces (*La steppe infinie*) et rencontrer toutes sortes de types humains qu'ils n'auraient sans doute jamais connus en temps normal (*Un sac de billes, Hanneton vole...*). Ce n'est pas à dire que la guerre est bonne, bien évidemment, mais que toute expérience, si cruelle soit-elle, laisse, outre ses séquelles, la trace d'un vécu, parfois culturel ou social, où le positif et le négatif sont imbriqués.

Le personnage central est, à l'occasion, un adulte tout autre qu'homme d'action. Il se définit alors par sa naïveté, et comme un enfant, porte un regard innocent sur les choses. L'écrivain italien Italo Calvino a élu un personnage d'adulte, pas n'importe lequel, pour dénoncer les maux dont souffrent nos grandes villes industrielles à l'ère de la technologie. Marcovaldo (*Marcovaldo ou les saisons en ville*, paru pour la première fois en 1963 dans une collection pour la jeunesse de l'éditeur Einaudi) est un personnage comique. Ce simple manœuvre persiste à discerner les manifestations de la Nature dans une ville envahie par le trafic, les bruits, les néons, les cheminées et les panneaux publicitaires. L'humour découle de son refus de l'évidence. Il s'emploie à repérer un nuage chargé de pluie, un souffle de vent..., bref les moindres « affleurements de la nature ».

Une fantaisie aux multiples facettes

Une grande effervescence inventive se développe dans les années soixante. L'expansion de la fiction à caractère merveilleux se réalise selon des modes tellement divers, et souvent entremêlés, qu'il devient malaisé de l'enfermer dans des catégories étanches. Une première distinction consisterait peut-être à séparer la fantaisie de tonalité sérieuse, fondée sur l'intrusion dans la vie du héros de puissances agressives et violentes (romans épiques) ou du moins très perturbatrices (drames insolites du quotidien), de celle de tonalité plus légère, nourrie d'un merveilleux qui ne génère pas d'angoisse. Certains écrivains, à la différence des auteurs du nouveau roman épique et de la chronique fantastique à cadre familier, avec leurs images menaçantes d'un réel soudain fragilisé, font appel, mus par la volonté d'oublier un passé douloureux et par un besoin d'évasion dans une fantaisie optimiste, à la féerie immémoriale du courant traditionnel. On a parfois l'impression que l'inspiration de la fantaisie *dure*, à l'origine de récits fondés sur l'expérience fantastique dans le monde vrai, a jailli d'un sentiment de déstabilisation et d'insécurité consécutif aux deux grands conflits mondiaux. Et il n'est bien sûr pas exclu que la veine moins crispée doive au moins quelque chose au besoin de compensation dû aux même circonstances.

Par rapport aux œuvres du passé, avec leur fantaisie déjà compensatrice d'une situation défavorable dans le monde réel, fantaisie généralement résoute en évasion du protagoniste vers des contrées imaginaires (*Alice au pays des merveilles, Le Magicien d'Oz, Peter Pan...*), une tendance axée sur le mouvement inverse, où le réel fait une place au merveilleux, se dégage clairement.[55] Même la féerie traditionnelle, son indifférence aux temps et aux lieux, intègrent aujourd'hui des images parfaitement reconnaissables de l'actualité contemporaine. Un peu comme si White et son Merlin partiellement anachronique avaient fait école.

---

55 Pierre Gripari, auteur des célèbres « contes de la rue Broca » (*La sorcière de la rue Mouffetard et autres contes de la rue Broca*, 1967), nous a familiarisés avec l'intrusion d'un merveilleux moderne de tonalité comique dans la réalité quotidienne par une corrélation entre les figures du conte traditionnel (une sorcière, des géants...) et des personnages, un décor d'aujourd'hui : une rue bien de notre siècle, une salle de bain, des téléphones...

L'écrivain moderne ne cherche plus à détourner l'attention du monde vrai, au contraire, il recourt au féerique pour mieux comprendre et expliquer la réalité. A la composante imaginaire du roman échoit la fonction d'un catalyseur des émotions et des attitudes. Confronté à la rencontre du merveilleux et de l'ordinaire dans sa vie quotidienne, le protagoniste s'interroge sur sa perception du monde réel. La frontière entre le certain et l'incompréhensible se fait mobile. En présence de phénomènes insolites, le héros est contraint de se poser des questions et d'analyser des faits imaginaires. Il s'efforce de les expliquer rationnellement. Sa maturation, dans le récit, est liée précisément à son comportement vis-à-vis de l'incrédible.

Le roman épique nouvelle manière

L'action héroïque du roman inspiré par diverses mythologies, tel que le conçoivent encore dans les années cinquante C.S. Lewis et J.R.R. Tolkien, se déroule essentiellement dans des mondes imaginaires. Mais l'intrigue du roman épique nouvelle manière est, au contraire, menée dans le monde réel envahi par le surnaturel. Le jeune héros de ces récits irrigués par les légendes se trouve tout à coup assailli dans sa vie quotidienne par des puissances maléfiques. Il est seul à les affronter. Tenus à l'écart de sa vie magique, ses familiers ne lui sont d'aucun secours ; en revanche, il est aidé par un enchanteur à l'image de Merlin et d'autres figures fabuleuses. Ce type de roman est surtout répandu en Grande-Bretagne, comme si dans un pays autrefois belligérant mais qui n'a pas connu l'Occupation, l'ennemi nazi, après la guerre de 1940-45, avait ressurgi dans les imaginations sous l'apparence d'une force destructrice anonyme aux contours flous. Cependant, l'incidence de la guerre froide sur ce type de symbolisation est également probable. Quoi qu'il en soit, l'imaginaire épique est aujourd'hui fécondé par les multiples formes indécises derrière lesquelles se dissimule le Mal, expression synthétique d'une menace permanente et diffuse. Ce Mal n'est pas incarné comme dans les contes de fées par une sorcière, un méchant enchanteur, un dragon, un animal anthropomorphe...[56] mais par des ombres hostiles.

---

56   L'animal en tant qu'incarnation du Mal évolue au cours des temps. Dès l'Antiquité (*Fables d'Esope*) et au Moyen Age (*Roman de Renart*), le mal est personnifié par une bête dangereuse, le loup (cf. *Le petit chaperon rouge*), répandu à ces époques, à l'exception de l'Amérique du Sud, presque dans le monde entier. Les enfants ne chantent-ils pas encore aujourd'hui « Qui a peur du

L'impalpabilité même de l'ennemi suscite une forte angoisse chez les protagonistes romanesques. Dès lors, le caractère fantasmatique du Mal, qu'une ferme volonté de résistance psychologique concourt à désagréger (comme dans le *Ça* de Stephen King), est plus que suggéré dans notre avatar moderne du conte d'avertissement.

Déjà l'auteur du *Seigneur des Anneaux* (1954) avait donné au mal l'aspect de personnages sans visage. Jamais on ne voit Sauron, et ses cavaliers sont privés d'expression au point d'évoquer des cuirasses creuses. Les auteurs de romans épiques des années soixante et au-delà conçoivent le mal tel un pouvoir latent et ravageur. En veilleuse, il est prêt à se déchaîner le moment venu pour retrouver une ancienne suprématie. Le bien, en revanche, se confond avec la sortie du chaos et le retour à une vie stable et sûre. La mission du jeune héros est de repousser la force envahissante et de faire revenir la sérénité.

Au plan de l'écriture, les dialogues elliptiques du roman épique mobilisent l'imagination des lecteurs qu'ils obligent à interpréter silences, sous-entendus, tout un non-dit, pour élucider le mystère. Bien plus que d'autres formes de récit, les histoires modernes de chevalerie spéculent sur les origines, hors-cadre, de leurs aventures, sur la tragédie primordiale. Un peu à la façon dont l'auditeur d'Homère devait replacer Agamemnon parmi les Atrides.

Alan Garner peut passer à juste titre pour un maître du genre. Convaincu que la mythologie n'est en aucune manière une forme d'échappatoire ou un simple délassement, mais à rebours une nette

---

grand méchant loup ? ». Cependant, au XVIIe siècle, le loup a déjà tant et si bien été pourchassé que La Fontaine a pu en faire un symbole de liberté et de dignité (du moins dans la fable « Le loup et le chien »). Le loup apparaît alors comme le marginal, l'asocial. A la fin du XIXe siècle, Rudyard Kipling, né aux Indes, oppose le tigre aux autres animaux de la jungle, loyaux et solidaires les uns des autres. Le loup ici est accueillant pour Mowgli. Shere-Khan le tigre matérialise la volonté de destruction ; il sera vaincu par un enfant, Mowgli (*Le Livre de la jungle*, 1894). Des écrivains modernes tels Roald Dahl donnent le mauvais rôle au rat. Inversement, le film américain d'animation *Fivel* montre des rats immigrants, très sympathiques. Notons que dès son apparition, Renart est ambigu : cruel, mauvais plaisant, mais aussi symbolique de la fronde contre la féroce bêtise de l'autorité. Il y a de l'Uilenspiegel en lui. Par ailleurs, les animaux fabuleux, dragon en tête, sont porteurs d'effroi sans incarner le Mal pour autant. Une fonction de gardien est souvent leur rôle générique.

« clarification » de la réalité[57], il compose très consciemment des romans
fondés sur la fusion du quotidien et de la mythologie, celtique (Pays de
Galles) en l'occurrence. Il aime raconter comment le passé prend possession du présent. Son premier roman, *The Weirdstone of Brisingamen*
(1960; « L'étrange pierre de Brisingamen »), et la suite, *The Moon of
Gomrath* (1963; « La lune de Gomrath ») relatent l'enlèvement en plein
vingtième siècle de deux enfants, garçon et fille, dont la vie se partage
entre le foyer et l'école. D'obscures puissances hostiles convoitent le
bracelet serti d'une pierre magique que possède la fillette. Cette pierre
doit assurer la victoire de preux chevaliers au service du Bien. Ils sont
encore endormis mais on attend leur réveil. Devenus les jouets impuis-
sants de l'ennemi, les enfants mènent alors deux vies parallèles imbri-
quées l'une dans l'autre : l'ordinaire et la fabuleuse, au cours de laquelle
ils s'investissent dans l'espoir d'enrayer la progression des puissances
dévastatrices. Ils sont longtemps retenus prisonniers dans des grottes
obscures que les forces du mal n'ont en fait jamais quittées. Ces lieux,
tout comme le bracelet, relient le passé au présent. Sans doute la belle et
suggestive description de mines désaffectées, aux nombreuses galeries
sombres et enchevêtrées, que l'écrivain gallois semble connaître
parfaitement, se déploie-t-elle trop généreusement aux dépens de l'action
et de la psychologie des personnages réels. Par contre, l'apparition et la
disparition de créatures sans visages dans des paysages inquiétants
auréole l'action épique de poésie.

Alan Garner sollicite avec talent un décor réel connu du simple
touriste dans une direction étiologique et mythique à la fois : soit une
cheminée de mine abandonnée parmi celles, innombrables, qui parsèment
le Pays de Galles. Que cache-t-elle et quelle peut être la fonction dans la
« fantaisie » du réseau de chemins souterrains qui y aboutit ?

Elidor (1965), troisième roman de l'auteur, est supérieur aux deux
premiers. Magie moins compliquée, un peu d'humour qui pointe çà et là,
mais surtout, meilleur équilibre entre réel et fabuleux. Bref, de quoi
assurer cette fois, grâce aussi à un rapport description-narration moins
inégal, une pleine cohésion narrative.

---

57   Alan Garner, « Coming to Terms », *Children's Literature in Education 2*, Ward,
      Lock Educational, Exeter, Saint Luke's College, July 1970, p.17. L'auteur,
      interrogé sur sa conception de la réalité et de la fantaisie, affirme explicitement
      qu'il déteste l'« *escapist fantasy* » (la fantaisie de la dérobade).

Un jour que quatre enfants des quartiers pauvres de Manchester s'occupent à explorer une église en ruines dans une zone désaffectée de la ville, ils basculent dans une double vie, la quotidienne et l'autre, au pays effrayant d'Elidor, où les forces du Mal ont presque anéanti tout espoir de sérénité et de lumière. Le personnage de Roland Watson, un des quatre enfants, doué d'une perception visuelle et auditive presque surhumaine, constitue le lien entre le monde régi par les lois naturelles et le monde surnaturel. Il a compris que la force de l'ennemi à abattre réside dans son intangibilité (*Darkness needs no shapes. It uses. It possesses*).[58] Cet ennemi invisible s'est répandu à travers les quartiers pauvres de Manchester jusque dans son foyer où il déstabilise la vie domestique en paralysant les appareils domestiques et la télévision. A l'inverse, dans le film *Rencontre du Troisième Type*, un des signes annonciateurs de la visite merveilleuse des extraterrestres est le déclenchement de tout l'électroménager et au-delà, jusqu'aux jouets sur secteur.

Le quatrième roman, le meilleur et le plus célèbre d'Alan Garner, est *The Owl Service* (1967; doté du Prix Carnegie Medal, et du Guardian Award, il a également fait l'objet d'une série télévisée très populaire). Mieux encore que les trois précédents, *The Owl Service* (*Le service au hibou*) souligne la valeur éternelle des légendes. L'auteur réussit à merveille à montrer comment un mythe, interprétation imagée du monde, revit dans notre société moderne. Les héros de son histoire, rendus perplexes par l'interférence de phénomènes étranges dans leur vie quotidienne, cherchent comme leurs plus lointains ancêtres, à s'expliquer le monde qui les entoure.

Le récit dégage le sens tragique de l'un des onze contes des *Mabinogion*, chef-d'œuvre de la littérature médiévale galloise qui rassemble le trésor de mythes immémoriaux.

Deux hommes aiment la même femme, née d'un assemblage de fleurs, et finissent par s'entretuer. La femme, tenue pour responsable de la mort de son mari, est transformée en hibou. L'auteur transpose très subtilement cette relation en triangle. Elle est reproduite à travers la rivalité sentimentale et sociale de deux adolescents : Gwyn, Gallois d'origine modeste et Roger, bourgeois anglais fortuné. Ils se disputent l'attention de la demi-sœur de Roger, Alison. Le récit commence quand Alison, malade, se sent menacée par l'apparition de phénomènes

---

58   A. Garner, *Elidor*, Fontana, Lions, 1974, p.34. « La noirceur n'a pas besoin de formes. Elle se sert. Elle prend possession. »

bizarres : du crépi tombe des murs, un service d'assiettes décorées de hiboux (oiseaux qui donnent son titre au roman) prend un air insolite… La terreur diffusée par des forces occultes s'empare graduellement de la jeune fille qui demande de l'aide à Gwyn, dont elle est amoureuse :

> *I'm frightened. Help me. It's awful. You don't know… Nothing safe any more. I don't know where I am. "Yesterday", "today", "tomorrow" – they don't mean anything: I feel there here at the same time: waiting.*[59]

Gwyn est le fils de Nancy, chargée de l'entretien de la grande maison où ils vivent. Animé dans la vie courante d'un esprit de revanche sociale, il se montre souvent insolent. Son point de vue, dans la narration, semble prépondérant. Il assure la liaison entre les événements quotidiens et ceux inspirés par la légende. Il a compris que les lieux ne sont pas hantés, mais que des événements anciens se reproduisent. Habitant d'une vallée isolée, il a une perception particulière de ses bruits et du parfum des fleurs.

Privé de sa dimension merveilleuse, le récit de Garner serait encore réussi, tant les nombreux et excellents dialogues (et monologues) tout en allusions et en non-dits, révèlent la personnalité des héros et l'ambiguïté de leurs relations. Jusqu'au bout, les mystérieux propos entretiennent le suspense. Les mots prennent une résonance telle qu'ils vous font soupçonner qu'il se passe des tas de choses non explicitées. Ainsi, sans qu'il puisse en avoir le cœur net, le lecteur perçoit une atmosphère indéfinissable d'adultère et d'inceste. Alison et Gwyn auraient-ils le même père ? Vers la fin du roman, on apprend que Huw, jardinier et homme à tout faire, est en réalité le père de Gwyn. Ce personnage énigmatique, considéré comme un idiot ou un fou, donne pourtant l'impression d'en savoir long, comme s'il avait déjà vécu en des temps anciens les expériences que son entourage affronte aujourd'hui.

Un autre tenant du nouvel épisme, John Christopher, use, pour exprimer sa vision du futur, d'une métaphore limpide, coulée dans un style clair et alerte. Il voit courir à sa perte un monde envahi par une technologie asservissante que sa riche imagination matérialise, dans une vaste trilogie romanesque, sous la forme de monstres métalliques, les Tripodes.

---

59   A. Garner, *The Owl Service*, Collins, 1995, p.67. « J'ai peur. Aide-moi. C'est horrible. Tu ne sais pas… Plus rien n'est sûr. Je ne sais plus où je suis. « Hier », « aujourd'hui », « demain » – ces mots ne signifient plus rien. Je me sens là et ici au même moment : j'attends ». (trad. G.O.-v.P.)

Au début des *Montagnes blanches* (*The White Mountains*, 1967), premier volume de la « Trilogie des Tripodes », Will Parker, courageux gaillard de quatorze ans, décide de se soustraire au rite initiatique destiné à faire de lui un homme, rite imposé par les Tripodes, énormes machines venues d'une planète étrangère. Celles-ci régentent la Terre depuis des années et assujettissent ses habitants. Elles les privent de leur liberté en les « coiffant », c'est-à-dire que pour contrôler les esprits, elles emprisonnent l'activité mentale dans une Résille d'Argent, symbole de soumission à leur dictature. Rendant progressivement la Terre inhabitable, elles ont déjà ruiné les grandes villes et causé d'importants dégâts dans les récoltes. Nombre d'hommes et d'animaux ont été écrasés sous la masse de leurs lourds pieds métalliques. La passivité de la majorité des adultes, qui jusqu'ici se sont rangés du côté des Machines, est cause du dépérissement général. Le personnage central, Will, incarne le refus d'une civilisation mécanisée et uniformisée où les hommes ont renoncé à leur faculté de penser et de créer. Aussi Will, avec deux compagnons de route, mettra-t-il tout en œuvre pour rejoindre au cours d'une fuite éprouvante et dangereuse, scandée par le bruit des pas de gigantesques poursuivants d'acier, les grottes des Montagnes blanches où se cachent d'autres rebelles « non coiffés ». La figure de ces monstres métalliques gigantesques n'est pas sans rappeler les structures en mirador dans lesquelles se cuirassent les créatures molles de *La guerre des mondes* de H.G. Wells.

A la même époque que John Christopher, Peter Dickinson publie (de 1968 à 1971) sa trilogie *The Changes*.[60] Il décrit une Angleterre du futur, revenue, à la suite d'un changement climatologique, à une civilisation agricole moyenâgeuse. Les hommes, dégoûtés par les machines et la technologie, luttent contre l'invasion des tracteurs, des bus, du chauffage central... Une chasse aux machines-sorcières s'organise : on tue à coup de pierres, on brûle et on noie tous ceux qui transgressent l'interdiction de les utiliser. Le retour au Moyen Age des hommes d'aujourd'hui est spécialement bien décrit dans le second volet de la trilogie, *Heartsease* (1969). L'histoire, racontée dans l'optique d'une jeune héroïne, se passe entre Bristol et Gloucester. Les lieux sont évoqués avec une grande précision. Margaret et Jonathan, les seuls habitants que les modifications

---

60   Les trois romans, *The Weathermonger* (1968), *Heartsease* (1969) et *The Devil's Children* (1970) ont été rassemblés en un seul volume intitulé *The Changes*, paru en 1975.

climatiques n'ont pas atteints, s'emploient, accompagnés par le poney Scrub, à sauver, au risque de perdre leur foyer et même la vie, un espion américain venu enquêter sur les mystérieux « changements ». Intelligents, courageux et décidés, ils réussiront à faire sortir l'étranger du pays et aussi à découvrir dans la suite la cause de ces changements « météorologiques » plus qu'insolites. Inutile d'en dire davantage ! Les héros juvéniles et les personnages adultes, entre autres l'oncle Peter, honnête homme au départ mais rendu dur et cruel par les circonstances, s'imposent par un bon profil psychologique.

C'est aussi à travers le héros lui-même, doté cette fois de pouvoirs magiques, que réel et surréel coexistent.

Will Santon, jeune garçon de onze ans, protagoniste de *L'enfant contre la nuit* (*The Dark is rising*, 1973), deuxième volume d'une série de cinq inspirés à Susan Cooper par des mythes et des légendes, lutte pour protéger son pays contre le pouvoir envahissant de l'Obscurité qui menace d'effacer l'Angleterre sous les neiges et les inondations. L'écrivain anglais s'est inspiré en particulier du cycle du roi Arthur. L'enfant est aidé par l'enchanteur Merriman, c'est-à-dire Merlin. Susan Cooper décrit remarquablement la transformation de paysages paisibles en espaces fantasmagoriques. La peur croissante de Will sous l'effet de ces mutations est également bien rendue.

Le roman épique traditionnel

Parallèlement au nouveau roman épique situé dans le monde commun des hommes, paraissent des récits construits à partir de coordonnées spatio-temporelles totalement imaginaires, mais où la réalité se rappelle à nous par l'évocation de la vie des gens : celles des marins, des paysans, des artisans…

Les cinq *Chroniques de Prydain* de l'Américain Lloyd Alexander (1964-1968, dont la dernière, *The High King* obtint la Newbery Medal en 1969) mélangent d'une certaine manière réel et fabuleux, mais la fusion, source d'anachronisme, ne semble pas heureuse. Elle confère à l'histoire une coloration parodique. En effet, Lloyd Alexander bien qu'il se soit inspiré lui aussi des anciennes légendes galloises des Mabinogion (ici encore les forces du Bien s'opposent aux forces du Mal) fait parler ses personnages à la moderne, dans une langue trop familière pour son contexte épique. S'est-il laisser conduire par le choix du héros, Taran, simple aide porcher destiné pourtant à devenir roi ? Le côté parodique, obstacle à une pleine adhésion à une construction imaginaire pourtant de grande ampleur, s'explique probablement par l'intention d'associer le comique à l'héroïque, mais le mélange contrarie ici l'identification du lecteur à un protagoniste au premier abord convaincant. Taran est individualisé par ses problèmes intimes, telle l'ignorance de ses origines. Sa conduite, au cours de son initiation à l'âge adulte, est dictée, à défaut de la certitude d'une naissance noble, par la volonté d'affirmer sa « noblesse » au moins par ses actes.

Cette saga quelque peu burlesque est peuplée de personnages et de créatures hétéroclites, entre autres un sage de trois cent soixante-dix-neuf ans, une truie magicienne, un barde musicien, un nain, une sorcière toujours affamée. L'action tourne autour d'une épée noire enchantée. Elle a été volée. Si elle tombe entre les mains de Arawn, seigneur du Pays de la mort – Arawn, le Mal, n'est en fait qu'une ombre changeante – le royaume de Prydain menacé de destruction deviendra le champ de bataille entre les forces du Bien et du Mal. Le Mal est aidé par des êtres sans âmes que Arawn tire d'un chaudron magique. L'idée, pourtant intéressante, de la relative irréalité du Mal ressurgit donc dans ce cycle épique malheureusement affaibli sur le plan de la crédibilité par la contamination des tonalités.

A l'inverse des *Chroniques de Prydain,* la trilogie connue sous le nom de *Earthsea Books*, du célèbre écrivain américain Ursula Le Guin (auteur versatile apprécié notamment dans la science-fiction et pour tel beau roman de formation sentimentale : *Loin, très loin de tout, Very far from Anything Else*, 1976), offre une grande unité de ton. Le premier volume, *A Wizard of Earthsea* (1968) nous introduit dans un archipel imaginaire où les artisans côtoient les sorciers. Le héros de cette épopée de caractère initiatique est d'ailleurs un jeune enchanteur. Par orgueil, il s'exerce à une magie apprise à l'université mais supérieure à ses compétences. Ged va trop vite en besogne. Il libère malencontreusement une Ombre maléfique qu'il devra combattre, car lui seul est en mesure de la détruire. Le roman raconte la longue et difficile quête de ce combattant de la Lumière contre l'Obscurité, une force anonyme. La lutte entre le Bien et le Mal prend chez Ursula Le Guin une résonance philosophique. L'échec éventuel du héros mettrait fin à la stabilité du monde et le chaos se substituerait alors à l'équilibre.

D'autres bons romans de la même veine folklorique combinent de manière originale réalité et fabuleux. Le parcours psychologique du jeune héros épouse chez Joan Aiken (*The Whispering Mountain*, 1968 ; Guardian Award en 1969) et chez Mollie Hunter (*The Haunted Mountain*, 1973) légendes et mythes gallois ou écossais.

Grande productivité et fortune littéraire, donc, d'un lointain passé celtique, entrevu dans le flou de la féerie légendaire.

Des histoires issues de fécondes imaginations, mais sans lien précis avec une mythologie bien déterminée, racontent également les aventures héroïques, en des temps et des lieux indatables, d'un héros contraint de subir de pénibles épreuves pour accomplir sa mission. Les genres « *Sword and Sorcery* », « *Fantasy* », *grosso modo* dérivés de Tolkien, rarement antérieurs ou contemporains (*Conan*),[61] font appel à une tradition plus ou moins allusive, imaginaire pourtant, et à une géographie continentale d'invention, souvent précisée par une carte ou un résumé historique en début de volume.

La romancière néerlandaise Tonke Dragt fait partie de ces écrivains d'après la Seconde Guerre mondiale qui sont aimantés par une fantaisie susceptible de faire oublier des expériences traumatisantes. Adolescente, elle avait connu les camps japonais.

Tonke Dragt (titulaire en 1976 du Prix national de Littérature de jeunesse, Pays-Bas) est l'auteur, entre autres, d'un roman célèbre, *De brief voor de koning*, 1962 (« La lettre pour le roi »). Il est joliment écrit. Quelques réflexions philosophiques le ponctuent. Dans le sillage de Tolkien, l'auteur crée de toutes pièces, cartes à l'appui, deux royaumes imaginaires, l'un à l'Est des Grandes Montagnes, l'autre à l'Ouest. La mission du héros consiste à traverser montagnes, forêts et rivières pour passer de l'un à l'autre. L'action cependant, plus ou moins localisable dans le temps (le Moyen Age, la féodalité), enrichit le livre d'une substance historique. La société en ces temps reculés est organisée autour d'un roi puissant. Il entretient avec ses subordonnés des rapports établis selon des normes strictes. Les villes voient à peine le jour, le peuple est pauvre. L'histoire relate la périlleuse odyssée de Tiuri, écuyer âgé de seize ans, caractérisé par sa loyauté, son courage et son endurance, toutes qualités nécessaires à un futur chevalier. Pour accéder à ce rang supérieur, Tiuri devra tenir sa promesse, celle de remettre au roi d'au-delà des Montagnes une importante missive dont il ignore le contenu. Incertain et plein d'angoisse au début de sa quête initiatique, l'adolescent,

---

61   Cf. *Conan the Adventurer* (1966) de Robert E. Howard, L. Sprague de Camp et Lin Carter, recueil de récits plus anciens.

une fois sa mission accomplie, se transforme en un adulte énergique et sûr de lui. Poursuivi par d'hostiles cavaliers, il est aidé au cours de son audacieux périple par un jeune guide de quatorze ans, Piak, partagé entre son goût pour la vie de montagnard et son désir de prendre du service aux côtés de Tiuri, à qui il s'est lié. Au dénouement, les liens affectifs l'emporteront et Piak deviendra l'écuyer de Tiuri.

Sur la base de facteurs structurels, on aurait pu situer le roman épique de Tonke Dragt dans la lignée des contes merveilleux (voir la section suivante). Le caractère répétitif de l'action héroïque à valeur de probation fait également de cette histoire-ci une sorte de conte fabuleux très étoffé d'éléments descriptifs divers.

Le récit inspiré du conte merveilleux

C'est dès les années cinquante, dans l'immédiat après-guerre, quand une aspiration générale à une vision optimiste du monde a finalement res-surgi, qu'un autre écrivain néerlandais créateur de mondes imaginaires, Paul Biegel (lauréat en 1973 du Prix national de Littérature de jeunesse, Pays-Bas), commence à publier des récits peuplés de princesses, de sorcières et de nains. Ce sont des histoires chaleureuses et encou-rageantes, c'est-à-dire clôturées par des dénouements heureux. L'énigme est résolue, le Bien l'emporte. Il y est montré comment la générosité et le don de soi, l'honnêteté et la ténacité viennent à bout du Mal. *Le royaume de l'araignée* (titre original *Het Sleutelkruid*, 1964; en traduction anglaise *The King of the Kopper Mountains*), roman construit selon le principe des *Mille et Une Nuits* – celui, en fait, de la suite au prochain numéro –, entretient la bonne humeur : jour après jour la mort d'un roi malade, Mansolein, est retardée jusqu'au retour d'un docteur miracle parti à la recherche d'une herbe miraculeuse, par les histoires que lui racontent des animaux parlants (le loup, l'écureuil, le mouton, l'hirondelle...). Bel exemple du « cadre d'atermoiement » *(time-delaying frame)* si fréquent dans le conte traditionnel... et sur les lèvres de Shéhérazade.

La même structure narrative relie entre elles les histoires de *De tuinen van Dorr* (1969; « Les jardins de Dorr », *The Gardens of Dorr*; œuvre illustrée par la consœur Tonke Dragt). Les aventures d'une princesse partie à la recherche de son ami, autrefois jardinier au palais royal, sont régulièrement interrompues par les récits contés par divers personnages. La princesse, grâce à son amour pour le jeune homme, parvient à le délivrer de l'enchantement qui le tient prisonnier d'une fleur, et à lui rendre sa forme humaine.

Les œuvres de Paul Biegel plaisent aux enfants et aux adultes. Ceux-ci, derrière le monde de la féerie reconstitué par une écriture ludique, appréhendent une réalité moderne aisément reconnaissable. Loin des *Chroniques de Prydain*, où l'humour était gênant parce que ses intrusions ponctuelles assez malvenues ne cadraient pas avec le ton général de l'histoire, chez Biegel et chez Preussler (voir ci-dessous), la tonalité humoristique toujours sous-jacente, en filigrane ou en sourdine, assure le mariage heureux du réel et du fabuleux.

Après la parution de *La petite sorcière* (1957, voir chapitre précédent), Ottfried Preussler continue à transposer de manière originale les thèmes et les personnages des contes traditionnels. Il entremêle à ses récits merveilleux des images et des concepts de la vie moderne. Le talent de Preussler permet à cette interfusion de susciter des effets d'humour indiscutables.

L'écrivain allemand s'emploie encore, à travers ses histoires tissées autour du brigand Hotzenplotz (publiées de 1962 à 1973), à mettre en lumière le rôle courageux des plus faibles. Deux enfants finissent par l'emporter sur les puissants, un méchant enchanteur et un brigand. Les recours à des éléments issus du conte traditionnel sont fréquents. Ainsi les deux petits héros, symboles d'honnêteté, sont sauvés parce que l'un a pris, en échangeant son chapeau contre un bonnet de meunier, la place de l'autre. C'est un clin d'œil au Petit Poucet ! (*Der Rauber Hotzenplotz*, 1962; *Le brigand Briquambroque*, Nathan, Bibliothèque internationale, 1980).

L'élément moderne est représenté par le brigadier Ratapoil. Et l'humour de ses apparitions est le produit du passage sans transition de la langue du conte à celle du langage administratif. Les effets de ce que l'on a appelé le « style de gendarme », qui fleurit dans les avis de recherche lancés par Ratapoil, ne sont pas loin.

D'une manière imagée et simple, Preussler fait l'apologie d'une vie paisible. Après leurs pénibles expériences, les deux enfants apprécient plus que jamais la vie domestique qu'ils ont menée naguère auprès de la grand-mère de l'un d'eux. Maintenant qu'elle a retrouvé le moulin à café qui lui avait été volé, la vie des enfants peut reprendre, pareille à ce qu'elle était auparavant.

Preussler met encore la lutte contre une « puissance noire » au cœur d'une œuvre prenante, d'une belle densité narrative, *Le Maître des corbeaux* (*Krabat*, 1971, livre couronné par le Jugenbuchpreis en 1972, et par le Prix européen de Littérature de jeunesse en 1973; déjà traduit en vingt-deux langues).

Le jeune héros, Krabat, apprenti meunier, est prisonnier dans un moulin où la magie règne. L'atmosphère y est d'autant plus oppressante qu'il ignore qui transforme l'un après l'autre ses camarades en corbeaux et pourquoi. Il comprendra qu'on veut les initier à la magie noire et finira par vaincre le maître meunier, un ambitieux assoiffé de puissance et d'honneurs, grâce à l'aide d'une jeune fille qu'il aime. Celle-ci opposera à une magie maudite, sophistiquée, de mauvais aloi, une magie « naturelle », « blanche », si l'on veut, fondée sur l'honnêteté et la générosité :

> – Mais comment est-ce possible ? demanda Krabat. Crois-tu que la jeune fille sait manier la magie, elle aussi ?
> – D'une autre façon que la nôtre, répondit Juro.[62] Il existe une sorte de magie que l'on doit apprendre au prix de beaucoup d'efforts : c'est celle qui est contenue dans le Koractor, et qui est fondée sur des signes et des formules. Mais il en existe une autre qui prend naissance toute seule dans le cœur des hommes : elle naît du souci que l'on se fait pour une personne que l'on aime. C'est difficile à comprendre, mais tu peux t'y fier, Krabat.[63]

En effet, la jeune fille, les yeux bandés, distinguera Krabat parmi ses compagnons grâce à la terrible peur qu'elle lui inspire. La vie de celle qu'il aime est menacée si elle ne parvient pas à le reconnaître.

La bravoure d'un jeune héros est valorisée par Jan Terlow, aussi bien dans le roman merveilleux que réaliste. Si le protagoniste de *Michel* (*Oorlogswinter*), nous en avons déjà parlé, prend part à la Résistance, celui de *Koning van Katoren* (1971; en français *Chevalier de l'Impossible*) s'engage à réussir sept épreuves presque insurmontables pour devenir roi. Stack, dix-sept ans, est intelligent. Une des épreuves qu'on lui impose consiste à sauter du sommet d'une tour. Qu'à cela ne tienne, le futé jeune homme empile une montagne de coussins au pied de la tour.

D'une tonalité joyeuse, écrit avec vivacité et humour, le roman de Terlow conjugue l'ancien et le moderne. Un exemple : le héros doit délivrer une contrée rendue inhabitable par le souffle empoisonné d'un

---

62　Juro est un des garçons meuniers.
63　O. Preussler, *Le Maître des corbeaux*, Hachette Jeunesse, 1994, p.390-391.

dragon. Jusque-là nous sommes dans *Le vaillant petit tailleur* ou dans *L'histoire de celui qui voulait apprendre à frissonner*, autrement dit chez les frères Grimm. Mais on observe inversement que les maires de ce pays imaginaire ont des préoccupations écologiques très similaires à celles de nos maires actuels.

Momo (1973), long conte allégorique de Michael Ende, allie dans un contexte féerique présent et passé. Momo, une petite vagabonde mène la lutte contre une force nuisible faite d'hommes gris, au service des machines. La présence de ces voleurs du temps d'autrui, dont l'attention est exclusivement dirigée vers des tables de conférence et des porte-documents, responsables de l'uniformisation de la société, est annoncée par une ombre glaciale et envahissante. Aidée par Maître Hora (maître du temps) et la tortue Kassiopeire, réconfortée par des amis chaleureux, un balayeur, un maçon, un conteur, Momo s'acharne à sauvegarder un monde lumineux, où le rêve, la communication et la poésie ont droit de cité.

L'interférence du fabuleux dans le quotidien

La remise en cause des valeurs traditionnelles dans les années soixante se répercute diversement dans les œuvres d'imagination. Le climat d'incertitude de ces temps de questionnement sur la société se traduit, entre autres, par une hésitation entre réalité et surnaturel chez nombre de protagonistes adolescents pris au piège de situations instables. A travers la fantaisie de Penelope Lively, par exemple, ou de Penelope Farmer (voir plus loin) se reconstitue l'intimisme intemporel d'une maturation individuelle. Les protagonistes de ces écrivains, ainsi que ceux de Nicholas Fisk, se cherchent entre questions et réponses. Et c'est toujours leur psychisme – signe d'une évolution – à qui la parole est donnée, tandis que s'efface au maximum le sur-moi des auteurs.

Par ailleurs, dans des récits de tonalité généralement humoristique, où la fantaisie sert la critique sociale (dont bêtise collective et injustice ponctuelle sont tour à tour ou concurremment l'objet), l'irruption d'une féerie dérangeante dans le monde réel permet d'écorner l'image d'une société rigide voulue par les adultes. Le mal à combattre, ce sont les normes, le pouvoir, l'autorité, la routine et la perte de la faculté d'émerveillement. Et le fabuleux est alors le catalyseur du passage à la grande adolescence.

A la différence des récits racontés à la façon des contes issus du courant oral (voir « Le récit inspiré du conte merveilleux »), le féerique n'est pas dissociable, comme on l'entend ici, de la vie quotidienne et du parcours psychologique du héros dans un monde réel reconnaissable. Soumis dans leurs foyers à une présence surnaturelle, visible ou invisible, sympathique ou hostile, de toute manière perturbante, les protagonistes juvéniles s'interrogent sur leur rôle dans ce bas monde et sur leurs rapports à l'adulte. L'élément « magique » déclenche un renversement des situations et des attitudes.

Gianni Rodari, auteur de *La tarte volante* (*La torta in cielo*, 1966) mêle, avec talent, comique et fantaisie dans sa caricature des hommes d'aujourd'hui. Il s'emploie à ridiculiser les automatismes de la foule. Le bon sens n'est pas là où on l'attend. Les adultes, chargés de gérer la société, sont pris de panique quand un mystérieux grand objet rond vient brusquement encombrer le ciel de Rome. Un astronef peut-être, avec à son bord d'hostiles Martiens ? L'étrange « soucoupe » volante sème le désordre, mais agents de police, militaires, forces spéciales... bref tous les responsables du maintien de l'ordre, ne sont pas plus efficaces que l'homme de la rue. Seuls les enfants, en particulier Mario et Rita, ont compris que personne n'est menacé. Ils acceptent très volontiers l'intervention de l'objet magique dans leur vie quotidienne. A l'évidence, il s'agit d'un énorme gâteau dont grands et petits finissent pas se délecter.

Dans le Nord, la Néerlandaise Annie M.G. Schmidt campe des personnages à l'identité incertaine. Elle valorise les héros capables de s'interroger sur eux-mêmes et se plaît à désacraliser l'adulte un peu trop convaincu de son importance. Dès 1957, elle avait créé son fameux « Ouiplala », héros du roman homonyme, petit sorcier fauteur de troubles dans une famille dont il métamorphose tous les membres.

Cette mystérieuse Minouche (*Minoes*, 1970, Prix en 1971 du meilleur livre aux Pays-Bas) est, de tous ses récits, l'œuvre préférée de l'auteur. Le suspense de ce roman passionnant et drôle tient aux hésitations de l'héroïne devant le choix entre deux natures, l'humaine ou la féline. Femme ou chatte ? Sous une apparence humaine provisoire, Minouche, devenue la secrétaire de Thomas, jeune journaliste timide et menacé de perdre son emploi, va aider ce dernier en lui fournissant des informations sur la vie des chats. Thomas écrit dorénavant des choses intéressantes et débrouille même les origines d'un scandale. Il héberge Minouche. Le comportement de la jeune fille n'est pas sans évoquer son ancien état :

elle ronronne, griffe, se caresse aux êtres et aux objets... Quand elle décide de réintégrer le monde des chats, il sera trop tard car elle est devenue trop humaine. Elle retourne donc chez Thomas, le seul à tenir compte de sa double nature... Quant à celui-ci, il a perdu, grâce à Minouche, sa timidité initiale. Dorénavant, le jeune homme se montre sûr de lui. En revanche, son antipathique et arrogant patron a fini par perdre son prestige.

Le roman de A.M.G. Schmidt est en fait une variation sur le thème de *La Féline* dont on a fait au moins deux films célèbres, à cette différence près que le mythe est ici positif et se résout au profit de l'humanité de la protagoniste.

Quand fabuleux et réel se rencontrent dans le récit de l'écrivain autrichien Christine Nöstlinger, *Le roi des concombres* (*Wir Pfeifen auf den Gurkenkönig*, 1972; Prix allemand du livre pour la jeunesse en 1973), c'est pour déboulonner de son piédestal le chef de famille dans un milieu petit-bourgeois. L'auteur invente un personnage fabuleux, créature grotesque et désagréable, sans aucune ressemblance avec les rois des contes de fées. Symétrique parfait du père abusif, il renvoie à ce dernier, tel un miroir, l'image de son égoïsme ainsi que de son autoritarisme. Une sorte de petit Ubu roi, quoi ! Par rapport à *La tarte volante* de Rodari, ici, comme chez A. Schmidt, la critique d'une injustice sociale est ponctuelle. Elle vise un seul personnage et n'est pas dirigée contre la bêtise collective.

Le petit roi concombre, Kumi-Ori II, a surgi un beau jour de la cave. Ses sujets se sont révoltés contre ce souverain prétentieux, égoïste, insensible à leurs besoins et à leur bien-être. Ils l'ont chassé. Toute la famille, du grand-père à la mère et aux trois enfants, se ligue contre le gnome, heureuse de se venger du potentat familial sur son « royal » substitut. Seul le père a pris le parti de Kumi-Ori, « un-très-malheureux-roi dans la détresse ». L'histoire des frustrations des uns et des autres, d'une mère écrasée par les tâches ménagères et rêvant de travailler à l'extérieur, d'une sœur aînée empêchée de s'amuser et de se lier avec des camarades... est racontée avec esprit par un narrateur de douze ans. Il ne comprend pas comment un « papa merveilleux » tant que ses enfants étaient petits a pu changer à ce point :

> Je ne me souviens plus comment les difficultés ont commencé. Je sais seulement que brusquement plus rien ne lui a plu. Je ne me lavais pas assez, j'étais impoli, j'avais de mauvaises fréquentations, les cheveux trop longs, les ongles trop sales.

Mon chewing-gum le dérangeait. Mes pull-overs étaient trop colorés. J'avais de trop mauvaises notes à l'école. J'étais trop peu à la maison. Et quand j'y étais, je regardais trop la télévision. Quand je ne la regardais pas, j'interrompais les adultes quand ils parlaient entre eux. Et quand je n'interrompais personne, je demandais des choses qui ne me regardaient pas. Et quand je ne faisais rien, il me reprochait justement de ne rien faire et de n'avoir aucune tenue...[64]

Wolfi n'est pas en droit de donner des leçons à son père, mais il assouvit son besoin de vengeance sur la « courge royale ». Avec un tuyau d'arrosage, par exemple, il asperge d'un jet d'eau le petit roi au point de faire tomber sa couronne en or, « avec des pointes ornées de pierres précieuses ».

L'existence quotidienne de James (*Le fantôme de Thomas Kempe*, *The Ghost of Thomas Kempe*, 1973; Carnegie Medal en 1974), comme celle de ses voisins et d'autres habitants de la ville, est bouleversée par le fantôme d'un gentilhomme revenu après trois siècles et demi d'absence. La tonalité du roman de Penelope Lively est comique. N'empêche, l'auteur souligne la croissante angoisse de l'adolescent, seul à résister à l'envahissement de son environnement familier par une présence incontrôlable et agressive. L'évolution vers l'âge adulte au gré de multiples fluctuations psychologiques est habilement transposée, dans une narration à la fois fantastique et humoristique, par l'état de constante incertitude dans lequel se débat James aux prises avec l'intrus surnaturel.

Pour Penelope Farmer aussi, l'introduction des phénomènes étranges détonateurs de l'action, puis de la maturité juvénile, dans l'existence quotidienne de ses personnages, permet à l'écrivain de donner libre cours à son imaginaire.

Son roman *A Castle of Bone* (1972) est une œuvre originale, riche en références mythologiques, où elle maintient un excellent équilibre entre la réalité et le rêve. Comme chez Tom, héros du *Jardin de minuit*, le surnaturel s'intègre à la vie intime du héros. Hugh, quatorze ans, est forcé un jour d'accepter une vieille garde-robe qu'il n'a pu choisir, le magasin n'en contenant pas d'autres. C'est une armoire magique. Elle introduit Tom dans un univers où temps et espace n'offrent plus aucune certitude. Elle transforme les êtres et le choses. Un enfant y redevient bébé, un portefeuille s'y mue en truie... A l'inverse de C.S. Lewis (voyez plus haut, p.82) pour qui l'armoire n'était qu'un simple lieu de passage vers

---

64   Ch. Nöstlinger, *Le roi des concombres*, Bordas, Aux quatre coins du temps, 1972, p.89.

l'irréel, chez Penelope Farmer, elle a une valeur initiatique. Elle confronte l'adolescent du récit à des problèmes difficiles et parfois insolubles, à l'image des obstacles à surmonter sur la voie de sa maturité dans l'ordinaire des jours. Ses perceptions nouvelles, au sein de l'étrange monde magique, recoupent l'appréhension de lui-même, également nouvelle, dans son existence réelle. Dans le titre du roman, ce « château en os », il y a une métaphore de l'adolescent qui se découvre replié sur son intériorité.

La fantaisie devient science-fiction quand le héros est amené à interrompre une vie quotidienne sans heurts pour se rendre sur une autre planète. *Un raccourci dans le temps* (*A Wrinkle in time*, 1962), œuvre célèbre de l'Américaine Madeleine L'Engle est davantage un roman utopique que de science-fiction proprement dite. Certes, des données scientifiques émaillent l'histoire, mais la description de la planète reste floue. L'auteur exprime sa peur de sociétés futures uniformisées. Elle prône le refus de la conformité et fait l'éloge de l'individualisme. Si le décor romanesque nous fait quitter la réalité quotidienne, la psychologie et les aspirations juvéniles nous y ramènent constamment. La première partie du roman décrit une famille traditionnelle, encore que Charles, enfant précoce de cinq ans doué de pouvoirs paranormaux et Meg, sa sœur, communiquent mentalement entre eux. Un beau jour, leur père, un homme de science, disparaît. Charles se sent contraint de partir à sa recherche dans le temps et dans l'espace. Il le découvre sur la planète du Mal, Camazotz, gouvernée par *It*, immense cerveau, à la tête d'une société parfaitement organisée où la moindre différence est abolie. *It* fait régner une seule pensée, un seul esprit, le sien. Charles, tout comme son père, est retenu prisonnier par *It*, mais il se satisfait pleinement de sa nouvelle vie à Camazotz où on ne connaît ni guerre, ni malheur ni souffrance. A l'opposé de son petit frère, Meg, farouchement réfractaire à la disparition de la singularité de chacun, finira par arracher son père et son frère à une société de zombies et à les ramener à leur foyer. Grâce à une arme que *It* ne possède pas, l'amour, l'adolescente, aidée par trois fées-anges, l'emporte sur le Cerveau dépourvu de sentiments et d'émotions.

Grinny (1973), de Nicholas Fisk, auteur connu pour ses romans de science-fiction, raconte également comment la vie quotidienne de deux enfants, Beth, une fillette de sept ans et son frère, Timothy de onze, est déstabilisée, mais cette fois au sein même de leur foyer, par l'irruption d'un être surréel. Sans aide, ils réussissent seuls à démasquer leur fausse arrière-grand-tante, Grinny, alias Gae (= « *great-aunt* Emma »), en réalité une extraterrestre venue d'une autre planète pour lutter contre la Terre et asservir ses habitants. Face au danger, ils emploient toute leur énergie à vaincre la créature inhumaine. La plus jeune surtout se pose des tas de questions : pourquoi le teint de Gae ne s'altère-t-il jamais ? Pourquoi craint-elle l'électricité, pourquoi son corps se reconstitue-t-il après un accident, d'où sort cette tante dont ses parents n'ont jamais parlé... ? Le dévoilement progressif de Gae se déroule comme un jeu passionnant. Cependant, en empêchant les extraterrestres de s'emparer de la terre, les deux enfants affirment leur sens des responsabilités ainsi que leur indépendance à l'égard de l'adulte. Sur le plan de la lucidité, Beth dit clairement, cliniquement, les six raisons de son aversion à l'égard de l'intruse déguisée en arrière-grand-tante.

Les adultes, pour leur part, semblent imperméables aux faits anormaux. Toute l'aventure se passe en dehors des parents pourtant présents et observés avec une grande lucidité par leurs enfants. Timothy Carpenter, le narrateur, voit en sa mère une ménagère trop généreuse de ses recommandations. Il entretient une certaine complicité avec son père. A deux, ils aiment, à la virile, blaguer sur les femmes (sexisme ?).

Le fabuleux tient aussi au décor et aux habitants qu'il recèle, par exemple à la nature enchanteresse de la forêt amazonienne telle que la dévoile dans *Trois garçons en Amazonie* (traduit du portugais, Brésil, 1967) Antonieta Dias de Moraes. Après un accident causé par la rupture d'un câble de planeur, deux petits Brésiliens se réveillent en pleine jungle. Rapidement, ils se laissent envoûter par la beauté de la luxuriante nature « fantastique », mais aussi par les légendes et les croyances en un monde surnaturel de leur nouvel ami indien, croyances qu'ils s'essayent en un premier temps de s'expliquer rationnellement. Bientôt eux-mêmes ne savent plus départager le réel de l'irréel :

> Il peut vraiment arriver n'importe quoi en ce monde ! Qui pourrait imaginer une chose pareille ? Si je raconte toute cette histoire à la maison, on ne me croira jamais, ils diront que je mens. Vraiment ? Je crois pourtant que c'est vrai... Est-ce que c'est réellement vrai ? Sûrement. Pourquoi mentirait-il pour rien ? Il arrive de ces choses en forêt ! Que la magie existe, ça c'est sûr, parce que j'en ai vu au

cirque ! Le sorcier aurait très bien pu faire un tour et mettre Iraï dans la noix. Pourquoi pas ?[65]

L'écrivain mêle le fabuleux à un contexte socio-historique. En toile de fond à l'aventure juvénile se profile la situation des Indiens cruellement exploités et spoliés par les blancs. Le remède à leur esclavage, dit Damian, un ramasseur de latex, est une racine magique. Il faut l'arracher à l'oiseau-iurapaçu. Avec l'aide d'un bataillon de perroquets, une bande d'exploiteurs malhonnêtes sera finalement vaincue.

Ce roman qui antécède largement le parcours tragique de Chico Mendes en défense des *saigneurs* d'hévéas, consacre la participation fabuleuse – au propre – de trois jeunes garçons à un combat social, trois compagnons que l'éveil à la responsabilité amène à se jouer victorieusement entre deux mondes, le moderne et celui des traditions indiennes et leurs mythes.

Que l'intrusion du fabuleux dans la réalité se joue à l'intérieur du foyer domestique ou dans des espaces ouverts, l'évolution psychologique du héros, sa maturation, sont liées à sa victoire, considérée comme un nouveau rite de passage, sur un état d'incertitude entre réel et irréel.

La fantaisie à dominante ludique

Il est des récits où l'aventure irréelle divertit, mais n'est prise au sérieux qu'à moitié. Sous une forme amusante, même parmi ceux-ci se dissimulent à l'occasion des avertissements adressés aux enfants… et aux adultes.

Jim Knopf und Lukas der Lokomotivfürher, c'est-à-dire « *Jim Knopf et Lucas le mécanicien* », de Michael Ende (1960; Prix allemand du livre pour la jeunesse en 1961), récit original et à l'imagination foisonnante, assure la continuité avec les œuvres de la période précédente (celles de Rodari, de Preussler…), d'un côté par son esprit de solidarité et de compréhension, de l'autre par le recours au procédé de la miniaturisation (des personnages et du cadre).

La tonalité de l'histoire, sous-tendue par l'humour, est optimiste et gaie. Les leçons d'antiracisme, par exemple, sont traitées sur le mode cocasse. A l'entrée d'une caverne, on peut lire sur un linteau de pierre : « Attention ! L'entrée aux dragons de race impure sera punie de la peine

---

65   A. Dias de Moraes, *Trois garçons en Amazonie*, traduit du brésilien, Fernand Nathan, Bibliothèque internationale, 1973, p.30.

de mort ! ». Belle intégration de la réalité et du fabuleux ! Peuplé de roi, de princes, de brigands, le roman de Ende s'inspire certes du conte merveilleux, mais l'auteur modernise le genre en conjuguant l'irréel à une grande précision technique.

Ces aventures dans la *fantasy* reposent sur l'amitié entre un tout petit noir, Jim, pas plus grand qu'un bouton et facilement terrorisé par tout ce qui le domine, et Lucas, un adulte, bon, courageux et tolérant, conducteur de la locomotive Emma sur la toute petite île de Lummerland (elle est trop petite pour qu'il y fasse circuler sa locomotive et il devra bientôt quitter l'île). La grosse machine, humanisée ni plus ni moins qu'un jouet d'enfant sous d'autres plumes, a le cœur tendre et s'émeut pour un rien. A trois, ils vont tenter de sauver une petite princesse enlevée, Li Si. Au contact de Lucas, Jim apprend à se défaire de ses préjugés et à relativiser. Patient, Lucas lui enseigne à ne pas émettre trop vite des jugements sur les choses et les êtres. Un vieux géant à la barbe blanche, beaucoup plus grand qu'une montagne, se révèlera tout à fait inoffensif. Lucas et Jim affrontent des dragons et de vrais monstres. Mais finalement, en dépit de sa taille minuscule, Jim devient un être responsable et capable de remédier à des situations angoissantes.

L'humour grotesque de Roald Dahl[66] ne plaît pas à tout le monde. Cet écrivain britannique d'origine norvégienne aime à choquer en exprimant sur le ton badin ce qu'il n'est pas de bon ton, et même obscène ou abusivement cynique, de dire tout haut : il « joue constamment de la contradiction qui consiste à raconter les choses les plus tristes (la mort des parents quand on n'a que quatre ans, la perversité d'une grand-mère, etc.) sur un ton léger et gai ».[67]

En 1964 paraît son roman le plus connu, mais aussi le plus contesté, *Charlie et la chocolaterie* (*Charlie and the Chocolate Factory*). Le romancier ne fut guère épargné par les critiques anglo-saxons. On lui reprocha son esprit réactionnaire et son mauvais goût. Ses meilleurs romans, tel *Danny le champion du monde*, débarrassés cette fois de toute vulgarité, voient le jour après 1975.

---

66   J.R.R. Tolkien et R. Dahl étaient en 1996 les auteurs favoris des lecteurs
      britanniques (adultes et enfants) selon un sondage portant sur les cent meilleurs
      livres du siècle (*Le Monde*, 24 janvier 1997).

67   « L'humour dans le roman pour la jeunesse », de G.O.-v.P., *op.cit.*, p.59.

Le ton de *Charlie et la chocolaterie*, conte aux prétentions morales, est satirique. L'évocation des grands-parents est irrespectueuse, quoique drôle :

> Chacun d'eux avait plus de quatre-vingt-dix ans. Ils étaient fripés comme des pruneaux secs, ossus comme des squelettes et, toute la journée, jusqu'à l'apparition de Charlie, ils se pelotonnaient dans leur lit, deux de chaque côté, coiffés de bonnets de nuit pour leur tenir chaud, passant le temps à ne rien faire.[68]

L'auteur oppose le héros, Charlie, enfant bon et pauvre, à quatre enfants gâtés par des parents trop passifs. Tous entrent un beau jour dans la fabrique de chocolat dirigée par M. Willy Wonka, mais les « privilégiés » y seront punis par où ils ont péché et ne seront guéris ou rachetés qu'après avoir expié leurs défauts. Le boulimique dorénavant mangera moins, la mastiqueuse de chewing-gum cessera d'en mâchonner après avoir gonflé comme un ballon et changer de couleur... :

> Elle sera violette ! proclama Monsieur Wonka. D'un beau et riche violet de la tête aux pieds ! Mais c'est bien fait ! C'est ce qui arrive quand on mâche cette gomme répugnante à longueur de journée ![69]

L'auteur a le goût de la punition et choisit comme autrefois Heinrich Hoffmann à l'intention de « Pierre l'Ébouriffé », transgresseur de judicieux avertissements, des supplices horriblement raffinés. Ainsi, Veruca Salt, égoïste et désobéissante, est ligotée par des écureuils qui, croyant avoir affaire à une noix pourrie, l'emmènent au vide-ordures où elle est menacée de rôtir dans un incinérateur. L'enfant esclave de la télévision souffrira, victime de l'écran cathodique.

Bien entendu, Dahl veut avant tout faire rire ses petits lecteurs. Il raconte avec vivacité. Il est doué d'une belle imagination. Cependant, la créativité, dans ce roman précis, est déparée par un humour de mauvais aloi, nourri d'images grossières et de préjugés racistes dont les jeunes lecteurs, grands amateurs de Dahl, n'ont pas toujours conscience :

> Bonté divine ! dit Monsieur Salt en voyant dégringoler sa volumineuse épouse, ce qu'il y a comme déchets ce soir.[70]

Les petits ouvriers de la fabrique, les « Oompas-Loompas », sont des pygmées noirs aux cheveux crépus. Ils boivent comme des trous.

68   R. Dahl, *Charlie et la chocolaterie*, Gallimard, Folio junior, 1978, p.24.
69   *Ibid.*, p.109.
70   *Ibid.*, p.122.

Charlie qui n'a jamais été gâté est récompensé : avec M. Wonka, et son grand-père Joe, il survole la ville dans un grand ascenseur de verre. A cet enfant « sage, sensible et affectueux », le propriétaire de la chocolaterie confiera ses « précieux secrets de fabrication ».

Préjugés et vulgarité sont absents d'une jolie et d'ailleurs brève histoire de Dahl, parue en 1966, *Le doigt magique* (*The Magic Finger*). C'est aussi un conte d'avertissement. Une fillette de huit ans est douée d'une puissance magique. Dès qu'elle se met en colère, elle voit rouge et entre littéralement en ébullition. Quelque chose d'électrique se dégage alors d'elle quand elle pointe son doigt. Petite sœur de Tistou (*Tistou les pouces verts*), elle empêche ses voisins, grands amateurs de chasse, de tuer ses canards. Comme dans *Charlie et la chocolaterie*, les méchants sont punis par où ils ont péché. Après leur dramatique métamorphose en canards, ils risquent à leur tour d'être tués. Mais ils reprendront leur forme humaine après avoir détruit leurs fusils.

Un ton grinçant anime *James et la grosse pêche* (*James and the Giant Peach*, 1967), conte d'avertissement encore, quoiqu'à l'adulte, cette fois. C'est par esprit de vengeance, pour punir deux méchantes tantes, que le petit James fugue et survole la terre dans une gigantesque pêche, en compagnie d'énormes et affreux insectes, dont la compagnie, cependant, est jugée préférable à celle des deux chipies. Mille-pattes, vers de terre, araignée le consolent de la dureté et de l'égoïsme des adultes. Nous verrons plus loin avec *Fantastique Maître Renard* que la veine de Dahl peut se faire moins âcre que dans ses livres qui provoquèrent l'indignation.

Swift, dans un esprit quelque peu semblable à celui de Dahl, avait écrit sa *Modeste proposition* consistant à résoudre le paupérisme de l'Irlande en mangeant les enfants « aliment délicieux, très nourrissant et très sain, bouilli, rôti, à l'étuvée ou au four... en fricassée ou en ragoût ».[71] Toutefois, les excès de cynisme et de burlesque sur lesquels repose le pouvoir décapant de Dahl, seraient-ils toujours bien compris à un second degré, et cette fois par les enfants, comme de simples effets clownesques, « tarte à la crème » ?

La fantaisie badine et cocasse du roman légèrement parodique de L. Lerme-Walter *Les voyageurs sans souci* (1970) – qu'à sa sortie certains considérèrent comme « unique dans les annales de la féerie fran-

---

71   Swift, *Instructions aux domestiques suivies des Opuscules humoristiques*, Le livre de poche, 1959, p.170

çaise »,[72] est associée sur le mode allègre à une mise en garde : ne mettez pas les oiseaux en cage, sinon Mademoiselle Alavolette de Plumauvant, protectrice de tout ce qui vole et tout à tour sorcière ou princesse, enfermera vos enfants dans son mystérieux château. Il n'est certes pas question ici au premier chef de protection des espèces animales, mais de faire revivre dans un esprit ludique les rêves de l'enfance.

Le petit capitaine (1971), roman de Paul Biegel, à cadence rapide, assez divertissant, a pour héros un garçon dont on ne sait d'où il vient. Une tempête l'a jeté lui et son bateau au sommet d'une dune. Le mystérieux garçon sans nom s'autoproclame capitaine du « Qui-ne-coule » et entreprend un voyage semé d'embûches (les détroits sont gardés par des dragons) pour ramener trois hommes d'équipage peut-être naufragés sur l'île merveilleuse « où tout pousse » et où on grandit en quelques instants. La fantaisie est orientée ici et là vers un fantastique effrayant. Les personnages sont pittoresquement individualisés. Tendu vers la réalisation de son objectif humanitaire, l'obstiné et impassible petit capitaine, à la silhouette reconnaissable entre toutes, se tient à son gouvernail, affublé d'une casquette trop large pour sa tête, « bien campé sur ses jambes, les yeux fixés sur l'horizon ».[73]

Les animaux parlants

Chez Esope, tenu pour le fondateur du bestiaire littéraire à moralité implicite ou explicite en Occident, les animaux incarnent chacun des vices et des vertus. Les uns sont forts, les autres faibles. Cependant, les écrivains contemporains confèrent une nouvelle signification à ces figures symboliques et universelles de la littérature, qui n'appartiennent pas à un pays en particulier, ni à une religion, ni à une classe sociale. Certes, ils dotent les animaux d'une pensée logique et de la parole, mais au lieu de mesurer la force morale et physique des uns par rapport aux autres, ils montrent la supériorité morale de la bête sur l'homme. L'animal, vulnérable et bon, est à présent la victime de l'homme. Le danger, c'est ce dernier, inventeur d'une technologie destructrice de l'environnement et de régimes politiques oppressifs. L'entraide, la générosité, la dignité caractérisent à présent la société animalière. Tout se passe comme si la

---

72   *Littérature de jeunesse*, publié à Bruxelles, Tome 6, n°217, 1970, p.37.
73   P. Biegel, *Le petit capitaine*, Hachette, Bibliothèque Rose, 1976, p.121.

dimension écologique du mythe du bon sauvage avait été transposée parmi les bêtes.

Ainsi Maître Renard, héros d'un bon récit, *Fantastique Maître Renard* (*Fantastic Mr Fox*, 1963), de Roald Dahl, est-il doué d'une imagination qu'il met au service des siens et de la communauté. S'il vole, c'est pour nourrir ses renardeaux et d'autres bêtes. Sans doute le futé renard montre-t-il un malin plaisir à se faire encore meilleur qu'il ne l'est :

> – Ecoute, dit Maître Renard, Boggis, Bunce et Bean ont décidé de nous tuer. Tu t'en rends compte, j'espère ?
> – Je m'en rends compte, mon vieux Renard, je m'en rends bien compte, dit le gentil Blaireau.
> – Mais nous ne sommes pas aussi vils. Nous ne voulons pas les tuer.
> – Bien sûr que non, dit Blaireau.
> – Ça ne nous viendrait jamais à l'idée, dit Maître Renard. Nous leur prendrons un peu de nourriture par-ci, par-là, pour nous maintenir en vie, nous et nos familles. D'accord ?
> – Je crois que nous y sommes obligés, dit Blaireau.
> – Laissons-les être odieux s'ils veulent, dit Maître Renard. Nous, ici, sous terre, nous sommes de braves gens pacifiques.[74]

Pour aider les animaux à survivre, Renard, dans cette histoire veinée d'humour, mène la lutte contre trois riches fermiers, aussi méchants que laids. Le combat est inégal car ces hommes féroces et malhonnêtes, décidés à le capturer, s'arment de leurs pelles mécaniques et obligent le malheureux renard à creuser toujours plus profond. Les instruments du moins de l'ennemi numéro un dans tant de fictions, notamment cinématographiques, à savoir le promoteur immobilier, avec toute son outrecuidance expropriatrice sur fond de technologie, sont ici bien présents.

L'Américain Russell Hoban confère une résonance incontestablement moderne à *L'Automate et son fils* (*The Mouse and his Child*, 1967), œuvre complexe et symbolique sur le destin et la volonté individuelle. Cette fable poétique, en fait un substantiel roman (deux volumes) se lit à différents niveaux de signification. L'auteur mélange les jouets et les animaux. Son récit s'ouvre sur des images de bonheur. Dans une boutique de jouets richement illuminée, une famille achète un jouet mécanique, une souris attachée à son petit, tous deux vêtus de fin velours

---

74   R. Dahl, *Fantastique Maître Renard*, Gallimard, Folio cadet, 1977, p.83.

bleu et de chaussures vernies. A peine remontés au moyen d'une clef, ils se mettent à danser :

> Sous le regard ravi des enfants qui riaient et allongeaient la main pour toucher, il faisait monter et descendre son souriceau à bout de bras.[75]

Père et fils sont inséparables, le premier avance tout droit, le second à reculons. Un jour, cassés accidentellement par le chat de la famille, ils sont jetés à la poubelle. A partir de ce moment, Hoban décrit le sort très précaire de ces deux créatures aliénées en quête de stabilité et de sécurité.

Le souriceau rêve d'un foyer où il trouverait une maman. Sans cesse, il pose à son père des questions sur son identité. Malheureusement, ils sont tombés à la merci de Manny le Rat, chef sadique, matérialiste, exploiteur avide de puissance. Il règne sur la décharge d'un quartier malfamé et contraint ses sujets au pillage et au meurtre. Il dépouille les jouets de leur âme. Réduits à l'état de débris, privés de leur mécanisme, les souris souffrent de leur impuissance. Cependant, grâce à sa patience et à son courage, le père saura, au dénouement de l'histoire, leur faire retrouver la paix. L'affection mutuelle entre la souris et son souriceau a fini par l'emporter sur le tragique d'une existence dominée par la violence et l'asservissement...

On peut légitimement considérer *L'Automate et son fils* comme une heureuse transposition dans le registre animalier – ou mieux encore du jouet animé, puisqu'il y avait eu Orwell – de nombreuses *histoires de petits chefs* sévissant en milieu scolaire ou dans l'isolement accidentel (Golding), histoires déjà décrites dans ces pages, ou qui le seront.

C'est autour d'une bande de lapins désireux de vivre ensemble et en paix que Richard Adams a construit son admirable épopée, *Les garennes de Watership* (*Watership Down*, 1972, couronné en 1973 par le Carnegie Medal et le Guardian Award). Cette œuvre de longue haleine et à dimension métaphysique dénonce comme le fit Dahl l'insensibilité et la cruauté des hommes envers les animaux.

Au travers de la métaphore animalière, le romancier dépeint le sort affreux que les forts, les autoritaires et les belliqueux imposent aux faibles et aux démunis. Le roman, raconté d'abord oralement et écrit

---

75   R. Hoban, *L'Automate et son fils*, Gallimard, Page blanche, 1989, (premier volume, chapitre I).

ensuite par l'auteur pour ses deux fillettes de neuf et dix ans,[76] a remporté un succès mondial tant auprès des enfants que des adultes. C'est par excellence une œuvre qui peut se lire au premier et au second degré. Les lieux où se déroulent les aventures de la gent lapine – le Berkshire, où l'écrivain est né et à toujours vécu – sont même devenus, tel le studio de Sherlock Homes et du docteur Watson, une sorte de pèlerinage attirant de nombreux visiteurs.

Pour leur part, les jeunes lecteurs suivent avec passion les tribulations des lapins chassés de leurs garennes et leur pénible errance en quête de nouveaux foyers. L'histoire est racontée dans le point de vue de ces petits animaux persécutés. Il s'agit de bêtes réelles saisies dans leur animalité particulière et réaliste – leurs puissantes dents leur viennent ainsi à point pour ronger les cordes posées par les hommes –, l'anthropo-morphisation n'intervenant que dans la peinture au moral des uns et des autres. L'épopée animale du Renart médiéval, au contraire, montre des quadrupèdes à cheval, habillés et maniant des outils. Rien de tout cela chez Adams.

Cette superbe saga de tonalité mythique, à l'image de « situations humaines fondamentales » (selon Adams lui-même), célèbre la supériorité de l'animal sur l'homme. La profonde résonance morale de cette épopée cohérente et crédible découle de ses protagonistes bien différenciés et pour la plupart très attachants. On reconnaît en eux toutes sortes de types humains. En premier lieu, deux frères, Hazel et son cadet Fiver. Ce lapereau compense sa faiblesse physique par un don de prophétie qui lui donne une grande autorité sur ses compagnons. En fait, ses sombres prédictions déterminent l'action. A l'ouverture du récit, pareil à la Cassandre d'Eschyle au début d'Agamemnon, il a une vision de sang et de destruction. Au cours de la longue errance de sa tribu, Fiver pressent à mainte reprise la présence du mal. Hazel, pour sa part, est une belle figure emblématique. Ce grand lapin mâle est le personnage central du récit. Bon et soucieux de ses responsabilités, toujours le premier à prendre des risques et prêt à se sacrifier pour sauver les siens; son ascendant sur le groupe ne cesse de croître. Les lapins finissent par le reconnaître comme leur chef. La fratrie Hazel-Fiver est épaulée dans son

---

76　R. Adams a lui-même commenté la genèse et les lignes maîtresses de son roman. Voir *The Voice of the Narrator in Children's Literature. Insights from Writers and Critics*, Edited by Ch.F. Otten and G.D. Schmidt, Greenwood Press, 1989 : « *To the order of two little girls : the oral and written versions of* Watership ».

combat pour une héroïque survie par Blackberry, vif et intelligent;
Bigwig, fort et toujours heureux de descendre en lice; Dandelion, le
conteur; Bluebell, habitué à dire des blagues; Bucktorn, dévoué et fidèle,
peut-être le plus raisonnable de tous... Entre eux, les lapins usent d'un
langage et d'une mythologie propres. Ainsi, ils invoquent Frith, une
puissance supérieure et protectrice. Elle doit les aider contre Elil, le Mal,
entendez les hommes, acharnés à détruire la nature et les animaux. Ces
hordes cruelles transforment les terriers en brasiers au moyen de gaz
asphyxiants après s'être assurés, en bouchant toutes les issues, qu'aucun
lapin ne puisse s'échapper (notons qu'Adams a combattu pendant la
Seconde Guerre mondiale).

A côté de la communauté guidée démocratiquement par Hazel, la plus
importante dans le récit, l'auteur en crée une autre, fasciste, dirigée par le
général Woundwort. A l'inverse de Hazel, ce lapin costaud assure son
pouvoir par la force. La brutalité de Woundworth s'expliquerait-elle par
les traumatismes subis dans son enfance ? Orphelin de père, il voit sa
mère assassinée sous ses yeux. Quoi qu'il en soit, ce lapin cruel n'hésite
pas à recourir au meurtre pour conserver un contrôle absolu sur ses
subordonnés.

Les petites filles de l'auteur, ses premières auditrices comme autrefois
les petites Liddell à l'écoute de Lewis Carroll, ne semblent pas avoir
relevé le caractère misogyne du livre. Pourtant, il saute aux yeux ! Adams
en effet minimise le rôle des lapines, tout juste bonnes à accomplir de
basses besognes et à procréer.

D'autre part, une des grandes réussites de l'œuvre réside dans la
qualité des descriptions de l'habitat où se déroule l'existence des petites
bêtes : garennes, prairies, bruyères, fossés, sous-bois, rivières... sans
oublier la crête des collines à l'horizon, si fascinante aux yeux des lapins.

Si les animaux parlants, notons-le, sont massivement présents dans les
albums pour les petits et dans de brèves histoires, telles celles de l'excellent narrateur hollandais Toon Tellegen,[77] cette veine ne s'est cependant
pas tarie dans les récits de longue haleine (par exemple, pour les vingt
dernières années du siècle, ceux de l'Anglais Dick King-Smith, du
Hollandais Hans Dorrestijn, ou encore de Daniel Pennac (voir chapitre
suivant).

---

77   Citons, parmi ses nombreuses histoires : *Langzaam, zo snel als zij konden* (1989;
      Lentement, aussi vite qu'ils pouvaient).

A l'annonce du dernier tiers de notre siècle, il apparaît clairement que le roman suscité par un fabuleux mythique ou par un réel pénétré de merveilleux, se fonde, à l'égal des œuvres réalistes, sur la vision subjective d'un héros défini par son âge et ses incertitudes, contraint ou décidé à se forger une identité par lui-même.

Sous des formes variées, la nouvelle fantaisie se fait critique et nous renvoie des images de moins en moins décalées de notre monde contemporain.

Le second creux de la vague économique (1973-2000...)

Le dernier quart du XXᵉ siècle se différencie de la période précédente, qu'on a appelée à juste titre celles des « trente glorieuses », par son évolution économique et sociale. En effet, au sortir de la Seconde Guerre mondiale, trois décennies furent employées en Europe, à rebâtir les pays dévastés. En ces temps de solidarité nationale et de reconstruction dynamique et en dépit des millions de personnes déplacées, le travail ne manquait pas. En revanche, la crise énergétique allait progressivement, au début des années soixante-dix, mettre fin à ce monde de plein emploi. Nul ne l'ignore, la mondialisation économique est globalement à l'origine d'une aggravation des inégalités sociales. Récession et chômage engendrent la déstabilisation et l'insécurité. Partout, le fossé entre riches et pauvres se creuse. L'avenir incertain génère une nouvelle société fondée sur l'individualisme et un certain repli sur soi.

Aux yeux d'un grand nombre d'écrivains, gagnés par une vision pessimiste du monde, même l'enfance n'est plus un âge toujours heureux. Cependant, elle représente malgré tout l'espoir en un monde meilleur et les livres expriment une énorme confiance dans les non-adultes, sur qui les écrivains semblent compter pour faire bouger les choses. Ils les considèrent au moins égaux, sinon supérieurs à leurs aînés. Aussi leurs récits s'emploient-ils à les libérer de tout sentiment d'impuissance. Le bien est presque toujours du côté d'un jeune héros, loyal, généreux, tenace, et armé d'un solide esprit critique, grâce auquel il évalue avec justesse et les situations et les hommes. Son évolution vers la maturité repose sur l'acceptation de responsabilités souvent très lourdes, et les livres se présentent comme s'ils devaient le préparer à vaincre les grosses difficultés qu'il éprouvera un jour dans la vie réelle. Le comportement que les écrivains lui attribuent (ou lui recommandent) s'inscrit dans le refus d'impositions autoritaires d'où qu'elles proviennent. On lui fait prendre conscience des aspects absurdes des choses. Le lecteur, par le jeu de l'identification à un héros au regard démythifiant, est stimulé à ne pas accepter comme allant de soi les normes (respect automatique des parents et des autres détenteurs de l'autorité...) d'une société jugée encore trop hiérarchisée.

Le roman contemporain désacralise l'adulte, fréquemment présenté comme un individu égoïste, indifférent et bourré de préjugés. Les parents, en particulier, sont loin d'être tous gentils, attentifs et protecteurs. Le renversement des rôles, quand l'enfant prend la place de son aîné, produit l'humour. C'est dès les années cinquante que l'adulte, tel « l'Indien du placard », est soumis à travers sa miniaturisation à un divertissant processus de réduction et de déformation. Le revers de la médaille, en quoi culmine également ce processus d'affranchissement réfléchi dans la littérature, c'est bien sûr une certaine dureté indifférente de l'enfant-roi à l'égard même des *bons* parents, attitude dénoncée par plus d'une description de société, comme le *Moi, ta mère* (1985) de Christine Collange.

En fait, les romans publiés depuis 1973 dans les collections de jeunesse ne font que confirmer les grandes tendances apparues dès 1960, aussi ne faut-il pas s'étonner si les réflexions qui précèdent et certaines de celles qui suivent rappellent les données du chapitre qu'on vient de lire. Dans cette dernière période, la radicalisation des tendances déjà présentes dans la précédente, emprunte sa dureté et son absence de concessions à la greffe directe sur le genre étudié des grands problèmes de l'heure (chômage, drogue, sida, délinquance...), ainsi qu'à une plus franche ouverture sur des drames naguère tabous (inceste, viol, homosexualité...).

Le sujet dominant est par essence le non-adulte lui-même. On continue à explorer sa conscience, à approfondir sa psychologie et à suivre son développement. Ce qui compte avant tout, c'est l'identité du héros, où qu'il se trouve dans le temps et dans l'espace. Si le récit est convaincant, le lecteur prévoit l'adulte sur lequel débouchera l'adolescent. La prédominance de la notion d'initiation à la vie adulte, comprise comme le passage vers une nouvelle vie orientée dans le sens du perfectionnement personnel, se marque, quel que soit le sous-genre abordé, jusque dans les romans rétrospectifs sur la Seconde Guerre mondiale. Au terme des épreuves dévastatrices du conflit, de l'occupation, des persécutions, de l'exil, de l'enfermement à l'intérieur de ghettos ou de camps de concentration, l'analyste est appelé à constater « platement », comme s'il s'agissait de l'une ou l'autre des milliers de fantaisie narrative pour les jeunes, que notre héros a mûri !

A l'exception des romans historiques centrés sur des événements importants, avec un adulte comme pivot, les histoires sont généralement racontées du point de vue d'un jeune héros et cette perspective narrative, déjà mise en lumière dans la décennie précédente, renvoie à une conscience toujours plus aiguë de la personnalité des jeunes. Les œuvres sont d'autant plus prenantes que leur substance, toujours plus complexe et variée, se confond avec une vision juvénile authentique. Les meilleures relèvent de la prééminence donnée à la personnalité du héros sur celle des autres actants et aussi à des thèmes éternels – l'amour, l'affection, l'amitié, la solitude, la violence, la cruauté, la maladie, la mort – sur les sujets ponctuels et secondaires. C'est à partir du protagoniste que les thèmes s'imbriquent les uns dans les autres.

Les « *problem novels* », nombreux dans les années soixante-dix, surtout aux Etats-Unis, en Suède et aux Pays-Bas, tiennent plus du documentaire, en quelque sorte, que de l'œuvre littéraire dès lors qu'ils repoussent à l'arrière-plan l'individualité des personnages au profit de la présentation de problèmes contemporains (divorce, avortement, drogue, chômage, immigration, pollution, catastrophes naturelles, alcoolisme, spéculation immobilière sauvage, et j'en passe). La fin des années soixante-dix verra d'ailleurs, par réaction à un excès de désenchantement, plus informatif que psychologique dans les « *problem novels* », un retour à la fantaisie.

Au réalisme léger et confiant de la première moitié du siècle, irrigué par un sentiment sûr de la stabilité, succède dans les œuvres contemporaines un réalisme beaucoup plus dur, à l'image d'une actualité nationale et internationale morose, voire tragique, à laquelle le petit écran, notamment, habitue les jeunes au jour le jour. Assurément, l'horizon romanesque lui aussi s'est élargi, mais si les romans pluriculturels et pluriraciaux orientent l'attention vers des pays, des populations et des milieux moins connus, ils la dirigent aussi sur les nouvelles conditions douloureuses de l'existence. Les œuvres racontent combien il est difficile de grandir quand la vie est rendue instable par les circonstances de guerre, les antagonismes raciaux et sociaux, les relations tendues à la maison ou à l'école…

En compensation, le réalisme de tonalité attristante est largement contrebalancé par l'approche humoristique, très répandue dans le livre moderne, qui tempère l'image des vérités éprouvantes. Elle consent au lecteur non-adulte de se distancier d'une réalité tyrannique et de la relativiser.

La fiction, du moins la meilleure, des dernières décennies de notre siècle puise sa force dans une écriture originale, spontanée et d'une grande liberté d'invention. La langue elle-même est source d'inspiration. On ne vise plus à la correction. On emprunte à l'argot et aux dialectes. On construit même des intrigues à partir de mots (Pef, *La belle lisse poire du prince Motordu*, 1980; Hans Joachim Schädlich, *Le coupeur de mots – Der Sprachabschneider*, 1980. Ce moteur du récit n'est pas nouveau. Lewis Carroll s'en est servi dans *Alice* et ailleurs. Disons qu'à présent il ne s'inscrit plus dans le paysage narratif comme une géniale originalité d'ascendance populaire (*Nursery Rhymes, Limericks*).

On constate aussi que les structures narratives sont plus complexes qu'autrefois. Les monologues, nombreux dans les romans écrits aujourd'hui à partir de l'intériorité du protagoniste juvénile, ont pris une place importante et alternent désormais avec les dialogues. Les dénouements ne sont plus, comme autrefois, impérativement heureux. Les narrations se terminent de plus en plus souvent par des conclusions provisoires. Les nombreuses allusions et références à des textes littéraires (intertextualité), à l'écrit, au cinéma, à la musique contribuent à enrichir le dialogue entre l'écrivain et son lecteur, ainsi qu'à entretenir chez celui-ci un bagage culturel favorable, non seulement à la connivence, mais encore à une communication totale dans le vaste ensemble formé par le lectorat, les auteurs, voire même le public adulte.

Le passé et sa transmission

C'est par des structures bien diverses que la narration rend compte des temps révolus. Les fables, les contes traditionnels, les légendes populaires renvoient à un lointain passé mythique. Les romans historiques (passé lointain) et rétrospectifs (passé récent) – ces derniers à caractère surtout autobiographique – sont par essence destinés à la résurrection littéraire des sociétés d'hier et d'autrefois. Leur action se déroule respectivement avant la naissance de l'auteur et dès sa petite enfance.[1] Par ailleurs, les romans réalistes d'une époque feront également partie d'une fiction en un

---

1   Maria Nicolajeva a repris cette distinction commode à l'auteur suédois d'une substantielle étude sur le roman historique contemporain pour la jeunesse, Ying Toijer-Nilsson. M. Nicolajeva, *Literature comes of Age – Toward a New Aesthetic*, New York and London, Garland, 1996, p.131.

sens « historique », celle de leur avenir : « Témoignages de la vie
d'autrefois, ils sont destinés à enrichir l'Histoire sociale. Les classiques
du siècle dernier, œuvres tenues en leur temps pour 'réalistes' (*Tom
Sawyer, Little Women, Hans Brinker, or the Silver Skates* – alias *Les
patins d'argent* –, *Les malheurs de Sophie, Sans Famille, Heidi, Little
Lord Fauntleroy, Gian Burrasca, Dik Trom...*) font probablement figure
de romans 'historiques' ou plutôt 'rétro', aux yeux de nos lecteurs d'aujourd'hui. »[2] Quant à la fiction réaliste contemporaine, elle réactualise
souvent le passé au détour des souvenirs de personnages âgés. Notons à
ce propos le rôle charnière des aînés entre le roman rétrospectif et la
fiction contemporaine. En fait, le personnage âgé est omniprésent, mais
sa fonction d'introducteur au passé récent lui donne un statut particulier
dans le cas du roman rétrospectif qu'il a pour fonction de rendre possible
par son vécu personnel. Dans le roman simplement réaliste, il sera le
grand intercesseur des contrastes par rapport au présent du (ou des) héros.
Enfin, les œuvres mêlées de fantaisie remettent en mémoire la vie de
jadis par des bonds d'une époque à l'autre empruntés à l'arsenal du récit
fabuleux, car un bond fabuleux n'est ici qu'un très grand bond temporel,
sans plus.

Ainsi, la fiction n'échappe-t-elle au passé que lorsque, réaliste et
contemporaine, elle est lue toute chaude, mais il va sans dire que le
travail de Walter Scott n'est pas celui d'Emile Zola : la résurrection des
temps a ses exigences et ses modes propres.

Le roman historique

A la différence du roman rétrospectif, miroir d'un passé récent que
l'écrivain a connu par lui-même ou par le truchement des témoignages de
ceux qui l'ont vécu, le roman historique renvoie aux sociétés éloignées
dans le temps. L'Histoire, dans les classes, serait en perte de vitesse.
Traités, batailles, rois, empereurs..., jalons d'une chronologie précise
dans l'enseignement et dans l'historiographie traditionnelles ne
passionnent guère plus les élèves que les lecteurs. Les sondages révèlent
que les jeunes s'intéresseraient d'abord au présent. Cependant, depuis les
années soixante-dix, le roman historique est en pleine croissance.
L'explication de ce paradoxe réside dans la transformation d'un genre
littéraire. Aujourd'hui, le *roman d'atmosphère historique*, fondé sur la

---

2   Voir *Le passé et sa transmission*, p.135-145.

reconstitution d'un contexte social, religieux et politique a supplanté le roman historique d'antan, disons d'avant 1950, tel qu'il était répandu surtout en Allemagne, en France et aux Pays-Bas, roman qu'on centrait sur des *faits* réels qui s'étaient déroulés dans le passé. Patriotique et souvent alourdi par un excès d'information, il célébrait les jalons de l'Histoire nationale et l'héroïsme des plus forts. Ses personnages, peu différenciés, observés superficiellement, de l'extérieur, ne retiendraient plus l'attention de nos jours. Il n'en va pas de même du roman historique moderne qui, tout en remémorant des faits authentiques, met à l'avant-plan la découverte de l'être intime.

En réalité, les faits anciens doivent amener les jeunes lecteurs à réfléchir sur ceux d'aujourd'hui. Si, par exemple, l'écrivain rappelle une guerre d'autrefois, ce n'est pas pour qu'elle serve de prétexte à mettre en valeur de glorieux exploits, mais au contraire pour la condamner, en souligner toute l'horreur et susciter la pensée critique sur ce moyen violent de résoudre antagonismes et conflits d'intérêts. Les événements sont donc éclairés comme s'ils conservaient leur actualité, alors que naguère les faits d'armes constituaient trop souvent une simple référence mythique, de celles que, surtout hors du contexte d'une résistance à l'arbitraire, on a actuellement tendance à rejeter.

Ainsi la fiction historique nouvelle manière montre-t-elle la *grande continuité entre le passé et le présent*. Le récit moderne ne s'attache pas à l'événement public en soi, mais à son incidence sur la vie quotidienne des familles et des individus. Les personnages désormais perçus du dedans avec leurs passions, leurs émotions, leurs désirs, leurs souffrances et leurs joies, sont autant des hommes d'aujourd'hui que d'hier. Cette façon de voir comporte cependant un handicap, nous le verrons.

Les meilleurs romans mêlent donc subtilement la reconstruction historique et l'analyse psychologique. « En fait, le *roman d'atmosphère historique contemporain* s'est fortement rapproché du roman réaliste. A l'égal de ce dernier, c'est aussi un roman psychologique. Son intrigue ranime le passé en s'attardant beaucoup moins sur les événements que sur les réactions des personnages à ces mêmes événements. L'évolution intime du personnage est partout prépondérante. Il arrive que l'Histoire ne représente plus guère qu'un simple décor à l'intérieur duquel se dessinent les caractères (par exemple, les romans situés au XVIIIe siècle de Léon Garfield). »[3]

Même quand les récits s'élaborent autour d'une figure célèbre, par exemple celle de Gengis-Khan (*Le loup bleu, Le roman de Gengis-Khan,* 1960, de Yasushi Inoue), ils se développent, dès la seconde moitié du XXe siècle, à partir de l'évolution intime et complexe du héros. Autour de quelques données biographiques fragmentaires, l'écrivain japonais cherche à expliquer dans la personnalité du grand chef mongol la raison de son inexorable besoin de conquête. A ce héros mythique, il attribue une paternité douteuse. Enfant taciturne et renfermé, Gengis-Khan est tourmenté par ses origines incertaines. Devenu un adulte énigmatique, le protagoniste est toujours en quête de son identité. A cette figure historique étoffée par l'auteur au point de lui faire prendre la dimension d'un fascinant personnage fictif, la conjonction de l'épique, du réel et de l'imaginaire confère sa grandeur.

Le lien entre les temps anciens et modernes est fréquemment assuré par les protagonistes juvéniles : « En effet, le jeune lecteur, extérieur aux événements historiques, entre dans l'Histoire en s'identifiant au jeune protagoniste. Il est stimulé à se demander si, placé dans des circonstances identiques, il saurait exercer son intelligence et son imagination pour offrir une égale résistance aux obstacles. Si l'évocation des sociétés du passé contribue à former la conscience historique, elle est aussi le cadre où l'écrivain renvoie à l'enfant/adolescent une image de lui-même dans des mondes différents. »[4]

Le roman historique actuel, quand il est centré sur un enfant ou un adolescent, a pris la forme d'un roman de maturation. Il montre comment le héros se développe en affrontant au jour le jour les conditions, souvent très pénibles, de la vie d'autrefois. C'est ainsi, par exemple, qu'un roman de Géraldine McCaughrean, *A Little Lower than the Angels* (1987, Whitbread Literary Award for Children's Novel) offre parallèlement l'image d'une Angleterre médiévale et celle de l'aventure psychologique d'un garçon de onze ans réfugié dans un théâtre ambulant. Gabriel, apprenti maçon, a fui un maître brutal. A la peinture des dures conditions de vie des premiers acteurs, objet de mépris, s'intègre l'évocation d'un enfant solitaire et naïf contraint de faire son apprentissage des adultes loin de ses parents. D'autre part, on observe ici comme dans maint roman

---

3   *Le passé et sa transmission,* article cité, p.135.
4   *Ibid.,* p.135-136.

que le point de vue d'un héros incapable de mesurer lui-même l'étendue
de l'horreur au sein de laquelle il vit limite le rendu de la violence. Si
l'écrivain s'en tient à l'image de la réalité telle qu'elle est perçue par
l'enfant, c'est de l'écart entre le dit et le non-dit que ressort la véritable
dimension de situations parfois monstrueuses (voir plus loin, Jona
Oberski, *Années d'enfance*, 1978). En fait, l'horreur n'est pas atténuée,
elle est seulement moins crue. Elle résulte d'un mécanisme d'allusion et
de suggestion.

L'engouement à présent du jeune public pour le roman historique
s'explique donc par la variété des périodes évoquées – des motifs
récurrents tels que l'esclavage, l'injustice sociale et la discrimination sont
à relever – et le talent d'écrivains contemporains, habiles à associer
l'Histoire et la fiction en s'appuyant sur des personnages dessinés avec
vivacité et appréhendés, non moins que dans le roman réaliste, dans leur
vérité psychologique. Relevons en passant l'écueil de la couleur
historique à la mode d'aujourd'hui : un insaisissable anachronisme. Il est
en effet très difficile, voire impossible, de cerner les états d'âme d'un
jeune Gaulois et de les adapter dans le récit au rendu de *sa* vision du
monde. Apprécier cette nouvelle manière, pourtant bien rajeunie, revient
en conséquence à accepter une certaine – et subtile – convention. Subtile,
car d'un autre côté l'honnêteté reconstitutive n'a jamais été aussi
rigoureuse.

D'une langue à l'autre, les narrations historiques bien documentées,
agréables et captivantes sont nombreuses (voir les récits de Bertrand
Solet – entre autres *Il était un capitaine*, 1972, sur l'affaire Dreyfus).
Elles occupent une large place au sein de la production romanesque de
certains pays, telle la Flandre où l'on compte plusieurs bons auteurs en ce
genre (Jessy Marijn, Johan Ballegeer, Ed. Franck…).

En Grande-Bretagne, Rosemary Sutcliff, Hester Burton,[5] Léon
Garfield et Barbara Willard, considérés généralement comme les quatre
meilleurs auteurs de romans historiques récents, ont consacré la majeure
partie de leur production à cette inspiration littéraire.

Au long de huit romans publiés dans les années soixante-dix (le
quatrième de la série, *The Iron Lily*, 1974, fut couronné par le Guardian
Award), Barbara Willard, écrivain douée d'un grand pouvoir
d'évocation, a raconté, des Plantagenet à Cromwell, deux cents ans

5   Des œuvres de R. Sutcliff et H. Burton ont été traitées dans les chapitres
     précédents.

d'Histoire. « Mantlemass », un manoir entouré de forêts situé dans le Sussex, soude les siècles les uns aux autres. Ce domaine est le cadre unique où se déroule la vie de deux familles observées à travers ses différentes générations. Elles subissent le contrecoup de la chute de Richard III, des conflits religieux, des affrontements avec l'Espagne et de la guerre civile. La nature, les lieux, ont pour cet auteur très attachée à sa région natale, une importance au moins égale à l'évocation des époques historiques.

Un roman plus tardif, *La saison des moissons* (*The Farmer's Boy*, 1991) charme encore par sa description de la campagne au siècle dernier. Le héros, Harry Hoad, un petit orphelin, est contraint dès l'âge de huit ans à s'occuper des travaux des champs. Le départ de ses frères et sœurs, en particulier de Luke qui « se chargeait du gros de la besogne » oblige bientôt ce courageux petit gaillard à assumer la responsabilité de la ferme de son grand-père devenu trop vieux. Cependant, Luke s'est rendu coupable « du crime abominable d'avoir volé le gibier du puissant lord ».[6] A l'instar des autres braconniers, il est condamné. Chargé de chaînes, il est embarqué pour l'Australie occidentale, où il travaillera jusqu'à la fin de ses jours.

Les héros des romans picaresques d'atmosphère historique du talentueux romancier Léon Garfield sont de jeunes orphelins lancés dans un monde interlope de bandits et d'assassins. Certes, leur détresse provient de leurs misérables conditions de vie, mais surtout de la difficulté qu'ils ont à s'en sortir parce que jeune âge et inexpérience ne permettent pas à ces non-adultes de déchiffrer leurs aînés. Dans le sillage de Jim Hawkins, tout à la fois attiré et terrorisé par le pirate unijambiste Long John Silver, les protagonistes juvéniles de Garfield se définissent au gré de leurs rapports avec des adultes de moralité douteuse, qu'ils observent avec un dégoût curieusement mêlé de fascination.

A ses grands romans des années soixante (*Jack Holborn*, 1964; *Smith*, 1967; *Black Jack*, 1968), Léon Garfield ajoute de nouveaux récits inspirés par le vieux Londres aux XVIIIᵉ et XIXᵉ siècles. John Diamond (*John Diamond*, 1980) de même que Petit Crampon (*La Rose de Décembre, The December Rose*, 1986), le jeune et minuscule ramoneur tout à tour « noir comme votre chapeau » à l'instant où il déboule de la cheminée dans un luxueux salon et y fait voler en éclats vases, bibelots et buste de la reine Victoria, mais à peine lavé redevenu « blanc comme un

6   B. Willard, *La saison des moissons,* Gallimard Jeunesse, 1993, p.30.

os de poulet », appartiennent tel Smith, le petit pickpocket du roman homonyme, à la catégorie des gamins traqués par des policiers ou des assassins. L'auteur nous sensibilise à leurs émotions, à leurs peurs et à leurs doutes quand, pris malgré eux dans un engrenage d'aventures terrifiantes, ils sont poursuivis dans les bas-fonds de la capitale. Les ruelles malfamées, véritables coupe-gorge, agglutinées autour de la cathédrale St. Paul, les sinistres impasses, les auberges puantes où des enfants pouilleux s'attablent devant des chopes de genièvre, les cheminées étroites et enfumées, n'ont plus rien à leur apprendre. Sur les traces de Dickens, Garfield continue à enchevêtrer le sérieux et le burlesque. Son style impétueux, haletant et ludique, rehaussé de constantes métaphores, sait merveilleusement faire voir, rêver et rire. Sa truculence ragaillardit les tableaux les plus tristes. Des détails authentiques initient le lecteur à l'Angleterre des siècles passés, comme en témoigne ce suggestif début de *Smith* :

> Il s'appelait Smith et il avait douze ans. Ce qui était déjà un miracle, car on aurait dit que la petite vérole, la tuberculose, la fièvre cérébrale, le typhus et même la corde du bourreau s'étaient gardés de l'approcher de peur d'attraper quelque chose. Ou alors, ils n'étaient pas assez rapides.
> Smith avait une agilité remarquable, et une façon de détaler dans les ruelles ou de disparaître dans les impasses qu'il fallait voir pour y croire. Ce n'était pas qu'on le voyait souvent, car Smith était une espèce de lutin barbouillé de suie qui hantait le Londres de la violence et des maisons délabrées.[7]

L'Américaine Paula Fox (Prix H.C. Andersen 1978) est l'auteur, entre autres, d'un remarquable roman historique d'aventures maritimes, *Le voyage du négrier* (*The Slave Dancer*, 1973). Cette œuvre saisissante raconte la traversée (1840) d'un négrier américain en route pour l'Afrique où il doit renouveler son « stock » d'esclaves. A la Nouvelle-Orléans, un jeune joueur de fifre, Jess Bollier est enlevé à sa famille et embarqué de force sur le sinistre bateau pour y faire danser sur le pont des esclaves exténués et munis de leurs chaînes, façon pour le capitaine de leur conserver un semblant de bonne santé !

Le récit est raconté à la première personne par l'adolescent de treize ans. L'auteur lui fait décrire ses sentiments et ses émotions avec une extraordinaire pénétration psychologique. Jess se sent anéanti lorsqu'il découvre progressivement comment les hommes se traitent les uns les autres. Il observe les matelots, ce qui nous vaut une belle galerie

---

7   J. Garfield, *Smith*, Librairie Générale française, LP Jeunesse, 1984, *incipit*.

de portraits. Il apprend à se méfier du capitaine et de son second. Leur cruauté est sans bornes. Quand Jess se rend compte du degré d'avilissement auquel est tombé tout l'équipage dans son comportement à l'égard des esclaves, c'est l'humanité tout entière qu'il rejette et son dégoût englobe et les bourreaux et leurs innocentes victimes :

> Je pris alors conscience de quelque chose qui me terrifia : je détestais les esclaves, leurs piétinements, leurs hurlements, jusqu'à leurs souffrances et la façon dont ils recrachaient sur le pont leurs aliments. Je détestais les seaux de latrines si pleins qu'il me fallait toute ma force pour les vider. Je détestais la puanteur qui montait des cales, qu'elle que fût la direction du vent, comme si le bateau entier était rempli d'excréments humains. Je ne sais pas ce qui me retenait d'arracher à Spark sa corde goudronnée et de battre ces Noirs moi-même. Et je souhaitais qu'ils fussent tous morts. Ah ! ne plus les entendre ! Ne plus sentir leur odeur ! Ne plus savoir qu'ils existaient !⁸

Malgré son envie d'agir, Jess ne peut intervenir. Toutefois, il trouve le moyen de faire comprendre sa connivence à Ras, un adolescent noir de son âge. A deux, ils s'échapperont du *Moonlight* avant qu'il ne coule (on dit qu'en 1841, un vaisseau négrier a réellement sombré dans la baie du Mexique). Les deux garçons sont les seuls survivants. Jess rejoindra sa famille à la Nouvelle-Orléans et Ras la liberté dans un des Etats du Nord en attendant l'abolition de l'esclavage dans les Etats du Sud, en 1865, à l'issue de la Guerre de Sécession. Le premier mènera une vie paisible, car « le temps amollit les souvenirs, leur donne la souplesse de la pâte à modeler ».⁹ Mais, plus jamais, Jess ne pourra entendre de la musique. Dès la première note d'un instrument, il perçoit « la voix aigre de son fifre » couverte par le cliquetis de fers.¹⁰

Katherine Paterson, Américaine elle aussi mais née en Chine, a consacré trois romans au Japon, où elle a vécu quatre ans. Les deux premiers se passent au Moyen Age et campent des enfants de samouraïs, le troisième au XVIIIe siècle. Ce dernier, *Le voleur du Tokaïdo* (*The Master*

---

8   P. Fox, *Le voyage du négrier*, Hachette, 1979, p.98-99.

9   *Ibid.*, p.184.

10   A l'époque romantique, Alexandre Dumas avait créé un personnage de capitaine, notamment négrier. L'éditeur Fernand Nathan publia en 1934 une adaptation pour la jeunesse du *Capitaine Pamphile* (1839). « Le capitaine Pamphile estimait que le commerce s'étend sur une vaste échelle et qu'un esclave africain était, à l'occasion, aussi facile à vendre qu'une tonne d'amandes de cacaoyers ou qu'une barrique de vins des îles. » (éd. Nathan, p.8-9). Chez Dumas, on vient de l'entendre, tout est pris à la légère.

Puppeteer, 1975), a pour cadre Osaka – la famine y domine alors la vie des habitants – et en particulier son théâtre de marionnettes (Bunraku), où Jiro, le petit héros, devient apprenti. Sa vie « professionnelle » sous la coupe de maîtres durs et très exigeants qu'il faut saluer bien bas est d'autant plus pénible qu'il se sent harcelé par ses problèmes intimes. Sa mère ne lui a jamais pardonné d'avoir survécu à ses autres enfants, victimes de la peste. Le gamin met tout en œuvre pour obtenir son affection et la reconnaissance de son identité. Anxieux de susciter l'admiration maternelle, il n'hésite pas à affronter le danger dans les rues d'Osaka désorganisée par des bandes faméliques. Le suspense émane d'une présence occulte, celle du personnage de Saburo, mystérieux bandit. Insaisissable, ce Robin Hood nippon vole aux riches pour aider les pauvres.

En Allemagne, Hans Baumann publie depuis les années cinquante des récits d'aventures sur fond historique où il défend un idéal d'entente entre les peuples et les races. La modernité de *J'ai bien connu Icare* (*Flügel für Ikaros*, 1978) relève de la transformation d'une légende de la mythologie grecque en drame psychologique. L'auteur retrace l'évolution d'un fils (Icare) qui, pour s'affirmer et se libérer de l'emprise d'un père inflexible et tyrannique, ne trouve d'autre solution que de se suicider dans la mer. La légende raconte en effet qu'un premier Icare, fils de Dédale, avait été précipité dans la mer pour s'être approché de trop près du soleil, la chaleur ayant fait fondre la cire qui maintenait ses ailes.

La grande réussite de *Hypathia* (1988), d'Arnulf Zitelman, réside dans la reconstruction rigoureuse et colorée d'une époque et dans la peinture de rapports humains fondés sur le respect, l'affection ou au contraire l'antagonisme, mais toujours entre des personnages bien individualisés.

L'auteur s'est inspiré d'une figure historique, Hypathie, mathématicienne et philosophe grecque qui vécut au début du Ve siècle après J-C, à la fin d'une époque, celle de la suprématie gréco-byzantino-romaine. Elle enseigna la philosophie (Platon et Aristote) à Alexandrie.

La narration se concentre sur Alexandrie, ville bourdonnante où le mélange de populations diverses (Egyptiens, Juifs, Chrétiens) provoque de violents antagonismes religieux et politiques. La ville et ses habitants sont observés par Thonis, copiste égyptien âgé de seize ans et à peine débarqué d'Antioche où ce jeune esclave a été affranchi dès l'âge de quatorze ans par sa patronne lorsqu'elle entra en religion. Il devient le secrétaire d'Hypathia et se lie avec les membres de sa riche maisonnée. Il tombe amoureux de l'intendante, Thisbé, avec qui il aura ses premiers rapports sexuels.

Tout irait bien si des Chrétiens, menés par Petrus, qui autrefois à Antioche avait servi de père à Thonis, ne voulaient obliger l'adolescent à espionner Hypathia. L'évêque Cyrille, misogyne et fanatique, redoute son influence politique. Thonis, qui refuse de trahir la confiance de sa maîtresse, est violemment agressé par les sbires de Petrus. Il accompagne Hypathia en Grèce où elle veut interroger les dieux sur la politique qu'elle doit mener à Alexandrie.

Le jeune homme s'est de plus en plus attaché à cette femme de grand ascendant, passionnée et intelligente. Il a suivi ses cours et pris conscience du rôle qu'elle a joué dans ses progrès vers la maturité :

> Elle essayait d'éliminer la pesanteur, de questionner sans relâche, jusqu'à ce que ses élèves apprennent à dominer les choses, à penser librement.[11]

Cyrille la fera massacrer par la foule.

Cette œuvre bien construite, dense et nuancée, illustre à la fois le grand dévouement et l'intolérance des chrétiens; elle met également en lumière l'excessive neutralité du platonisme entre tyrannie et démocratie :

> Le philosophe, – dit Hypathia à propos de Platon – nous le voyons maintenant, est l'opposé de l'homme de pouvoir qui ne pense qu'à l'argent, à la possession et à la jouissance. Voilà pourquoi Platon veut confier au philosophe – ou, plus exactement, à la philosophie – le soin de gouverner la cité. Son rôle est de protéger la cité de la dictature comme de la suprématie du peuple.[12]

Le lecteur d'Hypathia conclut à une bien tenace persistance des préjugés et du fanatisme, à l'origine de mainte violence, antiféministe ou antisémite (on mettait déjà sur le dos des Juifs la responsabilité d'actes qu'ils n'avaient pas commis), s'ils n'ont pas été éradiqués depuis ce lointain passé !

La Norvégienne Torill Torstad Hauger décrit ses ancêtres au Xᵉ siècle sans aucune complaisance. Servi par un style simple et alerte, *Prisonnier des Vikings* (*Rovet av Vikinger*, 1978) illustre l'adaptation à de très pénibles conditions d'existence de deux petits Irlandais, frère et sœur, arrachés brusquement, lors d'un raid viking, à un paisible village de leur île

---

11   A. Zitelman, *Hypathia*, L'Ecole des loisirs, Medium Poche, 1990, p.211.
12   *Ibid.*, p.211-212.

natale. Soumis à « ces féroces guerriers du Nord », ils observent à leurs dépens comment ces derniers traitent leurs esclaves. Les enfants, contraints de changer de nom, perdent leur identité. Cependant, unis comme ils le sont par l'affection et, de plus, soutenus par la solidarité entre prisonniers, les souvenirs de leur foyer irlandais contribuent à leur tour à rendre quelque peu supportable leur vie chez les étrangers :

> – La porcherie est un lieu idéal pour un petit esclave comme toi, ricana Orm le Viking en pinçant l'oreille de Reim. Vas-y, abats de la besogne !
> Les premiers jours Reim avait fait une moue de dégoût. La maison de pierre était sale, basse et boueuse et il y régnait une odeur nauséabonde. Mais il se força à penser à ce qu'avait dit grand-mère Gaélion lorsqu'ils avaient dû aller chercher les chardons, dans les champs, chez eux en Irlande. « On s'habitue à tout, à ce qui pique comme à ce qui brûle. »[13]

Le roman historique se confond souvent avec un simple roman d'aventures et de mœurs surannées. William Camus, romancier français descendant d'Iroquois, a raconté avec bonheur la vie des Indiens et des pionniers au temps de la colonisation de l'Ouest américain (dès le XVIIIe siècle).

Percer à jour les motivations des adultes, tel est le sport et aussi la tendance innée du jeune héros et narrateur du premier des récits (*Le Faiseur-de-pluie*, 1982) que Camus construit autour de Pete Breakfast. A l'instar de tant d'autres protagonistes juvéniles de romans historiques (cf. ceux de Garfield) et réalistes, la vie de Pete (onze ans, orphelin de mère) va dépendre de l'honnêteté de l'adulte auquel des circonstances exceptionnelles l'obligent à accorder sa confiance. Après la mort inopinée de son père, faux prédicateur qui s'adonnait à la boisson, l'enfant ne se fait plus d'illusions sur les adultes. L'orphelin passe d'un patron à l'autre avant de suivre pas-à-pas un galvaudeux plein de ressources. A l'égard de Gaho, « Docteur en Phénomènes naturels » (et d'ailleurs le « Faiseur-de-pluie » en question), le garçon trahit une continuelle perplexité. A la fois séduit et déconcerté par cet homme mystérieux, Pete Breakfast se jure « d'ouvrir tout grand ses yeux et ses oreilles ». Il finira par comprendre que ce rebouteux, au mieux ce magicien, est un vrai escroc, un profiteur mais néanmoins un homme de sagesse, grand connaisseur de ses semblables et imperméable à l'opinion d'autrui. Malhonnête peut-être, mais chaleureux et réconfortant ! C'est avec

---

13   T. Thorstad Hauger, *Prisonnier des Vikings*, Flammarion, Castor Poche, 1993, p.73-74.

émotion et humour que l'auteur analyse dans une passionnante histoire de
l'Ouest, du « Far West », ces relations fluctuantes entre les deux
aventuriers, le grand et le petit. De nouveau un petit Hawkins dans un
sens qui renouvelle la fascination pour des figures louches... et
passionnantes.

Les romans de Joëlle Wintrebert séduisent par leur écriture très
personnelle, une sérieuse recherche historique et le souci de l'identité
juvénile. *Comme un feu de sarments* (1990) se rapporte à l'agitation des
viticulteurs de l'Aude et de l'Hérault au début du siècle. Grèves et
insurrections se multiplient. La fraude sur des vins trafiqués – et la
corruption à l'arrière-plan – sont cause de mévente. Les faits et le climat
social sont interprétés par Gabrielle, une narratrice de seize ans.
Parallèlement à la révolte des vignerons s'accomplit la rébellion intime
de la jeune fille, personnage central du roman. Intelligente, ardente
féministe, assoiffée de lectures et de connaissances, elle se dresse contre
une mère qui l'empêche de lire et de continuer ses études. La mère traite
sa fille de vermine, elle la bat et n'hésite pas à décrocher le fouet.
Comment Gabrielle ose-t-elle se plonger dans la lecture des *Chants de
Maldoror* : « [...] des cochonneries pareilles, Satan lui-même ne pourrait
pas les digérer ». L'adolescente finit par se réfugier chez une tante, sœur
de sa mère, qui lui a toujours prêté des livres en cachette. A Narbonne,
Gabrielle se joint aux manifestants. Elle ne rentrera au foyer qu'après
avoir imposé son émancipation; d'ailleurs bien décidée à suivre une
carrière de journaliste.

Joëlle Wintrebert confère du relief à ses personnages, non seulement à
son héroïne et à sa mère, mais aussi au grand-père de Gabrielle, « un
rouge », fier « d'être né pendant la révolution de juillet 1830 et d'avoir
été de ceux qui provoquèrent en 48 l'abdication de Louis-Philippe et la
proclamation de la IIe République ». Outre l'analyse psychologique
d'individualités bien tranchées, l'univers quotidien de l'époque
reconstitué avec justesse sollicitent l'intérêt du lecteur. Epoque en effet
où le souci, par exemple, de l'hygiène et du confort, s'affirment, en
rupture avec une existence pratiquement inchangée depuis des siècles. On
y voit apparaître – une vraie révolution ! – toilettes, salles de bain,
chauffe-eau pour la première fois en milieu populaire.

Autant qu'un moment de l'Histoire, l'attrait pour certains lieux et
certains paysages (cf. Barbara Willard et sa série des « Mantlemass ») est
à l'origine de récits évocateurs. La désolation du désert traversé enseigne

la vie à Gol au même titre que Jérusalem et le palais du roi Salomon. Ce Gol, Nubien muet qui s'est enfui de chez lui est le protagoniste d'une œuvre de Pierre-Marie Beaude *Le Muet du roi Salomon* (1991), belle épopée biblique, irradiée de philosophie et écrite dans une langue suggestivement rythmée. L'auteur fait alterner dans l'analyse, chacune d'entre elles avec tout son monde intérieur, quatre personnes que la vie a rapprochées.

Les femmes, traitées à l'époque comme des objets de troc, souffrent de leur dépendance et de leur soumission. Elles expriment une énorme insatisfaction, l'épouse du roi Salomon non moins que la compagne de Gol, Cippora. C'est seulement à la fin de sa vie que la reine Nedjemt, pourtant fille de Pharaon, se sent enfin exister. Quant à Cippora, elle a dû fuir pour qu'on ne la marie pas de force à l'âge de dix-sept ans. Elle revendique une liberté absolue qu'elle ne trouvera que dans les sables du désert où elle rencontre Gol. Gol, l'infirme muré dans son silence, à qui Salomon n'avait pas su en un premier temps rendre justice – il l'avait fait enfermer pendant des années dans un de ses cachots – sort de son isolement à son retour au palais; le roi le nomme intendant et l'autorise à apprendre à lire et à écrire sur des morceaux d'argile et de papyrus. Maintenant le Nubien peut communiquer avec ses semblables. Pour ce qui est de Salomon, l'auteur le montre sur le déclin. A l'encontre de la tradition biblique, ce portrait de pure fiction[14] n'est pas du tout idéalisé.

Tous ces personnages qui souffrent dans ces temps anciens d'un mal de vivre individuel et revendicateur ne seraient-ils pas des projections de l'idée de liberté propre au XXe siècle ? Anachronisme psychologique, féminisme rétrospectif ? Le rapport au présent, dans le roman historique, entraîne nécessairement, on l'a vu, la modernisation comme une sorte d'écueil au projet de reconstitution ou de résurrection.

Considéré comme le meilleur roman de l'écrivain flamand Jessy Marijn, *Vogels voor de kat* (1981; littéralement « Des oiseaux = des souris pour le chat ») retrace la vie harassante des enfants au travail, soit à la maison, soit aux champs ou à l'usine, dans la Flandre du XIXe siècle soumise à une très grande pauvreté. L'auteur sensibilise les lecteurs aux conditions de vie d'autrefois par une description très vivante.

---

14   L'auteur s'en est expliqué. Voir à la fin du volume : A propos du « Muet du roi Salomon ». P.-M. Beaude, *Le Muet du roi Salomon*, Gallimard, Page blanche, 1989.

Un autre écrivain belge, de langue française cette fois, Nadine Monfils, a remporté un vif succès avec *Les fleurs brûlées* (1990). Ici le passé se conjugue au présent car l'héroïne, fille de La Brinvilliers, célèbre empoisonneuse du XVII siècle, devient le symbole de tous les enfants de criminels quelle que soit l'époque à laquelle ils appartiennent. Ainsi, des enfants de collaborateurs ont pu, de notre temps, raconter leur itinéraire et leur situation personnelle. L'auteur nous rend très proche la douloureuse trajectoire de Marie-Madeleine, travaillée par sa haine filiale, vers le retour à la paix de l'âme.

C'est autour d'un adolescent que le romancier espagnol José Maria Merino choisit de bâtir un roman d'aventures situé au XVI siècle, *L'or des songes* (*El oro de los sueños*, 1986). Ici aussi féminisme et racisme (voir plus haut *Le Muet du roi Salomon*) imposent la continuité entre des temps éloignés et l'époque contemporaine. Espagnol par son père et indien par sa mère, Miquel Villacé Yolotl se cherche au croisement de deux civilisations antagonistes. On oblige cet adolescent rêveur à participer à un voyage de découverte, mais surtout de conquête. Le but est de ramener des richesses et de forcer les populations indigènes à se convertir au christianisme. L'auteur offre une image nuancée des ecclésiastiques. Il oppose au religieux fanatique et cruel, un personnage de frère d'une grande bonté, soucieux de répandre l'instruction. Les hommes se combattent sans cesse, armés de flèches, de lances, d'arbalètes et d'arquebuses. Un jour, Miguel, garçon de l'intérieur, découvre la ville. Soixante-dix maisons s'y pressent autour de trois énormes églises. Il remarque les ports égayés de caravelles et de brigantins. Au sortir d'une adolescence marquée par des aspirations contradictoires, il trouve enfin la sérénité :

> Ainsi, j'avais moi aussi l'âme en paix. Immobile, adossé à la selle, prenant cette nuit silencieuse non comme l'attente d'un autre jour mais comme un moment rond et plein en lui-même.[15]

Les femmes, dans le roman de Merino, jouent un rôle important. A l'égal des hommes, elles combattent et dirigent. Parfois travesties en hommes, il est vrai, ce qui inscrit J.M. Merino dans la tradition pittoresque, picaresque et espagnolisante des Gautier, De Quincey, Hérédia.

Au détour de passionnantes intrigues, le roman policier, à l'imitation d'autres genres, accueille lui aussi la résurrection du passé. *Croisière en*

---

15   J.M. Merino, *L'or des songes* (*El oro de los sueños*, 1986), p.194.

meurtre majeur (1993) de Michel Honacker est inspiré par des faits réels. L'auteur a eu connaissance des carnets de voyage de Tchaïkovsky qui fit la traversée Le Havre-New York en 1891, traversée au cours de laquelle un homme disparut en mer mystérieusement. La présence sur le paquebot du musicien russe qui parle de son passé justifie les retours à la situation politique, économique et sociale de la Russie vers la fin du XIXe siècle : tsarisme sur le déclin, émeutes dans les campagnes, industries paralysées par la guerre, famine, choléra…

Des exemples proposés ci-dessus il résulte que le récit historique moderne n'est pas une simple exhumation du passé fondé sur l'événement et l'héroïsme d'un héros. Ce qui donne son épaisseur au roman d'aujourd'hui, c'est la prédominance des personnages fouillés sur la pure mécanique de l'intrigue et une constante invitation à mettre en rapport ce qui est et ce qui fut. Cependant, il faut bien se demander où passe la frontière entre le roman *d'atmosphère historique* et le récit réaliste dont l'action est simplement décalée dans le passé. Disons que l'auteur du roman historique a à cœur de remettre en mémoire des sociétés disparues, différentes de la nôtre. Le passé n'est pas un simple prétexte à des éléments d'intrigue. La motivation de l'écrivain ne se réduit pas à la quête d'un décor rendu pittoresque par l'archaïsme des moyens de transport et d'éclairage. La réussite du roman d'atmosphère historique, privé d'événements et de personnages historiquement attestés, tient notamment à l'expression de sentiments indissociables de leur époque. Même si la base historique n'est guère plus que la toile de fond d'un roman de mœurs anciennes, lieux et moments du passé prennent de l'importance dans la mesure où ils conditionnent le contexte social et psychologique des personnages. Le héros fictif affronte les problèmes posés par une société bien précise. Le bonheur du jeune marionnettiste, héros de K. Paterson (*Le voleur du Tokaïdo*), par exemple, s'explique, en dépit de son dur apprentissage, par l'espoir de gagner un jour malgré tout sa vie dans une petite ville ravagée par la famine et où les bandits ont la haute main. Si *La flèche noire* (*The Black Arrow*, 1888) de R.L. Stevenson est à l'évidence un roman historique inspiré de personnages et de faits réels, *L'Ile au trésor* (*Treasure Island*, 1883), en revanche, dont la trame se déroule pourtant à la fin du XVIIIe siècle au fil des relations d'un jeune garçon avec un pirate, est bel et bien un roman d'aventures. L'auteur n'affiche aucune intention de reconstituer une société déterminée au travers de la psychologie de Jim Hawkins. En résumé, l'identité d'une époque donnée et la réalité historique des faits rapportés sont ici des éléments dont l'importance s'efface devant la simple ambition de reconstituer une atmosphère archaïque.

Pour conclure, c'est au lecteur lui-même qu'il revient de déceler l'éventuelle résonance « historique » des œuvres. *Tout* roman ne finit-il pas un jour par devenir historique ? Principe qui a déjà été évoqué du reste. Les lycéens d'aujourd'hui, soumis à l'enseignement obligatoire, ne passent plus des années de leur vie sur des vaisseaux négriers ou pirates. Qui sait s'ils ne sont pas sensibles à quelque résonance historique émanant d'un chef-d'œuvre de la littérature d'aventure ?

Le roman rétrospectif

La veine narrative des récits suscités par la Seconde Guerre mondiale, thème international par excellence, est loin de se tarir. Jusqu'à ces dernières années, elle a produit de très bons romans, denses de signification et variés dans les situations, les événements et les personnages. Un esprit de tolérance et de conciliation se dégage de l'ensemble de cette fiction. Les récits rétrospectifs sont d'autant plus riches et émouvants que le romancier cherche à retrouver les émotions et les sentiments qu'il éprouva autrefois lui-même, ou (en élargissant la définition du récit rétrospectif) telle personne âgée et proche aux propos emprunts de l'idée de transmettre. Toutefois, si les œuvres s'ancrent dans les souvenirs de l'adulte qui renoue avec un passé authentique, il faut néanmoins prendre en compte un léger penchant à l'idéalisation chez celui qui revisite sa jeunesse. Généralement, il se représente comme un enfant courageux, doté d'un grand esprit d'initiative et avide de résoudre mystères et secrets. Sa curiosité est ainsi un des ressorts de l'intrigue.

La vie menée par des jeunes que les circonstances exceptionnelles ont arrachés à leur entourage familial est l'objet de maint récit de valeur. Les protagonistes, séparés brusquement de leurs parents, doivent s'habituer à un nouveau milieu et aux individus les plus divers. Aussi, poussés précocement à s'interroger sur les événements et le rôle des adultes, ils émettent des jugements bien à eux.

Diverses sont les sous-catégories parmi lesquelles on peut ranger les romans sur la Seconde Guerre mondiale. A l'entrée de notre dernière période, les expériences rapportées sont, avant tout, depuis plus d'une décennie, celles d'enfants et d'adolescents évacués, accueillis par des familles inconnues ou dans des homes. Mais il y a aussi les déracinés :

par exemple, le roman autobiographique de Judith Kerr, *Quand Hitler s'empara du lapin rose* (*When Hitler Stole Pink Rabbit*, 1971) montre le grand désarroi d'une fillette contrainte de fuir d'Allemagne en Angleterre après un passage par la Suisse et un séjour en France qu'elle croit d'abord définitif. D'autres récits encore remettent en mémoire la vie de non-adultes condamnés à l'errance (voir pour rappel *Un sac de billes*, p.103), à la clandestinité ou même à l'internement en camp de concentration. Certaines œuvres sondent les pensées intimes des enfants déportés, de résistants et, jusqu'à celles des fils et filles de collaborateurs...

La vie de *l'enfant évacué* est racontée avec grande expressivité par Nina Bawden dans *La guerre de Fanny* (*Carrie's War*, 1973). Carrie (Fanny dans la traduction) a douze ans et son frère Nick dix lorsqu'ils quittent Londres et arrivent dans une petite ville galloise, à l'abri des bombardements. Ils vont devoir s'habituer à un milieu étriqué, bien différent de celui de leurs parents. L'histoire est racontée rétrospectivement à ses enfants par Carrie, redevenue jeune narratrice pour la circonstance. Mr. Evans, leur hôte, épicier de son état, est un homme désagréable. Ce puritain, tyrannique et pingre, se sert de sa religion pour priver les autres des plaisirs de la vie. Lou, sa sœur, ne fait pas le poids. Affectionnée mais timide, elle n'ose s'opposer à son frère. Nick, en particulier, un vrai goinfre, n'échappe pas aux cruelles corrections de l'épicier. C'est qu'il a dérobé des biscuits au gingembre dans sa boutique. Cependant, les enfants relativisent leurs impressions négatives quand ils apprennent que Evans a lui-même connu une jeunesse très dure. Son père est mort à la mine et l'orphelin a accepté des privations de toutes sortes pour élever sa sœur. Les relations entre les deux fratries, la non-adulte et l'autre, sont décrites avec finesse. Les hommes, mais aussi les lieux que Carrie a découverts pendant la guerre ont laissé dans sa mémoire d'adulte des souvenirs indélébiles :

> [...] elle marchait le long de l'étroit sentier où il quittait la haute crête, pour plonger dans le Bois du Druide. Les ifs dans le Bois étaient d'un vert sombre, et l'âge les avait tordus et couverts de bosses, comme des doigts arthritiques [...][16]

Ce temps de guerre vécu en milieu étranger a parfois été jugé par l'un ou l'autre écrivain comme une période franchement bénéfique. Penelope Lively, par exemple, auteur de *Going Back* (1975), roman écrit dans une

---

16   N. Bawden, *La guerre de Fanny*, L'Ecole des loisirs, 1991, p.199.

belle prose poétique jouant sur le non-dit et les raccourcis, s'est intéressée plus particulièrement au travail de la mémoire qui se meuble des souvenirs sans aucune mesure avec l'importance des événements :

> Les choses qui devraient compter – les jalons qui marquent la voie, les décisions qui font qu'une chose arrive plutôt qu'une autre – on les oublie... Il y a un temps passé, et un temps à venir, et un temps qui perdure dans l'esprit pour toujours.[17]

L'histoire d'enfants réfugiés dans une ferme du Somerset est racontée par l'un d'eux, Jane, revenue sur les lieux (comme la Carrie de Nina Bawden) à l'âge adulte. Elle revoit les années heureuses qu'elle y a passées avec son frère. L'atmosphère à la ferme était accueillante et joyeuse. On riait beaucoup, sauf durant les visites sporadiques de leur père, un homme autoritaire, colérique et conformiste qui n'a jamais su comprendre ses enfants, en particulier son fils. Elle se souvient très bien de la tactique que son frère et elle employaient pour le « contourner ».

La guerre, ils l'entrevoient au travers de leurs contacts avec un objecteur de conscience qu'eux seuls trouvent sympathique. D'ailleurs, leur père le chassera un jour de la ferme. Des échos des combats leur arrivent par la radio ou des bribes de conversation. Les mêmes mots reviennent sans cesse : Dunkerke, Général de Gaulle, Blitz, *we must dig for Victory...*

Un roman émouvant, *Bonne nuit, Monsieur Tom* (*Good Night, Mister Tom*, 1981; Guardian Award 1982), de Michelle Magorian, se centre sur la relation entre un enfant de neuf ans et un sexagénaire. L'auteur s'attache l'attention du lecteur par l'analyse d'une affection entre deux êtres qui finit par leur rendre la joie de vivre. Quand Tom Oakley, veuf inconsolable depuis la mort de sa femme, accueille en 1939 William Beeck, petit réfugié londonien, c'est un misanthrope. L'apprentissage de cette paternité de substitution ne sera pas tâche aisée. A son arrivée, Will est un enfant traumatisé. Cet orphelin de père a été maltraité par une mère cruelle, hystérique et bigote. Peut-être n'est-elle pas tout à fait normale. Dans les tous premiers temps, le petit citadin est malingre et craintif. Petit à petit, il se prend d'affection pour Tom, campagnard costaud, généreux, compréhensif et discret. Son nouveau bonheur, il le doit aussi à son amitié avec Zach, un autre petit réfugié, fils d'acteurs juifs. Zach est aussi passionné et extraverti que Will est renfermé. La guerre est loin pour

---

17   P. Lively, *Going Back*, Puffin Books 1986, Penguin Books, 1991, p.11 (trad. G.O.-v.P.).

Will, jusqu'au jour où Zach, retourné à Londres, meurt sous les bombardements. Cette tragédie lui fait comprendre notre vulnérabilité. Un jour, il observe cette même vulnérabilité chez son père adoptif vieillissant. Il comprend alors que son enfance est révolue.

Le thème de l'enfant évacué a encore été illustré dans le roman avec une grande vigueur d'évocation par un des meilleurs auteurs hollandais contemporains, Els Pelgrom. Cet écrivain s'est souvenue de sa vie de petite réfugiée, entamée à l'hiver 1944. *Les enfants de la huitième forêt* (*De kinderen van het Achtste Woud*, 1977; œuvre couronnée de prix prestigieux aux Pays-Bas et à l'étranger) donne une image fidèle et nuancée de la vie sous l'Occupation allemande. L'auteur retrace avec une belle sobriété l'année ou, fuyant les bombardements de sa ville natale d'Arnhem, elle a vécu dans une ferme isolée de la Veluwe, région de la Gueldre. La vie de Noortje, petite citadine, auprès des Everingen, fermiers hospitaliers et tolérants, était relativement paisible. Elle s'écoulait au rythme des travaux des champs en compagnie d'Evert, le fils des fermiers, devenu bien vite un inséparable compagnon de jeux et le confident de ses peines et de ses joies. Et pourtant, l'angoisse ne sera pas épargnée à Noortje. Indirectement, elle se trouvera entraînée dans la résistance. Voici comment.

Les Everingen ne ferment jamais leur porte aux personnes en danger : citadins fuyant les bombardements, résistants malades, parfois tuberculeux... En outre, ils ravitaillent une famille juive, un couple et leurs deux enfants, cachés au sein de la « Huitième Forêt » (c'est ainsi que Noortje appelle une forêt où les enfants n'ont pas le droit de pénétrer). Noortje doit assister la fermière en pleine nuit pour aider à la naissance d'un troisième enfant.

Le défilé incessant des visiteurs les plus divers enrichit l'univers quotidien de la très attentive petite adolescente de douze ans. Tous les midis des inconnus viennent s'asseoir à la table des fermiers. Elle a également l'occasion d'observer l'ennemi de près, entre autres un soldat allemand venu réquisitionner les produits de la ferme. Elle le trouve plutôt sympathique :

> L'homme avait un visage banal, peut-être un peu vieux, à l'expression chagrine. « S'il ne portait pas cet uniforme, pensait Noortje, on ne devinerait absolument pas que c'est un Allemand. Et on pourrait même le trouver gentil. »[18]

---

18   E. Pelgrom, *Les enfants de la huitième forêt*, Gallimard, Page blanche, 1990, p.10.

Elle verra d'autres Allemands, notamment des enfants soldats « garçonnets dans leurs uniformes et leurs bottes beaucoup trop lourdes pour eux » ! Cependant, la guerre devient tragédie quand la famille juive est découverte et emmenée. Seule Sarah, le bébé recueillie dès la naissance à la ferme, échappera à la mort. Certains souvenirs d'Arnhem obsèdent Noortje tous les jours, en particulier celui de son arrivée en retard à l'école parce que des colonnes d'hommes, femmes et enfants portant l'étoile jaune, poussés vers la gare sous la surveillance de policiers et de SS casqués, avaient la priorité ! L'alternance de ses souvenirs de citadine et des heures passionnantes de sa vie actuelle lui donne le sens de la relativité des choses :

> Elle ne pouvait s'empêcher de penser à toutes ces choses alors qu'elle regardait au-dehors le monde féerique, de la neige, des stalactites étincelantes et des noires forêts dans le lointain.
> – La guerre est décidément une chose bizarre, dit-elle à Evert. Très angoissante et pourtant si agréable parfois.
> – Horriblement agréable, répondit-il.
> Les branches crépitaient et fumaient en se consumant. La vieille Rachel entra en titubant et vint se coucher devant le feu, la tête sur ses pattes de devant. Elle cligna des yeux devant le rougeoiement des braises.[19]

Les enfants *abandonnés à eux-mêmes* en temps de guerre (on se souviendra d'un des tous premiers récits sur ce thème, *Le poignard d'argent, The Silver Sword*, 1956, de Ian Serraillier) ont mainte fois inspiré le romancier anglais Robert Westhall, un des écrivains les plus populaires auprès de la jeunesse de son pays, et qui a trouvé dans la Seconde Guerre mondiale une riche source d'inspiration. Le dernier livre qu'il écrivit avant sa mort en 1993, *La tête haute* (*Time of Trial*, 1994) y est encore consacré. Lui-même fut agent de transmission en 1941.

Chassy s'en-va-t-en-guerre (*The Machine Gunners*, 1975, Carnegie Medal 1976), écrit à l'intention de son fils alors âgé de douze ans, est une œuvre puissante inspirée à l'auteur par sa propre jeunesse. Il y dénude les réactions intimes des enfants que l'absence de leurs parents (pères militaires, mères absorbées par les problèmes alimentaires et l'entraide sociale) contribue à livrer à eux-mêmes au cours d'une période où les écoles sont fermées. Les gamins se regroupent en bande et s'organisent une société bien à eux, en dehors des grands.

---

19   *Les enfants de la huitième forêt,* p.131.

Chas McGill, le héros, est un adolescent indépendant et audacieux. Passionné par les armes, il veut à sa façon contribuer à l'effort de guerre. Avec l'aide de quelques camarades, dont une fille, il réussit à soustraire au regard des adultes une mitrailleuse retirée d'un bombardier allemand abattu en Ecosse. En fait, le récit est la transposition d'un événement réel. Une bande de moins de vingt ans, de *teenagers* hollandais, s'était emparée de la tourelle de tir d'un bombardier allié naufragé dans le Zuiderzee.

Non seulement Chas et ses amis dissimulent la mitrailleuse, mais ils cachent aussi Rudi, le pilote ennemi. Une bande rivale, dirigée par un adolescent violent et tout aussi passionné que Chas par les souvenirs matériels de la guerre, leur rend la tâche difficile et dangereuse.

Les nombreuses questions que se pose le héros, notamment sur la liberté dont jouissent les agents du Mal, accélèrent sa sortie de l'enfance :

> Chas observait l'église. C'est là qu'habitait Dieu. Si même Dieu n'était pas à l'abri d'Hitler, qui l'était ? Pourquoi Dieu *n'attrapait-il* pas Hitler à cause de tout ce qu'il était en train de faire ?… Où était *Dieu* ?[20]

La responsabilité des adultes le tourmente. Chas a toujours aimé son père qui, mieux que d'autres, savait se mettre à la place des enfants. A ses yeux, il représentait la force et la sécurité.

> Mais n'y avait-il plus d'adultes capables de vous mettre en sécurité ? Ils n'étaient pas capables d'arrêter les bombardiers allemands. Et n'avaient sauvé ni la Pologne, ni la Norvège, ni la France… Il regarda son père, vit un homme plus dans la force de l'âge, fatigué et impuissant. Il avait cessé d'être Dieu.[21]

Robert Westhall abandonne parfois ses protagonistes juvéniles pour faire place au héros animalier. Il se rattache ainsi à la tradition des récits fondés sur « l'interférence du fabuleux dans le quotidien » analysés au chapitre précédent. La tendance à intégrer le fabuleux au monde réel ne fera d'ailleurs que s'accentuer au cours de la période actuelle (voir plus loin « Le récit mi-fabuleux ».[22] Pour sa part, le romancier anglais mêle le

20   R. Westhall, *The Machine Gunners*, Piper, MacMillan Children's Books, 1994, p.56 (trad. G.O.-v.P.).
21   *Ibid.*, p.95.
22   On constate cette même tendance sur le plan d'une production infra-littéraire, en l'occurrence dans les séries de grande distribution spécialisées dans l'effroi. L'épouvante, dans les thrillers de Robert Laurence Stine (*Chair de poule*,

merveilleux au réalisme historique (Françoise Elman, à partir d'un contexte différent, cultive également cette hybridité des registres dans *La double chance de Juliette*, voir plus avant). Ici une chatte noire, symbole de vie, incarne dans *L'Odyssée d'un chat noir* (*Blitzcat*, 1989), autre très beau récit de l'auteur, la résistance à l'anéantissement, la fidélité et l'affection. Lord Gort – la chatte tient son nom du commandant du corps expéditionnaire britannique à Dunkerque quand les Allemands occupaient les ports français de la Manche – a décidé de retrouver où qu'il se trouve, dans une Angleterre sinistrée, son premier maître Geoff Wensley, pilote de la RAF. L'image de la chatte qui met bas, allaite et protège ses chatons vient en contrepoint de la vie qui reprend après les désastres. Douée, semble-t-il, du pouvoir magique de prévoir les bombardements, elle sauve des militaires et des civils.

La grande réussite du roman tient à sa dimension quelque peu fantastique, mais surtout à la constante alternance entre les images, remarquables de sobriété, de la sérénité – de la chatte – et de l'anéantissement, du moins matériel, dû au conflit. La destruction de Coventry sous les bombes allemandes est l'objet d'une excellente description (ingrédient pourtant dangereux; on le sait depuis Jules Verne) où s'impose la personnalité réconfortante du vieil Ollie, d'une famille de loueurs de chevaux de père en fils, qui s'emploie généreusement à organiser les secours.

Un des derniers romans de Westhall, *Les vagabonds de la côte* (*The Kingdom by the Sea*, 1990, Guardian Award en 1991), se construit autour d'un adolescent de treize ans, Harry. Convaincu que ses parents et sa petite sœur ont disparu dans les bombardements sur une ville côtière du Northumberland, région natale chérie de l'auteur, l'orphelin fuit une maison réduite à un amas de briques calcinées. Décidé à ne pas finir dans un orphelinat, il se lance, en compagnie d'un chien berger trouvé sur la plage, dans une longue errance le long de la côte. Elle sera émaillée d'autant de rencontres positives que négatives. Le héros de cette robinsonnade moderne, audacieux, débrouillard et entêté, parvient à survivre. Fort d'une liberté chèrement payée et de son expérience des hommes, il acquiert la maturité. La fin de ce beau roman a cependant de quoi étonner. Harry retrouve les siens, miraculeusement échappés aux bombardements. Son père, personnage sympathique à l'ouverture du récit,

---

quarante-trois titres en 1998 !) jaillit de la rencontre entre fantastique et réalité quotidienne dans un cadre familier.

est devenu tout le contraire à la fin. Ce changement d'attitude doit-il expliquer un excessif détachement filial de la part de Harry, maintenant entré dans l'âge adulte ? Peut-être une illustration de cette vérité : quand une page est tournée sur la vie antérieure, une nouvelle lucidité s'est installée.

On remarquera, à propos des œuvres de Robert Westhall, mais également de celles de Joseph Joffo, de Françoise Elman, d'Uri Orlev – voir plus avant – et de bien d'autres, que sur le roman rétrospectif se greffent aisément, en dépit de l'urgence de rappeler un passé autobiographique souvent atroce, les genres antérieurs ou du moins certains de leurs éléments : traits de merveilleux ici, aventure pure et simple là, ailleurs encore robinsonnade.

De leur côté, les romanciers continentaux évoquent les existences angoissantes des non-adultes, persécutés dans leur vie quotidienne, condamnés à la solitude et à l'errance, mais aussi, et c'est toute la différence, leurs épreuves en camp de concentration !

Années d'enfance (en néerlandais, *Kinderjaren*, 1978), de Jona Oberski, a ceci de remarquable que la déportation est racontée avec des phrases brèves et des mots simples dans le point de vue d'un très petit enfant. Son innocence empêche Jona de percevoir dans toute son ampleur la signification des situations inhumaines auxquelles il est soumis. Surtout sensible au froid, à la faim et à la fatigue, le petit s'étonne de son inconfort physique. La lecture entre les lignes fait ressortir la bouleversante opposition entre le dit et le non-dit, entre la naïveté du bambin et l'horrible réalité qu'il enregistre sans la comprendre. Cette importance du regard par rapport à l'insoutenable a déjà été évoquée.

Conduit en 1943 à Westerbork, puis au camp de Bergen-Belsen (on a fait croire aux Juifs qu'on les conduisait sur la Palestine), Jona, âgé de six ans, né en Hollande mais fils de réfugiés allemands, se sent malgré tout en confiance, rassuré par la présence de ses parents. Il supporte sa douloureuse vie quotidienne tant que sa mère est là pour le serrer contre elle, le cajoler et le consoler par son sourire affectueux. Véritable *leitmotiv* du discours de Jona, « ma mère » revient tel un refrain de tendresse. Jona nous raconte sa vie dans les baraques, la mort de son père, les blagues cruelles des enfants plus âgés que lui, les jeux au milieu des charniers, les transports dans des wagons fermés à clef et finalement la mort de sa mère devenue folle peu après sa libération. C'est alors seulement que le gosse se révolte. Il a presque huit ans. Désespéré, il tombe malade et refuse toute nourriture. Sa mère adoptive lui fera comprendre que même pour un orphelin traumatisé le moment de tourner la page et le temps de grandir sont venus :

> – Il faut pourtant que tu manges. Sinon tu vas mourir. Et nous ne voulons pas te perdre.
> Elle a attiré mon visage près du sien et m'a donné un baiser sur la bouche.
> Mes jambes se sont mises à trépigner. Mes mains ont saisi l'assiette et l'ont jetée par terre. Je l'ai piétinée en pleurant et en criant :
> – Tu m'as embrassé sur la bouche. Maintenant je vais mourir. C'est ma mère qui me l'a dit.
> Ma bouche s'est emplie de vomi. J'étouffais presque. Cela a jailli et s'est répandu par terre. Elle a eu les jambes éclaboussées. Elle a dit :
> – Regard ce que tu as fait. Nettoie-le. Tu n'es plus un bébé.
> Elle m'a donné un torchon. J'ai commencé à nettoyer.[23]

Toujours aux Pays-Bas, après les célèbres romans de Jan Terlow, Els Pelgrom et Jona Oberski, paraît encore dans les années soixante-dix *Oorlog zonder vrienden*, 1979, de Evert Hartman, publié en anglais sous le titre *War without Friends* (« La guerre sans amis »). L'histoire est originale. En effet, le héros n'appartient pas à un milieu de résistants, mais de collaborateurs. Comme son père épris d'idéologie nazie, convaincu de la supériorité de la « race » germanique, Arnold, quatorze ans, est membre du NSB (Mouvement national-socialiste créé aux Pays-Bas en 1931). L'auteur décrit très bien l'évolution de l'adolescent à partir de son adhésion aux thèses de son père jusqu'à leur refus total. Arnold saura se remettre en question, mais au prix d'une grande solitude, d'abord au lycée – complètement isolé dans sa classe, il est l'objet de brimades – et ensuite dans son propre foyer. Le récit d'Hartman est une convaincante mise en garde contre l'obéissance aveugle.

Il faudra plus de trente ans à Ida Vos pour évoquer ses propres expériences. Ce recul lui a permis de les raconter dans un langage simple et poignant. *Wie niet weg is wordt gezien* (1981, littéralement « On voit ceux qui ne sont pas partis »; en fait « Si t'es vu, t'es pris » d'où l'anglais *Hide and Seek* – cache-cache) est une réévocation qui relate la vie quotidienne sous l'Occupation avec ses multiples vexations, mais surtout l'humiliante obligation de devoir se cacher pour survivre. L'auteur nous ramène à la vie intime de la petite Rachel bouleversée par les interdictions imposées aux Juifs (de conserver un vélo, de s'asseoir sur un banc,

---

23   J. Oberski, *Années d'enfance*, Gallimard, Page blanche, 1993, à l'*explicit* du roman.

d'entrer dans un parc, d'user des moyens de transport; enfin, de ne pas porter l'étoile jaune), interdictions de jour en jour plus restrictives, obstacles insurmontables à son épanouissement, pris en exemples.

Remarquons la prépondérance numérique et qualitative, dans les récits concernant la Seconde Guerre mondiale, de ceux qui ont trait au sort des Juifs.

La belle et pathétique trilogie de *La loi du retour*, du romancier français Claude Gutman, publiée par Gallimard dans sa collection Page blanche – premier volet, *La maison vide*, en 1989 (Prix Ibby pour la France, 1990; Prix européen de la Littérature de Jeunesse, 1993) – se rapporte aux tragiques expériences vécues pendant la guerre par un jeune adolescent, David. Il a quinze ans en 1944. En fait l'auteur, né en 1946 en Palestine, relate la fuite de son père et les séjours forcés de celui-ci dans différents endroits après que ses parents, emmenés par la police française, l'ont laissé seul au monde dans la « maison vide » de Montreuil. Voici donc un exemple d'un de ces récits rétrospectifs fondés sur la biographie des proches dont l'importance au plan existentiel est capitale pour l'auteur-narrateur. C'est ici presque l'*inverse* de ces robinsonnades sur fond d'occupation ou de persécution qui, par contraste, doivent paraître quelque peu gratuites. Impression d'ailleurs tout à fait fausse, puisque *Un sac de billes*, narration presque détendue, aérée, est tout aussi réel.

Notons le jeu autour de l'aîné – témoin (voir le rôle des anciens) dont la vie est ici transposée en celle du narrateur. Cas particulier, donc, celui de l'appropriation dans le roman rétrospectif.

La force de *La maison vide*, ce livre de mémoire, tient à l'écriture haletante et rigoureuse et aussi à l'art de dire des émotions que la pudeur et l'humour empêchent de sombrer dans le mélo. Le récit tout entier est le cri de rage et d'incompréhension d'un adolescent qui a perdu toute confiance dans l'humanité. Il ne s'explique pas l'aveuglement de son père, d'autant que celui-ci avait tenu à ce que son fils sache comment il avait fui la Pologne après la mort affreuse de sa première femme et de leurs trois enfants, massacrés par une horde d'hommes ivres à coups de hache et de couteaux, dans un village isolé. Avant son arrestation, le tailleur juif demeurait convaincu qu'en France, pays de la liberté, il suffisait de respecter les lois pour vivre en toute tranquillité !

A son tour, David refuse l'oubli. Il ne peut réapprendre à vivre s'il ne s'est pas d'abord exorcisé de son désespoir en révélant la vérité :

> J'ai quitté mon cahier. J'y reviens. J'ai marché dans la campagne. J'ai couru. J'ai
> perdu mon souffle à hurler, à cogner des tatanes contre les arbres, les mottes de
> terre. Mais il faut que je revienne m'asseoir, que j'écrive, que je dise, même si je
> n'en ai pas envie, même si ma gorge n'est qu'une boule de haine, de pleurs, et que
> ma main tremble. Il faut que je respecte la volonté de papa. D'ailleurs, au-
> jourd'hui, est-ce bien la sienne ? – Quand il sera grand, qu'il aura fini ses études,
> il leur dira ce qu'on a vécu pour que jamais ça ne recommence. Il leur dira, tu
> verras...
> Mots qui reviennent comme à des millions d'années-lumière. Toutes proches, en
> vérité. Mais pour papa, il s'agissait de dire autre chose.
> Dire. Dire. Redire, même les plus petits détails. La promenade dans la campagne
> m'a fait comprendre. Et puis, papa, maman, dites que je vous reverrai ! Vous
> serez fiers de moi ! Maintenant c'est *moi* qui veux dire, *moi*.[24]

Le deuxième volet de la trilogie, *L'hôtel du retour* (1992) raconte
comment David apprend la mort de ses parents en déportation, le
troisième, *Rue de Paris* (1993), son voyage vers la Palestine sur un
bateau clandestin, son internement dans un camp britannique, sa vie au
Kibboutz...

Si les romans rétrospectifs sur la Seconde Guerre mondiale disent
l'horreur de l'Holocauste, ils ne cherchent guère à en expliciter la raison.
En les lisant, on a un peu l'impression qu'il n'y avait pas moyen d'éluder
une péripétie de l'Histoire, inévitable par nature, comme si les Juifs
n'avaient pas été tout au contraire les victimes d'un racisme séculaire
d'origine religieuse, très organisé, et aussi d'une idéologie outrageu-
sement nationaliste et colonialiste à partir du XIXe siècle.

Hubert Mingarelli, romancier français, est l'auteur d'un roman sobre
et poétique, *La lumière volée* (1993). L'innocence juvénile est confrontée
à l'horreur d'un quotidien presque sans espoir. L'histoire se passe dans
un cimetière où se réfugient deux jeunes Juifs, au voisinage du ghetto de
Varsovie. Pour lutter contre une terreur permanente, ils s'inventent des
histoires.

L'enfant caché évoqué dans le roman très fort de Berthe Burko-
Falcman (*L'enfant caché*, 1997; Prix Sorcières Roman, 1998) s'appelle
Esther. En 1942, elle a cinq ans.

> Un été, Esther fut confiée à un passeur. Il devait l'emmener loin de Paris. Chez
> des paysans. Derrière les montagnes aux sommets paisibles et arrondis. Pendant
> tout le voyage, l'homme ne lui adressa pas la parole. Esther n'oubliera pas son

---

24   Cl. Gutman, *La maison vide*, Gallimard, Page Blanche, 1989, p.34-35.

silence, l'odeur de la gare d'Austerlitz et les nuits dans des maisons, dans des trains. Partout, elle regretta de n'être pas dans son lit.[25]

Son lit, image indélébile d'un foyer chaleureux et sûr, Esther ne le retrouvera plus jamais. Au cours de sa fuite, elle est recueillie successivement dans une ferme, dans un orphelinat, chez une tante rendue apathique par le traumatisme des circonstances, pour se retrouver en fin de course à l'orphelinat. Le récit est rapide, le ton privé d'emphase.

La fillette est rebaptisée Estelle pendant l'Occupation. Dépouillée de son identité juive et contrainte de s'initier à la religion catholique, elle redevient Esther après la guerre. Sa personnalité se dédouble, entre le passé et le présent. La narration, plutôt complexe, s'appuie sur le journal que l'héroïne a écrit à des époques différentes. Elle met en lumière la difficulté de se restructurer une personnalité après la perte douloureuse de ses premiers repères affectifs. La jeunesse d'Esther « fille de plus personne » s'écoule sous le signe de la mort. Pendant très longtemps, elle refuse qu'on lui coupe ses épais cheveux noirs que les disparus ont encore connus. L'auteur porte avec une grande simplicité un témoignage remarquable sur la survie et le comportement, entre dissimulation et pudeur, des enfants cachés pendant la guerre :

> Maniè Miliband était sans illusions sur ses pupilles. Ils passeraient leur existence à se pardonner d'être vivants, à se chercher, se poursuivre, se trouver, se reconnaître, s'accoucher d'eux-mêmes dans les éternels enfants cachés qu'ils demeureraient. A tenter d'expulser l'enfant dissimulé dans les adultes qu'ils deviendraient. Il leur fallait donc un quotidien sans heurts, des vies dont l'apparence ordonnée masquerait leur désordre intérieur.[26]

Spécialement réussi à plus d'un titre, *La double chance de Juliette* (1992), de Françoise Elman, mélange les registres du réel et du fabuleux. En outre, le récit éveille l'intérêt par son humour, sa cocasserie et la qualité du rendu psychologique dans les portraits d'une fillette et de sa pittoresque grand-tante.

L'élément magique tient aux sauts dans le temps sur lequel se fond la division du roman en trois parties. Juliette, la petite narratrice, a neuf ans

---

25   B. Burko-Falcman, *L'enfant caché*, Seuil, 1997, *Incipit*.
       « C'est un récit parfait. Si sobre et si poignant qu'il semble incongru d'y ajouter une ligne. », écrit Florence Noiville dans *Le Monde* du 28 février 1997. Notons que le critique fait ici dans sa rubrique consacrée aux livres pour la jeunesse l'analyse d'un roman paru d'abord dans une édition tout public.
26   *L'enfant caché*, p.134.

en 1944, elle se retrouve en 1991 dans son quartier, mais cette fois privée de ses parents; dans la troisième partie du récit, elle retourne à l'année 1944, peu avant la Libération; ses parents s'étonnent naturellement de sa façon de s'habiller et ne comprennent pas qu'elle soit au courant des événements futurs, tel le débarquement du 6 juin... Quant à Juliette, elle se sent vivre dans l'angoisse de l'occupant allemand. Elle conserve les réflexes de la petite fille qu'elle fut autrefois. Elle vit toujours en 1991, dans les mêmes affres que jadis. Mais, tout en se croyant en pleine guerre, elle découvre avec stupéfaction les nouveautés : un Monoprix, la télévision, les bics et les jeans...

Ces bonds temporels magiques renforcent chez le lecteur un double sentiment, celui de la continuité des temps, mais aussi de leur fracture et du changement, pour autant bien entendu que le lecteur soit disposé à admettre une certaine irréalité psychologique : il n'est guère possible en effet de se sentir en 1991 dans l'angoisse de l'occupant. A moins bien sûr que ce ne soit symbolique. Françoise Elman rend tout cela crédible par son talent. Reste qu'on frôle le sentiment d'une construction gratuite, un rien artificielle.

Le roman de Françoise Elman met à son tour en valeur la relation privilégiée entre générations éloignées (comme dans *Le tigre dans la vitrine...*).[27] Quand sa grand-tante Irma fait irruption au foyer de Juliette, elle n'est pas bien accueillie par son père et ses frères. C'est l'époque où la petite Juliette, tremblante de peur, enfouit sa tête sous ses couvertures à chaque bruit de bottes allemandes dans sa rue. Si l'arrivée de la truculente Irma ne met pas fin à ses angoisses, elle va du moins contribuer à sortir la fillette de son ennui. Personnage haut en couleur, la vieille dame est totalement déphasée :

> Enfin il l'a tout de même ramenée, avec ses deux énormes valises, son carton à chapeaux, ses trois sacs, son immense parapluie à carreaux, et la petite malle en osier où elle met son chat Pilou. Il y en avait plein le vestibule. Elle a commencé à faire sortir Pilou du panier. Il est parti en s'ébrouant, il en avait vraiment assez d'être enfermé. Après, elle s'est assise sur sa plus grosse valise comme si elle se trouvait encore sur un quai de gare. Elle avait son vieux bibi mauve tout de travers sur ses cheveux rouges, et elle tapait des deux mains sur ses genoux, en balançant la tête de gauche et de droite en se lamentant...[28]

---

27 Sur le rôle charnière des aînés entre le roman rétrospectif et la fiction contemporaine, voir p.190.

28 F. Elman, *La double chance de Juliette*, Rageot-Editeur, Cascade, 1982, p.9.

Analphabète, elle parle le français avec un accent yiddish. Tout cela ne dérange pas Juliette. La fillette aime cette tante que les temps du malheur n'empêchent pas de rire aux éclats quand elle lui raconte une histoire de Bécassine ou de la famille Fenouillard. De son côté, la vieille dame lui raconte l'histoire des Hébreux et les traditions juives. Mais ce que Juliette veut entendre de préférence, ce sont les souvenirs d'Irma « de quand elle était petite », son départ de Roumanie, chassée par les pogroms, sa vie en France…

Sans doute n'est-il pas aisé de départager les romans rétrospectifs, genre fécond qui semblent atteindre son apogée dans le dernier tiers du siècle, des romans réalistes où un rôle majeur est attribué au personnage âgé, interprète de sa jeunesse. Ainsi du *Zaïdé* (1988), roman savoureux, plein d'humour et de sagesse, dû à Daniel Goldenberg. Il se passe de nos jours, mais un des protagonistes, une personne âgée, renvoie au passé par ses constants retours en arrière. Le roman est construit autour des criantes oppositions (âge, milieu, vision de la vie) entre une gamine de onze ans, Samantha Ganthaire, venue d'un milieu fortuné, s'investissant « exclusivement dans un présent frénétique » et le vieux Samy Kapel, habitant du quartier de Belleville, un nostalgique « adepte des souvenirs » qui refuse la vie moderne. Samy révèle l'Holocauste à Samantha et lui décrit sa vie pendant la guerre.

En Allemagne également, de bons romans sur la guerre ont fait leur réapparition. La production s'était quelque peu ralentie depuis la publication en 1961 de *Mon ami Frédéric*.

Béquille (1986) de Peter Härtling retrace le vagabondage, à la fin de la guerre, d'un petit orphelin affamé et angoissé, dans une Vienne défigurée sous la masse de ses décombres (on se souviendra chez Härtling le lettré, du décor du *Troisième Homme*). Thomas s'accroche à Béquille, un mutilé. Celui-ci va l'aider à survivre et à retrouver sa mère. L'histoire met l'accent sur la solidarité entre l'enfant et l'adulte. Le roman capte la faveur du lecteur par l'analyse des sentiments variés que Béquille éprouve tour à tour à l'égard de Thomas. Thomas aussi est peint avec vivacité. Pour sa part, l'enfant ne comprend pas la fluctuation des attitudes, de l'enthousiasme au refus, à l'encontre d'Hitler. La révélation de l'identité juive de deux généreux et dévoués amis de Béquille le stupéfie. En effet, il se souvient très bien que son instituteur avait écrit tout grand au tableau noir que les Juifs étaient les ennemis de la patrie.

La guerre de Rébecca (*Maisfrieden*, 1986), de Sigrid Heuck, a une portée de symbole et de synthèse. L'auteur dénonce le sort de tous les enfants que la guerre arrache brutalement à leurs parents. Ici, nous sommes en Allemagne. Un choc a fait perdre à Rébecca le souvenir de son identité. Il ne lui reste que son prénom. Celui-ci, associé à son physique de gamine aux yeux et aux cheveux noirs frisés, suffit à la faire rejeter. Elle est l'objet des brimades des autres fillettes recueillies dans un foyer d'enfants seuls, qui la traitent de « gitane ». Ses moments de bonheur, elle les vit avec Sami, dans le champ de maïs où cet enfant séparé de ses parents a trouvé un abri provisoire. Pendant de trop brefs moments, les deux amis oublient la guerre, avec ses combats aériens entre bombardiers volant à très basse altitude, dans un vacarme insoutenable. Ils se racontent des histoires. Rébecca croit Sami un peu magicien et si elle a confiance en son pouvoir, elle ne comprend pas pourquoi il ne peut arrêter la guerre :

> – Sami, s'écria-t-elle soudain dans l'obscurité. Si tu es vraiment magicien, pourquoi ne transformes-tu pas la guerre en paix ?
> – C'est impossible, répondit Sami.
> Le ton de sa voix était normal, comme s'ils ne s'étaient jamais disputés.
> – Il y a trop de gens qui font la guerre. Je n'ai pas assez de pouvoir.[29]

L'action de *Freundschaft für immer und ewig*, 1989 (« Amitié pour l'éternité »), de Tilde Michiels, se déroule avant la guerre, en 1932-1933. Comme dans *Mon ami Frédéric*, la persécution des Juifs tue dans l'œuf une amitié entre deux enfants. L'histoire est racontée dans le point de vue d'une petite allemande qui observe autour d'elle la montée graduelle du nazisme. Parmi les signes révélateurs, elle remarque les fréquentes allusions à Hitler, à l'appartenance de l'un ou l'autre voisin au parti socialiste, les premiers uniformes dans sa rue, les croix gammées, le remplacement de l'instituteur démocrate par une institutrice nazie... Elle perçoit les remarques de plus en plus désobligeantes à l'égard des Juifs; même le comportement de sa mère a changé. Elle souffre des méchancetés que doit subir son amie Esther. Ces brusques changements d'attitude l'amènent à se poser beaucoup de questions.

L'auteur a su rendre compte de la vie quotidienne de l'époque. A l'école, dans les foyers riches ou pauvres, dans la rue animée par

---

29　S. Heuck, *La guerre de Rébecca*, Rageot-Editeur, Cascade, 1989, p.148.

le passage des marchands ambulants et par les jeux des enfants (cerceau, marelle...).

Des écrivains devenus américains ont raconté la guerre telle qu'ils l'avaient vécue autrefois en Europe. D'autres, éloignés du champ de bataille, ont évoqué les expériences relatées par des amis : *Du soleil sur la joue* (*A Pocket full of Seeds*, 1973), par exemple, est le récit, écrit pour les plus jeunes, d'une histoire vraie (période 1938-1944) avec pour cadre Aix-les-Bains, transmise à Marilyn Sachs par une amie. *Compte les étoiles* (*Number the Stars*, 1989, Newbery Medal), de Lois Lowry, met en lumière la résistance danoise. On aidait les Juifs à s'enfuir en Suède. Au cours de 1943, une petite danoise de dix ans joue un rôle majeur pour sauver une famille. L'histoire, bien menée, est attachante par le rendu des émotions, mais elle n'a pas la puissance d'évocation des romans autobiographiques. Si elle offre le suspense d'un roman d'aventures, elle pèche d'autre part du fait de sa vision manichéenne : tous les bons sont unilatéralement d'un côté, les mauvais de l'autre.

A considérer les meilleurs romans rétrospectifs sur la Seconde Guerre mondiale (*Le Journal d'Anne Frank, La steppe infinie, L'Ami retrouvé, Années d'enfance, Les enfants de la huitième forêt, Sur la tête de la chèvre, Une île, rue des Oiseaux* – voir plus bas – *La maison vide, L'enfant caché*, etc.), on en vient à se demander si l'autobiographisme ne va pas dans le sens de la qualité.

Pour l'Américaine Betty Green, *L'été de mon soldat allemand* (1973) – il en a été question *supra* dans les pages consacrées au « préadolescent » – est bien davantage le roman d'une accession à l'âge adulte que celle des plaies dues à l'Histoire. D'autres écrivains d'un continent qui n'a connu ni occupation ni combat, sur son territoire du moins, se sont intéressés aux retombées de la Seconde Guerre mondiale vues sous l'angle du processus de maturation juvénile. Un autre exemple : les contacts très réticents à leurs débuts, entre un adolescent new-yorkais et une fillette juive traumatisée par la guerre (son père, résistant et juif, a été abattu sous ses yeux) sont le sujet d'un beau roman psychologique, *Alan and Naomi* (1981), de Myron Levoy. Ici encore, comme chez Betty Green, une relation insolite accélère la maturation du jeune héros. Alan finit par se prendre d'affection pour Noémi qu'il considère tout d'abord comme folle. Il se dévoue pour l'arracher à sa « schizophrénie ». C'est en aidant Noémi à s'en sortir qu'il mûrit lui-même.

Parmi les écrivains américains narrateurs de leur déchirante enfance européenne (cf. H. van Stockum, *Le Veilleur*, 1962; E. Hautzig, *La steppe infinie*, 1968; voir chapitre précédent), Aranka Siegal a dépeint ses jeunes années en Hongrie (*Sur la tête de la chèvre, Upon the Head of the Goat*, 1981) à partir des premières mesures anti-juives dont on croyait naïvement pouvoir s'arranger plus ou moins (on retrouve le renvoi à ce même état d'esprit dans les souvenirs de la Néerlandaise Ida Vos) jusqu'à la déportation de sa famille à Auschwitz. Piri a dix ans en 1939 et progressivement elle prend conscience qu'elle n'est pas pareille à ses amies chrétiennes. L'auteur n'a pas oublié les premières images que, fillette, elle s'était faites d'Hitler :

> Il est où en ce moment ai-je demandé d'une voix tremblante, imaginant un homme monstrueux qui avançait à travers champs en brandissant des armes aussi grandes que les poteaux de téléphone de Beregszàsz (sa ville natale en Hongrie).[30]

Aranka Siegal redécouvre son enfance, une époque de graduelle et suffocante angoisse, mais aussi les moments de bonheur quand chaque été on l'envoyait chez sa grand-mère à la campagne « où le climat et les saisons prenaient les décisions à la place des habitants ».[31] Elle évoque la nature avec une grande sensibilité. Au fil des pages, elle compose un bel éloge de sa mère, gaie, bavarde et rieuse en dépit des heures tragiques. Celle-ci a su lui transmettre sa « miraculeuse énergie ». A l'égard de sa grand-mère aussi, dont elle loue la clairvoyance, elle montre beaucoup d'affection.

Aujourd'hui israélien, Uri Orlev (Prix H.C. Andersen 1996) s'est remémoré sa tragique jeunesse en Pologne. *Une île, rue des Oiseaux* (1981, traduit de l'hébreu) a pour narrateur Alex, un garçon âgé de onze ans. Sa captivité dans le ghetto de Varsovie est racontée ici encore comme une robinsonnade forcée. Après l'arrestation de sa mère, le départ de son père et de tous les habitants de la rue, emmenés par les Allemands, l'enfant s'organise pour une survie très difficile. Dans son « île », une cachette *rue des Oiseaux*, il aura pour seule compagnie Neige, une petite souris blanche qu'il a apprivoisée, unique confidente de ses terreurs et de ses espoirs. Car de l'espoir, il en garde toujours. Avant

30   A. Siegal, *Sur la tête de la chèvre*, Gallimard, Page Blanche, 1987, p.21.
31   *Ibid.*, p.6.

de s'éloigner, son père ne lui avait-il pas crié : « Attends-moi, je viendrai te chercher ».

Assurément, la Seconde Guerre mondiale est un thème majeur du roman rétrospectif, mais il y en a d'autres. *Tonnerre, entends mon cri* (*Roll of Thunder, Hear my Cry*, 1976), de Mildred D. Taylor, est un superbe roman réaliste qui remet en mémoire la situation des Noirs en 1930, à l'époque de la Récession. L'auteur centre l'attention sur une famille noire du Mississippi, traditionnelle, très unie. Elle n'est pas pauvre car elle possède des terres. Les Logans, adultes et enfants, luttent pour leur survie en dépit des injustices et des humiliations, des lynchages et des meurtres. Aux préjugés racistes et à l'oppression, ils opposent une belle dignité et une grande loyauté.

En Europe, les romans de Klaus Kordon ressuscitent le Berlin de la guerre froide; *Je t'écris de Berlin* (*Die Flaschenpost*, 1987). D'autres récits de Kordon retournent au début des années trente ou encore aux années cinquante. *Je t'écris de Berlin* recrée l'ancienne capitale allemande divisée par le Mur mais encore unie par son fleuve, la Sprée. L'auteur exprime le point de vue de deux enfants; celui de Matze, jeune habitant de Berlin-Est, et de Lika, adolescente de Berlin-Ouest. Ils échangent des messages au moyen d'une bouteille lancée dans la Sprée. Insensibles aux apriorismes de leurs parents, ils réussiront à se rencontrer malgré les interdictions des adultes. Pour protéger leur vie privée, ils ont appris à dissimuler.

C'est un style vivant et imagé que l'écrivain espagnol Emili Teixidor adopte dans *La drôle de valise de Renco* (*Renco y el tesoro*, 1986; Prix Européen de Littérature enfantine, Padoue, 1989), sur la fin de la guerre civile de son pays. L'histoire, de tonalité à la fois réaliste et merveilleuse, est agencée sous la forme d'une chasse au trésor. Renco, un petit orphelin, découvre par degré le passé, celui de ses parents et d'un village, Montepinos, qui se révèle être le sien. L'enfant se lie avec un adulte marginal, Patte-folle, ancien maquisard et compagnon de guerre de son père. Il lui pose beaucoup de questions. S'efforçant d'éclaircir le non-dit abondamment pratiqué dans le discours des autres adultes, il finit par se rendre compte de l'antagonisme qui séparait son père, artiste républicain, de ses ennemis franquistes.

La décolonisation de l'Algérie est le sujet, encore neuf à son époque dans la littérature de jeunesse, d'un roman très convaincant de Jean-Paul Nozière. *Un été algérien* (1990) s'inscrit dans une lignée d'évocations vraiment porteuses de signification, tant leurs jeunes protagonistes se posent de questions sur eux-mêmes et sur la société de leur temps.

D'autres romans, nous en avons analysé certains, montrent que l'amitié ne résiste pas toujours à la pression de l'Histoire. L'été 1958 sonne le glas, dans une Algérie encore française, de l'amitié entre deux adolescents de quinze ans. Paul Barine est le fils d'un fermier d'esprit libéral, tolérant et compréhensif; Salim, le narrateur, d'un fellah pacifique. Les événements se précipitent quand Salim, pourtant bon élève, apprend qu'il ne pourra retourner au lycée à la rentrée mais devra comme ses parents travailler à la ferme Barine. A partir de là, on suit le cheminement intérieur du jeune Algérien. Autrefois indifférent à la rébellion de ses compatriotes, il choisit le camp de l'Indépendance et milite au sein du F.L.N. Le mépris et la haine manifestée à l'égard des Arabes, entre autres par la grand-mère paternelle de Paul, ont fait évoluer ses sentiments. Il nourrit du ressentiment à l'égard de Paul, surtout intéressé par les filles. Il lui reproche sa belle insouciance alors que la douceur de vivre n'est plus pour lui qu'un beau souvenir.

Des écrivains chinois ont également produit de très bonnes chroniques sur le passé récent. *Que cent fleurs s'épanouissent* (1985), roman très bien écrit de Feng Ji Kai (ce titre rappelle un mot d'ordre lancé par Mao Zedong appelant les intellectuels à s'exprimer), décrit les effets désastreux de la révolution culturelle. Animé d'un esprit résolument dynamique, le récit se développe autour de l'extraordinaire résistance aux épreuves d'un jeune peintre promu à un bel avenir. Tout à coup, au déclenchement de la Révolution culturelle, il est considéré, sans savoir de quelle faute on l'accuse, comme conservateur. On l'envoie se faire rééduquer dans une lointaine province, « dans une petite ville aussi hermétiquement close qu'une jarre scellée »[32] où il doit travailler dans une fabrique de céramique. Il passe d'humiliation en humiliation. Son extrême solitude lui pèse, mais on le contraint à renoncer et à l'amitié et à l'amour (sa femme est forcée d'avorter d'un garçon de six mois). Cependant, même un long séjour en camp de rééducation ne pourra venir à bout de son étonnante foi en la vie et en son art.

Le sorgho rouge (1987) de Ya Ding, récit très dur, est entièrement raconté dans le point de vue d'un enfant. Liang a neuf ans quand son père, préfet, est envoyé dans un village de la Chine du Nord. Les références à la violence politique se mêlent à son évocation de la vie

---

32   Feng Ji Kai, *Que cent fleurs s'épanouissent*, Gallimard, Page blanche, 1990, p.46.

rurale. Tout va bien jusqu'au déclenchement de la Révolution culturelle. Son père, luttant contre le conservatisme des villageois, a résolu des problèmes de sécheresse et fait installer l'électricité. Lorsque brusquement ses parents sont accusés de révisionnisme, toute la famille est contrainte de fuir. Liang à son arrivée au village acceptait, prêt à se dévouer, et, sur l'exemple de son père, à obéir sans jamais poser des questions. Maintenant, à l'heure où le préfet quitte le village après avoir subi des humiliations publiques, Liang se débat entre sa confiance inébranlable en son père et sa foi dans l'idéal politique :

> Le père tourne la tête, lui jette un coup d'œil reconnaissant et, se retournant d'un mouvement que Liang ne lui a jamais connu, se remet en marche…
> Tout en courant comme un jeune bœuf mis pour la première fois à l'attelage et qui emmêle ses harnais de façon inextricable, Liang sent un désordre dans sa tête où les questions se pressent et s'embrouillent. Un immense désarroi l'envahit…[33]

On le voit, un grand nombre d'œuvres sont vouées à la reconstitution d'un passé commandé par les événements politiques (Seconde Guerre mondiale, Guerre Civile espagnole, Révolution Culturelle chinoise, Mur de Berlin, Guerre d'Algérie…). D'autres relèvent de la mémoire rurale et artisanale. Le regard rétrospectif de Jacques Cassabois (*Les deux maisons,* 1990) se porte sur la vie rurale entre les deux guerres, dans le Jura.

Le héros, René Vuillaume, un orphelin de douze ans quitte, pour l'été, la maison maternelle où son grand-père le prépare au métier de tourneur. Une situation économique précaire, au lendemain de la Première Guerre mondiale, oblige l'enfant à se louer comme berger pour aider sa famille. En s'initiant à un nouveau métier, il découvre aussi une nouvelle terre et un second foyer. Ici, l'amour du passé coïncide avec le culte de la terre « matière première de la vie » :

> C'était leur manière de témoigner leur fidélité aux générations précédentes. Une manière d'exister, que la terre enseignait.[34]

De l'analyse des romans d'atmosphère historique, des romans rétrospectifs – et même, comme nous le verrons plus loin, des œuvres sur l'époque actuelle, nourries cependant de constantes références au passé – il ressort que la division en genres tend à disparaître.

---

33   Y. Ding, *Le Sorgho rouge*, Stock, LP Jeunesse, 1987, p.319.
34   J. Cassabois, *Les deux maisons*, Hachette, Bibliothèque Verte, 1990, p.131.

Finalement, quelle que soit l'époque et la société où se déploie l'action romanesque, on observe la prédominance de la notion d'initiation à la vie d'adulte, c'est-à-dire d'acheminement décisif dans le sens de la maturation.

D'autre part, et toujours en vertu du principe d'identification du lecteur au personnage juvénile, le rapport au présent[35] entraîne nécessairement, en particulier dans le roman historique, cette modernisation qui est, répétons-le, comme une sorte d'écueil au projet de reconstitution ou de résurrection du passé. Le franchissement par le héros de l'étape vers une nouvelle vie dans le sens du perfectionnement personnel semble l'emporter sur le moment historique. Même la distinction entre les genres réalistes et merveilleux s'efface devant le concept de maturation psychologique du héros. Les romans pour la jeunesse, historiques, rétrospectifs, réalistes ou fabuleux, sont d'abord des romans « initiatiques » en ce sens que la plupart reposent sur le passage d'un âge de la vie à un autre, de l'enfance à l'adolescence, de l'adolescence à l'âge adulte. Les procédés narratifs renvoient à cette évolution psychologique, en particulier les rapports entre débuts et dénouements.[36] Au dénouement du récit moderne, le héros se trouve, après la traversée de ses épreuves, au début d'un nouveau processus évolutif. C'est donc un nouvel initié au seuil du périple de sa réalisation personnelle. La quête de l'initié serait ainsi un voyage qui n'a pas de fin.

La rupture avec l'explicit très XIXe siècle du *Pinocchio* de Collodi est à cet égard significative. La transfiguration du pantin en « garçonnet digne de ce nom » nous paraissait un peu tristement sans au-delà.

L'action valorisante des héros pris au piège de l'Histoire inverse la signification de situations extrêmes. Cette inversion n'est pas sensible en dehors des œuvres destinées à la jeunesse (cf. *L'oiseau bariolé* de Jerzy Kosinsky). Le roman rétrospectif inspiré par les scénarios les plus atroces se déroule parfois comme une aventure, voire une robinsonnade, mais sur fond de persécution, autour d'un jeune héros tenace et ingénieux. Les écrivains exploitent un passé proche dont ils entendent, souvent à la

---

35   Le dépassement dans la littérature contemporaine des limites des genres tels qu'on les définissait traditionnellement, a conduit Maria Nicolajeva à identifier différents « types » de textes en fonction de la situation du protagoniste par rapport au processus de maturation. Voir M. Nicolajeva, « Literature as a Rite of Passage : A New Look at Genres » in *Compar(a)ison*, Berne, Peter Lang, II/1995, p.117-129.

36   *Le roman pour la jeunesse, op.cit.*, p.137-166.

différence de leurs aînés biologiques, ne pas rester marqués pendant toute leur vie. Si atroce que soit le sujet, un roman d'aventures sur la Seconde Guerre mondiale reste un roman d'aventures. Uri Orlev, pas plus que Joseph Joffo, ne s'est identifié à l'Holocauste. Au contraire de Claude Gutman,[37] auteur de *La maison vide*, où se manifeste l'urgence du témoignage, chez Uri Orlev ce besoin impératif d'écrire pour survivre au cauchemar ne se perçoit pas. D'ailleurs, l'écrivain israélien reste abasourdi quand un journaliste lui demanda s'il se considérait comme un écrivain de l'Holocauste : « J'ai écrit vingt-quatre livres, pour différents âges, dont seulement quatre concernent directement l'Holocauste, et ces quatre livres n'ont pas été écrits dans le but d'instruire les jeunes sur le sujet. Simplement l'Holocauste a été une partie de mon enfance... »[38] En d'autres mots, au terme des épreuves dévastatrices de la Seconde Guerre mondiale, c'est encore de leur maturation que témoignent avant tout les héros des romans de Uri Orlev. La sincérité de propos de ces écrivains « rétrospectifs » les met à l'abri du reproche d'insensibilité. Il s'agit pour eux d'indiquer les voies d'une victoire sur l'innommable.

---

37   Claude Gutman a lui-même publié en 1997 un essai intitulé *Les Passages* « où il remet en question et non en cause cette morale de 'l'après-drame' qui consiste pour les survivants à s'identifier totalement à l'Holocauste ». Article de Nicolas Bréhal « Survivre aux spectres de l'horreur », *Le Monde des Livres* du 25 avril 1997.

38   *La Revue des livres pour enfants*, n°173, février 1997, p.99 : « Merci Andersen, ou comment Uri Orlev parle de lui-même et de ses livres. »

L'époque actuelle dans l'optique de structures narratives revisitées

La vie intime et domestique

Le roman historique et le roman rétrospectif remettent respectivement en mémoire le passé lointain ou récent par rapport à l'Histoire collective; le propre du roman réaliste, situé à l'époque actuelle, sera de souligner *le rôle du passé dans la vie individuelle*. En effet, le passage de l'enfance à l'âge adulte ne s'opère pas sans remontée dans le temps, s'il est vrai que « grandir, c'est regarder devant, mais aussi derrière soi. Les retours en arrière structurent la personnalité. Ils nourrissent l'imaginaire et font rêver ».[39]

Le passé, dans la vie du héros juvénile, se recompose grâce à la persévérance d'une curiosité naturelle qui le pousse à percer un secret et à dénouer le mystère, selon le parcours de sa quête de repères identitaires, mais également à l'occasion d'une relation privilégiée avec une personne perçue comme « âgée » par rapport à lui-même. Le passé a d'autant plus d'importance pour lui que cette personne âgée qui fait reculer les frontières du présent est valorisée à ses yeux. Généralement, elle lui apporte une autre façon de voir les choses. En le faisant profiter de sa mémoire et de ses expériences, elle contribue à sa maturation. A l'exception de quelques écrivains humoristiques, portés à la caricature par leur inspiration singulière, tels Roald Dahl, auteur de *La potion magique de Georges Bouillon* (*George's Marvellous Medicine*, 1981) ou Anthony Horowitz, auteur de *Satanée grand-mère !* (*Granny*, 1994) – dont les aïeules sont affublées de tous les défauts moraux et physiques à la fois – la plupart représentent « l'ancien » comme une figure positive, celle du médiateur par excellence.

La personne âgée, personnage secondaire dans le récit, bien qu'axial dans le parcours intime du protagoniste, est présente dans nombre de romans où elle incarne, dans une vision, soit, quelque peu angéliste, sagesse et sérénité, patience et disponibilité. A l'origine de cette valorisation très fréquente à notre époque, on pourrait voir un besoin de compensation en présence d'une société instable et soumise à une

---

39   G. Ottevaere-van Praag, *Le passé et sa transmission*, art. cité.

agitation génératrice d'incommunicabilité.[40] Il est vrai cependant que la tradition du « vieil » initiateur, à un passé parfois indatable, est de tous les temps. Les titres formules eux-mêmes sont révélateurs : les *Contes de ma mère l'Oye* dits aussi *Contes de ma mère-grand.*

Il va sans dire que l'ancêtre devient, à côté du jeune héros, personnage central dans une catégorie particulière de romans focalisés sur les relations entre générations éloignées. Le mérite de ces œuvres réside notamment dans la fine analyse des rapports psychologiques (par exemple, *Bonne nuit, Monsieur Tom* ou *Le Zaïdé*, livres dont il a déjà été question dans les pages consacrées au roman rétrospectif). L'évolution des rapports entre générations éloignées relève parfois, comme dans *Le Zaïdé*,[41] d'une initiation à un passé collectif sous l'inspiration de la personne âgée.

L'adaptation à un étranger, âgé de surcroît, ne s'accomplit pas du jour au lendemain, mais il faut noter qu'en dépit de l'âge, l'évolution des contacts est bilatérale et qu'ainsi, si l'on peut dire, même les vieux mûrissent ! Quand un grand-père qu'elle ne connaît pas, débarque dans son foyer, Leah, dix ans, commence par ne pas le supporter (Yaël Hassan, *Un grand-père tombé du ciel*, 1997). Ce grognon, renfrogné et égoïste, assombrit l'atmosphère familiale jusqu'au jour toutefois où il se décide à évoquer ses souvenirs de l'Holocauste. Il a survécu à Auschwitz, mais sa première femme et sa petite fille y sont mortes. La verbalisation d'un passé tragique trop longtemps enfoui en lui-même lui redonne la tranquillité. Il se met à changer et une bonne relation s'établit enfin entre l'aïeul et sa petite fille. Dynamisé par une nouvelle affeion, le vieil homme retrouve le goût de la vie. Ici aussi, comme dans *Le Zaïdé*, le roman rétrospectif et le roman réaliste situé de nos jours se rejoignent.

D'une grande densité narrative, *The House in Norham Gardens* (1974), de Penelope Lively, mêle très subtilement trois époques. La fantaisie y relève très heureusement une tonalité réaliste dominante. Clare, une orpheline de quatorze ans, vit à Oxford, de nos jours, dans une vieille maison victorienne avec ses deux arrière-grand-tantes octogé-

40 L'incommunicabilité telle qu'elle ressort des livres renvoie à ce déclin de la conversation mise en évidence par une étude de l'INSEE sous le titre : « 1983-1997 : les Français se parlent de moins en moins ». Il en a été question dans *Le Monde* du 27 mars 1998 et également au « Téléphone sonne » de France-Inter.
41 Les qualités du *Zaïdé* de D. Goldenberg ont été mises en lumière par Daniel Fano, le spirituel et chevronné chroniqueur de toute littérature pour enfants ou adolescents au *Ligueur*, hebdomadaire belge de la Ligue des familles nombreuses.

naires, intellectuelles cultivées. Elles initient l'adolescente à un passé récent. Pleines de curiosité, elles sont autant tournées vers le présent que leur nièce vers le passé. La demeure remplie de témoignages et d'objets exotiques, de collections entières accumulées au cours des temps par les différentes générations de sa famille, conduit encore Clare, au cours de ses rêves, vers des lieux lointains et des temps reculés, celui en l'occurrence des aborigènes de Nouvelle-Guinée, étudiés autrefois par un grand-père ethnologue. Le journal de son aïeul l'a introduite à la vie des tribus. Passé et présent confluent en elle quand elle croit comprendre que les anciens aborigènes exigent la restitution d'un bouclier à la décoration insolite, ramené autrefois par le savant.

Au vrai, l'emprise du passé bascule chez la jeune fille dans une sorte d'envoûtement. En corollaire, elle vit bientôt dans la hantise de voir disparaître ses interlocutrices. Voici donc un exemple quelque peu négatif, bien que d'une poésie assez envoûtante, d'une passion pour le révolu dans l'esprit du héros juvénile. Que la passion vire à la possession et l'on est en droit de parler d'une optique juvénile viciée, frôlant le pathologique ? C'est selon. En général les intentions d'un écrivain conscient et de bonne foi ne trompent pas.

Le plus souvent, la révélation du monde de la personne âgée enrichit le champ d'expériences morales et imaginaires du jeune protagoniste. Pour Jenny, l'héroïne du superbe roman *Les yeux de l'Amaryllis* (*The Eyes of the Amaryllis*, 1977), de l'Américaine Natalie Babbitt, la découverte de la vie côtière et la rencontre avec sa grand-mère sont simultanées. Le roman tire sa puissance de suggestion de ce parallélisme.

Arrachée pendant quelques semaines à la vie renfermée, monotone et routinière de ses parents, quand Jenny voit l'océan et la plage pour la première fois, elle est d'emblée hypnotisée. La vue de l'Atlantique la bouleverse et lui donne « un sentiment inattendu de liberté ». Elle en oublie aussitôt la médiocrité de son foyer. Sa grand-mère habite dans une maisonnette isolée juchée sur une falaise d'où l'on domine la mer. Veuve depuis trente ans, elle scrute chaque jour l'horizon et descend sur la plage dans l'espoir d'avoir des nouvelles de l'*Amaryllis*, disparu dans un ouragan, de l'*Amaryllis* dont son mari était le capitaine. Au cours des trois semaines pendant lesquelles elle assiste la vieille dame immobilisée par une cheville foulée, Jenny la remplace dans la quête d'un « signe » de l'*Amaryllis*. Elle s'identifie progressivement au moral et au physique avec sa grand-mère et, comme elle, finit par osciller entre deux mondes, le réel et l'invisible. Elle s'explique maintenant les rapports distants entre sa grand-mère et son père, animé de rancune à l'égard d'une mère prisonnière du souvenir de son mari et de sa fascination pour une mer mystérieuse. Georges, de son côté, a horreur de ce monde invisible coupable de lui avoir pris son père et cherche, à l'opposé de sa mère, à oublier le passé qui l'a rendu orphelin.

Depuis que sa grand-mère s'est révélée à elle, Jenny n'est plus la même. L'adolescente a acquis le sens d'une durée qui émane de la vie intérieure. Elle a pris de l'assurance et se laisse gagner par une nouvelle joie de vivre.

Au même titre que Jenny et que sa grand-mère, l'océan, avec ses humeurs, ses colères ou sa douceur, est un « personnage » magnifiquement mis en relief par l'auteur :

> La plage était propre et lisse, et la mer, toute souriante, barbotait, au loin avec satisfaction.[42]

Présente presque à chaque page, la chronique poétique de la vie quotidienne de la mer, jusque dans ses profondeurs mêmes, confère au roman de Natalie Babbitt le rythme et le ton d'une épopée. Un style où le non-dit est souverain, sobre dans les dialogues, imagé dans les descriptions, concourt au sentiment de grandeur qui se dégage du récit.

L'apport de la personne âgée qui sait expliquer à un adolescent le vrai sens des choses est également à la racine du roman *Les 79 carrés* (1979) de l'écrivain américain Malcom J. Bosse. Un ex-bagnard octogénaire, condamné pour le meurtre de sa femme, s'emploie à détourner de la délinquance un garçon de quatorze ans. Seul « Monsieur Beck » parvient à le mettre en confiance. A la mort du vieillard, et malgré « un obscur sentiment » de perte, Eric sait qu'il gardera pour toujours la présence de son ami au fond de lui, où qu'il se trouve. Cependant, fort de sa nouvelle identité, il n'a pas un « regard en arrière ».[43] Exemple typique de maturation réussie chez le héros juvénile.

Le romancier anglais John Branfield, auteur de *Un chemin en Cornouailles* (*The Fox in the Winter*, 1980), associe Fran, la fille d'une infirmière, et le vieux Thomas Trelsar, paysan dont toute la vie s'est écoulée dans la même ferme des Cornouailles. Il y est né, il y mourra. Le

---

42   N. Babbitt, *Les yeux de l'Amaryllis*, Gallimard, Page blanche, 1987, p.116.
43   J.M. Bosse, *Les 79 carrés*, Castor Poche Flammarion, p.304 (*explicit*).

regard rétrospectif du vieux fermier imprègne la jeune fille de la continuité des choses, entre autres de la survie des lieux, dont une superbe vallée menant à la mer. Le besoin du paysan d'en revenir toujours aux animaux et en particulier aux oiseaux, rencontre chez la jeune fille le refus du discours maternel recru de références à la maladie et à la mort.

Des nouvelles de Janni Howker, considérée comme un des meilleurs écrivains anglais pour la jeunesse contemporains, reposent aussi sur le lent rapprochement entre le jeune protagoniste en quête d'équilibre et une personne âgée.

Le Blaireau sur la péniche, nouvelle – publiée séparément en français – qui donne son titre au recueil *Badger on the Barge and Other Stories* (1984), raconte avec beaucoup de tact, la progression vers l'amitié entre une jeune fille et une vieille dame excentrique, unique habitante d'une péniche où elle soigne avec amour un blaireau. Au début de leur relation, la vieille demoiselle, misanthrope et rébarbative, ne veut pas être dérangée. Elle préfère visiblement la compagnie des animaux à celle des hommes. Cependant, malgré l'absence d'encouragements de la part de Miss Brady, Hélène prend plaisir à l'aider car cette nouvelle activité lui permet d'échapper à la solitude et à la morosité de son foyer. Ses parents, très éprouvés par la mort récente de son petit frère, sont devenus indifférents à son égard. L'amitié avec la vieille Miss Brady libère la jeune fille de ses frustrations et de sa rancune.

Janni Howker excelle dans le rendu des sentiments adolescents. Liz, dans *Le secret du jardin* (*The Topiary Garden*), autre nouvelle du même recueil, finit par assumer sa féminité après une rencontre fortuite, dans un étrange jardin topiaire où les ifs prennent la forme de créatures mi-végétales mi-humaines, avec une très vieille femme, Sally Beck. Celle-ci lui raconte comment, pour acquérir son indépendance en devenant jardinier, elle a dû se travestir en homme pendant la plus grande partie de sa vie.

Très souvent, le passé de la personne d'âge cache donc un mystère (cf. *Les yeux de l'Amaryllis*) dont la découverte par le héros juvénile est au centre de l'intrigue. *La maison au fond du jardin* (*Krassen in het Tafelblad*, 1978, littéralement « Les griffures dans la table »), de l'écrivain néerlandais Guus Kuijer est un roman très bien construit, savoureusement relevé d'humour, appuyé qui plus est sur un art remarquable du raccourci. Il montre subtilement comment la petite

Madelief, héroïne de plusieurs récits de Kuijer, apprend à connaître sa grand-mère à peine décédée. Personne ne semble la regretter. La première phrase, à l'ouverture du roman, est révélatrice de la réputation de la défunte : « Grand-mère est morte, mais Madelief n'a pas à la 'pleurer' ». Par l'intermédiaire de son grand-père avec qui la fillette entretient de chaleureux rapports d'égal à égal, Madelief reconstitue la personnalité de l'aïeule qu'elle n'a jamais connue. C'était une femme insatisfaite qui n'avait pu vivre selon ses aspirations. Elle aurait tant voulu voyager et s'échapper de son village et de sa maison où, faute d'activités gratifiantes, elle s'appliquait à frotter et à cirer ! Pour se défouler, elle faisait des incisions dans la table. Le passé rejoint le présent quand la fillette explique à son grand-père les changements intervenus dans la situation des femmes.

Passionnant, le roman *Le jour des baleines* (*Why the Wales came*, 1985) est tout pénétré de poésie. L'auteur, Michael Mopurgo, suggère que les enfants, faisant fi des préjugés, interprètent mieux que les adultes les événements du passé. Les deux jeunes héros du récit rétablissent la réputation d'un vieil homme, habitant solitaire d'une des îles Scilly. Les enfants enfreignent l'interdiction d'approcher le « Birdman », considéré par les insulaires comme un être diabolique, un fou, lié à des lieux maudits. Ils se rendront bientôt compte qu'il s'agit en réalité d'un homme honnête et dévoué.

A la source de l'inspiration de certains romanciers (A. Uttley, L.M. Boston, B. Willard…), il y a d'abord la fascination des vieilles demeures mystérieuses où le passé vient se fondre dans le présent. La petite narratrice de *Quell'estate al castello* (1986), roman soutenu par le style expressif et alerte de Beatrice Solinas Donghi, redonne vie à un château par le récit des extraordinaires et périlleuses aventures qu'elle affronte dans les souterrains du vieil édifice.

The House on the Hill (1987), de Eileen Dunlop, belle narration bien équilibrée entre descriptions, dialogues et monologues, renvoie à la fois au mystère d'une vieille et haute maison garnie de fenêtres gothiques, isolée parmi les habitations modernisées de la banlieue de Glasgow, et de sa propriétaire, une personne âgée hostile au changement, Miss Jane Gilmore. Elle est rejointe, à l'ouverture de l'histoire, par un adolescent égoïste et replié sur lui-même, Philip North, son petit-neveu. L'aventure coïncide avec la découverte progressive par Philip et sa cousine Susan, du passé de la vieille dame, discrète et très peu loquace, ainsi que des secrets de la maison. L'atmosphère se charge de fantastique quand le passé se matérialise sur des photos prises par les enfants dans une chambre vide. Au fur et à mesure de ses remontées dans le temps, Philip apprend à apprécier Jane et cherche à se rapprocher d'elle.

La reconstitution du passé mystérieux de la personne âgée est également le ressort dramatique de *La maison aux quatre étoiles* (1989), roman émouvant et discret, où Hélène Montardre traite avec sobriété du délicat problème de l'inceste. Ici encore la poésie et le suspense se dégagent d'une vieille maison, isolée en pleine campagne et laissée à l'abandon. La curiosité de deux enfants, les héros de l'histoire, est stimulée par l'énigme de traces à moitié effacées sur un fronton orné de trois étoiles. Ils font la connaissance d'une inconnue à peine débarquée dans leur village et revenue sur les lieux de sa jeunesse. Avec elle, ils remontent le fil du temps et apprennent comment un père a pu détruire le bel avenir que sa fille avait devant elle. Fou de rage, il avait arraché la quatrième étoile lorsque pour le fuir sa cadette avait définitivement quitté la maison.

On le voit, l'association du mystère des lieux avec celui de leurs anciens habitants crée une thématique fréquemment exploitée.

Maint roman valorise les grands aînés opposés aux « grandes personnes » en fonction de leur esprit ludique et d'une capacité d'étonnement et d'enthousiasme qu'ils partagent avec l'enfant. Le sérieux et la grisaille sont le triste apanage des adultes qui n'ont rien conservé d'enfantin.

L'écrivain flamand Henry van Daele a dressé un savoureux portrait de son grand-père paternel, qu'il admirait pour sa vitalité et son étonnante joie de vivre. Avec *Pietjemoer* (1981, Prix d'Etat triennal), il crée un excellent personnage, à la fois typique de son terroir mais aussi à valeur universelle, tant Pitjeoer – surnom du grand-père – renvoie par ses réflexions sur la vie et la vieillesse au monde intime de toute personne âgée. A travers Pitjemoer, le lecteur perçoit l'image de la campagne flamande dans les années cinquante. Le narrateur est ici le petit-fils de l'ancêtre. Au cours de visites presque quotidiennes, le gamin, conscient de voir chez son aïeul ce qu'il ne verra pas ailleurs, observe son grand-père avec une attention soutenue. Il en interprète avec tendresse le point de vue. Malgré les pressions de ses proches, le vieillard de près de quatre-vingts ans, autrefois sabotier, refuse obstinément de quitter la vieille maison située dans une rue insalubre, qu'il habite depuis cinquante ans. Il supporte très bien de vivre seul, dans un endroit vétuste et sans hygiène, et n'a aucune envie de rejoindre sa femme dans une maison de repos. Il ne veut pas qu'on l'aide, de peur qu'on ne se mêle de ses affaires en le traitant comme un enfant. Son petit-fils, lui, l'aime tel qu'il est : petit avec cette grosse bedaine « comme s'il allait avoir un enfant » d'où pend une montre à gousset, ses grands yeux bruns très sombres pareils à ceux d'un ours, vêtu d'un vieux manteau d'autrefois et d'un chapeau hors d'âge qu'il ne quitte même pas la nuit. L'enfant sait de quoi sont remplies ses poches (boîte à tabac, friandises, pipe, papier à cigarettes, bic, poudre contre le mal de tête, tournevis, pilules contre les douleurs d'intestin...). Pitjemoer se déplace encore en vélo et essuie la selle avec son grand mouchoir de fermier rouge à points blancs. Il soigne avec amour ses pigeons, boit du genièvre et se rend régulièrement à son café favori, Le Torenhof. Parfois, il s'entretient avec un autre isolé de la rue, un émigré turc. Son jeune auditeur adore l'entendre parler de la vie de jadis, de la vie du café quand on prenait encore le tram pour se rendre à Anvers...

Porté par une langue parlée truculente veinée d'humour, le pittoresque récit autobiographique de Van Daele remporte la gageure de donner à tout le moins l'impression, dans le sillage de Felix Timmermans et d'Ernest Claes, qu'on écoute un plaisant échantillon d'art oral traditionnel.

L'attrait de *Vieux John* (*Alter John*, 1981, roman de Peter Härtling) tient à la simple reconstitution par des enfants de la personnalité authentique de leur grand-père. Selon les petits-enfants, « vieux John » accueilli chez eux à contrecœur par sa fille et son gendre, n'est pas cet être bizarre, un peu toqué, qu'on leur avait annoncé, mais quelqu'un de gentil et d'original. Il revendique toute sa liberté, et pourquoi pas, celle de tomber amoureux à soixante-quinze ans. Par ailleurs, son franc-parler ne fait pas de doute :

> Vieux John se dégagea de son bras. Le sang lui était monté au visage. Non de honte, mais de colère.
> – Qu'est-ce que ça veut dire, ton âge ? Qu'est-ce que ça veut dire, ce village ? Sur qui dois-je régler ma conduite ? Devant qui dois-je me mettre à plat ventre ? A qui dois-je plaire ? Mon maillot me plaît et basta !
> Il ne songeait pas à céder. A la piscine les gens s'habituèrent à lui. Pour Laura ce fut plus difficile.[44]

---

44   P. Härtling, *Vieux John*, Bordas, Aux quatre coins du temps, 1985, p.62.

Déjà dans *Oma* (1975), l'écrivain allemand laissait entrevoir comment de secrètes affinités rapprochent les générations éloignées. Il trace un portrait nuancé d'une grand-mère généreuse sans doute – elle a recueilli Kalle, son petit-fils orphelin – mais à coup sûr autoritaire, colérique et trop curieuse. Son anticonformisme et sa spontanéité percent à travers le discours véhément et imagé qu'elle tient à une assistante sociale :

> – Dites-moi, petite, qu'est-ce que vous voulez au juste ? Vous croyez peut-être que je suis une sorcière ? une débile mentale ? que je ne peux pas marcher ? que j'ai montré mes fesses au voisin ? que Kalle a volé quelque chose ou quoi ?[45]

Christine Nöstlinger souligne également la complicité entre une jeune grand-mère (quarante-sept ans !) ouverte à l'insolite et sa petite fille (*Le lundi tout est différent, Am Montag ist alles ganz anders,* 1984). A l'inverse de la mère de Kathi, elle accepte que la petite, à qui on a dû couper les cheveux parce qu'elle avait des poux, porte une coiffure punk, c'est-à-dire, une crête d'Iroquois sur la tête ! C'est elle-même qui lui taille sa nouvelle coiffure, vue sur un magazine. Pour la réaliser, elle teint les cheveux de sa petite-fille en rose, bleu et vert. La dénonciation d'une société conformiste et trop coercitive au goût du célèbre écrivain autrichien (Prix H.C. Andersen 1984) passe ici encore (cf. *Le roi des concombres* – voir p.152 – *Le môme en conserve,* 1975 – voir p.308) par une manière humoristique et originale de critiquer les méthodes pédagogiques traditionnelles.

Achim Bröger, auteur de *Ma grand-mère et moi* (*Oma und ich,* 1986; les livres de cet auteur ont été traduits dans quelque douze langues) fait aussi l'éloge d'une grand-mère tolérante, source de réconfort. Elle prend Julia, sa petite-fille, dans son lit quand la fillette ne se sent pas bien et lui lit l'illustrissime *Max und Moritz* de Wilhelm Busch dans un gros album rouge. A soixante-huit ans, elle a appris à rester calme et à « voir où sont les choses importantes » : entre autres dans sa participation aux jeux de Julia. Elle joue sans scrupules avec elle à la tempête, quitte à faire « déborder la moitié de la mer dans la salle de bain ».[46]

Des récits centrés sur des relations affectueuses entre générations éloignées se teintent de nostalgie dès lors que le bonheur du héros, très attaché à la personne âgée, est menacé par l'angoisse de le perdre. Le protagoniste de *La fin d'un été* (1995), roman écrit avec grande retenue,

---

45   P. Härtling, *Oma*, Bordas, Aux quatre coins du temps, 1979, p.69.
46   A. Bröger, *Ma grand-mère et moi*, Flammarion, Castor Poche, 1989, p.98.

sans aucune sentimentalité, par Marie-Sophie Vermot, revient avec réticence, le temps d'un été, chez sa grand-mère mourante. Petit à petit, il
fait tout pour l'égayer et retrouve alors leur ancienne complicité, fondée
sur un goût commun du rire.

Le bref roman poétique, *Mathias et son grand-père* (*Mattia e il nono*,
1993) de l'écrivain italien Roberto Piumini fait basculer le lecteur dans le
merveilleux. Avec beaucoup de sensibilité, l'auteur parvient à parler
joyeusement de la mort. Mathias, devant le corps inerte de son grand-
père, refuse d'admettre sa mort. Son grand-père a toujours représenté
pour lui la tranquillité et la sagesse, l'adaptation aux situations difficiles
et embarrassantes. Aussi va-t-il le faire revivre au cours d'un voyage
fabuleux jalonné de rencontres avec des chevaux et des pirates... L'aïeul
finit par rapetisser. Devenu minuscule, il vient se loger dans le corps
même de Mathias. C'est le principe du sur-moi matérialisé dans
l'affabulation merveilleuse.

Sur la vie, la mort et le passage du temps, Tim Bowler a écrit un
roman fascinant, *River Boy* (1997). En se glissant dans la peau d'une
adolescente qui vit dans la hantise de perdre son vénéré grand-père,
l'écrivain anglais nous plonge dans un univers de poésie, de tendresse et
d'émotion.

Une complicité exceptionnelle lie Jess à son grand-père. Depuis toujours, elle l'aime et admire en lui l'homme et le peintre. En outre, elle
s'identifie à lui, car comme elle, il était enfant unique et donc contraint
de se contenter de sa seule compagnie. Bien qu'il soit mourant, le grand-
père de Jess décide de retourner avec les siens sur les lieux de
son enfance qu'il a quittés très jeune à la mort de ses parents et n'a plus
jamais revus depuis. Il veut à tout prix y terminer son dernier tableau
« Le garçon de la rivière ». Jess ressent comme son grand-père une
irrésistible attraction pour l'eau; c'est d'ailleurs une excellente nageuse.
Lorsqu'elle découvre le paysage natal de l'aïeul, dominé par une rivière,
elle est aussitôt saisie par le mystère de l'endroit. Elle croit apercevoir un
garçon dans la rivière. Cette incertitude crée subtilement le suspense tout
au long du récit. En fait, la jeune fille, sous l'influence de l'étrangeté des
lieux, s'est inventé un personnage magique à l'image de son grand-père
enfant. Ce n'est qu'à la mort du peintre, c'est-à-dire au dénouement de
l'histoire, qu'elle comprendra que « le garçon de la rivière » n'a été
qu'une illusion née de son angoisse.

Le roman de Bowler s'articule autour d'une métaphore et d'une identification. Dans le monde intérieur de l'héroïne, révélé par ses monologues et ses réflexions intimes, la vie de la rivière a fini par se confondre avec celle de son grand-père. Il est né près de la rivière et il y mourra. Elle coule comme la vie de tout homme, parfois rapide, parfois lente; elle avance en ligne droite ou prend des détours, parfois calme, parfois turbulente.[47] Mais malgré les aléas de son itinéraire, elle débouche dans la mer, autrement dit dans quelque chose d'immense et de beau.

Tom Bowler mélange ici en maître le réalisme et la fantaisie onirique.

Cependant, le passé ne se recompose pas seulement à la faveur de relations du héros avec des « vieilles » personnes qui sollicitent le regard rétrospectif ainsi que la réflexion sur la durée et la mort. La présence des grands-parents ne suffit pas toujours à son accomplissement identitaire. Sous l'intolérable pression de l'absence d'un de ses parents, il peut opérer un retour en arrière à la recherche de repères indispensables à l'intégrité de son moi. On a vu dans un roman de Teixidor comment le petit Renco ne parvient à vivre que s'il retrouve des traces de son père disparu dans la guerre civile.

Le héros de *Papa fantôme* (1984), récit convaincant de Jean-Claude Noguès, est également tourné vers le passé. Les questions que ce préadolescent de douze ans mal dans sa peau se pose sur son identité ne seront pas résolues tant qu'il ne saura pas pourquoi son père l'a ignoré pendant dix ans.

Virginia Hamilton est l'auteur d'un beau roman destiné aux grands adolescents, *A Little Love – A Journey of Discovery can reveal more than You expect* (1984), dont le rythme lent s'accorde avec l'analyse fouillée du discours intime d'une jeune fille noire, Sheema Adley, âgée de dix-sept ans. Celle-ci, pourtant soutenue par la constante affection de ses grands-parents qui se sont occupés d'elle, malgré leur pauvreté, depuis la mort de sa mère, ne vit pas en paix avec elle-même. Bien qu'elle entretienne aussi de très bons rapports, sentimentaux et sexuels, avec son ami, Forrest Jones, Sheema ne parvient pas à s'accepter telle qu'elle est. Elle interroge continuellement la photo de sa mère, une femme mince, pour comprendre pourquoi elle-même est si grosse et par conséquent la risée de ses camarades. Ils ne l'appellent même pas par son nom et la traitent de « reine de la jungle ». Ses pensées la ramènent sans cesse en arrière, à sa mère mais aussi à son père qui l'a abandonnée. Quand, au terme d'un

---

47 T. Bowler, *River Boy*, Oxford University Press, 1997, p.109.

voyage avec Forrest, elle aura retrouvé celui-ci, il sera trop tard car du côté de son père une nouvelle famille se sera fondée; toutefois le fait d'avoir éclairci le passé lui permet d'assumer dorénavant son identité, heureuse de passer à l'âge adulte entourée de ceux qui l'aiment. La puissance stylistique de la romancière américaine confère à ce roman comme à ses autres récits, notamment par les dialogues où les noirs s'expriment avec une saveur particulière, son émouvante beauté. Ce rayonnement se dégage aussi d'un autre livre de Virginia Hamilton, *M.C. Higgins the Great*, paru dix ans plus tôt, en 1974. Couleurs, images et métaphores renvoient ici aux joies d'une famille acharnée à défendre en Virginie la campagne menacée (analyse p.258).

Les retours au passé au fil des souvenirs du héros donnent lieu à des constructions narratives complexes. Le roman *Je suis le fromage* (*I am the Cheese*, 1977), par exemple, de l'Américain Robert Cormier, repose sur des procédés originaux. L'histoire racontée à la première personne est celle d'un jeune garçon de dix ans, Adam Farmer, convaincu que ses parents lui ont caché sa véritable identité. Il entreprend un long et difficile voyage à bicyclette pour retrouver son père. Cormier développe le discours intérieur du héros, qu'il interrompt par des chapitres renvoyant à des comptes-rendus de séances chez un psychiatre. Au cours de son voyage, Adam, soigné pour amnésie, cherche à se rappeler les conversations qu'il a eues avec son médecin visiblement anxieux de lui faire retrouver le souvenir d'un récent événement.

L'auteur met en lumière le difficile travail de la mémoire chez l'enfant tourmenté par l'incertitude. « Ses pensées couraient comme des rats dans un labyrinthe ».[48] Il peine à rattraper ce « quelque chose qui rôdait juste au bord de sa mémoire et qui se sauvait quand il essayait de le capturer... »[49]

Le suspense du roman de Cormier, habilement entretenu par une technique narrative appropriée, tient à la lente révélation de l'identité du héros, de son vrai nom Paul Belmonte, fils d'un ancien mafieux. En fait, les entretiens de Paul avec le médecin préoccupé de raviver ses souvenirs, relevaient d'une enquête menée par les autorités judiciaires.

C'est aussi d'une manière originale que Imme Dros, un des écrivains les plus appréciés de nos jours aux Pays-Bas, associe le passé au trajet intérieur de l'adolescent. Le lien entre passé et présent est cette fois

---

48   R. Cormier, *Je suis le fromage*, L'Ecole des loisirs, Medium poche, p.131.
49   *Ibid.*, p.27.

d'ordre littéraire. Nils, le héros des *Voyages d'un homme futé* (*De reizen van de slimme man*, 1988, paru en anglais sous le titre *The Journeys of the Clever Man*) a fait des épisodes de l'Odyssée que lui racontait autrefois son vieux baby-sitter une composante essentielle de son paysage intérieur. Le retour à l'épopée homérique amène chez le jeune garçon la réflexion sur soi. La beauté des vers, la puissance du langage d'Homère introduisent la fantaisie et la poésie dans la vie quotidienne de Nils. Les images d'aventures, de vent et de mer, existent intensément dans sa mémoire. Elles le réconfortent, car Nils se sent abandonné dans la réalité. Ses parents, pense-t-il, sortent trop. Sa nostalgie des temps anciens est telle qu'elle l'empêche parfois de faire la distinction entre l'hier et l'aujourd'hui. Il a tendance à confondre la mère, très belle, de sa petite voisine, avec Hélène de Troie !

Le roman au goût des jeunes, inversement au livre pour adultes dont la complexité repose généralement sur une grande variété de situations et surtout de points de vue, est en principe bâti autour d'un héros central aux contours bien déterminés. D'ailleurs, avant même qu'il ne soit lié à un événement ou le moins du monde esquissé selon les traits de son caractère, tout personnage se situe à l'intersection d'une époque et d'un paysage géographique et social. Et c'est par cette situation en quelque sorte mécanique, qu'il acquiert une première épaisseur et une manière, déjà, de fruste réalité, préalables à tout autre élément d'identification. Par exemple, Jim Hawkins est une silhouette reconnaissable avant même qu'il ait exprimé quoi que ce soit. Au contraire des œuvres du passé, quelques grandes exceptions mises à part, essentiellement tournées qu'elles étaient vers la vie extérieure du héros juvénile – le roman moderne va sonder l'intériorité du protagoniste défini par ce croisement du moment, des lieux et de sa situation au sein de la société. Les récits réalistes se diversifient dès lors selon que le monde intime mis à nu appartient à un non-adulte considéré soit dans un isolement physique et sentimental presque total, soit dans ses rapports avec les siens, en particulier avec l'un ou l'autre de ses parents, ou encore hors de l'environnement familial.

La solitude intérieure des non-adultes, qu'elle relève de causes intimes ou sociales ou encore de leur conjonction, est un thème essentiel, très généralement répandu dans les œuvres contemporaines.[50] Cette insistance sur le sentiment d'abandon chez le jeune héros implique par contrecoup une dénonciation, aboutissement de mai 68, des carences de l'adulte et de la société en général. En revanche, la valorisation par le roman de la personne âgée ouverte au dialogue n'est pas indépendante de l'évocation des frustrations juvéniles.

Si à l'arrière-plan du ressouvenir propre au roman rétrospectif court le thème presque obligé d'une solitude physique et morale quasi absolue, imposée par des événements historiques (cf. *Une île, rue des Oiseaux*, de Uri Orlev; *La maison vide*, de Claude Gutman; *La guerre de Rébecca*, de Sigrid Heuck; *Les vagabonds de la côte*, de Robert Westhall, etc.), en revanche la solitude peut être le résultat d'un choix personnel. Le jeune protagoniste s'éloigne volontairement du monde adulte et même de celui de ses pairs.

Certains écrivains conçoivent la solitude comme un rite de passage nécessaire entre l'adolescence et l'âge d'homme. Au cours de cette étape, le héros, coupé de son milieu familial, apprend à se connaître lui-même. Il mesure alors ses capacités de courage et d'endurance. Le rôle des drames collectifs (guerres, persécutions, expulsions) en tant que détonateurs d'une éclosion plus ou moins différée de la personnalité « définitive » n'est donc pas sans ambiguïté. Le maniement du thème des souffrances est délicat. Tout abus, tout usage trop fréquent banaliserait l'innommable, ferait surgir des réflexes inquiétants, du style de « la meilleure et la pire des choses », de « la douleur rédemptrice », l'épreuve formatrice, etc.

La solitude dans *Le Robinson du métro* (*Slake's Limbo*, 1974), récit prenant d'un réalisme assez dur, est traitée par l'Américain Felice Holman telle une robinsonnade de tonalité sombre (cf. *Une île, rue des Oiseaux*). La langue est simple et percutante.

Slake, petit et myope, subit les douloureuses conséquences de son physique ingrat. N'importe qui peut le rosser, à commencer par la tante hargneuse qui l'élève. Gamin inadapté, brutalisé par ses camarades, il décide de fuir dans le métro de New York plutôt que d'affronter une vie insupportable « en surface ». Il parvient à survivre dans les ténèbres

---

50   Le respect de l'ordre chronologique selon les dates de publication est observé aux dépens de la classification des œuvres selon le critère de l'âge du héros (enfant, adolescent, jeune adulte) qui coïncide assez souvent avec l'âge du lecteur.

pendant cent vingt et un jours, fouillant dans les poubelles et dormant dans les crevasses de la paroi du métro :

> De toute son existence, jamais Slake n'avait possédé une chambre à lui. En fait, il n'avait jamais possédé de chambre du tout, rien que la cuisine. Jamais un coin à lui, sauf une fois quand il avait habité un immeuble sur le toit duquel se trouvait un vieux pigeonnier abandonné. Là, loin au-dessus des rues, au cours des après-midi de son enfance presque oubliée, il avait passé de nombreuses heures hors de portée des poings des copains et de la voix de sa tante. Maintenant, loin *sous* les rues, il jouissait du confort d'une chambre bien à lui.[51]

Son isolement n'est interrompu que par l'intervention d'un conducteur de rames qui a pris conscience du dénuement, de la santé délabrée du jeune adolescent et des dangers qu'il court. Aidé par Willis Joe Whinny, Slake retrouve le courage de vivre au grand jour :

> Slake ne savait pas encore exactement où il allait, mais la direction générale était vers le haut.[52]

L'auteur compense les images tristes de la vie souterraine par la vision optimiste du conducteur de métro qui rêve de conduire un jour de grands troupeaux dans les vastes espaces de l'Australie. Une autre conclusion peut être que tout refuge a son charme et son confort, même sous terre !

Une grande émotion poétique émane du roman, *Le Prince de Central Park* (*The Prince of Central Park*, 1976) d'un autre Américain, E.H. Rhodes. Comme le précédent, le roman est une robinsonnade, mais de tonalité plus joyeuse. Ce beau texte séduit par son mélange d'humour et de tendresse. L'auteur fait alterner aspects agréables et désagréables de l'existence d'un jeune fugueur.

Jay-Jay, onze ans, écœuré par un environnement sordide et la solitude où le plonge une mère adoptive alcoolique, violente et sans cœur, se résout un beau jour à prendre la fuite. Il se réfugie dans Central Park où, à l'inverse de Slake qui trouve le bonheur dans les cavités du métro, il découvre la sérénité au sommet d'un chêne. C'est là qu'il s'organise une nouvelle vie. Le « petit prince », courtisé par les écureuils, les oiseaux, les papillons et protégé par la haute futaie, savoure son bonheur, libre de ne plus mendier l'affection des autres. Mais un jour, Jay-Jay, redevenu heureux à force de vivre dans son imagination et ses rêves, est rattrapé par la violence. Central Park est en fait un endroit dangereux. Qu'un

---

51   F. Holman, *Le Robinson du métro*, Gembloux, Duculot, 1978, p.60.
52   *Ibid., explicit.*

drogué s'attaque forcément à lui, Jay-Jay l'endure, mais il ne peut supporter l'agression contre sa toute nouvelle amie, une dame âgée aussi solitaire et assoiffée d'affection que lui. Toutefois, l'épilogue nous apprend que grâce à elle le jeune adolescent a échappé définitivement à la solitude car il a finalement « l'impression de posséder tout ce dont il avait rêvé. Sa liberté. Quelqu'un qui l'aimait ».[53] Une belle idylle ! Mais Central Park au naturel se retrouvera bientôt dans *La nuit des Enfants rois*...(voir plus avant l'anticipation).

L'art de ces romans de la solitude relève de l'expression par le protagoniste de son sentiment de malaise intime. Le voyage ne se déroule pas à l'extérieur, mais en lui-même. L'aventure coïncide avec l'exploration de soi. Lorsqu'une intrigue n'est pas spécialement mouvementée, le roman se recommande à l'attention du lecteur par la personnalité marquante du héros adolescent, doué d'une grande richesse intérieure et d'un esprit critique authentique (voir plus avant le célèbre Adrian Mole, 1982, ainsi que Dick, protagoniste et narrateur de *La mort de Monsieur Ange*, 1992). Le regard qu'il porte sur le monde et les hommes ne laisse jamais indifférent. En conclusion : l'introspection comme alternative au récit d'aventures est un des acquis certains de cette dernière période.

Les écrivains anglais, en particulier, s'emploient à restituer par de substantielles analyses à la première personne, à l'image de lentes maturations, la progression du héros de l'innocence vers l'expérience (cf. *L'année où l'on a repeint la barque*, 1972, de Jill Paton Walsh).

Jane Gardam offre à l'entrée d'*Une éducation sentimentale* (*Bilgewater*, 1976) la vision à la fois désabusée et drôle qu'une jeune fille a d'elle-même. Marigold, orpheline de mère, déprime parce qu'elle se sent très seule :

> Ma mère est morte en me mettant au monde. Comme les princesses moi, d'abord un bébé de deux ans poil-de-carotte, costaud, trapu, une grenouille préhistorique, mais une grenouille très sage et très bien élevée, clignant et louchant (les lunettes pour amblyope n'existaient pas à l'époque), puis une gamine de dix ans, mélancolique, traînant dans la cour de l'école (« Alors, Deb, t'as perdu ton balai ? ») et enfin une adolescente étrange au corps épais, sans espoirs et sans amis, condamnée à de longues promenades sans but le long de l'eau.[54]

Des moments-clés que Marygold analyse avec lucidité jalonnent le parcours de l'adolescente vers l'âge adulte. A deux reprises, elle se voit

53   E.H. Rhodes, *Le Prince de Central Park*, J.Cl. Lattès, 1975 (*explicit*).
54   J. Gardam, *Une éducation sentimentale*, Gallimard, Page blanche, 1993, p.8.

trahie par les jeunes gens qu'elle aime. Elle qui croyait la vie lisse, logique et immuable ne pourra même pas faire confiance à son amie d'enfance. L'ami(e) d'enfance qui vous lâche est aussi une nouveauté ! Le roman de Jane Gardam frappe par les jugements que son héroïne, personnalité originale et intellectuellement brillante, formule sur elle-même et également sur les autres, adultes et camarades.

L'évolution vers la maturité morale, physique et sexuelle de l'adolescent abandonné brusquement à lui-même est remarquablement retracée par l'écrivain australien Ivan Southall dans son roman *What about Tomorrow* (1977). L'histoire se passe en 1931, en pleine dépression économique. Sam, quatorze ans, appartient à un milieu pauvre. Il aide ses parents en distribuant des journaux. Lors d'un accident, sa bicyclette est détruite et ses journaux rendus inutilisables. Il faudra les rembourser. Désespéré, l'adolescent n'ose plus rentrer chez lui. L'intrigue romanesque repose sur un enchaînement de séquences où sont évoquées les rencontres que Sam fait au cours de sa fugue. Tout l'intérêt du récit réside dans l'excellent monologue du héros, dit dans une langue familière, imagée, propre à son âge.

Lullaby (1978), œuvre essentiellement poétique de J.M.G. Le Clézio, est l'histoire d'une fuite vers la liberté. Une adolescente dont l'auteur rend avec finesse les sensations, veut oublier l'école, symbole de claustration. Elle cherche aussi à se consoler de l'absence de son père. La jeune fille découvre l'épanouissement dans des paysages de ciel et de mer. Mais ici aussi, l'héroïne est menacée par le monde extérieur. Elle est poursuivie par un inconnu agressif aux cheveux hirsutes. Elle ressent dégoût et colère. Lullaby se sauve en sautant dans la mer, dont elle éprouve à nouveau l'ivresse. Revenue au lycée après sa fugue, elle a changé.

Nombre de romanciers contemporains décrivent cette solitude des jeunes que certains attribuent au démantèlement des familles, fréquent à notre époque.

Cynthia Voigt (Newbery Medal) est connue pour une trilogie de romans attachants, réalistes et psychologiques, consacrés à quatre enfants abandonnés un jour par leur mère sur le parking d'un supermarché. Le premier, *Les enfants Tillerman, c'est encore loin la maison* (*Homecoming*, 1981), raconte l'odyssée de la fratrie, deux garçons et deux filles, en quête d'un nouveau foyer. Ils cherchent à rejoindre leur grand-mère, une excentrique. Guidée par la sœur aînée, Dicey, petite adolescente de treize ans, dotée de grandes qualités morales et décidée à maintenir ce qui reste de l'unité familiale, frères et sœurs voyagent inlassablement au long des autoroutes. Ils ne s'arrêtent que dans des stations d'essence et des campings. Le roman pèche par l'excessive idéalisation des personnages, pourtant vivants et bien individualisés, surtout dans la figure de Dicey, la narratrice, vraie mère poule pour les siens. De plus, on frôle ici le « *problem novel* », tant l'accent est mis sur les difficultés de toutes sortes que doivent résoudre les Tillerman, enfants délaissés et victimes, comme leur mère autrefois, de conditions matérielles précaires.

A l'errance des uns (on se souviendra aussi de *David, c'est moi*, de A. Holm) s'oppose l'enfermement des autres. Un roman très convaincant et non dénué d'humour, *L'enfant du dimanche* (*Sonntagskind*, 1983, Prix en Allemagne du livre pour la jeunesse), de Gudrun Mebs, fait parler une fillette abandonnée par ses parents à la naissance et recueillie dans un foyer :

> Je suis au foyer depuis déjà très longtemps, en somme depuis toujours. Parce que, quand je suis née, mes parents n'ont pas pu me garder. Pas pu ou pas voulu. Pourquoi ? On ne me l'a pas dit, pas vraiment dit. On m'a juste dit : « Les circonstances ne l'ont pas permis ». Qu'est-ce que ça veut dire ? Je n'en sais rien. Au début, j'étais trop petite pour questionner, et ensuite je n'ai plus osé.[55]

Les sentiments d'abandon, de réclusion et de solitude sont transposés, pour les plus jeunes surtout, dans des mondes de fantaisie. Ces sentiments, Dick King-Smith, romancier anglais, auteur de très bons récits animaliers dits sur un ton chaleureux, les prête notamment à des cochons humanisés, substituts de l'enfant. Dans *Cul-Blanc* (*Saddlebottom*, 1985), l'auteur fait amitié avec un petit cochon chassé de son foyer par une mère arriviste déçue par son apparence extérieure qui le distingue de ceux de sa caste. Variante du vilain petit canard d'Andersen ! En 1984, King-Smith obtient le « Guardian Fiction Award » pour *The Sheep-Pig*, 1983 (*Le cochon devenu berger*), que le cinéma a rendu célèbre sous le titre de *Babe*, histoire d'un petit cochon devenu « berger » que les moutons récompensent de sa gentillesse et de son courage en l'aidant à devenir un véritable héros.

Toujours dans le domaine animalier mais dans une affabulation réaliste cette fois, le roman présente encore (cf. *Eric et le chien du port* de H. Peterson; voir le chapitre précédent) la fidélité à l'animal comme une compensation à un sentiment d'isolement et de faiblesse. L'image

---

55   G. Mebs, *L'enfant du dimanche,* Gallimard, Folio Junior, 1986, p.9.

marquante de *L'étrange chanson de Sveti* (1985), roman attachant
d'Evelyne Brisou-Pellen renvoie à la surprenante complicité entre une
toute petite fille et un ours énorme. A la suite d'une épidémie de peste
(l'histoire se déroule au Moyen Age), Sveti a perdu toute sa famille
(peut-être à l'exception de son père). Elle a été adoptée par une troupe de
tsiganes. Si l'enfant, privée de ses attaches familiales et en quête d'identité, supporte son sort, c'est qu'il y a Patzi. Elle se sent protégée[56] par
cette forte bête à « la fourrure accueillante » : variante de l'attachement
au père, prédominance du confortable. Sans laisse ni chaîne ou muselière,
l'ours se tient à ses côtés :

> Plus on avançait, plus il y avait de monde. Pourtant, Sveti n'eut aucun mal à se
> frayer un passage, et l'ours n'y était pas pour rien. Sveti adorait cette sensation :
> que son gros ami si débonnaire suscitât une telle crainte l'amusait. Elle pouvait
> traverser les foules les plus denses sans jamais être ralentie.[57]

Quittons les animaux et revenons aux humains. Dans *Deesje* (1985,
traduit en plusieurs langues), très beau récit, à la fois, sobre et poétique,
la talentueuse romancière et illustratrice hollandaise Joke van Leeuwen
apporte sa vision, hélas, pessimiste, de la société. L'enfant y souffre en
effet, de sa dépendance à l'égard de l'adulte. L'histoire tourne autour
d'une petite orpheline de mère privée du droit à la parole. Son père, ses
grands frères, les étrangers ne l'écoutent pas lorsqu'elle veut s'exprimer.
La petite en devient aphasique. Sans la consulter, son père a décidé de
l'envoyer chez une demi-tante. Celle-ci habite dans une grande ville
lointaine. Deesje doit voyager seule, munie d'une petite valise rouge à
rayures noires. Elle s'égare. Ses malheureuses aventures découlent du fait
qu'elle n'arrive pas à parler au moment opportun. L'angoisse de Deesje
est d'ailleurs rendue par un *leitmotiv* : « Ah, si je l'avais dit. Je voulais le
dire. Maintenant il est trop tard. J'ai essayé. » Seuls quelques marginaux
se montrent compréhensifs à son égard. Quelle que soit la conclusion du
récit, son message est bien, plus qu'un peu désabusé, dans cette errance
de la petite fille que l'entourage familial a rendue presque muette...

C'est encore sur la solitude que la Canadienne Dominique Demers
fonde l'analyse rétrospective d'une adolescente en crise (*Ils dansent dans
la tempête*, 1994). A l'aube de l'âge adulte, l'héroïne cherche refuge au

---

56   « Elle manipule à sa guise aussi une bête qui lui confère symboliquement sa
      puissance. Elle se ressource en permanence à une force primaire qui est celle de la
      nature ancestrale. » J. Perrot, *Du jeu, des enfants et des livres, op.cit.*, p.290.
57   E. Brisou-Pellen, *L'étrange chanson de Sveti*, Flammarion, Castor Poche, p.143.

cœur de l'immense forêt de sapins, sur les bords d'un lac où elle a passé son enfance. Elle cherche à y oublier les drames qu'elle vient de vivre (l'abandon de son bébé, la mort de sa mère). C'est au sein de la nature, et dans le calme d'un couvent où les moniales ont prononcé le vœu de silence, qu'elle retrouve la sérénité. L'auteur restitue avec émotion les sentiments de Marie-Lune, qu'elle met constamment en relation avec les éléments de la nature :

> Un jour de congé, j'ai quitté Winnipeg et j'ai filé, en vélo sur les routes noyées dans les champs de blé. C'est très beau, ce ciel si bleu sur un lit blond. Mais au bout d'un quart d'heure, j'étais étourdie et l'angoisse me collait au ventre. Le ciel et le sol se brouillaient dans un même vertige. J'avais peur de basculer dans le néant. Comme si la terre était plate et la ligne d'horizon, le bout du monde. Ces plaines désertes ressemblaient trop à ma vie.
> C'est la même chose à Montréal, malgré les gens, les édifices. Il n'y a rien sur quoi on peut vraiment s'appuyer. Pleurer. Au lac, quand tout semblait chavirer, il restait toujours les arbres. Ces grands sapins bien ancrés. Leur présence n'efface pas la douleur. Mais à l'ombre de leurs vastes branches on se sent moins seul. Plus solide presque.[58]

Remarquons que l'apaisement en pleine nature, qui idyllise quelque peu d'ailleurs nombre de ces romans, les relie, en cette période de discours écologique omniprésent, avec la récurrence d'un véritable *leitmotiv*.

Solitude des adolescents, des enfants ou de leur substitut animal, solitude de l'adulte lui-même. Azouz Begag se livre pour sa part à une réflexion sur l'instabilité de l'adulte en perte d'identité. Preuve que la littérature de jeunesse peut se confondre avec la littérature pour adultes, le jeune lecteur étant invité à s'identifier à ses aînés. Dans *Quand on est mort, c'est pour toute la vie* (1994), Amar, jeune beur installé dans la région lyonnaise, apprend que son frère a été abattu par un chauffeur de taxi à qui il n'avait pas réglé sa course. Le meurtrier profite d'un non-lieu. Amar, désaxé par ce double choc, quitte femme et enfants pour fuir un sentiment d'isolement, de ségrégation qui lui fait mal. Il cherche secours dans un retour au pays de ses origines. La description du voyage éprouvant, entrepris, dans un car bondé, par le héros, forme le corps du récit de Begag. La chaleur et la lumière aveuglante du désert accompagnent son errance identitaire. Au milieu de ses compagnons

---

58   D. Demers, *Ils dansent dans la tempête*, Québec/Amérique Jeunesse 1994, p.16-17.

algériens victimes de la misère et de l'insécurité, Amar ne trouve pas de réponse à ses interrogations sur le déracinement et sur l'insertion.

Une écriture abrupte, et interpellante, s'accorde parfaitement au thème de ce beau récit.

Si la substance romanesque coïncide chez des écrivains tels que U. Orlev, F. Holman, E.H. Rhodes, I. Southall, J.M.G. Le Clézio, D. Demers, avec la description de l'existence solitaire du héros en dehors d'un milieu familial, elle se confond chez d'autres avec le parcours du protagoniste insatisfait vers *la sortie d'un état initial d'abandon*. Il ne s'agit plus, dès lors, de l'histoire d'une errance matérielle. Le récit ne décrit pas le héros (souvent un fugueur) enfermé dans sa solitude, mais s'attache à montrer comment il parvient à s'en échapper, soit dans la réalité, soit dans un monde imaginaire. A côté de maint danger, de nombreux mécomptes et désillusions, il rencontrera souvent des êtres amicaux, jeunes ou vieux, vrais ou surnaturels, des étrangers à l'occasion, parfois des excentriques. Leur aspect insolite lui fera oublier ou du moins relativiser ses propres frustrations. Au cœur des récits contemporains, réalistes ou porteurs de merveilleux, le thème d'une découverte de l'autre, de l'amitié ou de l'amour, contrepoids à la solitude, catalysatrice du mal de vivre juvénile, est fréquemment développé (nous y reviendrons, voir p.271).

Le roman de Katherine Paterson, *Gilly et la grosse baleine* (*The Great Gilly Hopkins*, 1978), par exemple, s'étaye sur l'alliance entre l'enfant et une inconnue, marginale légèrement loufoque. Seule la grosse Mamie Trotter, dont le physique rappelle des monstres marins, parviendra à établir la communication avec Gilly, orpheline de onze ans, agressive, murée par esprit de vengeance dans un silence et une résistance systématiques. Cette fois, Gilly a trouvé une mère adoptive accueillante, optimiste et compréhensive. Sans doute l'auteur met-elle un peu trop de complaisance à étaler les vertus de la méthode éducative de la « grosse baleine », mais un ton chaleureux, une langue imagée, le rythme bien soutenu grâce à l'alternance des dialogues et des monologues de la petite héroïne, confèrent cependant un charme réel à la narration.

Ursula Le Guin, dans un bref récit très prenant, *Loin, très loin de tout* (*Very far Away from Everywhere Else*, 1976), fait dire à Owen, adolescent de dix-sept ans, mal dans sa peau à cause de sa petite taille, comment son amitié amoureuse avec Nathalie l'a arraché pendant quelques mois à la solitude. L'attrait du récit réside dans l'analyse que cet adolescent intelligent et cultivé – il est passionné de musique – fait de lui-même et de son amie.

Il est arrivé fréquemment que cette dimension dominante, la solitude intérieure, empiète sur un certain merveilleux et lui emprunte sa force de rayonnement. A une époque où les écrivains affirment leur prise de conscience des angoisses juvéniles, il est naturel que la transposition fabuleuse et poétique, voire comique, soit conçue comme une salutaire déviation susceptible d'offrir une compensation à d'inquiétantes réalités. *L'humour* souligne jusqu'à la caricature, d'où un effet de rupture qui provoque le rire et détend l'angoisse. *La fantaisie* enseigne à se distancier des situations dont elle met en doute les apparences. Des écrivains modernes comme Michael Ende font la part belle au récit merveilleux parce que – outre son intérêt métaphorique (la transposition) – ils jugent l'imaginaire et le rêve menacés de disparition dans nos sociétés mécanisées (cf. *Momo*).

Depuis longtemps, les aventures au royaume de l'imaginaire sont issues d'un état initial d'ennui et de solitude. Qu'on se souvienne de la petite Alice (*Alice au pays des merveilles*, 1865), avant sa plongée dans l'univers magique. Elle est assise sur un talus, en proie au désœuvrement malgré la présence de sa sœur. En fait, aux yeux des écrivains épris de fantaisie, la mise en valeur du voyage onirique contribue à transposer les angoisses et les frustrations nées du quotidien. Il n'y a sans doute pas d'évocation du quotidien d'Alice, mais il réapparaît, freudiennement, dans le rêve. Cependant, à la différence des récits merveilleux d'autrefois, les œuvres modernes allient intimement la magie, l'onirique ou la simple fantaisie à une réalité souvent bien douloureuse.

Nathalie Babbitt avait publié, deux ans avant *Les yeux de l'Amaryllis*, un autre roman de haute tenue, *La source enchantée* (*Tuck Everlasting*, 1977), riche en suspense et très poétique. Par le biais d'une aventure fabuleuse, l'auteur nous soumet une méditation sur la mort et le passage du temps.

L'histoire se passe en 1880. L'existence de Winnie Foster, onze ans, fille unique de hobereaux conformistes, est monotone. Un jour, elle rencontre les Tuck, des gens ordinaires que l'eau bue à une source a rendus immortels. Ils l'enlèveront. Winnie acceptera de rester avec eux. Elle va les aider et même sauver Mae Tuck, la mère, accusée de meurtre, en se substituant à elle en prison. La justice ignore en effet l'immortalité des Tuck qui, au profit d'une vie simplement humaine pour tout un chacun, refusent de voir leur secret dévoilé. Quand viendra le moment où Winnie devra faire un choix crucial entre l'éphémère et la vie éternelle, elle refusera de devenir un nouveau Peter Pan. Et on peut tenir pour preuve de son entrée dans la maturité, qu'elle accepte la vie avec ses joies et ses peines.

De belles histoires présentent le voyage fabuleux comme une réponse à la peur de la mort. Le héros, cloué au lit par la maladie, se sent déjà loin des siens.

Un récit de Michel Déon, *Thomas et l'infini*, 1975, met en scène un enfant brûlant de fièvre. Ses rêves le porteront dans une île où il retrouve ses compagnons de tous les jours.

L'étrange voyage de Sophie (*Kleine Sophie en Lange Wapper*, 1984), d'Els Pelgrom, est une œuvre dense de significations. Les petits lecteurs hollandais la trouvent d'ailleurs d'une compréhension difficile.

Sophie se sait mourante et, avant le grand départ, elle tient à poser aux adultes quelques questions essentielles. Qu'est-ce que la vie a à offrir ? Que se passe-t-il après la mort ? La réponse ne lui viendra pas de ses aînés, mais d'un voyage en compagnie de ses jouets de prédilection : Grande Guenille, une poupée de chiffons, et deux peluches, un chat (Terreur), et un ourson. Tous deviennent acteurs dans une pièce écrite par Terreur et représentée dans le théâtre de marionnettes de Sophie. Ils voyagent à travers les mers, les bois et les champs. Leurs aventures les mènent dans d'étranges maisons, au marché, au tribunal, en prison, à la foire. Ici, Sophie s'intéresse à la gigantesque balance de la vie où l'on pèse le destin des hommes : sur le plateau de gauche, ce qui contribue au bonheur et à la prospérité, sur celui de droite, ce qui engendre la misère. La balance doit toujours être en équilibre. Du nid-de-pie d'un bateau, la fillette découvre la beauté du monde. L'épilogue fait comprendre qu'elle est morte dans la vie réelle, mais survit dans la pièce. Elle est partie avec ses amis dans une grande voiture bleue pour un voyage sans fin, heureuse d'avoir pris conscience que la vie a beaucoup à offrir.

Cette belle équipée tristounette charrie force « citations » : des vicissitudes de Pinocchio en tout lieu aux références bibliques (la pesée des âmes).

Le petit héros de *La Verluisette* (*Lo Stralisco*, 1987) de Roberto Piumini, conte poétique dans sa sobriété, accepte l'idée de la mort au fur et à mesure qu'il voit défiler sur les murs du palais où il vit de superbes fresques sous le pinceau du plus grand peintre de Turquie, mis à sa disposition par son père. Elles lui recréent le monde et brisent sa solitude.

Le thème de la mort est encore remarquablement traité dans *A la vie, A la ...* (1998) de Marie-Sabine Roger. L'auteur désamorce le pathétique de la situation du jeune protagoniste par le récit de son échappée dans un univers onirique, mais surtout en prêtant à son petit héros-narrateur un langage merveilleusement créateur et personnel. Le monologue intérieur du garçonnet mourant se tisse de constantes trouvailles poétiques et humoristiques. Son discours émouvant fait alterner l'expression de l'amour maternel et la personnification de la douleur (la Vomille a de petites ailes noires de vampire) :

> Maman, quand elle aime, c'est toujours avec plein de guirlandes. Elle ne sait pas t'aimer sans te le dire. Et plus c'est fort, plus il lui faut des mots. Mais c'est jamais des mots m'en fiche. C'est du vrai de vrai, du à la vie, à la ...
> Je lui ai dit, qu'elle était revenue la Vomille. Qu'elle revient de plus en plus souvent. Même lorsque je prends tous mes cachets du soir.
> Elle a posé la couverture sur moi, le temps de me refaire un radeau neuf, avec des draps qui sentent bon le large, le vent froid, les horizons lointains.
> Elle m'a demandé si la Vomille m'avait encore fait un rongevrille. Les rongevrilles, c'est quand ça ronge et ça vrille. Quand c'est plus rien que du mal qui déchire et qui explose en dedans.[59]

Outre la tendresse de sa mère, la présence chaleureuse de Melchior Lescale, son voisin, bon géant qui lui raconte des histoires de pirates, lui apporte le réconfort en ses ultimes moments. Melchior vient toujours à son secours dans la vie comme dans ses rêves lorsqu'il est menacé, jusque sur le sable rouge d'une terre inconnue, par les Toubibiâtres et les Picurologues. Grâce à Melchior, qui oriente son esprit vers l'aventure, le bambin se console en se perdant petit à petit entre l'imaginaire et le quotidien.

Des lecteurs, adultes en particulier, se demanderont sans doute si ce bien-mourir enfantin constitue un sujet acceptable. N'y aurait-il qu'un titre qu'on pourrait encore parler de cas limite émouvant et s'attendrir sur la petite fille qui « part » dans sa belle voiture bleue. Mais sans vouloir être moralisateur ni mettre en cause la qualité de cette littérature des soins palliatifs de l'onirisme, il ne paraît pas injustifié de reprendre ici à l'encontre de l'opium dissolvant du rêve ces arguments en faveur d'un certain *tonus positif*, malgré l'horreur des situations, qui semblaient

---

59   M-S. Roger, *A la vie, A la ...*, Nathan, 1998, p.12.

devoir faire rejeter pour *l'être en devenir* qu'est l'adolescent un livre comme *L'oiseau bariolé*.

Katherine Paterson conçoit également les échappées dans l'imaginaire comme un réconfort aux insatisfactions de l'existence. *Le royaume de la rivière* (*Bridge to Terabithia*, 1977) conjugue le merveilleux et l'amitié. Deux enfants dont l'amitié dérange leurs camarades se créent un royaume fictif, Terabithia. Mais un jour, Leslie se noie dans la rivière et avec elle Jess Aaron, un garçon pauvre de la Virginie rurale, souffrant de l'inattention des siens, perd son droit d'entrée au royaume merveilleux. Toutefois, le souvenir de Leslie qui « l'avait sorti de son enclos, emmené à Terabithia et transformé en roi »,[60] et dont il veut continuer le jeu, l'aidera à accéder à l'âge des responsabilités. La mort de son amie signifie pour lui la fin de l'enfance.

L'écrivain brésilien, Lydia Bojunga Nunes (Prix H.C. Andersen 1982), allie à son tour le rêve (voir aussi plus loin p.256) et l'amitié. Alexandre, le héros de *La maison de la marraine* (*A casa da madrinha*, 1978), roman où la poésie et la fantaisie véhiculent des symboles inspirés par la réalité brésilienne, est un enfant pauvre de Copacabana. Accompagné d'un paon magique, il s'éloigne de son foyer et rencontre Vera. Ensemble, ils trouvent le bonheur au cours des aventures fantastiques qu'ils vivent dans un univers inventé de toutes pièces. L'évasion dans le rêve se fait bientôt permanente, car Alexandre passe sans transition de la triste réalité quotidienne à celle de ses contes, qu'il finit par ne plus identifier comme tels.

L'épopée fantastique de Michael Ende *L'Histoire sans fin* (*Die Unendliche Geschichte*, 1979), best-seller mondial traduit en vingt-sept langues, est une œuvre de longue haleine ruisselante d'éblouissantes images, débordantes d'inventivité. Elle fourmille en outre d'allusions à l'*Odyssée*, à Rabelais, aux *Mille et Une nuits*, à Lewis Carroll,[61] et dans une moindre mesure, à Tolkien.

Le roman d'Ende s'inscrit dans la lignée de ces récits merveilleux cadrés sur des héros frustrés par la vie quotidienne et valorisés par leurs exploits dans un univers fabuleux.

---

60 K. Paterson, *Le royaume de la rivière*, Editions de l'Amitié, Hatier-G.T. Rageot, 1985, p.152.
61 Intertextualité soulignée au cours d'un entretien de J.L. de Rambures avec Michael Ende (*Le Monde des livres* du 16 mars 1984).

Bastien, un garçon de dix ans, est découragé par son physique de gros aux jambes torves, sa vie scolaire humiliante et l'inattention d'un père désespéré par la mort de sa femme et devenu indifférent à l'égard de son fils. Bastien possède force merveilles : un vélo à trois vitesses, un train électrique, une provision de plaquettes vitaminées, la télévision, un appareil photographique, mais la société de consommation ne lui est d'aucun secours. Son identité, sa propre estime, il les conquiert seulement lors de son passage au royaume imaginaire. Il s'arrache à son insatisfaction par la lecture d'un livre ancien qu'il a dérobé à son propriétaire, et bascule alors dans la féerie, où il s'identifie totalement à Atréju, son double, image positive de lui-même. Atréju-Bastien est chargé de sauver le Pays Fantastique, celui du Rêve et de la Fantaisie, d'un envahissement progressif du Néant et du Vide, symboles de la médiocrité et de la grisaille qui menacent les valeurs du rêve dans la vie réelle. Grand, fort et intelligent au pays fabuleux, le héros vient à bout de toutes sortes de créatures surnaturelles. Pareilles au Sauron de Tolkien, qui cherche, à partir de ses sinistres hauts fourneaux, à investir les « terres enchantées », les forces du Mal, ici veulent anéantir le Pays Fantastique.

Tout le roman de Ende est une vaste et cohérente métaphore de l'imagination, espace à ses yeux tout autre qu'insignifiant. Comme il sent cet espace menacé de disparition, il importe de le protéger coûte que coûte.

La composition narrative est subtile. Le roman se déroule sur trois plans, celui du réel, de l'imaginaire et enfin celui de leur intersection, dès que le héros intervient dans l'histoire qu'il est en train de lire, la mise en abîme devenant ainsi partie intégrante du système narratif. Les rapports entre réel et imaginaire se traduisent par les va-et-vient permanents du héros entre sa vie quotidienne et le Pays fabuleux. Bastien s'arrête régulièrement de lire pour penser à ses parents, à ses professeurs et à ses condisciples. Ses épreuves dans la vie réelle recoupent celles qu'il traverse au pays inventé. La réalité et le rêve sont indissociables. Si Bastien finit par s'accepter tel qu'il est grâce à son voyage initiatique dans l'imaginaire, Atréju de son côté n'aspire qu'à retourner à la réalité. Le livre vit de ces aspirations inverses, de cette sorte de symétrie de mondes parallèles.

Quant à la littérature de jeunesse néerlandaise, elle s'est enrichie en ces vingt dernières années d'œuvres originales, au croisement de la fantaisie et de la réalité quotidienne (cf. plus haut, *L'étrange voyage de Sophie* d'E. Pelgrom).

Peu avant la parution des « Voyages d'un homme futé » (voir p.219) – où déjà la fantaisie se combinait à la réalité quotidienne, celle d'un adolescent imprégné de l'*Odyssée* –, Imme Dros avait publié « Annelie au cœur de la nuit » (*Annetje Lie in het holst van de nacht*, 1987, traduit entre autres en anglais, allemand et suédois). Poussée par un sentiment de solitude et d'abandon, la petite héroïne se laisse aussi submerger, mais par l'onde des mauvais rêves et des visions.

Dans certaines œuvres britanniques, quelque trente ans plus tôt, rappelons-le, la fantaisie onirique était déjà intimement connectée à la réalité psychologique de la vie quotidienne (cf. *Marianne Dreams, Tom et le jardin de minuit*; fin des années cinquante).

Imme Dros met en scène une fillette, Annelie. Personne ne lui a expliqué pourquoi elle doit brusquement aller vivre chez sa grand-mère. Elle ignore la durée de ce séjour et ne supporte pas d'être séparée de ses parents, surtout de sa mère. Elle se sent abandonnée et les effrayantes chansons fredonnées par l'aïeule n'ont rien de rassurant. Son état diurne d'angoisse déclenche la nuit des rêves où se succèdent d'étranges personnages, par exemple une femme vêtue de dix robes superposées, un Roi des souris, un marin noyé qui cherche à l'entraîner sous l'eau... Annelie finit par tomber malade. On a donc ici une exploitation du rêve qui n'est pas, malgré une dimension poétique, naguère très appréciée des Hollandais, éminemment positive !

Joke van Leeuwen, l'auteur de *Deesje* (voir p.225), décolle d'une autre réalité, celle de la pauvreté, dans une œuvre pleine de charme, « L'histoire de Bobbel qui habitait dans un cyclohome et voulait devenir riche » (*Het verhaal van Bobbel die in een bakfiets woonde en rijk wilde worden*, 1987), à mi-chemin du vrai et de la fantaisie. Sous la transposition poétique d'une existence médiocre pointe la satire du monde moderne. La petite Bobbel vit plus qu'à l'étroit, avec père et mère, dans une minuscule caravane tirée par un tricycle. Bobbel se caractérise par des attitudes anticonformistes, une vivacité, une imagination inventive et une sincérité désarmante qui ne sont pas sans rappeler Fifi Brindacier. Bobbel, bien décidée à sortir de son état de pauvreté, rejoint un oncle devenu riche pour apprendre de lui comment devenir prospère. Il habite dans une grande et spacieuse demeure. La fillette aspire à vivre des aventures passionnantes, mais, étrangère au village de son oncle, elle connaît des expériences pénibles. Elle est mal accueillie à l'école. Les condisciples se moquent d'elle et la traitent de « tsigane ». Et pourtant elle ne leur avoue pas que ses parents se déplacent avec leur toute petite maison sur roues, mais déclare simplement qu'ils font le tour du monde. Elle ne sait d'ailleurs pas quand ils reviendront car le monde, dit-elle, est une boule sans commencement ni fin, ainsi on ne peut jamais savoir quand on est arrivé au bout... Très déçue par la société de consommation, elle retourne avec joie partager la vie pauvre de ses parents dans leur cyclohome. Mieux vaut la liberté et le droit de rêver que la soumission à des normes conventionnelles.

Le récit de la romancière néerlandaise doit surtout à la variété des formes dans le discours narratif une originalité bien en phase avec le style d'aujourd'hui : dialogues, monologues, descriptions, incursions dans l'épistolaire, ritournelles...

La riche fantaisie de Simone Schell, auteur de *Marie Pouceline ou la nièce du général* (en néerlandais : *Marie Pouceline of de nicht van de Generaal*, 1992) intègre franchement la critique sociale. Par le biais d'une sorte de féerisation qui dérive directement du conte populaire, l'auteur prend la défense des faibles et fustige les préjugés des puissants à l'égard des défavorisés. Elle épingle le côté artificiel des classes privilégiées et leur indifférence au sort des enfants qu'elles ont abandonnés (c'est-à-dire, qu'elles ont mis d'autorité en pension).

Un jour, une mystérieuse aristocrate amène en carrosse dans la forêt sa fille Pouceline. Elle en confie la garde à une vieille femme quelque peu sorcière. Celle-ci la confie à son tour à la directrice d'un pensionnat. Marie Pouceline, charmante fillette pas plus grande que le petit Poucet (d'où son nom), fera l'amère expérience d'un internat réservé aux enfants de la noblesse, puis celle de la vie du cirque. Elle ne reverra jamais ses parents. L'art de l'auteur consiste avant tout à décrypter la réalité en grossissant le trait et les contrastes.

Revenons au monde anglo-saxon. La fantaisie se pimente d'humour chez l'Anglais Philip Ridley, auteur d'un délicieux petit roman, *Krindlekrax* (1991), où il se moque des automatismes des grands et des petits et nous invite à percevoir la réalité, la vraie, derrière des apparences routinières.

Le petit Ruskin se sait laid, personne ne se fait faute de le lui rappeler, même pas ses parents. Il est petit et chétif; ses jambes sont cagneuses, ses cheveux roux et frisottants, et par-dessus le marché il porte d'épaisses lunettes. Si au physique c'est le portrait tout craché de son père, au moral il n'en va pas de même. Winston (!) Splinter et son épouse Wendy sont des créatures pusillanimes, prisonnières de leurs automatismes. Le père est retombé en enfance à la suite de la perte de son emploi. Il était autrefois gardien de zoo. Maintenant, il joue à longueur de journée avec des animaux en peluche et répète sans cesse que rien n'est de sa faute (on reviendra plus avant sur ce renversement des rôles). A la moindre contrariété, la réaction de la mère de Ruskin consiste à ponctuer ses propres phrases d'un « *polly-wolly-doodle-all-the-day* » (refrain que nul n'ignore en Angleterre). Pour remédier aux difficultés psychologiques de son fils : une seule solution, lui offrir comme une automate un « kiss ? tea ? » (un « baiser ? un thé ? »). L'auteur définit de la même façon les autres personnages par un trait unique et drôle : les discours du docteur sont toujours interrompus par d'incessants éternuements; tel professeur tombe à genoux, fondant en larmes aussitôt qu'on prononce devant lui le nom de Shakespeare... Pareil système semble repris du Petit Nicolas.

A l'inverse de ses parents, Ruskin est généreux et plein d'audace. C'est un esprit anticonformiste et ouvert. Toutefois, il souffre de sa solitude affective. A part le concierge de son école, Corky Pigeon, il n'a pas d'amis. Il rêve de devenir acteur. Mais voilà, à l'école on lui refuse, dans la pièce qu'on va monter, le rôle du héros. Ruskin saura prendre sa revanche et affirmer au grand jour qu'il a une âme de héros. Il n'hésite pas à se mesurer au terrible et mystérieux Krindlekrax, gigantesque crocodile habitant des égouts qui passent sous sa rue. Il rachète ce faisant une faute ancienne de son père et sauve les riverains du danger qui les menace. Ayant ainsi conquis l'admiration et l'affection de son entourage, il sort de son isolement.

Autre fantaisie relevée d'humour, *Lütt et le secret de la pleine lune* (*Lütt Luftballon und die grosse Mittenachtsbeswörung*, 1994). Klaus Kordon traite de façon amusante les angoisses d'un bambin de neuf ans obsédé par sa taille. Il se considère comme un malchanceux. Tous autour de lui sont grands (grands-parents, père, frères). Prêt à faire n'importe quoi pour gagner un centimètre, le bambin, très naïf de nature, écoute et suit docilement les conseils extravagants de ses copains. Il en vient à accomplir des exploits insensés. Finalement, un nouvel ami lui fera comprendre que la taille n'a pas d'importance, car ce qui compte c'est d'être « un géant à l'intérieur ».

En Italie aussi, la littérature de jeunesse génère des œuvres originales où se croisent la réalité et la fantaisie.

Au cœur du charmant récit, riche en rebondissements, de Silvana Gandolfi, *Un chat dans l'œil* (*Occhio al gatto !*, 1995), il y a un garçonnet de dix ans, le narrateur. Dante (!) est anxieux. Ses parents sont partis travailler à Hongkong. Il a dû quitter Milan et rejoindre à Venise sa grand-mère, femme très stricte et éprise de solitude. Le gamin se sent incompris à la maison et à l'école. Il est vrai qu'il s'exprime mal et qu'il confond les lettres et les chiffres. Il trouve réconfort auprès de Casimo Dolent, un vieux professeur un peu magicien sur les bords, chez qui il doit prendre des leçons de rattrapage. Casimo lui apprend que le chocolat chaud et onctueux stimule la télépathie. Il lui fait absorber ce savoureux breuvage et en verse quelques gouttes dans chaque œil d'un chaton nouveau-né. Il offre ensuite Virgile (ainsi baptisé par Dante, prénom oblige) à son petit élève. Dorénavant, il suffira au gamin de fermer les yeux pour voir le monde à travers les yeux de son chat. Après l'enlèvement de la bête et celui d'une fillette, Virgile sert de guide (la référence évidente à *La Divine Comédie* est infiltrée d'un humour subtil) à Dante dans le dédale des « *calli* » (rues) et des « *campi* » (places) de Venise. Grâce à la communication télépathique, son jeune maître finira par les retrouver.

Telle la fantaisie, *l'humour* permet aux écrivains d'amortir les pesanteurs de la réalité. Le ressort de l'intrigue, lorsque le héros prospecte son monde intérieur, est la soudaine et comique mise en doute de son identité. *Rosaloche la moche* (1987), roman de Gudule, écrivain d'origine belge, déclenche l'hilarité. Et pourtant il n'y a rien de drôle pour une petite fille à s'apercevoir tout à coup de sa laideur et à devoir renoncer à ressembler un jour à Marilyn Monroe ! Mais la vision d'autrui est méchante, et l'on sait bien que le ressort de la comédie (et de la tragédie) n'est qu'affaire d'optique. Discours connu : l'enfer (ou la farce), c'est les autres.

A la différence des œuvres déployées autour d'un héros solitaire raconté hors de l'environnement familial, et qui sont d'une tonalité plutôt grave (*Le Robinson du métro, Le Prince de Central Park, Lullaby, What about Tomorrow...*), les récits situés dans le cadre domestique font la part belle à l'humour. Lorsque le héros est considéré sous l'angle de ses rapports familiaux, le sérieux des situations est souvent miné par la drôlerie.

La méfiance à l'égard de l'adulte et la foi dans les jeunes, attestée par la production de ce dernier quart de siècle, se traduit en *renversement des rôles* aussi bien d'ailleurs dans les récits humoristiques que dans ceux où la gravité domine. Quantité de romans mettent en avant un non-adulte raisonnable et patient, contraint de prendre en charge un aîné faible et indécis.

L'approche railleuse, en particulier, consiste à présent à opposer un adulte en situation juvénile[62] à un enfant sage et décidé. Ainsi un simple conte d'avertissement, *Qui a peur de Croquemoutard* (*Jacob Two-Two meets the Hooded Fang*, 1974), du Canadien Mordecai Richler, enseigne à se méfier des apparences et à écouter les plus jeunes. Drôle et délicieusement fantaisiste, l'œuvre illustre cette suprématie de l'enfant sur les grands. C'est le plus démuni dans le monde réel qui, dans l'histoire, vient à bout du plus fort.

Benjamin Deux-Deux souffre de s'entendre dire à tout bout de champ par ses parents et ses frères et sœurs qu'il est trop petit. Il se venge de leur inattention en les obligeant à se répéter. Emprisonné pour insolence envers les grandes personnes dans les cachots du terrible Croquemoutard, le solide petit bonhomme, âgé de six ans, n'éprouve aucune peur. La force n'est pas du côté qu'on pourrait croire. L'enfant affirme son pouvoir en démystifiant l'autorité. Pour sa part, Croquemoutard, armé de ses crocs terrifiants et pointus se veut abominable, mais derrière cette apparence de puissance se cache, tout comme chez le magicien d'Oz, une créature fragile. A peine démasqué, il éclate en sanglots et appelle sa maman. Ici, on ne peut s'empêcher de penser au principe de l'inconsistance du Mal dès qu'on y résiste : dans le *Ça* de Stephen King, chez Tolkien (les soldats de Mordor) et au-delà, déjà dans certains contes de Grimm, tel celui de l'homme qui voulait apprendre à frissonner. Ogres et croque-mitaines les plus monstrueux deviennent des baudruches si on leur fait front en soi et hors de soi.

---

62   Inversement, des romans de la veine comique racontent l'enfance mise en situation d'adulte. *E=MC², mon amour* de Patrick Cauvin, (roman recommandé par des catalogues de jeunesse à partir de quatorze ans), est tout entier dominé par un humour fondé sur une désopilante exagération à l'image du monde renversé. Deux jeunes surdoués (ils totalisent à peine vingt-trois ans) racontent leur amour fou. Le rire jaillit du contraste permanent entre l'âge des héros et leurs expériences d'adulte.

Le renversement des rôles rappelle d'une certaine façon le *Monde renversé*, qui appartenait jadis à une iconographie populaire de l'absurde et renvoyait au besoin ancestral de défoulement attesté par les carnavals et les saturnales de toutes époques. Il a pris corps à présent en littérature, mais dans la permanence, par la constatation quotidienne du réel !

Un bon roman réaliste de Roald Dahl, paru à l'époque, témoigne de l'inversion des rôles dans le registre comique. *Danny le champion du monde (Danny the Champion of the World*, 1975) illustre la complicité entre un père et son fils, orphelin de mère. Le célèbre romancier anglais d'origine norvégienne y donne libre cours à son humour et à sa fantaisie. Le père n'est pas conforme à l'image traditionnelle : braconnier impénitent, bon vivant et espiègle, il entraîne son fils de huit ans à enfreindre les interdits. Dahl s'emploie à renverser les rapports traditionnels : si la farce est du côté du père, le sérieux investit le fils. Ce dernier, en fait le narrateur devenu adolescent, s'étonne encore du comportement des adultes qui bafouent les lois sans la moindre vergogne. N'empêche, solidaire d'un père qu'il adore, l'enfant part en pleine obscurité à sa recherche, et, dans les bois, parvient à le tirer du piège où il est retenu prisonnier. Des images comiques de l'adulte, par exemple celle d'un derrière de grand-père, désacralisent les grands. L'aïeul, déjà braconnier en son temps, avait pris tant de plomb dans les fesses que son postérieur était tout couvert de petites cicatrices blanches pareilles à des flocons de neige.[63] Aux yeux de l'auteur, l'autorité paternelle ne se manifeste pas dans la sévérité, mais dans l'affection et la joie.

Remarquons qu'à la longue cette inversion des rôles deviendrait elle aussi grosse de convention et de pesante édification : c'est le jeune à présent qui pourrait devenir moralisateur à son tour.

Roald Dahl aborde plus d'une fois le thème du renversement des rôles, un renversement qui ne tient pas forcément de l'humour, d'une aimable incompétence, mais peut découler d'un véritable abîme moral. Poussé par son grand respect de l'enfant, c'est à celui-ci qu'il donne alors le pouvoir. L'auteur oppose dans *Matilda* (1988), récit qui fait courageusement la part belle au comique et à la fantaisie, des parents sordides, vulgaires, matérialistes et ignorants, à leur fillette Matilda, aimable, discrète et surdouée. A l'âge de quatre ans, la petite lit Dickens, Hemingway et Kipling; critique avisée, elle reproche à l'auteur de *L'Ile au trésor* et à Tolkien, l'absence, dans leurs histoires, de passages drôles.

---

63   R. Dahl, *Danny le champion*, Stock, LP Jeunesse, 1981, p.36.

Bien qu'elle soit dotée de toutes les qualités morales et intellectuelles, ses parents, un père véritable escroc et une mère inexistante, esclave du petit écran, ne lui témoignent aucune affection et se montrent même indifférents ou franchement hostiles à son égard. A l'école, Matilda est encore confrontée à la cruauté de l'adulte. La directrice, Mlle Legourdin, hait les enfants :

> Pour moi, l'école parfaite, Mlle Candy, est celle où il n'y a pas d'enfants du tout. Un de ces jours j'en offrirai une de ce genre. Je crois que ce sera une grande réussite.[64]

Cependant, la petite héroïne possède en plus un don exceptionnel. Elle est douée de télékinésie. Elle déplace les objets à distance. Ce don, elle va s'en servir pour se venger de la méchanceté des grands, à l'exception de la seule Mlle Candy, son institutrice, qu'elle adore, veut défendre et qui a d'ailleurs une haute opinion de Matilda :

> Mlle Candy lui sourit. C'était incroyable, songea-t-elle, la façon dont ce petit bout de femme semblait soudain prendre en charge tous ses problèmes et avec quelle autorité ![65]

Les jeunes lecteurs perçoivent sûrement la composante de l'exagération humoristique, tactique que Dahl pratique volontiers pour tempérer son propos, même quand la base du récit est, comme ici, réaliste. Néanmoins, certains reprochent à l'auteur de transmettre un message pernicieux, encore que beaucoup d'autres adultes soient très friands de cette féroce caricature de leur personnage.

La permutation psychologique devient identitaire quand le jeune héros, passé brusquement à l'âge adulte, entre dans le corps même de ses parents. Cette métamorphose est à l'origine de romans amusants, par exemple, ceux de l'Américaine Mary Rodgers, *Un vendredi dingue, dingue, dingue* (*Freaky Friday*, 1977) et *Si j'étais moi* (*Summer Switch*, 1982). On y voit les jeunes protagonistes échanger leur âge avec celui de leurs géniteurs.

Une même inspiration, suscitée par l'enfant transformé prématurément en adulte, est à l'origine de *Kamo et moi* (1992), une histoire drôle, portée par l'écriture originale de Daniel Pennac. *L'évasion de Kamo* (1992), récit sur lequel nous reviendrons plus avant, nous apprend que tous les élèves sauf Kamo, esprit indépendant, ont une peur atroce de

---

64   R. Dahl, *Matilda*, Editions Gallimard, Folio Junior Edition spéciale, 1988, p.158.
65   *Ibid.*, p.204.

Castraing, le professeur de français, qui leur a donné un nouveau sujet de rédaction : « Vous vous réveillez un matin, et vous constatez que vous êtes transformé en adulte. Affolé, vous vous précipitez dans la chambre de vos parents : ils sont redevenus des enfants. Racontez la suite. » Le narrateur et beaucoup de ses camarades, épouvantés par les fantasmes déclenchés à la seule idée d'une telle perspective, tombent malades et font une « castringite ». Et l'enseignant ressent la bizarre urgence de faire lui-même la rédaction. En fait, raconter sa sinistre enfance d'orphelin permet au terrible professeur de se défouler.

Parmi les histoires amusantes contées avec beaucoup de verve par Marie-Aude Murail, il y a celle d'un père réduit à une idée fixe : faire apprendre les langues étrangères à son fils. Il est bientôt floué par le gamin, qui invente une langue de toutes pièces (*Le hollandais sans peine*, 1989). Le héros de *Baby-Sitter Blues* (1989), du même auteur, fait rire quand il prend à son compte avec sérieux et gravité des responsabilités qui incombent aux grands. Pour assurer son argent de poche, il devient baby-sitter et entreprend même la lecture d'un ouvrage « Aimer et comprendre son enfant ».

Le *père* apparaît comme la cible privilégiée des œuvres d'humour. Elles le dépouillent des qualités dont il se targue pourtant volontiers dans la vie courante. Des écrivains, l'Anglais Willis Hall (*Un si petit dinosaure, Henry Hollins and the Dinosaur*, 1988), puis Jean-Philippe Arrou-Vignaud (*Le livre dont je ne suis pas le héros*, 1991) et Valérie Dayre (*C'est la vie, Lili*, 1991), suscitent l'hilarité en mettant en scène l'énervement et le comportement irréfléchi des papas dans le trafic.

La relation au père et à la mère, ou à l'un des deux, est amplement développée par le roman familial quel qu'en soit le ton. Cette relation, fondée sur des rapports chaleureux ou frustrants, est dépeinte également par le roman familial élargi, qui englobe, outre les relations familiales, les rapprochements (ou l'inverse) avec des camarades, des professeurs, des étrangers (voir p.258). Sans doute, le comique n'affleure-t-il guère si le héros est montré pris au piège de conflits douloureux provisoirement sans issue.

Le psychisme de l'enfant est rendu dans sa profondeur par l'excellent romancier norvégien Tormod Haugen (Prix H.C. Andersen 1990). Cet écrivain traite avec une sobriété vibrante d'émotion contenue le désarroi d'un garçonnet de neuf ans dont la vie quotidienne sombre dans l'instabilité. Joakim, le protagoniste de deux récits, *Les oiseaux de nuit* (*Nattflugene*, 1975) et *Joakim* (1979), suite du premier, vit dans une perpétuelle insécurité, car à tout moment il a peur de voir son père, malade psychique, s'effacer de son existence. En l'absence de sa mère, il est chargé de le surveiller, et s'étonne qu'il lui parle comme à un adulte et « comme s'il comprenait tout ce qu'il disait ».[66]

Le sentiment de sécurité de Joakim décroît à mesure que la mésentente s'installe entre ses parents qu'il aime l'un comme l'autre. Ses camarades, loin d'être tous gentils, se moquent de l'inactivité de son père tandis que sa femme travaille à l'extérieur et ils contribuent ainsi à l'effilochage de l'image paternelle.

Ce qui frappe d'emblée dans les romans de l'écrivain norvégien, c'est l'extraordinaire simplicité de la langue et du style, remarquablement accordés à un sujet aussi complexe que la vie intime d'un enfant obsédé par ses constantes hantises. Ses cauchemars prennent la forme métaphorique d'oiseaux de nuit qui s'échappent de son armoire quand il a oublié de fermer celle-ci à clef. Les jours où Joakim attend avec angoisse que son père, parti on ne sait où, rentre à la maison, les oiseaux s'agitent le soir avec frénésie :

> Puis il les avait entendus. Un froissement dans l'air. Venant de partout.
> Puis il les avait vus comme des ombres noires. Encore plus noires que la nuit. Ils étaient sortis du noir, et ils étaient là, tout à coup.
> De grandes ailes battantes, qui bruissaient dans l'air. Des yeux rouges qui le fixaient. Comme s'ils contenaient du feu.
> Et les becs – ils étaient ouverts, grands, et dangereux. Ils voulaient le frapper.
> De plus en plus près, par milliers. La nuit était remplie d'oiseaux. Le noir n'était qu'oiseaux. Sa chambre éclatait tellement qu'il y en avait.
> Ils voulaient l'attraper.
> Il avait crié et s'était caché sous sa couette. Les premiers oiseaux tapaient contre le lit avec leurs serres et essayaient d'arracher la couette. Il les avait entendus crier. Des cris rauques et stridents. Encore plus stridents que les siens.[67]

Le roman de jeunesse actuel juxtapose les images du père et de la mère, croqués bien souvent dans leur conformisme, leur indifférence, leur égoïsme et leur mesquinerie, mais parfois appréhendés aussi comme des alliés compréhensifs, généreux et complices.

Comme on a pu le voir, beaucoup d'écrivains, tels Dahl et Haugen, racontent les expériences intimes du jeune héros à la lumière de la

---

66 *Les oiseaux de nuit*, Bordas, Aux quatre coins du temps, 1985, p.55
67 *Ibid.*, p.55.

relation au père (cf. les romans de Haugen et de Dahl cités plus haut et d'autres récits dont il a déjà été question : *Tistou les pouces verts, C'est la vie, mon vieux chat, Papa fantôme,*[68] ou dont on parlera plus avant à propos du « roman familial élargi », par exemple *Lettres d'amour de 0 à 10 ans* de S. Morgenstern).

Les romans de Nina Bawden offrent de fines analyses du monde intérieur de l'enfant. *Le petit cochon de poche* (*The Peppermint Pig*, 1975, Guardian Fiction Award 1976) retrace un an de la vie d'une fillette, cadette d'une fratrie de quatre enfants. C'est une année que Polly, neuf ans, n'oubliera jamais, l'année qu'elle a passée frustrée de la présence de son père qu'elle adore. Ce dernier, après avoir été accusé à tort de vol et réduit au chômage, a dû s'exiler en Amérique pour gagner sa vie. Faute de moyens, la famille est allée vivre chez deux généreuses tantes. La fillette se souviendra également de cette année comme celle de Johnnie, un tout petit cochon arrivé dans la poche du laitier. Offert à titre de consolation, le petit animal lui a apporté réconfort et tendresse jusqu'à ce que sa famille décide... de le vendre à un boucher. Il était devenu trop encombrant. La douloureuse résignation de Polly à la mort de son cochon coïncide avec le retour de son père. L'héroïne franchit alors une importante étape sur le chemin de la maturité. Le personnage de Polly, fillette sensible, à la fois ardente et réfléchie, est très attachant. L'histoire se passe à la fin du siècle dernier et l'auteur, à travers les impressions de la petite héroïne, se montre habile à faire revivre les réalités économiques et sociales de l'époque. Ce roman convaincant qui tient aussi, en un sens, du récit d'atmosphère historique, évite avec brio l'écueil de la mièvrerie attendrissante.

Dans un récit plus tardif, *L'enfant transparent* (Grand Prix des Lecteurs « Je Bouquine »; *The Outside Child*, 1989), Nina Bawden s'intéresse à l'aventure intérieure d'une orpheline de mère dont le père, capitaine de marine, s'est remarié à son insu. Enfant solitaire, recueillie par deux tantes, Jane, treize ans, cherche à s'expliquer la cruauté des adultes qui l'ont laissée dans l'incertitude. Comment faire confiance à ces menteurs coupables de lui avoir caché le remariage de son père et surtout l'existence d'un demi-frère et d'une demi-sœur ! C'est qu'aux yeux des grands, les enfants sont tellement « transparents » qu'on ne les voit plus.

68　　Sans oublier un roman féministe, traduit du norvégien, *Aurore, la petite fille du bâtiment Z* (1974). Voir *Le Roman pour la jeunesse*, p.57.

L'auteur trace de bons portraits non seulement de la petite héroïne, mais aussi de ses pittoresques tantes.

Cette idée de la « transparence » de l'enfant aux yeux de l'adulte, trop préoccupé de lui-même pour s'apercevoir de la présence de son cadet, est reprise par Nina Bawden au début du roman *Les bonbons magiques* (Humbug, 1992) :

> Alice, William et Cora vivaient chez leurs parents qui n'étaient ni mieux ni pires que la plupart des parents. Leur père se curait le nez quand personne ne regardait et, puisque les enfants, c'est « personne », il le faisait devant eux. Leur mère mentait : elle avait cessé de fumer mais parfois, lorsqu'ils revenaient de l'école, les fenêtres étaient grandes ouvertes même en hiver lorsqu'une bourrasque glaciale traversait la maison de part en part – et ils savaient qu'elle espérait chasser l'odeur avant que quelqu'un puisse la surprendre en rentrant. Si leurs parents n'étaient pas parfaits, Alice, William et Cora y étaient habitués et plutôt attachés, aussi furent-ils navrés quand leur père leur annonça que la banque l'envoyait six mois au Japon et qu'il avait envie d'emmener leur mère.[69]

En l'absence de leurs parents, Cora, son frère et sa sœur vont vivre chez leurs grands-parents; mais un peu plus tard, Cora est confiée à leur voisine, la mère d'une petite fille de son âge, Angelica. Si Nina Bawden ne met pas toujours les parents très haut (relevons toutefois que la mère dans *Le petit cochon de poche* est un personnage positif; elle est courageuse et prend les choses avec humour), l'auteur montre que l'enfant aussi peut être un « monstre ». Angelica est une gamine particulièrement méchante, capable d'ourdir de cruelles machinations. Cora va subir ses « plaisanteries douteuses » (le titre anglais *Humbug*, est à double, voire à triple sens : le « humbug » est un bonbon à la menthe, une blague ou une tromperie), mais elle trouvera une alliée inattendue : la grand-mère d'Angelica, beaucoup moins sourde et impotente qu'on ne pourrait le croire.

Le roman, « miroir de la société », répercute la précarisation croissante du couple et du lien familial. Les œuvres renvoient aux multiples situations que doivent affronter les enfants et les adolescents après la séparation de leurs parents. Nombre d'écrivains se livrent à l'analyse de vies intimes embrouillées par les sentiments contradictoires du héros.

La Suédoise Anna-Greta Winberg mêle les méditations d'une adolescente de quatorze ans rendue malheureuse par le départ d'un père en

---

69   N. Bawden, *Les bonbons magiques*, L'Ecole des loisirs, Neuf en poche, 1993, p.11-12.

instance de divorce à celles qui lui inspirent ses premières expériences sentimentales et sexuelles (*Ce jeudi d'Octobre, Nar Nagon Bara Sticker*, 1976). L'histoire met en relief les excellents rapports que Maddie entretient avec sa mère, une petite actrice peu conventionnelle, gaie et attentive aux autres.

L'écrivain allemand Paul Maar fait, des mauvaise relations entre un père autoritaire mené par ses préjugés et son fils, le sujet de *J'habite chez mes parents* (*Andere Kinder wohnen auch bei ihren Eltern*, 1976). La vie pour Killian est d'autant plus pénible qu'il est arraché brusquement à ses grands-parents, généreux et tolérants. Il s'enfuit de la maison paternelle pour aller les retrouver. Il aime la vie à la campagne et se ferait volontiers tonnelier comme son grand-père. A son retour au foyer, il s'aperçoit que son père a changé. La communication s'installe et l'adolescent peut affronter la nouvelle année scolaire avec confiance.

D'un pays à l'autre les romanciers sont interpellés par la vie intime des jeunes perturbés par des relations fréquemment plus qu'épineuses avec leur père. Notons toutefois la position que la famille biologique continue à occuper.

Le roman convaincant de la Viennoise Renate Welsh, *Mal dans sa peau* (*Wie in fremden Schuhen*, 1983) nous introduit dans l'univers d'une préadolescente qui malgré l'affection des siens se sent solitaire et à part. Ces « grandes personnes », dont un beau-père, vaquent à leurs propres affaires et n'ont guère de temps à lui consacrer. Claudia, elle, analyse sa « différence ». Dans l'espoir de remédier à son sentiment d'exclusion, elle décide de rejoindre son père. Des contacts frustrants avec cet homme qui, en réalité, lui fait peur, l'aident cependant à surmonter ses difficultés intimes et à se rapprocher de sa mère.

Benno Pludra, écrivain de l'ex-Allemagne de l'Est, allie réalisme et merveilleux pour reconstituer une crise juvénile liée également au départ du père. Jessi, fille de parents séparés, héroïne d'un roman à plusieurs dimensions, *Le cœur du pirate* (*Das Herz der Piraten*, 1985), ne se résigne pas à l'abandon de son père et à la perspective d'un remariage de sa mère. Elle fait d'un petit galet rejeté sur la plage par la mer Baltique le confident de ses peines. Ce galet est en fait le cœur d'un pirate du XVIIe siècle. Il lui raconte son histoire. Jessi vit ainsi entre le passé et un présent fait d'activités ménagères et scolaires. Le galet, perspicace, observe tout, même ce que l'adolescente voudrait taire. Lorsqu'elle comprend qu'il lui faut abandonner définitivement l'idée du retour de son père, elle rejette le galet merveilleux, symbole de son espoir, à la mer. L'attrait du roman de Pludra tient à l'intégration de l'élément fantastique dans une bonne description de la vie quotidienne.

Dans tous ses livres, Peter Härtling fait preuve d'une grande pénétration psychologique. A l'aide d'une écriture simple, il sait donner toute leur intensité aux émotions des enfants (cf. *On l'appelait Filot, Vieux John*) et des adolescents. *Flo* (*Fränze*, 1989) témoigne des combats psychologiques d'une adolescente de treize ans, moralement forte mais désarmée après le départ définitif de son père. Elle a tout fait pour ramener à son foyer ce père dont elle a besoin. Il lui a toujours exprimé sa tendresse. Devenu chômeur dans la quarantaine et ne se supportant plus lui-même, il a préféré quitter les siens.

En France, Pierre Louki (*Un papa pas possible*, 1981) et Gérard Pussey (*Fiston et Gros-Papa*, 1983, *Fiston marie Gros-Papa*, 1986, Prix IBBY International 1988) consacrent de jolis textes aux relations père-fils d'où ressortent la tendresse et l'indulgence du plus jeune à l'égard d'un aîné qu'il souhaiterait toutefois plus fort et plus indépendant. Claude Gutman a réussi deux récits prenants sur le même sujet, *Toufdepoil* (1983) et *La folle cavale de Toufdepoil* (1986). L'image qu'il donne du père de Bastien n'est guère favorable. Bastien ne se fait aucune illusion sur un père au comportement contradictoire et, de surcroît, menteur et incapable de tenir ses promesses. Ce donneur de leçons plonge son fils dans l'incertitude. Va-t-il oui ou non lui enlever, en vue de le faire abattre, son inséparable ami le chien Toufdepoil, tout simplement pour faire plaisir à une belle-mère ?

Paula Fox, américaine, s'emploie à démêler par une subtile analyse l'écheveau des pensées et des sentiments d'une adolescente de quinze ans, fille de parents divorcés ébranlée par une crise identitaire (*L'homme du clair de lune*, *The Moonlight Man*, 1986). L'écrivain reconstitue à travers les excellents portraits d'un père et de sa fille l'instauration de relations nouvelles. Au cours de sept semaines de vacances d'été, l'héroïne va découvrir la personnalité de son père. Elle ne l'a plus revu depuis l'âge de trois ans, mais a continué à l'idéaliser malgré le portrait négatif que lui en faisait sa mère. D'ailleurs, elle se rend compte que cet homme instable et adonné à la boisson n'est pas parfait, mais elle apprend toutefois à l'aimer tel qu'il est. A son contact, elle se met à relativiser les choses. Il lui a appris à porter un regard différent sur la vie.

Le roman bien écrit et sans concessions de Janny Howker, *Isaac Campion* (1986), retient à la fois par la poignante évocation des relations entre un père et son fils et la peinture d'un milieu social au début de notre siècle. Isaac, âgé de douze ans en 1902, cherche à comprendre l'origine d'une permanente hostilité paternelle à son égard. Bien qu'il vive dans une société respectueuse des commandements bibliques, il commence à mettre en doute la pertinence de l'injonction « Tes père et mère honoreras ». Ne serait-il pas né, lui, chez de mauvais parents, c'est-à-dire chez un mauvais père ? Dieu avait-il bien eu l'intention qu'il soit le fils de son père ? Cependant, le jeune garçon témoigne de la compréhension à l'égard de ce maquignon dur et violent. Après avoir perdu son fils aîné qui, à l'inverse du cadet, trouvait grâce à ses yeux, il désespère de la survie de son métier. Après la Première Guerre mondiale, les chevaux sont progressivement éliminés par l'industrialisation. Isaac travaille durement sans être payé. Rejetant l'univers étriqué de son père et une vie sans espoir, il se décide à rejoindre un oncle en Amérique.

C'est une image drôle, mais caricaturale du père qu'à répandue l'Anglaise Anne Fine. Le héros de *Quand Papa était femme de ménage* (*Madame Doubtfire*, 1987) est un acteur au chômage. Pour ne pas perdre le contact avec ses enfants, ce divorcé devant gagner sa vie répond à une annonce de son ex-femme et se déguise en une imposante femme de ménage. Le comique des situations l'emporte ici sur le rendu de la souffrance de trois enfants, victimes de la haine farouche que se vouent leurs parents.

Goggle-Eyes (1989; Carnegie Medal et Guardian Award en 1990) est un roman du même auteur mais supérieur au premier. Il repose sur une analyse percutante des relations qu'une jeune fille entretient avec le énième ami de sa mère. Au début, ces relations s'annoncent sous un mauvais jour, car Kitty déteste le conformisme de cet éventuel futur beau-père et craint l'influence qu'il pourrait exercer sur sa mère qui, elle, n'a rien de conventionnel. Les choses finissent par s'arranger. Kitty évolue de sa tenace opposition à Gérald vers la tolérance. Elle se rend compte que l'ami de sa mère est somme toute un homme au franc-parler, généreux, sensible et honnête. Derrière son apparente sécheresse se cache en réalité un pince-sans-rire. A l'inverse de sa mère, soupe-au-lait, il sait faire preuve de calme.

Au centre de nombreux romans au goût de lecteurs d'âge différent, il y a aussi la peinture de *rapports positifs* entre pères et fils ou filles.

Freudiennement, tout ce qui est décrit jusqu'ici montre à quel point l'image paternelle est essentielle, avec, en contrepoint, le rejet possible par l'inconscient des auteurs d'une éducation « unisexe » (soit, la plupart du temps, uniquement par la mère).

Usant d'une langue orale, pittoresque et savoureuse, Patrick Cauvin offre l'image de l'entente chaleureuse entre un enfant et son père. *Monsieur Papa* (1976) est une œuvre débordante d'humour. L'auteur alterne le point de vue de l'adulte et de l'enfant, un gamin des Buttes-Chaumont, infiniment plus proche de son père que de sa mère :

> Dans un sens, elle est gentille aussi quand elle veut, mais c'est rare. Quand elle était à la maison, j'étais pas malheureux mais je commençais à me marrer seulement quand papa rentrait.[70]

En revanche, des besoins et des goûts communs l'unissent à son père. C'est pour éviter de devoir passer des vacances avec sa mère et son compagnon que le jeune garçon se met en tête d'organiser un hold-up. Son père doit partir à Bangkok. Le jeune héros veut à tout prix réunir la somme nécessaire pour, à son insu, se joindre à lui dans son voyage.

Ulf Stark (Prix Nils Holgersson 1988) est l'auteur d'un bon roman, source de réflexion sur les familles recomposées, *Laissez danser les ours blancs* (*Lät isbjôrnarna dansa*, 1986). Le héros, un adolescent doué de forte personnalité, est contraint à un choix difficile. En un premier temps, il cherche à s'adapter à un nouveau foyer. Ses parents se sont séparés et il a suivi sa mère pour aller habiter chez son compagnon, un dentiste. Celui-ci est gentil et veut le bien de Lars. Aussi le fait-il généreusement profiter de son aisance matérielle. Il met son honneur à transformer Lars, un cancre à l'école, en bon élève. A force de travailler avec lui, il y parvient. Lars est désorienté, il hésite entre deux guides. Le nouveau et l'ancien, son père, boucher de son métier, auquel il est très attaché. Il ne supporte pas d'être éloigné de cet homme taciturne comme lui-même, un « ours polaire », toujours prêt à défendre son fils. Il partage ses goûts, par exemple, pour les chansons d'Elvis Presley. Lars, qui craint de perdre son identité s'il reste chez sa mère avec l'ami de celle-ci, retournera définitivement auprès de son père.

Les héros d'Ulf Stark respirent la joie de vivre. *Une copine pour papa* (*Sixten*, 1987) est l'histoire brève et très simple, racontée avec beaucoup

---

70   P. Cauvin, *Monsieur Papa*, J.C. Lattès, LP, 1976, p.134.

d'humour, de deux enfants décidés à arracher un père à sa solitude. En fait, Jules sent que son père s'accroche beaucoup trop à lui :

> Jules dort, bien au chaud dans son lit. Dehors, il fait nuit, tout est silencieux et la lune brille sur les Charmilles, rue du Bois-Joli. Les Charmilles, c'est le nom de l'immeuble de Jules.
> Soudain, la sonnerie du téléphone retentit. Jules se dresse dans son lit, et court dans le noir jusqu'à la cuisine pour décrocher.
> – Allô, dit-il tout essoufflé.
> – Allô, Jules, c'est moi.
> – Je sais. Bonsoir, Papa !
> Son père l'appelle toujours quand il conduit le bus de nuit.[71]

Outre qu'il doit s'acquitter des tâches ménagères, Jules doit constamment rassurer ce père distrait et incertain. Il est donc plus que temps de lui trouver une femme.

Brigitte Peskine aborde un sujet similaire dans *La petite annonce* (1993). Un orphelin de mère (treize ans) s'ennuie et décide de passer une annonce pour trouver une femme à son père, mais juste le temps des vacances, en vue de promenades à trois en montagne, car il n'a aucune envie de se donner définitivement une belle-mère.

L'écrivain danois, Bjarne Reuter, offre également un exemple de tendre complicité entre un père et son fils (*Le Monde de Buster, Busters Verden*, 1980). Buster mène une vie difficile dans une banlieue de Copenhague. Il travaille mal à l'école où il est la cible des moqueries de ses professeurs et de ses camarades. Qu'importe ! Il partage avec son père, un prestidigitateur, la passion de la magie :

> – Je t'en donnerai, moi, des tours de magie, Buster Mortensen ! hurla le prof de maths en tapant si fort sur la table avec sa règle à calcul que le curseur tomba par terre. Seulement, tu es incapable de compter correctement, hein ? Tu n'as donc pas pensé à ce que sera ta vie plus tard ? Ah, il ne sait pas quoi répondre, mais se remplir la tête d'aiguilles à tricoter et retirer des œufs et des rubans de sa bouche, ça il sait. Oui, parce que des chômeurs, on en a assez ! Ton père n'est-il pas chômeur ?
> – Mon père est illusionniste et chanteur des rues, murmura Buster.[72]

Le roman de Reuter raconté sur un ton jubilatoire, est un véritable plaidoyer en faveur du rêve et de la fantaisie.

Le chasseur de Madrid (*El Cazador Urbano*, 1987) de José Luis Olaizola, est une charmante histoire à la fois émouvante et comique.

---

71   U. Stark, *Une copine pour Papa*, Kidpocket, 1994, première page.
72   B. Reuter, *Le Monde de Buster*, L'Ecole des loisirs, Neuf, 1989, p.38-39.

Ecrite de manière plaisante, elle raconte comment un paysan venu s'installer à Madrid se retrouve sans travail. Le chômage de Juan Lebrijana commande les rapports avec les membres de sa famille, en particulier avec son fils, Silverin, sept ans, le héros du roman. L'incipit nous apprend que « Silverin fut ravi quand son père commença à travailler au chômage ».[73] Disponible, son père peut l'emmener, lui et sa petite sœur Roberta, au parc du Retiro. Mais c'est là que l'idée vient au papa de nourrir sa famille en chassant les pigeons. Silverin est troublé. Tout en admirant le courage de son père, il se demande s'il ne commet pas une action malhonnête. C'est au père à se justifier aux yeux de son fils (encore un renversement des rôles !). Contraint de faire le guet, le bambin surveille les gardiens et rassure le chasseur de volatiles. En dépit de sa peur et de ses interrogations morales, il s'enorgueillit bientôt de « réaliser un travail d'homme » aux côtés de son père. Quant à Roberta qui attire les pigeons par un « bavardage presque magique », elle ne se pose pas de questions.

Patrick Modiano a également écrit un charmant récit, illustré par Sempé, *Catherine Certitude* (1988), sur la belle connivence entre un père et sa fille. Tous deux sont myopes, et quand ils veulent ignorer la dure réalité, c'est ensemble qu'ils ôtent leurs lunettes.

Ma virée avec mon père (1994), histoire pittoresque animée par la prose enjouée et décapante de Gérard Pussey, retranscrit les folles aventures d'un fils et de son père, bon vivant, généreux mais roublard.

Il faut noter que la relation au père (ou à la mère) se conjugue souvent à d'autres rapports tels l'amitié et l'amour, parfois sur fond de problèmes sociaux.

Finesse de l'analyse et ironie sous-jacente enjôlent le lecteur de *Lettres d'amour de 0 à 10 ans* (1995), de Suzy Morgenstern. Ici, l'absence du père plombe la vie du héros. Ernest, dix ans, est tourmenté par ses interrogations. Son père serait-il mort ? Où est-il ? Pourquoi ne donne-t-il jamais signe de vie ? Le récit se divise en deux parties. La première nous montre Ernest livré à une vie solitaire et vide. Seule interlocutrice, et encore ! sa très peu loquace grand-mère, toujours en deuil de sa fille. Elle a une fois pour toutes soumis son petit-fils à un horaire strict dépourvu de fantaisie : « Les dix ans de sa vie », pense Ernest, « s'étaient passés sans courir, dans la quasi-immobilité d'une

---

73   J.L. Olaizola, *Le chasseur de Madrid*, Flammarion, Castor Poche, 1991 (Prix Bourran-Mérignac 1992).

vieillesse précoce ».[74] Mais sa vie change (seconde partie) quand y entre Victoire de Montardent, nouvelle condisciple, fillette pleine de gaieté et de vitalité, amoureuse au premier regard d'Ernest, de fait un très beau garçon. Grâce à elle, l'enfant renfermé s'ouvre aux joies de l'existence. Il trouve finalement un bonheur complet en apprenant que son père, alors sous le coup de la mort de sa femme, ne l'a en fait jamais oublié. Il sait maintenant qu'il lui avait témoigné une énorme affection en lui écrivant, dès sa naissance, des lettres quotidiennes; toutefois, il ne les avait jamais reçues.

Le rapprochement entre père et fille est subtilement évoqué dans le beau texte empreint de poésie, *La maison des voyages* (1997), de Pierrette Fleutiaux et Alain Wagneur. Les mauvaises relations entre un veuf et « l'indocile » Sonia, sa fille de quatorze ans, en pleine crise d'adolescence et difficile à vivre, connaissent un nouveau tournant le jour où Michel Guévenec, capitaine au long cours, se met à raconter sa jeunesse à la gamine. Son monologue nostalgique se déclenche à la vue d'une maison abandonnée située le long de la voie ferrée. Adolescent, il y avait connu Annie, son premier amour, qui y habitait autrefois et avait décidé de son destin de marin. Il avait aimé cette belle jeune fille de quinze ans atteinte de myopathie. Clouée à son fauteuil, elle regardait passer les trains et rêvait de lointains horizons. Elle avait fini par lui donner le goût du voyage. Le titre du roman offre d'ailleurs un raccourci suggestif de sa double attirance d'autrefois. Progressivement, Annie et la mère de celle-ci avaient pris de plus en plus de place dans la vie d'une bande de quatre condisciples dont Michel. Les confidences paternelles chargées d'émotion font désormais partie du monde intime de Sonia et soudent l'entente avec son père.

Les aventures intérieures nous sont révélées aussi, bien qu'avec moins d'insistance, au travers des liens, généralement assez bons, *avec la mère*.

La simplicité et la vivacité coutumières d'Ulf Stark font dire cette fois par une narratrice de douze ans, et toujours sur un ton humoristique, les relations qu'elle entretient avec sa mère (*Les casse-pieds et les fêlés*, *Darfinkar och dönickar*, 1984). La petite adolescente, vrai garçon manqué, présente un caractère non moins décidé que celui de sa mère, illustratrice de magazines, une originale anticonformiste. Elle joue par exemple du saxophone en pleine nuit. Lors d'un déménagement, cette « fê-

<hr/>

74   S. Morgenstern, *Lettres d'amour de 0 à 10 ans*, L'Ecole des loisirs, 1996, p.7.

lée », néglige, imprévoyante, d'emmener le chien. Sa fille ne lui pardonne pas cet oubli. La crise entre mère et fille éclate et ne se résoudra qu'au retour de l'animal. Entretemps, la jeune narratrice va se pencher sur sa vie à l'école et au foyer. Elle finit par apprécier son « beau-père », qu'elle jugeait d'abord laid et encombrant. En définitive, il est gentil, courageux et lui témoigne beaucoup d'affection.

Terminale ! Tout le monde descend (1985), de Suzie et Aliyah Morgenstern, gravite aussi autour du couple mère-fille. L'auteur souligne d'une écriture alerte et humoristique, les jugements tout à fait différents d'une mère et de sa fille de dix-sept ans. Chacune analyse à sa façon les situations et les problèmes. D'un côté la mère révèle les contradictions et les hésitations dans le comportement de sa fille; de l'autre Aliyah reproche des tas de choses à sa mère – elle se cache derrière son idée fausse que les enfants devraient toujours se débrouiller seuls, elle ne sait pas la consoler quand elle est malheureuse...[75], mais elle l'adore :

> Et je l'aime. Une autre mère saurait me coudre de belles robes, une autre mère m'achèterait une télé, une chaine hi-fi, une autre mère pourrait être soigneuse, mais aucune ne saurait m'aimer, moi, avec tous mes énormes défauts, et recevoir un amour aussi fort, aussi égoïste que le mien.[76]

Un bon récit réaliste de Chris Donner, *Le chagrin d'un tigre* (1988), décrit la vie au jour le jour d'une mère et de son fils. L'adolescent y exprime ses chagrins et ses bonheurs quotidiens. Sa mère, institutrice, l'incite à se cultiver :

> Maman voudrait que je me mette à lire Jules Verne mais ça m'ennuie, je préfère relire et relire Tom Sawyer et Huckleberry Finn; ces deux-là non plus n'étaient pas faits pour être petits et ça me venge de savoir que je ne suis pas le seul à détester les adultes.[77]

Il admet qu'elle s'occupe de sa formation intellectuelle, mais il entend forger lui-même son courage. Un chagrin d'amour a (déjà !) entraîné la révolte de ce tout jeune garçon de onze ans à peine contre tout et contre tous, y compris sa mère qu'il affectionne.

Revenons au très amusant *Baby-Sitter Blues* (1989) de Marie-Aude Murail. Emilien, quinze ans, héros de plusieurs romans de l'auteur,

---

75   S. Morgenstern, *Terminale ! Tout le monde descend*, L'école des loisirs, Medium Poche, 1985, p.154.
76   *Ibid.*, p.155.
77   Ch. Donner, *Le chagrin d'un tigre*, Gallimard, Page blanche, 1988, p.6.

entretient avec sa mère de bons rapports. Un climat de chaleureuse connivence facilite des relations d'égal à égal. Il n'est pas question du père. Dans la vie d'Emilien, les calculs d'argent de poche et le très mince « pouvoir d'achat » qui en résulte prennent beaucoup d'importance. Il sait qu'il énerve sa mère par ses constantes réclamations. Mais avec « cent balles » d'argent de poche par mois, il se considère comme le smicard de son collège. Le baby-sitting ne rapporte pas assez et s'il va jusqu'à piquer dans son porte-monnaie, sa mère finit par le lui pardonner. En sourdine, se fait peut-être jour ici le thème trop peu abordé de l'adolescent sympathique mais aux tendances matérialistes, calculatrices, victime inconsciente d'une société où une certaine avidité débrouillarde prend figure de valeur positive.

Cynthia Voigt a écrit *Le héron bleu* (*Solitary Blue*, 1983), roman original, dense et varié à partir des rapports alternatifs d'un jeune garçon avec sa mère et avec son père. Elle donne un profond sentiment de vérité aux relations nuancées et complexes que Jeff, le héros, entretient avec chacun d'eux depuis l'âge de sept jusqu'à l'approche de ses dix-sept ans. C'est précisément au début de cette période que sa mère, ardente féministe éprise de grandes causes sociales, déserte un beau jour le foyer. Cet abandon génère en lui un sentiment d'impuissance et de fragilité dont il aura beaucoup de mal à se remettre. Par crainte de voir empirer une situation déjà dramatique, l'enfant témoigne d'une docilité exemplaire à l'égard de ses parents. Au fil des pages, l'auteur va montrer comment Jeff, en passant de l'enfance à l'adolescence, découvre progressivement la véritable personnalité de sa mère et celle de son père, deux êtres totalement différents. Encore enfant, quand il revoit sa mère, il ne s'aperçoit pas, submergé par son énorme besoin de tendresse, qu'elle ne s'intéresse qu'à elle-même. Tout à son bonheur de partager avec elle de trop rares moments, il n'a pas conscience de son comportement parfois révoltant. Adolescent, il finira par la repousser. Avec son père, Jeff suit un parcours inverse. Au début, laissé seul avec lui, il est rebuté par ce professeur renfermé et distant qui ne l'aide même pas à se dépêtrer des tâches ménagères. Avec le temps, il se rapproche de lui. Son père, derrière une apparence de froideur, est en réalité un homme généreux et capable de beaucoup de tendresse.

La nature sub-tropicale joue un rôle important dans la vie du héros. Jeff, pris de désespoir, se réfugie sur une petite île où il s'intéresse à la végétation et s'initie à la vie des crabes, des alligators, et de solitaires hérons bleus. Finalement, l'affection de son père et l'amitié des enfants Tillerman lui font retrouver la stabilité.

C'est la solitude de l'enfant malgré la présence de ses parents que dévoile l'Italien Salvadore Aquilino dans *Il fantasma dell'isola di casa* (1994). L'auteur compose dans sa douloureuse vérité un personnage d'enfant attardé complètement isolé du monde extérieur. Le protagoniste dit de lui-même qu'il a une intelligence paresseuse, toujours en retard. Aucun événement notable ne vient interrompre sa vie suprêmement monotone. Personne ne l'aide. Sa mère s'adresse à lui, mais elle ne *parle* pas avec lui. « Si un robot japonais prenait sa place, le résultat serait le même ». Il se compare à une purée de pommes de terre à laquelle sa mère donne la forme qu'elle veut. Quant à son père, politicien imbu de sa carrière, toujours pressé, il ne cherche pas la communication avec son fils. Pour survivre, Paolo, douze ans, est obligé de s'inventer des amis qui, de temps à autre, lui rendent visite.

On retrouve cette souffrance de l'enfant au foyer, emmuré dans son silence, dans le roman persuasif de Thierry Lenain, *La fille du canal* (1994; couronné sur manuscrit par le Prix du Roman Jeunesse 1992). C'est avec pudeur et émotion que l'auteur aborde le thème du viol. La tragédie, au travers d'un style concis et expressif, est sensible dès le début du récit. Sarah, une fillette de onze ans issue d'un milieu cossu, met le feu au ventre de sa poupée. Le lecteur pressent le drame de la petite héroïne présentée comme une « ombre qu'on efface et qui peu à peu disparaît ». L'enfance fracassée relève du traumatisme sexuel, mais aussi de l'aveuglement des parents, surtout de la mère. Celle-ci n'a pas compris que sa fille enfouissait au plus profond d'elle-même un secret atroce. Imperturbable, elle l'assomme de reproches inhérents aux imperfections de la vie quotidienne. Sarah ne communique plus qu'avec sa poupée, jusqu'au jour où son institutrice, à qui le comportement de la petite fille rappelle ce qu'elle a subi elle-même à l'âge de huit ans, finit par comprendre. Le voyage intérieur de l'héroïne se réfléchit dans l'eau du canal. Au début, elle est gelée. Au dénouement, on sait qu'elle se remettra bientôt à couler.

Le point de vue du jeune enfant enfermé dans une situation dramatique apporte cohérence et force romanesque à *Retiens ton souffle* (*What Jamie saw*, 1995; relevons ici l'allusion au titre célèbre de Henry James *What Maisie knew*), excellent récit de l'Américaine Carolyn Coman.

Ce que Jaimie a vu – sa demi-sœur Nin, un bébé, violemment projetée en pleine nuit à travers la pièce par son beau-père Van – il n'est pas près de l'oublier. Le roman se développe dans une atmosphère tendue à partir de cette image initiale. Traumatisé par l'atroce vision récurrente, le petit Jamie vit désormais dans la hantise de la violence. Sa complicité avec une mère pleine de tendresse, la présence réconfortante d'Earl, le nouvel ami de sa mère, des activités valorisantes (tours de magie, patinage), tous ces éléments positifs ne suffisent pas à le libérer. Il faudra pour cela la vaine tentative du brutal Van, désormais définitivement expulsé de leur vie. La peur alors se sera évanouie – cette peur dont « on oublie ce qu'elle est parce qu'elle finit par avoir l'air d'être la vie »[78] – et la sérénité reviendra.

Le roman de C. Coman apporte une nuance significative dans le roman domestique : celle de la solitude due à la peur *malgré* un entourage affectionné.

La peinture des relations entre une mère et son fils participe chez David Hines d'un réalisme sans concessions. Le sexe, sous ses aspects les plus pénibles, joue ici un rôle majeur. Cependant, la technique narrative subtile déployée dans *Batman can't fly* (publié à Londres en 1997) amortit le choc des images traumatisantes. En effet, rien n'est dit ouvertement, tout est suggéré. L'écrivain qui, dans de très nombreux dialogues, a l'art de jouer sur les sous-entendus, invite le lecteur à combler les incertitudes de son jeune narrateur, Stuart Broadley, naïf adolescent de douze ou treize ans. Stuart ferait n'importe quoi pour obtenir l'affection ou du moins la simple attention d'une mère enfermée dans un monde où il n'a pas accès. L'image initiale le montre. Il saute comme un Batman pour lui prouver qu'il sait voler. Il est transporté d'urgence à l'hôpital.

La communication avec cette femme repliée sur elle-même, à première vue indifférente et sans amour, ne s'est jamais établie. De sorte que rien ne l'aide à s'expliquer son étrange comportement. Pourquoi s'absente-t-elle pendant plusieurs jours ? Pourquoi fréquente-t-elle plusieurs hommes ? Pourquoi ressort-elle d'une interminable séance chez une inconnue avec une robe tachée dans le bas du dos ? Et pourquoi encore la trouve-t-il en pleine nuit assise sur le trottoir devant la maison comme si elle avait été brutalement agressée ? Simple accident de voiture, selon les dires maternels.

---

78   C. Coman, *Retiens ton souffle*, L'Ecole des loisirs, Médium, 1997, p.7.

Pendant au moins toute la première moitié du roman, le lecteur juge la mère de Stuart déplaisante, encore qu'elle fasse parfois preuve d'un certain humour. Mais ensuite sa vigoureuse réaction aux tentatives de séduction de son fils pour un pédophile la rend déjà plus sympathique. Elle cherche à mettre Stuart en garde contre les adultes. Elle y réussira d'ailleurs, car au dénouement Stuart saute d'un balcon sur un arbre pour échapper à un second pédophile qui avait séduit le garçon affamé – sa mère ne tire que de maigres revenus d'un commerce irrégulier avec les hommes – par l'appât d'un copieux repas. Ce saut, réussi cette fois, après sa malencontreuse chute du début, est symbolique de sa progression psychologique. Il a renoncé à la soumission filiale et à quémander la constante présence affective de sa mère pour prendre sa vie en main. Le jour où sa mère s'ouvre à lui et lui parle de son passé, il comprend qu'elle n'a pu s'empêcher de devenir ce qu'elle est. Comme quoi, malgré le choix de situations dramatiques, le roman de Hines est écrit dans un esprit constructif.

Sans doute le roman domestique, fondé avant tout sur les rapports filiaux et la quête de soi du héros juvénile, finirait-il par paraître monocorde s'il ne jouait sur les variations stylistiques et les techniques narratives, n'usait de presque tous les registres possibles et de leurs ingrédients : réalisme, humour, drame, familiarité, onirisme, fantaisie et merveilleux. Donc une certaine monotonie, qui résulte essentiellement de l'indispensable énumération critique, n'est ici qu'apparente, et cette catégorie romanesque révèle en fait une gamme très riche et complexe d'expression littéraire.

Breaktime (1978), roman de l'Anglais Aiden Chambers, tourne autour d'un jeune homme de dix-sept ans plongé dans la dissection de ses sentiments contradictoires à l'égard de son père, et dans le trouble de ses premières émotions sexuelles. Se libérer de sa virginité est devenu pour lui une idée fixe. L'auteur est conduit par le souci d'un réalisme sans contraintes, plutôt à l'américaine. La narration psychologique se double d'un jeu sur l'écriture et sur la relation entre la fiction et la réalité (voir plus avant *C'est la vie, Lili* de Valérie Dayre). En effet, l'auteur s'amuse à dérouter le lecteur, qu'il pousse à se demander si le héros a vraiment vécu ce qu'il raconte ou s'il a tout inventé.

Humour et fantaisie l'emportent sur la dimension psychologique chez des écrivains tel que Willis Hall (*Le dernier des vampires, The Last Vampire*, 1982; *Un si petit dinosaure*, voir p.324). Il peut même se faire que les personnages, parents et enfants, s'appréhendent au fur et à mesure de leurs réactions à l'élément merveilleux (voir *Le roi des concombres* de Christine Nöstlinger).

On se sera rendu compte dans les pages précédentes que la fusion de la réalité et de la fantaisie (ou du merveilleux) est une des structures narratives fréquemment employées par les écrivains de ce dernier quart de siècle (N. Babbitt, M. Déon, K. Paterson, E. Pelgrom, S. Gandolfi, Ph. Ridley…). Elle offre des possibilités multiples d'agrandir le champ du roman de la vie familiale et, par conséquent, celui de la problématique identitaire.

La vie intime des jeunes protagonistes de Lydia Bojunga Nunes (voir *La maison de la marraine*, p.231) se déroule autant dans le rêve que dans la réalité. *La fille du cirque* (*Corda Bamba*, 1979) raconte l'histoire d'une fillette de dix ans traumatisée par la mort de ses parents, artistes de cirque. Elle est recueillie par une désagréable grand-mère riche et puissante. Au désenchantement de sa nouvelle vie quotidienne elle oppose les divagations fabuleuses de ses rêves. Déjà avec *La sacoche jaune* (*A bolsa amarela*, 1976), l'auteur avait apporté au récit de la vie intime et familiale sa tonalité merveilleuse : une fillette indésirée souffre dans la vie réelle de l'attitude hostile à son égard d'une famille nombreuse et pauvre qui n'a que faire d'une bouche de plus à nourrir. Le récit de L. Bojunga Nunes est construit autour des dialogues que Rachel entretient avec des objets inanimés et avec un coq féministe, sosie imaginaire, qui, tout comme elle, se sent frustré de son identité et privé de liberté. Outre ses désirs (de grandir, d'écrire, d'être un garçon), elle cache dans une sacoche jaune, à part le coq, un parapluie et une épingle de nourrice. L'évasion dans l'imaginaire permet à la fillette de surmonter les frustrations et les tensions de sa vie réelle.

L'œuvre de Margaret Mahy, le plus connu des écrivains néo-zélandais, considéré comme l'un des plus grands pour la jeunesse en langue anglaise, repose sur une fantaisie intimement mêlée à la réalité.

Depuis les années cinquante, réel et merveilleux se rencontrent dans les récits de la vie intime et familiale quand le héros bascule dans l'aventure surnaturelle. Mais à la différence du roman de Philippa Pearce, *Tom et le jardin de minuit*, poétique méditation sur la perception du temps, et de celui de Penelope Lively, *Le fantôme de Thomas Kempe*, où l'agression de la force fabuleuse à l'intérieur de son foyer sert à tester la résistance aux obstacles du jeune héros, la traversée de l'irréel chez

Margaret Mahy ressortit à un traumatisme familial. La séparation de ses parents, l'éloignement d'un père aimé et son remariage ont déstabilisé Laura Chant, la protagoniste de *The Changeover* (1984, Prix Carnegie, 1985). L'auteur transpose magistralement les angoisses nées d'une situation familiale précise dans les pénibles incertitudes que fait naître en l'héroïne sa double nature à la fois réelle et fabuleuse. Cette dernière doit lui permettre d'expulser hors du corps de son petit frère un esprit malin revenu du passé pour le priver de vie. La victoire de Laura, son retour à sa seule nature réelle, coïncide avec la maîtrise de sa nouvelle situation familiale. Deux ans avant *The Changeover*, l'auteur avait déjà mêlé avec subtilité le surnaturel aux relations familiales dans *The Haunting* (1982, Carnegie Medal, 1983). Grâce à une belle-mère sympathique, des personnages imaginaires disparaissent de la vie quotidienne de Barney. Cependant, le fantôme de son grand-oncle continue à le hanter avec persistance. Ici, encore, le suspense est étroitement intégré à la psychologie du héros. Comme on le voit, et c'est là le point fort de Margaret Mahy, la romancière néo-zélandaise excelle dans la représentation de protagonistes désaxés entre réel et surnaturel.

Dans un roman riche en suspense où la fantaisie le dispute au drame, *Whisperings in the Graveyard* (1994), l'Anglaise Theresa Breslin réussit également une habile intégration du réalisme et du merveilleux.

Un jeune garçon dyslexique, Can Solomon (dit Sol), est totalement désemparé. Malheureux à la maison et à l'école (une institutrice lui viendra en aide plus tard), il ne sait vers qui se tourner. Son père, chômeur et alcoolique, a eu beau jurer que plus jamais il ne toucherait à la bouteille, sa mère, lasse des vaines promesses de son mari, a fini par quitter le foyer. Ce n'est que dans un coin reculé du cimetière que Sol découvre une certaine sérénité. Jusqu'au jour, malheureusement, où des ouvriers contraints d'abattre le seul arbre qui y pousse, un sorbier, libèrent une puissance diabolique, elle aussi revenue du passé et animée d'un esprit de vengeance. Elle veut se saisir d'Amy. Or, cette fillette est la seule (outre l'institutrice en question) à s'être attachée à Sol. Le gamin va rassembler toutes ses forces pour combattre le pouvoir surnaturel. Sa victoire lui donnera la confiance en soi ainsi que le courage de lutter contre sa dyslexie.

Un tel récit, rappelons-le en passant, illustre une fois de plus la labilité du Mal sous sa forme fantastique et fantasmatique. En effet, la puissance maléfique ne résiste pas au pouvoir dissolvant de la volonté et de la lucidité.

Le discours du protagoniste, imagé et coloré d'humour, fait perdre au réalisme psychologique et social un peu de sa gravité. Ainsi, quand Sol doit se passer de vrai repas, il se compare à la célèbre Old Mother Hubbard des *Nursery Rhymes*.

La relation à l'entourage (roman familial élargi)
L'horizon thématique du roman domestique, dépourvu d'éléments fabuleux cette fois, s'élargit pour peu qu'il ne s'attarde pas exclusivement sur la vie intime du héros (considérée bien souvent sous l'angle de ses relations avec un seul parent), mais devienne au contraire *collectif*, c'est-à-dire qu'il prenne en compte les rapports du héros avec ses deux parents, d'autres membres de la famille (frères, sœurs, grands-parents), ou même des étrangers (amis, voisins, professeurs, camarades). Le récit de vie familiale sera, cela va sans dire, d'autant plus varié qu'il répercute avec relief les réalités sociales, politiques, religieuses et géographiques.

Après *The Planet of Junior Brown* (voir la période 1960-1973), où elle mettait en perspective la solitude des adolescents noirs sans foyer et leur survie sous terre en milieu urbain, Virginia Hamilton se consacre, dans un roman de grande envergure par sa puissance émotive, *M.C. Higgins the Great* (1974), à un microcosme familial. Les aspirations du héros, Higgins, adolescent de quatorze ans, sont déterminées par ses origines raciales. Il veut à tout prix s'enraciner en Virginie, sur une colline, et à l'endroit précis où fut amenée autrefois, portant un enfant dans les bras, son arrière-grand-mère, une esclave africaine. Higgins se tient en permanence en haut d'un grand mât d'où il contemple les lieux qu'il chérit. Malheureusement, sa maison menace de s'écrouler à cause de l'immense décharge de détritus amoncelés dans le voisinage. Higgins en veut à son père de son insouciance devant le danger qui les menace et de son indifférence à l'intégrité de la campagne. Il n'a que faire de la camaraderie ludique de celui-ci qu'il juge, vu les circonstances, tout à fait déplacée. Lui-même est courageux et prêt à prendre des risques. Par ailleurs, il se demande s'il n'est pas trop attaché à sa mère, si joyeuse, si belle et si tendre.

Dans ce panorama de doutes et d'interrogations, le thème de la franche amitié du héros pour un jeune voisin apporte une espèce de compensation.

Deux ans plus tard paraissait un autre excellent roman, autobiographique cette fois, où les relations entre les membres d'une famille noire du Mississippi se révèlent à la lumière des conflits raciaux, *Tonnerre, entends mon cri* de Mildred Taylor (voir Le roman rétrospectif, p.185).

En Italie, la romancière Marina Jarre associe dans un roman écrit avec vivacité et humour, *L'année de la manif* (*Principessa della luna vecchia*, 1977) l'introspection autour des rapports à l'entourage à laquelle se livre le héros à l'évocation de 1973, année politiquement agitée qui vit l'introduction du divorce. Les parents de Paolo veulent eux-mêmes profiter de la nouvelle législation. Paolo accompagne sa mère, militante de gauche, quand elle va coller des affiches. Les dialogues, empreints d'ironie, font écho aux discussions de l'époque :

> – Nous autres camarades, nous avons trop d'idées. Et nous n'avons pas de sous. Les fascistes n'ont pas d'idées et ont beaucoup de sous. C'est pour ça qu'ils sont d'accord entre eux. Les sous unissent, les idées désunissent. Qui sait s'il est possible d'avoir des idées et des sous ?[79]

S'il est très attentif aux propos politiques des uns et des autres, Paolo, notre narrateur âgé de onze ans, parle aussi abondamment de ses préoccupations intimes. Il se sentirait plus tranquille s'il pouvait « avoir l'opinion » de son père, qu'il voit très rarement. Il juge qu'il faudrait deux papas par famille, « une maman suffit mais pas un père : un seul n'est pas capable de s'en sortir ».[80]

Avec un art raffiné et discret, Henry Troyat mène une analyse rigoureuse du monde intérieur d'une fillette (*Viou*, 1980). La solitude et les angoisses de Viou trouvent leur origine à la fois dans le rapport de la petite fille à un père décédé, et dans ses relations avec une mère absente et avec ses grands-parents. L'histoire est celle du séjour, au lendemain de la Seconde Guerre mondiale, de Sylvie, surnommée Viou par sa mère, dans l'austère demeure de ses grands-parents paternels, au Puy. Viou s'efforce d'y retrouver le souvenir de son père mort deux ans auparavant. Elle ne supporte pas d'être séparée de sa mère restée à Paris par nécessité professionnelle. Les altercations entre ses grands-parents, si différents

79   M. Jarre, *L'année de la manif*, L'Ecole des loisirs, 1984, p.108.
80   *Ibid.*, p.159.

l'un de l'autre, ne détendent pas l'atmosphère de ce milieu aisé et encore très strict de la province française. Que Troyat n'ait pas écrit son roman pour le jeune public ressort de ses portraits réalistes, sans idéalisation, des personnes âgées. A une date plus tardive apparaîtront des portraits de grands-parents ambigus (cf. le grand-père nazi dans un roman d'Anne Provoost, *Le piège*, 1994, voir *infra* p.277). La grand-mère de Viou est bigotte, froide et sévère, bien que dans le fond, elle aime sa petite-fille. Son grand-père est malicieux, jovial, mais très détaché des choses. C'est auprès de Tony, un épagneul breton, que la petite trouve consolation.

L'auteur adopte une technique cinématographique. Le récit se développe au fur et à mesure que le regard de la petite héroïne se porte sur les lieux et les hommes. A l'ouverture, on suit Viou depuis le moment où Ernestine, la bonne, dont la fillette regarde la figure « grise et fripée comme une serpillère »[81] est venue la chercher à l'école jusqu'à son arrivée devant le porche de la Maison Lesoyeux : matériaux de construction, charbons, cokes en gros. A travers le regard, certes amplifié par la précision de l'écrivain, d'une fillette de huit ans passionnée et fascinée par tout ce qu'elle voit, décor et personnages prennent un extraordinaire relief.

Dans *Viou*, il s'agit plus ou moins d'une famille d'hébergement, même si grand-parentale, puisque les parents ne sont pas là, mais plus d'un roman révèle un sentiment juvénile de grande solitude intérieure au sein de la famille. Ce sentiment naît du rejet des parents par l'enfant/ adolescent, rejet qui souvent s'applique aux adultes en général.

En 1983, la jeune Stéphanie, avec la collaboration de Philippe Labro, publie son journal. Il est écrit avec verve et dans le langage authentique, riche en tournures et vocables néologiques d'une adolescente d'à peu près quatorze ans. C'est une œuvre où sans aucun recul, la jeune narratrice, qui évolue entre son foyer et le lycée, livre ses sentiments, ses émotions et ses humeurs. Victime de la mésentente parentale et en manque d'affection, elle n'aspire qu'à une seule chose : une vie où l'amour aurait sa place. Elle reproche à son père de se défiler dès qu'il s'agit de réparer une injustice. Comme les autres adultes, il calcule tout ce qu'il fait. Sa mère aussi, quand il s'agit de choses à ses yeux importantes, détourne la conversation et ne rentre pas dans le vif du

---

81   H. Troyat, *Viou*, Flammarion Castor Poche, 1984, p.9.

sujet... Pour lutter contre ces « salauds » d'adultes, elle prône la
solidarité entre jeunes :

> Elle est maline, Sylvie Lacaille, parce que normalement comme on se le dit entre
> nous, il y a l'Ennemi commun et l'Ennemi commun, c'est les grandes personnes
> et donc, la loi c'est d'aller jamais leur cafter quelque chose.[82]

Centrés sur des adolescents clairvoyants qui tiennent un journal, une
veine romanesque récente fait défiler, portraituré à la première personne,
un entourage varié.

Sue Towsend a créé ainsi une figure d'adolescent célèbre aujourd'hui
en Grande-Bretagne et à l'étranger. Adrien Mole est un garçon cultivé, à
la fois naïf et persifleur. Il brasse dans ses humoristiques journaux tenus
au jour le jour (*Journal secret d'Adrien, 13 ans 3/4, The Diary of Adrian
Mole, aged 13 3/4*, 1982; *Les aventures d'Adrian Mole, 15 ans,
The Growing Pains of Adrian Mole*, 1984) une matière où il fait voisiner
des jugements sans complaisance sur lui-même (il est obsédé par ses
frustrations sexuelles), ses parents (séparés et sur le point d'avoir chacun
un enfant illégitime), leur compagnon respectif, sa grand-mère fouinarde,
un voisin libidineux, l'école, son amie Pandora, la guerre
des Falklands... Somme toute, il se considère plus moral que ses aînés.
Le narrateur saute du coq à l'âne et impose au discours un rythme
accéléré. En un premier temps, l'adolescent au regard critique et
démythifiant fait rire, en un second, il prête à réfléchir.

Son humour tient au rapprochement de notions d'inégale importance
appartenant souvent à des sphères sémantiques éloignées :

> Si Dieu existe, j'ai dit, comment peut-il permettrre les guerres, la famine et les
> accidents de voiture ?[83]

Ses exagérations, son excès de précision amusent le lecteur :

> Grand-maman est venue s'assurer que nos boîtes de corned-beef ne venaient pas
> d'Argentine. Nous avons passé l'épreuve avec succès : toutes nos boîtes
> de corned-beef proviennent de vaches brésiliennes...
> Grand-mère a une lueur étrange dans les yeux. Ma mère appelle ça du
> chauvinisme. Moi, je pense plutôt que c'est un début de cataracte. C'était dans le
> programme de biologie humaine, au second trimestre, alors je sais ce que je dis.[84]

---

82   Stéphanie, *Des cornichons au chocolat*, J-Cl. Lattès, LP, 1983.
83   S. Towsend, *Les aventures d'Adrian Mole, 15 ans, Journal secret*, Editions du
      Seuil, Virgule, 1986, p.149.
84   *Ibid.*, p.17.

Sur le modèle de Sue Towsend, l'écrivain flamand Ed. Franck fait tenir son journal à un adolescent de seize ans, sensible, intelligent, au ton sarcastique (*Geen wonder dat Moeder met de goudvissen praat*, 1988, littéralement « Il n'est pas étonnant que maman parle aux poissons rouges »). Pareil à Adrian Mole, il exerce son ironie à l'égard de ses parents (en particulier de son père dépressif), de ses sœurs, des professeurs, des amis, des filles, des maisons de repos... Sa relation de jour en jour plus intime avec une jeune fille met fin à ses obsessions sexuelles. Ses attitudes, d'abord constamment négatives, évoluent vers un comportement constructif, comme celui de prendre position contre le racisme de ses camarades.

La peinture de la vie intime et domestique s'accompagne souvent de l'évocation des paysages d'une région précise. L'Anglaise Berlie Doherty est l'auteur d'une jolie chronique familiale portée par une écriture expressive, *Une famille à secrets* (*White Peak Farm*, 1984). Jennie, la cadette d'une famille rurale du Derbyshire raconte son adolescence assombrie par les départs successifs de ses trois aînés. En quête d'indépendance mais contrecarrés par un père renfrogné, égoïste, tyrannique, pourtant sensible dans le fond, ils quittent leur belle vallée et la ferme ancestrale :

> Nous étions une maison à secrets. Chacun de nous avait tendance à garder pour lui ses doutes et ses espoirs. Peut-être est-ce une attitude naturelle chez des gens de la campagne, accoutumés de toute manière à de longues heures de solitude. Ou peut-être était-ce un effet du caractère de mon père et de sa propension à diminuer la personnalité d'autrui.[85]

Seule Jennie reviendra régulièrement à la ferme pour y revoir sa mère, femme courageuse et tenace.

C'est par les propos d'un jeune garçon qui se moque gaiement de lui-même et des autres (est-il nécessaire de rappeler que la perspective juvénile a engendré, dans bien des littératures, une profusion de fictions exprimées dans le point de vue du *je* enfant ou adolescent ?) que la Portugaise Alice Vieira, un des auteurs pour la jeunesse les plus féconds et les plus en vue dans son pays, fait entendre les voix multiples d'un chœur domestique. *Voyage autour de mon nom* (*Viagem à Roda do meu Nome*, 1987, cinquième édition en 1995) est en effet une chronique polyphonique d'une note joyeuse, pleine de tonus et d'allant, relevée de personna-

---

85   B. Doherty, *Une famille à secrets*, Flammarion, Castor Poche, 1988, p.113

ges individualisés par une vision très personnelle de la vie. L'esprit d'observation d'Abilio, le jeune narrateur, entouré au foyer par son père, sa mère et ses grands-parents, s'exerce non seulement sur ses familiers, mais aussi sur une vaste parentèle unie à ses yeux par des liens plutôt vagues. Il y a, entre autres, la tante Constancinha « qui aime parler des malheurs des autres et de ses propres maux une fois qu'ils sont passés »[86] et une cousine qu'il affectionne particulièrement, Maria Constanca, âgée de quatre-vingt-cinq ans. Jusqu'à sa mort, pense Abilio, elle aura gardé son sourire, sa bonne humeur et la fidélité à ses rêves.

La rubrique domestique s'interrompant pour faire place au compte-rendu d'un voyage en autocar (ici les chapitres sont présentés en caractères italiques), l'analyse juvénile porte bientôt sur des personnes extérieures au contexte familial. Abilio est assis à côté d'une vieille dame coiffée d'un chapeau de paille rouge, « surmonté de petits fruits colorés ». Tous la considèrent comme folle. Le petit adolescent pour sa part capte la sagesse de l'excentrique.

Celle-ci vit dans le souvenir constant de son défunt mari, un magicien. Elle a conscience qu'elle se sentirait horriblement seule si Bernardino n'était pas là pour la saluer du haut de son nuage. Ce sont les autres qui sont fous, déclare-t-elle à Abilio, ceux « qui passe leur temps à courir, à se fâcher les uns contre les autres, à prendre des médicaments pour dormir. Ils n'ont pas le temps de regarder les nuages... ».[87] Si la poésie d'Alice Vieira rejoint le récit, il offre pourtant, de surcroît, une image de la réalité sociale au Portugal, l'urbaine et la rurale (écroulement de bâtiments scolaires à Lisbonne, salaires et transports minables, émigration vers les villes et à l'étranger). Au terme de l'histoire, les contacts d'Abilio avec ses aînés et ses pairs (sa condisciple Luisa, son cousin Janeca, petit campagnard qui écoute « grandir le monde ») lui ont fait comprendre qu'il faut s'accommoder de la vie et de la mort et commencer par accepter un prénom abhorré imposé par la famille.

L'Australien James Aldrige conjugue avec bonheur plusieurs thèmes dans *La véritable histoire de Spit MacPhee, The True Story of Spit MacPhee*, 1986; Prix Guardian 1987) : la vie intime et les aventures, parmi elles une robinsonnade, d'un orphelin de onze ans dont le grand-père sombre dans la folie; les rapports entre générations (le héros aime son grand-père, il l'imite et fait tout pour ralentir le cours de sa maladie);

---

86   A. Vieira, *Voyage autour de mon nom*, Genève, La Joie de lire, 1997, p.102.
87   *Ibid.*, p.112.

les affrontements entre catholiques et protestants qui se disputent sa
garde – l'histoire se passe en 1930, en Australie – l'amitié et son
importance pour l'enfant quand ses rapports avec l'adulte sont tendus.
Spit est un jeune sauvageon. Il réussit à échapper à de nombreux
poursuivants décidés à l'enfermer en se cachant sur une île infestée de
serpents. C'est surtout à Betty Arbuckle qu'il veut se soustraire, car il sait
que cette protestante rigide, prête à l'adopter, le dépossèdera de tout ce
qui fait sa vie : son attraction pour le monde aquatique, pour la rivière et
ses berges. Le personnage de Betty est bien saisi encore que le lecteur
perçoive trop l'adulte dans le discours à la première personne du jeune
protagoniste :

> Ce qui lui faisait peur chez Betty n'était pas son appartenance à l'Eglise
> presbytérienne, mais sa morale répressive et la façon dont elle refusait à ceux qui
> l'entouraient toute chance d'exister par eux-mêmes à force de faire peser sur eux
> son obsession du salut et sa crainte permanente d'offenser le Seigneur.[88]

Finalement, Spit acceptera d'être recueilli au foyer de Grace Tree, une
catholique ouverte à l'enfance. Grâce à elle et à sa fille, Sadie, la grande
amie de Spit, il n'est « plus seul dans son univers de rêveries... »

Autre récit qui s'attache également à la vie intime et familiale d'une
préadolescente : *C'est la vie, Lili* (1991; Prix Sorcière, 1992) de Valérie
Dayre. Ce roman tire son originalité de la construction narrative. Le
lecteur est constamment dérouté. Lili, douze ans, tient le journal de
ses vacances estivales et y déroule une vision fluctuante de ses parents.
Elle se présente d'abord comme une mal-aimée que ses parents, égoïstes,
indifférents, médiocres, ont abandonnée sur l'autoroute. Une deuxième
partie nous apprend qu'elle a tout inventé; une troisième, que ses parents
ont trouvé son journal et, par vengeance, l'abandonnent vraiment pendant
quelques heures sur l'autoroute. Finalement, le lecteur comprend que
Lili, douée d'un esprit inventif, s'est défoulée, dans sa quête de soi, par la
fabulation et l'écriture (un cas rare d'utilisation de l'écriture comme
thérapeutique chez les jeunes). Elle reconnaît finalement qu'elle a
« menti » :

> Le mot n'était pas juste. Il n'était pas question de vérité ou de mensonge. Elle
> avait seulement promené une loupe déformante sur quelques souvenirs, des
> inventions aussi, et laissé son imagination cabrioler sur d'imprécises tristesses.[89]

88   J. Aldrige, *La véritable histoire de Spit MacPhee*, Stock, Hachette, 1988, p.199.
89   V. Dayre, *C'est la vie, Lili*, Rageot Editeur, Cascade, 1991, p.140.

Tous les journaux fictifs n'appartiennent pas au genre humoristique (cf. S. Towsend, Ed. Franck). Ultérieurement, on en voit apparaître d'une tonalité sérieuse.

Erik Christiaan Haugaard, un Danois, a écrit en anglais un remarquable roman, *La mort de M. Ange* (*The Death of Mr Angel*, 1992) sur le parcours intérieur d'un adolescent. Le journal de Dirk, quinze ans et demi, dévoile le mal de vivre, dans une société menacée de récession et de chômage, d'un adolescent mû par un sentiment grandissant de solitude à la maison et au lycée. Dirk est un anticonformiste épris de justice et d'absolu. Son ambition : devenir un homme cultivé. Tout ce qu'exprime ce garçon intelligent et avide de connaissances sur lui-même, ses parents et ses pairs, ainsi que sur la situation économique, maintient le lecteur en éveil. Ses parents, il ne les estime guère :

> Moi je suis tout seul. Les parents ne prennent pas les enfants au sérieux, alors que nous les enfants, nous les prenons tellement au sérieux, au contraire.[90]

Il voit en sa mère une femme dangereuse, car « elle accepte comme argent comptant tout ce que lui disent les gens 'bien' ».[91] Il se montre très exigeant à l'égard de lui-même et des autres. Ne pas s'aimer soi-même, dit-il, est plus grave que la solitude. « Si tu te sens bien dans ta peau, tu as au moins un ami. Toi-même. »[92] Il y a pire que la solitude : se trouver avec une personne qu'on déteste. Dans l'Allemagne nazie, pense Dirk, mieux valait ne pas avoir d'amis, que des gens autour de soi pleins d'admiration pour Hitler.[93]

Confronté à la passivité, à l'incommunication et à l'intolérance, il n'aura d'autre solution, après le meurtre par un condisciple d'une des rares personnes qu'il admirait, un professeur d'anglais, homme honnête, enthousiaste, mais victime de sa faiblesse, que de fuir à jamais la maison. Ce dernier coup – très dur – a déclenché en effet sa réaction définitive devant le train du monde.

Le voyage à rebours (*Walk Two Moons*, 1994; Newbery Medal 1995, Heartland Award for Excellence in Young Adult Literature 1997), de l'Américaine Sharon Creech, retrace encore le parcours intérieur d'une adolescente. L'originalité de cette œuvre, un des points d'aboutissement de l'inspiration initiatique, découle de la composition romanesque et de

---

90 E.Ch. Haugaard, *La mort de M. Ange*, Hachette, LP Jeunesse, 1994, p.90.
91 *Ibid.*, p.148.
92 *Ibid.*, p.157.
93 *Ibid.*, p.154.

l'harmonisation des tonalités. L'auteur organise habilement une double intrigue pour son roman d'apprentissage. Au travers de deux trames conjointes, elle décrit la prise de conscience chez une jeune fille de treize ans, la narratrice, de la fin de son enfance et de la rupture avec un passé qu'elle n'imaginait pas transitoire. Le poids du passé, chez Salamanca Hiddle, est rendu avec une grande densité romanesque.

Sal découvre sa propre vérité au cours d'un voyage à la fois réel et symbolique. En compagnie de ses grands-parents paternels, elle part sur les traces de sa mère dans l'espoir de ramener celle-ci, le jour de son anniversaire, à Bybanks dans l'Ohio, à son foyer qu'elle a abandonné un an auparavant. Elle ne s'était jamais remise de la perte de l'enfant dont elle était enceinte.

A la demande des Hiddles, avides de se distraire en écoutant des histoires, Sal leur raconte la vie de son amie Phoebe Winterbottom. Elle a fait sa connaissance quand son père, désespéré par le départ de sa femme, a décidé un beau jour d'aller vivre, à Euclid, petite ville de l'Ohio, mais à trois cents miles de Bybanks. Il entend y rejoindre une femme, Mrs Cadaver (Madame Macchabée ! dans la traduction)[94], et il a pour cela un bon motif que la chute du récit élucidera. Phoebe (Mabeth dans la version française), la condisciple de Sal, est tourmentée elle aussi par l'abandon de sa mère, et sous l'histoire de Mabeth, Sal retrouve la sienne. Mabeth, emportée par une imagination angoissée, voit partout la machination d'assassins et de kidnappeurs. Le nom de l'amie du père de Sal, Macchabée, n'y est pas pour rien. Toutefois, si Sal n'est pas sujette à la dérive fantasmatique de son amie, pas plus que celle-ci elle n'est capable d'accepter la réalité, à savoir l'éventuel non-retour de sa mère.

Sal mêle à l'évocation de sa vie à Bybanks, avant la séparation de ses parents, celle de sa nouvelle existence à Euclid. L'école, la rencontre avec Ben, amoureux d'elle, ses premiers émois sexuels, la distraient et l'aident à remplir quelque peu le vide laissé par l'absente.

Forte de ses interrogations sur la vie, sur les siens et sur elle-même, elle n'a rien de banal dans ses propos, qui sonnent juste. Le récit conjugué des tourments des deux adolescentes est interrompu par l'amusante description des diverses péripéties du voyage. Les Hiddles sont en effet des personnages haut en couleurs. Farfelus, enthousiastes et chaleureux, très attachés l'un à l'autre, ils usent d'un langage pittoresque bien à eux, notamment quand ils égayent le voyage par le rappel de souvenirs

---

94   S. Creech, *Le voyage à rebours*, Gallimard Jeunesse, Page blanche, 1999.

mémorables. Mais Sal, pour sa part, ne cesse de penser à sa mère et cherche à se mettre dans sa peau, c'est-à-dire dans ses mocassins (l'expression « ne jugez pas un homme avant d'avoir marché deux lunes dans ses mocassins » a inspiré le titre original du livre et revient comme un *leitmotiv*).

Au cours des étapes (Sal traverse les états du Wisconsin, du Minnesota, du Dakota du Sud, du Wyoming et du Montana), elle découvre les territoires (tristement exploités par le tourisme) où vécurent certains de ses ancêtres maternels (sa mère est partiellement d'origine indienne). Le lecteur perçoit l'évolution de l'héroïne au rythme de son impatience ou, à l'inverse, de sa peur d'arriver au terme du voyage.

Le parler de Sal nous rappelle qu'elle est une fille de la campagne. Ses comparaisons, ses métaphores, se réfèrent à son existence à Bybanks, parmi les collines, les arbres et les animaux, dans la vieille ferme amoureusement restaurée jour après jour par ses parents. Au dénouement, on apprend qu'elle y retournera avec son père, mais sans sa mère. Sal a fini par se résigner à son absence mais pas avant de s'être longuement recueillie sur sa tombe – elle est morte dans un accident d'autocar à Lewiston, dans l'Idaho –, d'avoir mémorisé l'endroit avec ses arbres, ses odeurs et ses sons. Le voyage initiatique a marqué pour elle le début d'un renouveau.[95]

Aux yeux de Serge Perez, le foyer est loin d'être un lieu de sérénité. La langue populaire, imagée, particulièrement accrochante que l'auteur prête au petit Raymond, narrateur d'une trilogie parue de 1995 à 1997, *Les oreilles en pointe* (1995), *J'aime pas mourir* (1996), *Comme des adieux* (1997), remarquable d'intensité narrative, s'accorde paradoxale-ment (on la verrait servir une autre histoire) avec la brutalité – parfois l'horreur – de l'évocation. Raymond est gentil et très sensible et pourtant le gosse, solitaire, privé d'attention et de tendresse, subit la violence à la maison et à l'école. Il vit dans un perpétuel sentiment d'insécurité. Ses cauchemars sont encombrés de ciels noirs, de flammes gigantesques et de

---

95   Didier Colin souligne l'importance du thème de la séparation (de la mère, de la famille, de l'enfance) dans les romans de formation : « Le monde extérieur à la famille est un lieu d'apprentissage, celui de la rupture et du manque aussi. Cet épisode, capital dans la vie du héros par sa valeur initiatique, est une seconde naissance, au moment où une prise de distance et d'autonomie s'impose », D. Colin, « Raconter, c'est organiser une représentation du monde », in *Résonances*, Mensuel de l'Ecole Valaisanne, n° 6, consacré à la littérature de jeunesse, février 1999, p.10.

monstres. Il a peur de son père, ce boucher, « un taré sur la bidoche ». C'est un butor et un autoritaire. Sa mère ne vaut guère mieux. Il craint Frousteil, son instituteur, cause de ses « oreilles en pointe ». Il est parfaitement conscient de l'hypocrisie des adultes capables quand il le faut de donner le change. Désespérément, il cherche des solutions pour sortir du « bourbier » :

> Fallait y penser tous les jours, dix fois par jour, en plus d'être aux aguets, de se creuser la cervelle pour éviter la tarte, le coup de pied dans le cul ou l'oreille en pointe, de se faire tout petit pour n'être qu'aperçu et passer à côté d'un éventuel direct dans le tarin. Y penser, mais en vain. J'y avais toujours droit.
> Vivre avec les coups et la peur d'en recevoir, ce n'était pas de la tarte et des solutions je n'en trouvais qu'une : tomber malade et rester couché pour ne plus en entendre parler.[96]

C'est encore à la première personne et sous forme de lettres presque quotidiennes à une grand-mère française que l'écrivain brésilien Leny Werneck, auteur de *Un goût d'étoiles* (1996; écrit en français) fait dire à son héroïne, enfant unique de treize ans, ses joies, mais surtour son sentiment d'isolement. La famille de Marilia s'est décomposée et la petite adolescente souffre de l'absence de sa mère, sociologue, active militante politique absorbée par sa vie professionnelle. Toutefois, elle entretient d'excellentes relations avec celui qu'elle croit être son père :

> L'amour de papa, c'est la chose la plus importante pour moi. Je te l'ai déjà dit, parce que c'est essentiel, c'est la certitude de sa présence. (C'est encore du langage de feuilleton, *novela das oito*, mais je ne sais pas comment je pourrais m'exprimer autrement.)[97]

Et pourtant, Marilia sait maintenant qu'il ne l'est pas. Elle vient de perdre son meilleur ami, Patrick, un photographe, foudroyé par une crise cardiaque. Ici comme dans *L'année où l'on a repeint la barque* (*Goldengrove*) de J. Paton Walsh, l'héroïne est profondément bouleversée par le « choc de la vérité ». Madge, la protagoniste du roman anglais, ne pardonne pas aux adultes de lui avoir caché l'existence d'un frère; Marilia, pour sa part, ne comprend pas comment ils ont sans cesse postposé la révélation de l'identité de son vrai père (le Patrick en question).

La simplicité et la lucidité de l'expression juvénile rendent le roman de Leny Werneck attachant. L'évocation du monde extérieur et les réfé-

---

96   S. Perez, *Les oreilles en pointe*, L'Ecole des loisirs, Medium, 1995, p.35.
97   L. Werneck, *Un goût d'étoiles*, Gallimard, Page Blanche, 1996, p.73.

rences à l'actualité interrompent l'analyse du monde intime et familial de la protagoniste. Marilia est sensible au pittoresque, aux bruits, aux couleurs et aux odeurs de Rio de Janeiro. Mais si elle perçoit la beauté de la ville et de sa baie, elle en connaît aussi les dangers et la violence.

En conclusion, encore un roman d'une enfance trompée, abusée par les grands au mépris des droits fondamentaux à l'identité par filiation digne de foi.

Dans un roman puissant et original par sa présentation, l'Américaine Karen Hesse exprime avec une grande intensité émotive la solitude de l'adolescent au sein de son foyer.

Billie Jo, quatorze ans, la narratrice de *Out of the Dust* (1997; Newbery Medal 1998), est une petite jeune fille forte, courageuse et assoiffée de tendresse. Le journal que cette fille de fermier tient de 1934 à décembre 1935 fait s'interpénétrer l'introspection de drames personnels et l'évocation saisissante d'une catastrophe naturelle, le « *dustbowl* », terrifiante tempête de sable qui, à l'époque de la Grande Dépression, causa la désertification des terres fertiles de l'Oklahoma. Autour de Billie Jo, les gens meurent de pneumonie après avoir respiré cette grosse poussière chargée de menu gravier. Désespérés de ne jamais pouvoir gagner leur vie dans une région totalement ravagée, beaucoup l'abandonnent. Billie Jo apprend à vivre dans des conditions d'autant plus dures qu'elle et son père ont provoqué un incendie déclenché par inadvertance (la présence ignorée d'un seau de kérosène), entraînant la mort de la mère de famille et du bébé à naître. Entre elle et son père détruit par cette double perte, l'incommunicabilité s'installe. L'adolescente se sent vide. Elle pâtit en profondeur de l'absence de sa mère, une musicienne qui lui avait enseigné le piano. Billie Jo a, depuis l'incendie, les mains brûlées. Elle fera un immense effort pour réapprendre à jouer du piano, sa passion ! En dépit de ses épreuves et après une fuite passagère, la jeune fille parvient à réagir à son désespoir et finit par maîtriser la situation.

La forme, une disposition de versification libre, marquée par des assonances et des répétitions internes, contraint la narratrice à une sobriété remarquable. Son discours n'en est que plus bouleversant.

A la source de l'inspiration des auteurs de romans domestiques, il n'y a pas que des images de désunion et d'incommunicabilité, mais aussi la perception des affections et des rapprochements chaleureux déjà mis en évidence ça et là dans les romans axés sur la relation au père ou à la mère.

D'une grande densité romanesque malgré sa brièveté (68 pages dans l'édition Gallimard, Folio cadet rouge, 1990), *Sarah la pas belle* (*Sarah Plain and Tall*, 1984, Prix Newbery 1985), de Patricia MacLachlan, est un récit poétique et plein d'humour. Anna, la narratrice, raconte comment son père, cultivateur du Maine devenu veuf, met une annonce dans le journal. Il cherche une seconde mère pour ses enfants, capable aussi de l'aider dans les travaux de la ferme. L'histoire révèle l'affection croissante des enfants et de leur père pour la grande, maigre et pas belle Sarah, arrivée en train, du temps où les voitures n'existaient pas. Pour sa part, Sarah, nostalgique des siens et de la mer, a du mal à s'adapter à sa nouvelle famille, mais plus encore à la « morne plaine » :

> – Voilà pour toi, Anna, dit Sarah. Une pierre de mer.
> Et elle me donna la pierre la plus douce et la plus blanche que j'avais jamais vue.
> – La mer passe et repasse sur la pierre, elle la fait rouler jusqu'à ce que celle-ci soit ronde et parfaite.
> – C'est drôlement intelligent aussi, dit Caleb en levant la tête vers Sarah. On n'a pas la mer ici.
> Sarah se détourna et son regard chercha au-delà des plaines.
> – Non, déclara-t-elle. Mais la terre ondule un petit peu comme la mer.[98]

Anna et Caleb, son petit frère, s'efforcent par tous les moyens de retenir Sarah. Les personnages, peints avec sympathie, sont immédiatement familiers. Les Américains ont tiré de ce roman un film émouvant.

La Québécoise Ginette Anfousse donne une coloration humoristique à la chronique de la vie quotidienne. Rosalie (*Les catastrophes de Rosalie*, 1987), une orpheline de neuf ans, adoptée par les sept sœurs de son père, raconte avec beaucoup d'entrain, usant d'un langage personnel savoureux (ses discours sont régulièrement ponctués du juron « Sapristi de mocheté ! »), ses rapports avec chacune d'elles. La petite, très attachée à ses tantes si différentes l'une de l'autre, n'en aspire pas moins à plus d'indépendance. Gamine rebelle, elle ne supporte guère la sollicitude de tante Béatrice, le « céleri malveillant », chargée de la morigéner en cas d'« infraction ».

La romancière anglaise Sylvia Waugh confère au roman familial une résonance philosophique. *Les Mennyms* (*The Mennyms*, 1993; Prix

---

98   P. MacLachlan, *Sarah la pas belle*, Gallimard, Folio Cadet Rouge 1990, p.24-25.

Guardian 1994) est une œuvre marquante par sa force symbolique. L'auteur a recours à la transposition fabuleuse – les Mennyms sont des poupées de chiffon – pour décrire par le biais de l'imaginaire la difficulté d'être quand, à cause de sa différence, on n'a pas d'espoir de s'intégrer dans la société. L'auteur confère une étonnante singularité à chacun de ses personnages (grands-parents, parents et cinq enfants) irréels par leur nature, mais réels par la pensée, les sentiments et les activités domestiques. Unis par une grande affection mutuelle, ils habitent dans une vraie maison. L'angoisse existentielle les tenaillent dès qu'ils se hasardent à quitter leurs quatre murs. Sans cesse, leurs problèmes identitaires reviennent sur le tapis. Existent-ils vraiment ou non ? C'est Sobbie, un des fils doublement différent, car à l'inverse des autres membres de sa famille, il est bleu, qui souffre le plus de devoir faire semblant d'être humain. Il refuse les « paradoxes » de son destin : affirmation de soi au foyer, mais dissimulation de sa nature fabuleuse quand il sort à la lumière du jour. Pendant quarante ans, les Mennyms parviennent à se cacher. Un suspense angoissant se déclenche à l'annonce de la visite d'un propriétaire australien (en chair et en os cette fois), qui se prétend apparenté au Mennyms. Celui-ci les accepte tels qu'ils sont et cette reconnaissance de leur identité non-conforme les délivre désormais de la peur.

L'évocation de relations familiales, rayonnantes de chaleur « humaine », entre des êtres aliénés, est menée avec un talent subtil qui donne son originalité à cette œuvre surprenante.

Le roman domestique ne se limite pas aux seules relations familiales, il exploite également le thème de la camaraderie, de l'amitié et de l'amour (voir p.227, *Loin, très loin de tout*, 1976, d'U. Le Guin). L'adolescence est par excellence l'étape de la vie où l'individu réapprend à se connaître lui-même et les autres. Il commence à voir ses parents sous un éclairage différent. Il s'éloigne de ceux-ci au moment où ils ne représentent plus guère leur pôle de référence. Ils s'orientent alors vers l'âme sœur avec qui, sur un pied d'égalité, ils partageront dorénavant leurs expériences, leurs sentiments et leurs doutes. Le cadre du récit s'élargit. De la maison, on passe à l'école, au lycée (cf. *La mort de M. Ange, Des cornichons au chocolat*), et, si l'histoire se déroule pendant les vacances, à des lieux nouveaux. Jean-Hugues Malineau est l'auteur d'une belle évocation poétique des premières amours adolescentes, *La Tue-Mouche* (1981). Elles se déroulent à l'insu des parents au cours de rencontres clandestines dans les montagnes. L'intensité des émotions, l'ardeur des désirs sont associés à la beauté de la nature.

Le roman familial étend son champ de résonances lorsqu'il reconstruit une camaraderie parfois difficile ou une amitié entre des jeunes de diverses origines sociales et ethniques.

Bernard Ashley a su rendre par un récit encore très apprécié aujourd'hui, *The Trouble with Donovan Croft* (1974), la très lente mise en place de liens entre un adolescent blanc et un jeune Jamaïcain. Donovan se sent tellement malheureux à son arrivée chez les Chapman, qui le recueillent pendant quelques mois, qu'il est incapable de parler. (Nous reviendrons sur ce roman. Voir Le Monde extérieur, p.280).

L'écrivain anglais Jan Mark se signale par son habileté à restituer, en des dialogues très convaincants par leur justesse, les relations entre jeunes adolescents. *Victor victorieux* (*Thunder and Lightnings*, 1976; Prix Carnegie 1977) met en contraste deux familles et deux garçons que leurs mères enveloppent dans des atmosphères très différentes. Celle de Andrew est « *easy-going* » (facile à vivre), spirituelle et bohème, attentive aux sentiments et aux besoins des autres. Celle de Victor est conformiste et intolérante. Sa préoccupation majeure est d'avoir une maison bien tenue.

C'est sur ce terreau domestique que se développe l'amitié entre leurs fils, que rien ne rapproche au départ. Andrew est un garçon cultivé, Victor le cancre de sa classe. Ce dernier parle un langage incorrect et fait d'énormes fautes d'orthographe. Cependant, il va transmettre à son nouveau voisin, à peine installé dans la région, ses connaissances de la vie locale et surtout sa passion des avions dont est rempli le ciel du Norfolk. Les deux adolescents se complètent. Andrew ouvre à Victor l'accès à un monde autre, beaucoup moins étriqué que le sien.

En revanche, c'est à l'hostilité entre deux jeunes garçons que s'attache Aiden Chambers dans *Le secret de la grotte* (*Seal secret*, 1980). Ce romancier (cf. *Breaktime*) entre avec facilité dans le monde intime de l'adolescent, qu'il sait faire parler avec son langage propre.

William, fils unique, entretient de mauvais rapports avec ses parents. Ceux-ci se mêlent continuellement de ses affaires et lui imposent sa conduite. De surcroît, son père ne cherche jamais à le valoriser, bien au contraire. Will est furieux de devoir passer une semaine de vacances dans un trou perdu du pays de Galles et projette sa mauvaise humeur sur l'environnement :

> A part les cris de ce dingue d'oiseau et de ces dingues de moutons, il n'y avait pas un bruit. Et puis rien à voir non plus dans cette vallée étroite, à part des champs verts et des arbres verts, et puis des haies vertes épaisses et impénétrables.[99]

Sous prétexte de le tirer de sa morosité, on l'oblige à accepter la compagnie de Gwyn, fils du propriétaire de la ferme voisine, sournois et plat, agressif et violent, aussi matérialiste que William est idéaliste. Gwyn, à qui son père a promis un veau en échange, a accepté de s'occuper de Will. D'emblée, le jeune Gallois marque son mépris et son antipathie à l'égard du nouveau venu, cette « gueule de snob », ce « pourri d'Anglais ». Le conflit entre les deux adolescents éclate quand William décide d'arracher un bébé phoque à la cupidité et à la cruauté de Gwyn. Il prendra d'énormes risques, mais heureux de son succès, voudra faire de cet audacieux sauvetage le symbole de sa nouvelle autonomie. Ce fut son premier acte d'adulte. Hélas, la reconnaissance de son courage, il ne la doit pas à ses parents mais à un étranger, le père de Gwyn, personnalité sympathique et encourageante.

Peter Härtling a composé un délicieux récit, *Ben est amoureux d'Anna* (*Ben liebt Anna*, 1981), sur la naissance de l'amour entre deux jeunes enfants. Il est écrit dans une langue simple et familière où les mots suggèrent un non-dit révélateur. Ben n'a que huit ans, mais, tel un adulte, il éprouve déjà des sentiments de jalousie qui le rendent agressif.

La romancière flamande Théa Dubelaar-Balzamont conjugue les thèmes de l'amitié et de la tolérance. *Jamais deux sans trois* (*Drie in de put*, 1983) est une charmante histoire, émaillée de dialogues épatants entre bambins. Elle raconte les aventures de deux jumeaux, Rob et Rose. Transgressant l'interdiction du panneau « Défense d'entrée », ils pénètrent un samedi sur un chantier en construction et tombent dans un trou où ils devront passer la nuit. Seule Debbie, une fillette noire, entend leurs appels au secours. Elle veut les aider, mais tombe à son tour dans le trou. L'amitié entre les jumeaux, très attachés l'un à l'autre, et Debbie progresse lentement. Rose, généreuse de nature et attentive aux besoins d'autrui, défend Debbie contre les railleries de son frère. Les jumeaux oublient leur prison à l'écoute des légendes du Surinam, que leur conte Debbie qui en est originaire. Au dénouement, l'amitié entre les trois enfants est scellée.

D'une façon drôle et inattendue, l'humoriste américain Sid Fleischman (*Le Souffre-douleur, The Whipping Boy*, 1986) raconte le

---

99   A. Chambers, *Le secret de la grotte*, L'Ecole des loisirs, 1985, p.9.

rapprochement entre deux garçons, un orphelin, Jenny, et un jeune prince surnommé « Petite peste ». Jenny, le souffre-douleur, subit au château des châtiments destinés au prince, à qui personne n'a le droit de les appliquer. Jenny fuit, Petite Peste le rejoint. Au cours de leurs aventures, le souffre-douleur va transformer le petit prince, un garnement trop gâté, égoïste et autoritaire, en un garçon indépendant et généreux.

Le roman de Paula Fox, *L'Ile aux singes* (*Monkey Island*, 1991), entremêle adroitement le thème de l'amitié et celui de la relation à la mère. Sans travail, le père de Clay (onze ans) a quitté son foyer. Bientôt, la maman, enceinte et prise de panique à l'idée de perdre le bébé sous la pression des conditions de vie dramatiques, abandonne son fils dans un hôtel sordide à New York. C'est grâce à son amitié pour Buddy, rencontré dans un parc parmi d'autres marginaux, que Clay est sauvé du désespoir. Buddy, pourtant poursuivi également par une implacable malchance, est généreux et plein de joie de vivre. Il héberge Clay et le protège. Malgré le retour de la mère, Clay ne pourra pas pardonner à celle-ci sa défection avant qu'il n'ait retrouvé Buddy, disparu entretemps dans un hôpital, puis auprès d'une famille d'accueil. Paula Fox démêle, au long d'une analyse qui sonne juste, l'écheveau des sentiments contradictoires que le jeune protagoniste sent grouiller au fond de lui-même.

L'amitié entre enfants est encore au cœur d'un roman réaliste à triple dimension (psychologique, social et policier) dû à Margaret Mahy, *Le secret de Winola* (*Underrunners*, 1992). Tris vit seul avec son père, un bohème, en Nouvelle-Zélande. Il habite une maison isolée face à la mer, sur une lande toute truffée de fondrières. Chaque jour, il attend une lettre de sa mère. Elle ne donne plus signe de vie. Il entre en contact avec Winola, pensionnaire d'un Foyer pour enfants, gamine très différente de lui, dure et déterminée. Sa mère est quelque part en convalescence. Son père souffre de troubles psychiques. L'auteur décrit de façon originale le rapprochement entre le garçon et le fille qui cherchent tous deux à échapper à la réalité quotidienne en s'accrochant à leurs fantasmes. L'imaginaire, en un premier temps, joue un rôle important dans leur vie. Ils s'inventent de toutes pièces des compagnons et des situations. Aussi, au début de leurs relations, le ludique l'emporte-t-il. Pris d'angoisse, Tris fait appel à Selsey Fire Bone, son double, un solide extraterrestre qui bientôt n'a plus de secrets pour Winola :

Pas étonnant qu'elle soit entrée dans son jeu avec autant de facilité puisqu'elle croyait si fermement à ses propres affabulations.[100]

Cependant, quand le père de Winola passe aux menaces et met les enfants et le père de Tris en danger, il ne sera plus question de jeu. Cette fois, les deux enfants sont obligés d'affronter la réalité, et elle est cauchemardesque. Elle leur apprend à relativiser et à accepter la vie ordinaire. Dorénavant, Tris fera confiance à son père et reconnaîtra qu'il s'est pris d'affection pour Victoria, sa « nouvelle mère ».

C'est de manière spirituelle, en recourant à un comique très linguistique, que Marie Desplechin, auteur d'*Une vague d'amour sur un lac d'amitié* (1995), relate les relations entre une fillette solitaire et en manque d'affection et son pseudo-professeur d'anglais. Tim, un étudiant anglais de dix-neuf ans, ne fait pas faire de progrès à Suzanne, onze ans. Ici, comme chez Marie-Aude Murail, les parents, trop soucieux de la réussite précoce de leurs enfants, sont bernés. Tim, dans un français cocasse, « riche » de fautes que Suzanne s'emploie à corriger, s'entretient avec son élève des sujets les plus variés, graves ou légers. Il lui fait lire Kipling, mais en français ! A défaut de progrès dans la langue de Shakespeare, son amitié avec un jeune adulte a sorti Suzanne de son isolement sentimental et a servi à resserrer les liens avec sa mère.

Agnès Desarthe se glisse sans difficulté dans le monde intérieur de l'adolescent ou du préadolescent,[101] qu'elle nous restitue sur le mode humoristique. Si les sentiments exprimés par les jeunes protagonistes de *Je ne t'aime pas, Paulus* (1991) sont intemporels, leur langage typique de potaches de quatorze et quinze ans les situe à notre époque. L'auteur raconte l'éclosion d'un premier amour. L'autodérision de la narratrice donne tout son piquant au roman. Julia Fucks, qui se sent moche, se refuse à admettre l'évidence : Paulus Stern, un des plus beaux garçons qu'elle connaisse, est tombé amoureux d'elle. Le titre du roman est révélateur de son incrédulité. Julia cherche à se convaincre qu'elle n'aime pas Paulus :

La démonstration était claire et la conclusion à laquelle elle menait incontournable : je n'aimais pas Paulus. Je me sentis soudain beaucoup mieux. En plus, cette histoire pouvait très bien être un complot contre moi. J'avais vu des

---

100   M. Mahy, *Le secret de Winola*, Gallimard, Page blanche, 1994, p.65-66.
101   Tel, tout récemment, son Louis, douze ans, héros de *Je manque d'assurance* (1997), pris au piège d'un insupportable engrenage pour avoir dépensé en tickets de cinéma l'argent destiné à son assurance scolaire.

films où un type superbeau était engagé par d'autres pour séduire la mocheté du coin et la tourner en ridicule.[102]

Outre la relation de Julia à elle-même, Agnès Desarthe dépeint avec non moins de saveur les rapports de l'héroïne avec sa mère, son père (au chômage), sa petite sœur Judith, sa meilleure amie, Johana.

Jusqu'aux années quatre-vingt, la sexualité n'est guère, de toute évidence, un sujet admis dans les œuvres destinées à la jeunesse. L'Américain H. Buten a décrit dans *Quand j'avais cinq ans, je m'ai tué* (*Burt*, 1981), la répression exercée à l'égard d'un très petit garçon amoureux et qui donne libre cours à ses premières pulsions sexuelles. Le roman ne parut pas en collection de jeunesse, mais obtint un très large succès auprès du jeune public.

Faisant fi de ce tabou à l'encontre de la sexualité, Aiden Chambers, auteur de bons récits aux accents quelque peu polémiques, affirme son goût d'un réalisme dur, bien davantage américain qu'anglais (cf. R. Cormier), dans son roman *Dance on my Grave* (1982). Pas question dorénavant de ménager des lecteurs pourtant toujours plus précoces ! L'écrivain anglais décrit sans ambages les attirances et les relations homosexuelles entre adolescents. Usant d'une grande variété de styles, il analyse en profondeur leur vie intime. Hal, seize ans, est attiré par Barry, plus âgé que lui, séduisant, dynamique et riche. En fait, il ne le voit pas vraiment tel qu'il est (au fond, ce Barry n'est qu'un velléitaire), mais il a besoin de lui pour se sentir vivre. Barry meurt dans un accident de motocyclette. Hal connaîtra un profond état de dépression avant de se libérer de son passé.

Double thématique, donc : l'attirance homosexuelle et le dépassement du social par l'amitié, moteur récurrent de maint récit, comme on l'a vu.

Lorsqu'elle aborde le thème de l'inceste, le réalisme de la romancière flamande Anne Provoost n'est pas plus édulcoré que celui de Chambers. Elle ne tait ni les mots ni les gestes. L'abus sexuel dans « Ma tante est une baleine pilote » (*Mijn tante is een grindewal*, 1990) n'est pas dit avec l'art allusif d'Hélène Montardre (*La maison aux quatre étoiles*, 1989). Cependant, l'évocation de l'agression brutale et de ses conséquences est compensée par des images d'inspiration écologique. L'auteur établit un parallélisme entre des baleinaux échoués sur la plage et l'adolescente

---

102   *Je ne t'aime pas, Paulus*, L'Ecole des loisirs, 1991, p.68.

autrefois violée par son père. Tous, bêtes et gens, finissent par retrouver leur liberté.

Conduite par un autre ordre d'idées, Anne Provoost a encore écrit un roman convaincant, *Le piège* (*Vallen*, 1994), d'une grande cohérence et tissé de mystère, sur les manipulations politiques et les amitiés dangereuses. Le récit est construit autour d'une poignée de personnages adolescents révélés avec force. L'auteur suit pas à pas le narrateur, Lucas Beigne, revenu avec sa mère passer les vacances dans la maison de son grand-père maternel à peine décédé. C'est un adolescent très fragile, peu sûr de lui. Il est d'ailleurs la proie d'un doute lancinant quand il prend conscience d'une conspiration du silence autour de la personnalité de son grand-père. En réalité, ce grand-père qu'il aimait et admirait avait collaboré avec les Allemands jusqu'à dénoncer la présence d'enfants juifs. Et c'était dans la suite un négationniste invétéré ! Les romans pour la jeunesse ne nous avaient guère présenté des figures négatives de grands-pères ! Lucas, à qui sa mère à tout caché, n'est pas préparé à résister à Benoît, dangereux skinhead armé d'un grand pouvoir de séduc-tion. Grâce à son éloquence insidieuse, il entraîne Lucas à commettre de graves actions racistes. Benoît se considère comme un théoricien et s'arrange pour faire prendre les risques par les autres. Caitline Meadows, une amie américaine de Lucas dont il est d'ailleurs amoureux, a vite fait de percer à jour les motivations de Benoît et cherche à en convaincre Lucas :

> Intérieurement, il est en colère, poursuivit-elle. C'est magnifique, la colère. On peut en faire de grandes choses. Moi aussi, je suis en colère. C'est par colère que je danse. Seulement, il utilise mal sa haine. Au lieu d'agir, il se contente de ronchonner. Il ne cherche qu'à détruire. Il ne sait pas encore qui, mais quelqu'un paiera à sa place si les choses tournent mal.
> – Il est sympa avec ses potes.
> Pour ça, il est entouré ! Des amis liés par la haine ! A ce compte-là, je peux aussi me faire des copains ! Il suffit de dénicher un chômeur insatisfait. Un type sans argent, sans amour, qui se cherche une identité. Il n'a pas d'opinion politique. Alors tu lui fais croire que les travailleurs émigrés lui ont tout pris...[103]

Avec leur attirante diversité, les meilleurs chroniques de la vie intime et familiale, domaine majeur de la littérature de jeunesse, prennent toute leur force dans cet art de dire au plus juste, que ce soit sur le mode grave ou léger, les difficiles relations que le héros juvénile entretient avec lui-

---

103   A. Provoost, *Le piège*, Seuil, p.265.

même et ses proches. Elles composent une étonnante galerie de portraits d'enfants et d'adolescents que singularisent leurs réactions, déterminées tant par l'âge, les sentiments, les aspirations, le tempérament ou l'intelligence, que par un cadre de vie tantôt urbain et tantôt rural – quand elles ne sont pas amenées par des conditions sociales nettement définies et parfois même par l'événement politique.

Le monde extérieur (récits réalistes, de fantaisie ou mi-fabuleux)

L'école, la rue, les horizons lointains

Quand bien même le héros vit encore au foyer, quantité de récits ne mettent pas prioritairement l'accent sur les relations familiales, mais sur l'aventure au sens étymologique du mot, c'est-à-dire sur l'inattendu de ce qui survient, et qui se déroule hors de la maison,[104] à l'école, dans la rue, dans la nature : bref, dans un cadre différent. Cependant, les expériences vécues hors de chez soi ne sont pas toujours exemptes de répercussions au sein de la famille.

Le récit strictement scolaire, jadis si fécond (*School-Idyllen*, 1900, roman de Top Naeff, très populaire aux Pays-Bas), s'est fait plus rare. *L'odeur de la mer*, notamment, sera bientôt l'occasion d'en reparler. Le roman scolaire contemporain s'est enrichi; il s'élargit de dimensions nouvelles, humaines et générales, qui brisent le cadre un peu niais aujourd'hui du simple récit d'atmosphère dont le charme provenait de la (quasi) universalité de l'expérience scolaire. Il semble être devenu assez fréquemment le noyau d'une mise en œuvre et d'une réflexion sur la cruauté. On ne peut s'empêcher d'aborder ici cette inspiration en évoquant le cas – historique – des *Chocolats de la discorde* (*The Chocolate War*), roman dont la publication aux Etats-Unis en 1974 a provoqué un beau tollé. Robert Cormier y dépeint avec force, sous ses couleurs les plus sombres, la vie des adolescents dans un collège privé catholique pour garçons. Violence, cynisme et corruption atteignent élèves et professeurs. A travers le microcosme scolaire, c'est toute la société moderne que dénonce l'auteur. Le mal, c'est la perte de la liberté et le mépris des droits individuels. Les hommes ont la société qu'ils méritent.

---

104   L'aventure, l'inattendu, ne coïncident pas obligatoirement avec le voyage vers d'autres lieux. Pour Thibaud, sept ans, « l'aventure, c'est partir, mais on peut trouver une aventure à la maison, si on découvre une trappe par où on passe vers ailleurs ». L'adolescent peut ainsi connaître l'évasion sans guère s'éloigner de l'espace domestique, par exemple lors d'une découverte inopinée.

Leur passivité est la cause des violences physiques et morales. Le héros, l'élève Tommy Radford (Jerry Renault dans l'original américain) se détache d'une foule de flagorneurs soumis à des chefs brutaux, ivres de leur puissance. Ces derniers éprouvent une énorme jouissance à manipuler et à humilier les gens. Tommy, à son arrivée au lycée Lord-Byron, n'est nullement préparé psychologiquement à affronter une succession d'expériences négatives au sein d'un univers organisé sur le modèle de la Mafia. Sa mère est morte d'un cancer, son père, un préparateur en pharmacie, se montre distant. Tommy n'est pas plus fort qu'un autre, mais il refuse de céder à la soumission, de hurler avec les loups. A la fin du récit, il sera presque battu à mort. Le thème du sadisme en milieu scolaire avait été développé par Robert Musil dans *Les désarrois de l'Elève Törless* (1906), son premier roman, d'inspiration autobiographique.

Le collège remplace ici l'île de *Sa-Majesté-des-Mouches*. Pour Robert Cormier comme pour William Golding, le mal, intérieur à l'homme, se manifeste dès le jeune âge. Cependant, chez l'écrivain américain, on ne peut pas compter sur l'intervention de l'adulte pour mettre fin à la cruauté et au chaos, car les professeurs eux-mêmes, par lâcheté ou par respect pour les petits chefs, aident a recréer « le climat de l'Allemagne nazie... ». A la différence de *Sa-Majesté-des-Mouches*, utopie et robinsonnade négatives, le roman de Cormier n'est pas raconté à la façon d'un conte ou d'un roman philosophique.

Certains peuvent penser – souvenons-nous du scandale de 1974 – que le récit de Cormier, qui ne laisse aucune place à l'image du bonheur et de l'affection, ne se prête pas à une lecture juvénile; d'autres, au contraire, mettront en avant le côté positif de l'œuvre : la dénonciation d'une coupable faiblesse, de la lâcheté et des ses désastreuses conséquences. En effet, si Tommy avait été soutenu par quelques camarades, n'aurait-il pas eu des chances de libérer son collège de la dictature ?

Beyond the Chocolate War (*Après la guerre des chocolats*), la suite de ce roman très dur, paraît en 1985. On y retrouve le personnage du monstrueux Archie Costello. Il n'a donc pas changé et rien appris. Derrière son flegme et une gentillesse polie, il dissimule une terrible volonté de puissance et une absence totale de sensibilité. L'histoire raconte comment Obie, autrefois son bras-droit, devient son adversaire implacable, déterminé à l'abattre.

Robert Cormier traque le Mal – aussi bien hors de l'enceinte scolaire – sous ses divers aspects, qu'il s'agisse du sadisme collectif ou de l'infamie individuelle. Le grand talent de l'auteur s'affirme une fois de plus dans une œuvre récente, le dramatique et émouvant *La balle est dans ton camp* (*Tunes for Bears to dance too*, 1992), parabole sur le Mal, imprégnée de religion (la dernière page donne le ton). L'auteur développe avec finesse l'opposition entre un enfant (Henry Cassavant, onze ans), bon, sensible et compatissant, et un adulte abject qui trouve satisfaction et jouissance dans la destruction du bonheur d'autrui. Confronté brutalement au Mal gratuit, permanent et inexplicable, le préadolescent au début ne comprend pas son patron, M. Hairston, un épicier avide de pouvoir, hypocrite, bourré de préjugés qu'il traduit à longueur de journée en commentaires déplaisants sur les uns et les autres. Un jour, comme mû par un désir bestial de saccage, ce véritable démon incarné pousse, à force de chantage, son petit garçon à tout faire (issu d'une famille nécessiteuse) à anéantir un village miniature, construit par un pensionnaire d'une maison de fous, vieil homme gentil et inoffensif, dont la femme et les deux filles sont mortes à Auschwitz. Sculpter de minuscules figurines en bois, censées recréer le village de sa jeunesse avant sa transformation en camp de concentration et en chambres à gaz, apporte à M. Lévine une relative sérénité. Il s'arrache alors à l'horreur de ses terrifiants souvenirs. Mais, Hairston, l'épilogue nous l'apprend, ne savourera pas la réussite de son plan machiavélique.

Ici encore Robert Cormier entretient habilement le suspense par une judicieuse distribution des données au fur et à mesure qu'on pénètre dans le récit.

L'écrivain britannique Bernard Ashley décrit les effets du racisme à la fois sur la vie familiale et sur la vie scolaire. Le milieu de l'enseignement, il le connaît bien pour avoir été lui-même professeur et directeur d'école. Son roman *The Trouble with Donovan Croft* (1974) restitue avec fidélité l'ambiance des classes et des cours de récréation. En outre, l'auteur campe deux personnages convaincants, un directeur pusillanime et un professeur épris de discipline militaire. Le sujet (l'aspect domestique du roman a déjà été évoqué), émouvant, est bien mis en valeur.

La famille Chapman, un contremaître, sa femme et leur fils Keith, ont accepté d'accueillir pendant quelques mois un jeune noir de la Jamaïque, Donovan. Leur vie, jusque-là sereine, en est bouleversée. Pour Keith,

Donovan est un pavé lancé dans la mare. Le jeune Chapman souffre des réactions racistes que déclenche chez son professeur et ses meilleurs camarades, mais pas chez ses parents, celui qu'il considère maintenant comme son frère d'adoption et qui a intégré sa classe. A la maison, malgré leurs efforts, ni lui ni ses parents ne parviennent à briser le mutisme de Donovan, totalement replié sur lui-même. Au bout de quinze jours, il n'a pas encore parlé. Que ce soit à l'école ou dans son nouveau foyer, le Jamaïcain ne s'intéresse à rien ni à personne. C'est sa façon à lui de se venger de la « trahison » de ses parents. Sa mère a choisi de retourner en Jamaïque pour assister son grand-père mourant, et l'horaire de son père est trop chargé pour qu'il s'occupe de lui. Certes, l'auteur sait nuancer les réactions des uns et des autres. Il décrit de l'intérieur les sentiments de Keith; néanmoins, le rendu du comportement de Donovan, considéré avec quelque détachement, donne l'impression – un peu trop ? – qu'il se réfère à un cas clinique précis. Au dénouement du récit, quand Donovan s'aperçoit tout à coup que Keith est sur le point d'être renversé par une voiture, il retrouve la voix. Il crie pour prévenir son ami et lui évite ainsi un grave accident. Relief et humanité sont donc finalement récupérés pour ce personnage (Donovan) – et c'est peut-être un effet narratif – bien qu'on reste sur le sentiment d'une humanisation plaquée là *in extremis*.

D'autres chroniques scolaires débordent de bonne humeur et mettent en relief le monde de l'espièglerie (cf. la série des « Bennett » d'Antony Buckeridge, voir p.55).

L'humour d'une amusante chronique, *Le terrible trimestre de Gus* (*The Turbulent Term of Tyke Tiler*, 1977; Prix Carnegie 1978), de l'Anglais Gene Kemp, n'est pas sans rappeler celui du Petit Nicolas :

> Ça y est, M'sieur, j'ai fini mon examen.
> Les questions vous ont paru difficiles ?
> Les questions, non, mais les réponses, oui.[105]

précise une des facéties mises en exergue au début de chaque chapitre.

Le récit de Gene Kemp repose sur la touchante amitié entre deux jeunes condisciples, le narrateur Gus Zetuil et Dany Price. Dany, petit délinquant adonné au vol est issu d'un milieu défavorisé. Gus, tout en le traitant de sombre idiot, le protège au point de prendre lui-même des risques. Il est convaincu que Dany ne peut s'en tirer sans lui. Mais celui-ci est très mauvais élève. Il serait intelligent, a entendu dire Gus, s'il

---

105   G. Kemp, *Le terrible trimestre de Gus*, Gallimard Jeunesse, 1992, p.99.

n'avait un blocage. Cependant, avec ses airs tristes, Dany est mignon et en séduit plus d'un. Il ferait n'importe quoi pour Gus, mais ne réussit qu'à lui procurer des ennuis. Gus s'efforce de pénétrer la psychologie de son camarade.

L'originalité du récit se répercute rétrospectivement à partir de l'épilogue. Le lecteur apprend alors que Gus, en réalité, est une fille, et il a envie de reprendre toute l'histoire à son début.[106]

Que le récit se joue alternativement, dans un même titre, ou, sur un plan général, d'un livre à l'autre : au foyer, puis à l'école, puis dans la rue, le thème de l'amitié, parfois conjugé avec celui du racisme (*L'Ami retrouvé*, *The Trouble with Donovan Croft* – et comme on le verra plus avant – *Un été algérien*, *L'une est noire, l'autre est blanche*), est matière qui frappe par sa récurrence. Le personnage de l'ami issu d'un milieu très éloigné de celui du protagoniste par des origines ethniques, une culture, une situation sociale, des traditions religieuses en contraste, permet l'ouverture sur des modes de vie et de pensée différents et élargit l'horizon domestique du protagoniste. Toutefois, la bonne volonté, ici, peut ne pas aller sans une discrimination inconsciente : le personnage central, héros, protagoniste, point de départ, à enrichir par cette amitié désinhibante est souvent le petit Occidental. Il est beaucoup question de *notre* âme, de *nous* faire du bien. « Occidentalocentrisme », mais d'une variété cordiale, serait une définition possible de cette tendance inconsciente.

L'écrivain Jan Needle montre que c'est par l'amitié qu'on combat l'intolérance. Au début de *Mon ami Chafiq* (*My Mate Chofiq*, 1978), une amitié entre deux condisciples, l'un anglais l'autre pakistanais, se noue dans la rue. Bernard Kershaw, jeune garçon bagarreur et champion dans l'art de la filature, se prend d'admiration pour un jeune Pakistanais de sa classe, Chafiq Rahman. Sur le chemin de l'école, il est témoin d'une

---

106   Le protagoniste « androgyne » (ou sexuellement travesti) dans la littérature de
        jeunesse a fait l'objet d'intéressantes études notamment celles de B. Kümmerling-
        Meibauer, qui l'analyse à partir d'un parallélisme entre trois prototypes : le héros
        d'un conte d'E.T.A. Hoffman, *Das fremde Kind* (tiré du second volume des
        Kinder-Märchen, paru en 1817), Fifi Brindacier et Jan (la figure énigmatique dans
        le récit de P. Pohl, *Jan, mon ami*).
        B. Kümmerling-Meibauer, « Identität, Neutralität, Transgression, Drei Typen der
        Geschlechterpospekivierung in der Kinderliteratuur », Gertrud Lehnert (Hrsg.),
        *Inszenierungen von Weiblichkeit, Weibliche Kindheit und Adoleszenz in der
        Literatur des 20. Jahr-hunderts,* Westdeutscher Verlag, 1996, p.29-45.

lâche agression, à coups de pierres, contre des enfants pakistanais – dont les petites sœurs de Chafiq – par la bande de Bobby Whitehead et voit comment Chafiq, qui affronte tout seul ces brutes, réussit à les mettre en déroute. A la suite de cette expérience, son admiration et son affection pour Chafiq vont croissant. Celui-ci, en dépit d'une situation familiale très difficile, parvient à garder son sang-froid dans les multiples circonstances de la vie. Même confronté à des autorités scolaires ou administratives, toutes peu compréhensives, il reste poli, mais ferme. Mûr avant l'âge, il se sent responsables d'un père incapable de se débrouiller sans lui. L'amitié entre les deux garçons se décline à travers des épisodes de violentes bagarres dans les rues de la ville. Ce roman de Needle est écrit très simplement et vaut par le rythme rapide et entraînant de la narration.

Jan Mark, que nous connaissons déjà par son *Victor victorieux*, histoire d'une amitié entre deux adolescents que séparent leurs origines sociales, a consacré deux longues nouvelles au milieu scolaire, réunies dans *Hairs in the Palm of the Hand* (1981). Ce sont pratiquement des anecdotes, humoristiques, très bien développées, mais d'un schéma trop simple, trop dénuées de péripéties. La première relate comment des élèves d'une même classe s'organisent pour faire perdre un maximum de temps à leurs professeurs; la seconde comment une adolescente particulièrement militante, à cheval sur les droits des femmes, s'introduit dans une école qui n'est pas la sienne, et y cause un grand désordre.

Le Suédois Peter Pohl est l'auteur d'un roman, complexe par ses structures narratives et par la portée symbolique de son contenu, *Jan, mon ami* (*Janne, min vän*, 1985; Prix Nils Holgersson du Livre de jeunesse). Par la langue et le rendu des atmosphères, il témoigne de toute une époque : celle des années cinquante.

Ici encore, il s'agit d'une belle histoire d'amitié et d'amour, tragique par sa fin, entre deux jeunes adolescents. Mais si l'un est bien définissable, l'autre ne l'est pas. Un peu comme dans le *Palais de glace*, la personnalité des héros et leurs rapports sont enveloppés de mystère. Krille, le narrateur, âge de douze ans, est issu d'un milieu cossu, des beaux quartiers de Stockholm. Il est parfaitement intégré dans la communauté scolaire du lycée Södra Latin. Sa vie se partage entre la bande de jeunes et le « bahut ». Cette division, explique-t-il, c'est son grand conflit. Il apparaît attiré à la fois par une société tournée vers l'ordre et les traditions, celle où importent les noms de famille, et une vie où seuls règnent les prénoms, une vie de risque et d'aventures, libérée de toute contrainte.

Un beau jour d'août 1954, Krille fait la connaissance de Jan, gamin inculte, petit, roux, avec une tête de fille, – Jan lui évoque Fifi Brindacier – au moment où celui-ci débouche, on ne sait d'où, sur un magnifique vélo. Krille est aussitôt séduit par la personnalité évanescente, à l'identité incertaine, de cet être androgyne : « Tout le monde savait qu'il n'avait rien d'une fillette, malgré sa bouille de gamine. »[107] Krille l'intègre dans sa bande. Avant l'épilogue, on n'en apprendra pas davantage sur Jan, sinon que ce « garçon », curieusement sans nom de famille, attaque et se défend bien. C'est un casse-cou, un extraordinaire équilibriste et un génie du vélo… Il traverse le viaduc au-dessus de Södergatan en se tenant en équilibre sur le parapet. Le lecteur fait ainsi connaissance avec le quartier populaire de la capitale suédoise. Sans doute Jan vit-il dans la misère et l'insécurité.

En fait, le roman de Pohl se présente comme une longue digression construite autour de « flashbacks », retours en arrière à partir des questions qu'un policier pose, à l'ouverture du récit, à Krille et à ceux de sa bande à propos de Jan et de ses régulières et mystérieuses disparitions. Jan a toujours caché à Krille qu'elle est une fille et l'objet d'une honteuse exploitation par les responsables d'un cirque.

Le thème de l'androgyne se charge manifestement chez l'écrivain suédois de latences et de connotations sexuelles. La richesse du roman résulte également de ce dédoublement, à travers et dans les personnages mêmes de Krille et de Jan, d'aspirations contradictoires : à l'ordre, mais aussi à la liberté, à une vie canalisée et en revanche à une vie de bohème, à la maturité et d'autre part à l'enfance (dont Jan a été frustrée).

De tonalité optimiste, *L'odeur de la mer* (1987), de Philippe Barbeau, est un très joli récit sur l'école primaire. Il est écrit avec humour et poésie, dans une langue métaphorique. Frank, le petit narrateur, résigné à l'absence de sa mère, ne vit que pour et par sa classe. Elle comprend onze élèves, « onze copains unis comme les doigts de la main ». Grâce à eux, il parvient à supporter l'école :

> Normal : quand on déteste l'école et qu'on est contraint de la fréquenter, il faut trouver un truc pour oublier son malheur, sinon on devient fou. Notre truc, c'est l'amitié. Une amitié à toute épreuve. En béton armé, vibré, blindé.[108]

---

107   P. Pohl, *Jan, mon ami*, Gallimard, Page blanche, 1995, p.83.
108   Ph. Barbeau, *L'odeur de la mer*, Flammarion, Castor Poche, 1987, p.8.

Cependant, l'arrivée d'un nouvel instituteur, surnommé la Taupe, la lui fera aimer vraiment :

> La Taupe s'intéresse à tout. C'est drôle : c'est la première grande personne et surtout le premier maître qui se préoccupe vraiment de nous.[109]

Frank, surnommé le Vermillon à cause de ses tâches de rousseur, exprime avec tendresse ses rapports avec le nouvel instituteur. Ce professeur, toujours d'humeur égale, ne décide rien sans demander d'abord l'avis des élèves de la classe « spéciale », la classe des « fous », c'est-à-dire des éléments plus faibles dans le groupe, de ces éléments méprisés par les bons élèves. Il saura les galvaniser autour d'un projet, celui de partir en classe de mer. La mer, qu'ils verront pour la première fois.

C'est vraiment une histoire de notre temps. Frank évoque pêle-mêle la copine de Papa, la télé, les immeubles gris et tristes, le chômage, les parkings-terrains de jeu, une cabane transformée en vaisseau interplanétaire...

Daniel Pennac, lui, déploie une belle fantaisie et un humour tout à la fois pétillant et tendre dans des récits pleins d'allégresse, semés de références à l'Histoire, à la littérature et au cinéma. D'un livre à l'autre, on voit réapparaître les mêmes personnages principaux. Ce sont les parents et les professeurs du jeune narrateur, ses condisciples et parmi eux les amis, d'abord Kamo, et puis le grand Lanthier.

L'évasion de Kamo (1992), est une chaleureuse chronique de tonalité joyeuse. L'émouvant y rejoint le fantastique. Le texte renvoie à une amitié sans fêlure entre trois camarades de classe : le narrateur et Lanthier, un échalas, selon Kamo beaucoup plus malin qu'on ne le croit, et l'étonnant Kamo lui-même, jeune garçon à l'imagination fertile et aux jugements incisifs. C'est ainsi, par exemple, qu'il explique que lorsque survient un événement catastrophique, les gens « veulent un coupable » :

> Au Moyen Age, disait Kamo, une catastrophe s'abattait sur un village, crac, on brûlait une sorcière. Oui, les événements réclament vengeance. Une vengeance aveugle.
> – L'économie allemande bat de l'aile, disait Kamo, et le dingue à moustache gammée décide de tuer tous les Juifs.[110]

---

109   *L'odeur de la mer*, p.31.
110   D. Pennac, *L'évasion de Kamo*, Gallimard, Lecture junior, 1992, p.45.

Une nuit, dans les rues de Paris, au retour à bicyclette d'une séance de cinéma – on donnait les *Hauts de Hurlevents* et Kamo est un inconditionnel du roman d'Emily Brontë – l'enthousiasme du jeune garçon, amoureux fou de Cathy, lui fait oublier toute prudence. Il est victime d'un grave accident et transporté à l'hôpital. Ses camarades, désespérés, sont convaincus que seule leur affection peut le sauver. Ils vont la lui témoigner en pensant, chacun à son tour, constamment à lui :

> Ce n'est pas facile de penser sans arrêt à quelqu'un. Même si ce quelqu'un s'appelle Kamo. Même si ce Kamo est ton meilleur ami. La pensée a des trous par lesquels elle s'évade d'elle-même. Ton regard plonge dans une photo de montagnes, ton oreille accroche une note de musique, et tu sors de ton devoir de math, ou tu cesses de penser à Kamo.[111]

Leur amitié consiste également à soutenir Kamo, que le coma immobilise sur son lit d'hôpital. Ils veillent à ce qu'on ne le dérange pas et protègent ainsi son évasion onirique, car grâce à ses rêves, leur ami « se remet en ordre » et retrouve ses forces. En rêvant, il rejoint alors un autre Kamo, son arrière-grand-père, un Russe chaud partisan de la Révolution, en lutte contre les Cosaques et qui « s'évadait de toutes les prisons où l'on voulait l'enfermer ». Kamo guérit après avoir revécu les épreuves de son ancêtre et les circonstances de sa mort que sa mère, revenue d'un voyage en Russie, lui confirme.

Kamo, l'idée du siècle (1993) nous apprend que Kamo a demandé à son maître du cours moyen, M. Margerelle, de préparer les élèves à entrer en sixième « en jouant les rôles de tous leurs nouveaux profs ». Mais « l'idée du siècle » de Kamo se révèle moins géniale que prévue quand la classe assiste à la disparition progressive de la personnalité de leur « Instit bien-aimé », celui-ci ayant perdu la sienne à force d'emprunter celle des autres. La présentation de « tous les profs du monde servis sur un plateau avec leur mode d'emploi et leurs pièces de rechange »[112] ne contribue certes pas à la sacralisation du corps enseignant !

Amitié et solidarité entre condisciples sont thématisés par Philippe Delerm, professeur de lettres parfaitement au fait de la psychologie juvé-nile. *En pleine lucarne* (1995) retrace avec finesse et sensibilité le chemine-ment de l'amitié entre Stéphane Chatel, le narrateur, et Artun Halic, fils d'un bûcheron turc. Tous deux sont élèves du collège Saint-Vincent, en Normandie. Ils se rapprochent l'un de l'autre, unis par une intense

---

111   *L'évasion de Kamo*, p.59-60.
112   D. Pennac, *Kamo, l'idée du siècle*, Gallimard, Lecture junior, 1993, p.55.

passion pour le foot. Stéphane se documente sur la Turquie, et quand il est reçu chez les Halic, il s'efforce de dire quelques mots dans la langue de son ami. Par contraste avec l'atmosphère bruyante et chaleureuse qui règne au foyer d'Artun, il lui semble que chez lui tout est « un peu trop net, un peu trop silencieux, un peu trop vide ». Si l'amitié entre Stéphane et Artun se consolide, elle se brise entre Stéphane et Romain, condisciple raciste. Elle se rallumera toutefois au choc de la mort accidentelle en forêt du père d'Artun.

Relevons parmi les qualités de l'écrivain, outre une écriture alerte et suggestive, celle de dessiner de bons portraits tel, parmi d'autres, celui du professeur de français qui saura rendre au jeune Stéphane la confiance en soi.

Il se peut que le public féminin ou mieux, à l'heure des équipes de femmes, des lecteurs simplement moins concernés par le sport estiment trop généreuse la part accordée par Delerm au rendu (toutefois très vivant) des matchs de football. Les questions d'actualité font donc renouer cette littérature avec le *grand extérieur* de l'aventure exotique. Inutile de dire que l'omniprésence des médias, et de leur pression sur la curiosité juvénile, a sa part dans ces retrouvailles.

Depuis 1966, Pierre Pelot écrit des romans d'aventure.[113] Ces récits menés à vive allure sont coulés dans des phrases succintes – à l'image des personnages qui les peuplent : des exclus, des marginaux, des hommes d'action très peu loquaces. L'auteur, fasciné par l'Ouest américain, a

---

113   En réduisant *Vendredi ou les limbes du Pacifique* (1967), Michel Tournier publiait dès 1971 un bon récit « exotique » au goût des jeunes, *Vendredi ou la vie sauvage*. Robinson (vingt-cinq ans) découvre en 1759 la « vie sauvage » sur une île au large du Chili et fait la connaissance des « redoutables Indiens » de la côte orientale chilienne.
Dans un bref récit de 1978, *L'aire du Muguet*, Tournier met tout son talent à souligner (d'ailleurs dès la préface) l'antagonisme entre nomades et sédentaires. A chacun son destin, chercher à s'y soustraire peut coûter cher comme l'apprendra à ses dépens un conducteur de semi-remorque. Pierre, vingt ans, n'aurait pas dû se laisser entraîner hors de son domaine, l'autoroute. A remarquer qu'avec ce joli récit, Michel Tournier s'inscrit cette fois dans la lignée d'une littérature de la résignation.
Selon Ch. Anderson, auteur de *Michel Tournier's Children Myth, Intertext, Initiation* (Peter Lang, 1998), M. Tournier s'emploie, depuis 1980, à rendre sa fiction accessible aux enfants, dorénavant son public privilégié. Ses textes récents écrits pour de jeunes lecteurs facilitent l'accès à ses œuvres pour adultes par une approche ludique, par leurs structures initiatiques et leur intertextualité.

consacré plusieurs œuvres à un passé désormais mythique. Parmi ces
« westerns » d'inspiration cinématographique, *Sierra brûlante* (1971),
Le train ne sifflera pas trois fois (1974), *Le Hibou sur la porte* (1974)...

Sierra brûlante, qui paraît juste à la veille de notre période, est un
roman particulièrement réussi. Cette histoire de chasse à l'homme, située
en 1867 au nord-est du Nouveau-Mexique, a des accents épiques. Décors
et protagonistes tirent leur épaisseur d'une esthétique du dépouillement.
C'est dans l'expressive sobriété des descriptions que les paysages arides,
les pentes de caillasse brûlées par le soleil, prennent un intense relief.

Le Mexicain Belito et le métis Dylan, aimantés par de vagues rumeurs
de pays de cocagne, sont des hommes de passage. Ils ne cherchent guère
à se connaître, mais seulement à deviner les intentions de l'interlocuteur
et à lui extorquer l'une ou l'autre information, faite parfois de ces mots
qu'on jette du haut de son cheval et qu'il faut « vite attraper de l'oreille
avant qu'ils ne s'enlisent dans le sable et la chaleur infernale ».[114]
Toujours prêts à reprendre la piste, les deux hommes finissent par se filer
l'un l'autre. Bien qu'ils soient tous deux rudes et déterminés, Belito est
cependant beaucoup plus cruel que Dylan Stark :

> Belito riait souvent. Il était capable de faire n'importe quoi en riant. Mais il
> suffisait que le sourire déserte ses yeux une seconde, une seule seconde, pour que
> Belito révélât sa vraie nature. Celle d'un loup. D'un loup bizarre, mais d'un loup.
> Capable de n'importe quoi, oui...[115]

Le comportement de Stark, métis de Cheroquée, est ambigu. Depuis
quand, se demande-t-on, sait-il que la promesse d'une prime de mille
dollars à qui ramènera Oola, un indien échappé de la réserve où il était
parqué et faussement accusé de meurtre, ne l'intéresse plus ? Depuis
quand a-t-il renoncé à ramener un homme en quête de sa liberté et décidé
de les sauver, même au prix de sa vie, lui et son fils ? Les
rebondissements du récit relèvent de son hésitant revirement.

L'intérêt du roman sud-africain, dû à Peter Pieterse, *Le Jour des
géants* (*Dag van die Reuse*, en africaans, 1986), vient du relief de son
réalisme local. L'auteur décrit la survie dans un Mozambique en guerre
(nous sommes en 1979), de deux enfants abandonnés à eux-mêmes. En
brousse, dans la vallée de Limpopo, même les animaux (hyènes,
léopards, chacals, éléphants...) peinent à trouver de la nourriture.

---

114   P. Pelot, *Sierra brûlante*, Robert Lafont, Folio Junior, 1971, p.119.
115   *Ibid.*, p.141.

A côté de ces histoires d'une amitié dont on a parlé précédemment, à côté encore des récits d'aventures proprement dits, étudiés en dernier, il faut faire une place à la veine très productive des romans qui se situent au croisement du social, du biographique (souvenirs, journaux fictifs) et de l'inter-culturel. Dans cette sous-catégorie-ci, l'aventure personnelle s'alimente et s'appuie avant tout aux drames de l'actualité (apartheid, racisme, heurts culturels, tyrannie des traditions, nostalgie du monde d'hier, écologie...). Ces romans ne sont pourtant pas des « *problem novels* » en ce sens que la mise en œuvre littéraire (profondeur des personnages, intrigue, style) l'emporte sur le documentaire.

Alberto Manzi, auteur déjà d'une très belle ode à la liberté, *Le Castor Grogh et sa tribu*, a consacré ensuite des romans à l'exploitation et à la misère des paysans, indiens pour la plupart, de l'Amérique du Sud. Le romancier italien a montré dans *Le village des fous* (*La Luna nelle baracche*, 1974) comme dans *Les Insoumis* (*El Loco*, 1979), un art littéraire dont la force lyrique se fait jour à travers un style retenu et concis. Les deux récits décrivent avec une grande pudeur la vie des opprimés, que seule la mastication des feuilles de coca rend quelque peu supportable. A la moindre révolte contre leur asservissement, ils sont traités de « locos », de fous par leurs puissants maîtres, réfractaires à la justice et à la dignité.

L'Afrique du Sud et ses conflits raciaux sont au cœur de maint bon roman réaliste. *L'une est noire, l'autre blanche* (*Go Well, Stay Well*, 1979), de Toeckey Jones, se développe autour de l'amitié entre deux adolescentes de seize ans, l'une blanche de famille aisée, Candy, l'autre une Zoulou de famille pauvre, Becky. L'histoire est racontée dans le point de vue de Candy (de l'Européenne, une fois de plus ! – voir p.282) à qui sa rencontre avec Becky fait prendre conscience du sort des Noirs. Le ras-le-bol de ces derniers devant l'injustice se déchaîne lors des émeutes de Soweto. Les deux jeunes filles auront beaucoup de mal à faire accepter leur amitié. Dans ce récit, les dialogues sont d'autant plus vivants que les deux jeunes filles n'emploient pas le même langage. Celui de Becky est populaire, argotique, ici et là grossier. Cette adolescente noire se singularise par une philosophie personnelle de la vie nourrie de l'ironie qu'elle oppose aux hommes et aux événements. C'est d'ailleurs parce que Becky la fait rire que Candy s'attache progressivement à elle.

En attendant la pluie (*Waiting for the Rain*, 1987), de Sheila Gordon, se joue également dans l'Afrique du Sud des années soixante-dix.

L'auteur, née à Johannesburg, fait comprendre que malgré des intentions pacifiques, personne n'échappe à l'engrenage de faits dramatiques générés par des systèmes politiques fondés sur l'injustice, l'inégalité et l'intolérance. Ici, elle raconte la désagrégation d'une amitié entre le neveu d'un propriétaire africaner, convaincu depuis son enfance qu'il reprendra un jour la ferme de son oncle, et le fils du régisseur noir. L'auteur, qui dessine des portraits convaincants de Frikkie et de Tengo, met en évidence leurs points de vue inconciliables et stimule la réflexion. Tengo, garçon intelligent et tenace, est bien décidé à s'instruire. Il quitte la ferme où Frikkie, son ami d'enfance, croit fermement que le jeune noir deviendra un jour son contremaître. A Johannesburg, Tengo poursuit avec acharnement ses études en dépit de conditions matérielles et morales très dures. C'est là, dans des faubourgs surpeuplés, qu'il observe au jour le jour l'horreur engendrée par l'apartheid. Pris dans une émeute, il est, à son corps défendant, obligé de se battre contre les forces de l'ordre et reconnaît parmi elles Frikkie. Il se refuse de l'abattre, mais non sans une violente lutte intérieure contre ce que lui dicte son irréductible ressentiment. Il en voudra toujours à Frikkie de n'avoir rien compris et d'avoir accepté une situation privilégiée comme si elle était inéluctable.

Du même auteur, *Rébecca* (*The Middle of Somewhere*, 1990), montre, au fil d'une narration fluide, comment l'apartheid est vécue par une fillette de huit ans. Malgré l'absence de sa mère – qui travaille dans une famille blanche à deux heures de chez elle et ne rentre que tous les quinze jours – et l'étroitesse des « deux petites pièces pleines de l'odeur familière du kérosène et du *putu*, la bouillie de maïs que sa grand-mère prépare chaque jour sur le fourneau à deux brûleurs »,[116] Rébecca est heureuse. Jusqu'au jour où son village est menacé d'être rasé par les bulldozers des Blancs avides d'y construire une ville pour eux-mêmes. Lors d'une manifestation pacifique, le père de Rébecca est emprisonné. La petite, investie par une angoisse croissante, est en proie à ses cauchemars. Mais les villageois font appel à des avocats. Les hommes de loi, s'aidant de la télévision, alertent l'opinion internationale. A la veille de la libération de Nelson Mandela, les autorités sud-africaines finiront par céder aux pressions. Le village est sauvé et le père de Rébecca est libéré.

Dans une gamme d'âge plus avancé, c'est le point de vue d'une petite adolescente noire de douze ans que propose un beau texte, empreint de

116   S. Gordon, *Rébecca*, L'Ecole des loisirs, Medium, 1992, p.13.

délicatesse et d'émotion : *L'histoire de Séréna* (*Serena's Story*, 1990), de Lesley Beake. L'auteur a quitté son Ecosse natale à seize ans pour aller vivre en Afrique.

Séréna est dotée d'une grande force de caractère et de beaucoup de dignité innée. Elle fuit le « township », où elle vit avec son frère et sa sœur auprès de sa grand-mère, pour rejoindre sa mère dont on est sans nouvelles. La découverte de Johannesburg et de ses conditions de vie avilissantes accélèrent sa progression vers l'âge adulte. Ses rencontres, ses expériences lui apportent une toute nouvelle connaissance des hommes qui lui permettent de comprendre et de considérer avec plus d'indulgence le comportement de sa mère.

Parmi les souvenirs de jeunesse que Norman Silver, né au Cap, raconte avec brio et sur un ton narquois dans *Un doute sur la couleur* (*An Eye for Colour*, 1991), certains se réfèrent (titre oblige !) aux conséquences désastreuses de l'obsession raciale. L'auteur évoque son premier contact avec la violence. Il avait assisté à un cruel tabassage dont des musiciens noirs furent les victimes.

Il revient également sur la mort d'Hester, jeune fille qu'il aimait et sur la race de qui planait un doute : noire ou blanche ?

Par l'intermédiaire du journal tenu pendant près de trois ans, de ses quatorze à dix-sept ans, par le fils d'un boulanger chrétien de Damas, Rafik Shami nous fait découvrir un vieux quartier de la capitale syrienne (*Une poignée d'étoiles, Eine Hand voller Sterre*, 1987). Il résonne de ses cultures diverses : l'arabe, la juive, l'iranienne, l'arménienne. Le narrateur habite dans une rue étroite. Les maisons sont construites en torchis, les cours intérieures sont « le lieu des rencontres et des disputes ». Tout près, l'église Saint-Paul, située à l'endroit d'où s'est enfui l'apôtre, attire les touristes. Le narrateur, garçon à l'imagination généreuse, écrit des poèmes. Sous sa plume vive et spontanée se dessinent de bons portraits de personnalités marquantes de son entourage : l'oncle Salim, ancien cocher et merveilleux conteur, son meilleur ami; sa mère, belle et gaie, avec laquelle il entretient une complicité sans faille; son père, soucieux d'avoir toujours le dernier mot; Habib, journaliste qui lui fait découvrir la vie publique et la situation politique de son pays (censure, corruption, injustice, répression); la jeune Nadia qu'il aime, avec qui il a ses premières relations sexuelles...

De son côté, l'Américaine Susan Fisher Staples décrit avec force, précision et sans préjugés, l'existence des nomades dans le désert du

Cholistan au sud du Pakistan. Son roman *Shabanu* (*Shabanu, Daughter of the Wind*, 1989) se centre sur une petite adolescente de douze ans. L'auteur trace un excellent portrait de Shabanu, gamine fière et indépendante à qui sont confiées la surveillance et la conduite des chameaux, auxquels la petite est très attachée. Le troupeau constitue pour les siens l'unique source de revenus, avec ce qui s'y attache. Le grand-père, notamment, fabrique et vend des selles. Shabanu, forcée de se soumettre, malgré son tout jeune âge, à des coutumes et à des lois particulièrement dures pour les femmes, devra accepter l'époux imposé par un père pourtant affectueux à son égard : un chef religieux (frère d'un assassin). Il a l'âge de son grand-père, mais il est riche !

A l'inverse des romans précédents, celui de Malcom J. Bosse, *Ganesh* (*Ganesh*, 1981), se focalise sur la conciliation de deux civilisations éloignées, l'indienne et l'américaine. Ganesh est contraint, à la mort de son père, de quitter l'Inde où il est né et a vécu jusqu'à l'âge de quatorze ans. Il parle aussi bien le tamil que l'anglais. Ses parents avaient adopté le mode de vie indien, la religion et les croyances hindoues. Ce n'est pas sans peine que l'orphelin s'adapte à l'Amérique, terre de ses ancêtres. Il n'abandonne pas pour autant ses habitudes d'autrefois, entre autres ses exercices « indiens » de concentration, qu'il enseigne même à ses camarades. Grâce à des moyens pacifiques (le jeûne en particulier), les adolescents empêchent la modification du tracé d'une autoroute et par conséquent une expropriation qui concernerait la maison du grand-père de Ganesh. Le mérite du roman de Bosse est surtout dans le rendu de la psychologie du jeune déraciné.

Un bref et sobre récit *Cours, Tête-de-cuivre* (*The Crossing*, 1987), de l'Américain Gary Paulsen, frappe par sa densité dramatique. L'intrigue se déroule entièrement dans la rue. Un petit Mexicain miséreux, abandonné par les siens, mendie pour survivre. Convaincu qu'il trouvera meilleure vie aux Etats-unis, il est obsédé par l'idée de traverser la frontière, le fleuve Pecos. Le roman évoque de façon suggestive ses étranges rencontres avec le sergent Locke. C'est un soldat américain, bizarre. Tous les soirs, il se saoûle pour oublier de sinistres souvenirs de guerre. C'est cependant grâce à cet homme indifférent et brutal que le gosse réussira à traverser clandestinement le fleuve.

La destruction absurde et criminelle de la forêt amazonienne, ainsi que la problématique survie des Indiens Shuars, en Equateur, constituent l'idée force d'un court et dense roman à vocation écologique et ethnographique, *Le vieux qui lisait des romans d'amour* (1992) (*Un viejo que leia novelas de amor*, 1992), de Luis Sepulveda. Le récit de l'écrivain chilien a remporté un énorme succès en particulier auprès des adolescents. Il a pour figure centrale un personnage attachant, Antonio José Bolivar, un homme courageux, instruit par sa grande expérience de la forêt. Sa connaissance de la flore, de la faune et des hommes de l'Amazonie (il a vécu longtemps parmi les Shuars) forme un touchant contraste avec son illétrisme. Presqu'analphabète, Bolivar est pourtant amoureux des livres et s'accroche avec passion à la lecture, combien lente !, de romans d'amour. Sepulveda déploie une grande vigueur d'évocation. Avec lui, la nature, manipulée par des hommes sans savoir et sans expérience, se transforme en un adversaire cruel, une force vengeresse et ravageuse. En filigrane de ce roman d'un Chilien, on peut voir la tragédie de Chico Mendes – le livre lui est dédié –, défenseur brésilien des petits récolteurs de latex, abattu naguère par les pistoleiros des latifonds.

Aujourd'hui, pour y revenir, le roman d'aventures tel qu'on le conçoit traditionnellement (récits maritimes, exotiques, de cape et d'épée, westerns), ne relève plus essentiellement d'intrigues à rebondissements semées d'actions d'éclat, mais, dans une large mesure et en harmonie avec l'évolution générale du livre de fiction juvénile, du parcours psychologique du jeune – et parfois du moins jeune – héros à la découverte de lui-même.

La substance du beau roman « exotique » de Roberto Piumini, *La fureur de l'or* (*L'oro del Canoteque*, 1995), repose sur les réflexions et les souvenirs de sa vie familiale que le héros, Tom Ryan, qui vient de perdre son père, entretient au cours d'une expédition, en 1847, sur des terres amérindiennes à l'ouest du Rio Pecos. Aucun blanc ne les a encore foulées. Il accompagne son oncle par alliance, un homme au rire facile, habitué à plaisanter. Celui-ci espère trouver de l'or. L'observation de paysages inconnus, « un amas de montagnes, informes, arides et sans grâce » et des mœurs des tribus aux dents dorées ne chasse pas sa nostalgie de la ferme, de sa mère, de son frère et de sa petite sœur Bess, qu'il n'a pas vus depuis un an :

> C'était une nostalgie opaque, amère, mais l'absence de ma mère, de Bess et de Dick aussi, était une vraie douleur; elle ne passait pas et je ne voulais pas qu'elle

passe. Je voulais m'éloigner de cette terre silencieuse et de cette quête épineuse de l'or.[117]

Tom est très attentif à lui-même et à ses relations avec son oncle. Tout autant qu'il s'emploie à la découverte d'un monde mystérieux, l'adolescent cherche à se repérer :

> Je me répétai que l'oncle devrait cesser de m'appeler « petit Tom ». Maintenant, j'étais capable de faire ce que font les adultes, je savais tirer, seller un mulet, chercher de l'or, monter et démonter un camp, bien préparer les œufs au lard, chasser les lapins sauvages. Je crois que j'aurais également pu affronter un lynx si j'en avais rencontré un. J'allais avoir quinze ans et je ne me sentais plus « petit ». Je me dis qu'un de ces jours je le ferais savoir à l'oncle Paul.[118]

L'auteur met finement en évidence l'évolution des rapports entre l'adulte et son cadet. Approchant du but, l'oncle devient insensible à tout ce qui ne concerne pas le précieux métal. Pris d'une espèce de folie, il n'hésite pas à profaner un cimetière pour s'emparer de dents qu'il croit être en or. Tom, désespéré par la cupidité de Paul, devra l'abattre avant que son oncle ne tue onze Peaux-Rouges qu'il considère comme de simples « erreurs de Dieu ».

Loin de situer ses protagonistes dans un environnement « exotique » très éloigné du nôtre (le Far West, le Mexique, l'Amérique du Sud, l'Afrique...), le romancier anglais Melvin Burgess décrit le monde extérieur dangereux et dégradant qu'affrontent aujourd'hui les adolescents en rupture avec la société. *Junk* (1996; Carnegie Medal et Guardian Award 1997)[119] a paru aux éditions Penguin dans une collection courante, preuve qu'il n'est pas toujours possible de faire une nette distinction entre un texte destiné à l'adolescent ou à l'adulte.[120] C'est un roman très bien architecturé. Chaque chapitre donne la parole à un adolescent et aussi, mais moins souvent, à un adulte. Les jeunes accusent la société de les mettre sous le boisseau. Certains (Gemma, Lily...), épris

---

117   R. Piumini, *La fureur de l'or*, Gallimard Jeunesse, 1996, p.67.
118   *La fureur de l'or*, p.63.
119   « *Junk* » en anglais signifie à la fois drogue et rebut.
120   Editeurs et bibliothécaires prennent désormais en compte une nouvelle catégorie de lecteurs, les 15-18 ans, définis comme jeunes adultes (cf. en Italie, les Edizioni EL qui publient des romans de Aiden Chambers, Feng Ji Kai, Geneviève Brisac, Brigitte Smajda, Florence Seyvos). Le Seuil, comme Gallimard, « Page blanche », offre une collection « Fictions » « ado-adultes » composée de romans pour tous dès treize ans. En Belgique, des bibliothèques pour adultes établissent des listes à l'intention des 15-18 ans.

d'une liberté totale, ne supportent pas les impositions, d'où qu'elles viennent. A quel titre les oblige-t-on à travailler tous les jours ? Pourquoi devoir quotidiennement rendre des comptes à ses parents ? Aboutissement de mai 68 ? Leur refus de l'autorité est absolu. A quatorze ans, Gemma, fille de « parents vraiment nuls » réclame le droit à sa vie. La jeune fille, nature décontractée, aime Tar, garçon honnête, sentimental et tourmenté, enclin à se culpabiliser. Elle l'entraîne à quitter un père ivrogne et brutal. Celui-ci bat sa mère, alcoolique. Ils fuient leur foyer et vont vivre en communauté parmi des squatters. Là, ils se tissent de nouveaux liens affectifs. Heureux en un premier temps de se réapproprier une autre vie et d'avoir la liberté d'exister par eux-mêmes, ces jeunes hors-la-loi de Bristol (ils désertent l'école, s'adonnent au vol, aux drogues dites « douces », et, de fil en aiguille, à la prostitution…), réduits au chômage, deviennent progressivement des esclaves des drogues dures. Par la suite, ils en viendront à lutter avec acharnement pour parvenir à se désintoxiquer.

Le roman de Burgess constitue une analyse remarquable du monde intime de beaucoup de jeunes minés par leurs incertituds, confrontés, en cette fin de siècle, à des situations complexes. Avec *Junk*, Burgess signe une terrifiante mise en garde. Son roman n'apporte pas de solution. Comment peut-on éviter l'effondrement d'une jeunesse anxieuse de savoir pourquoi elle vit ? La conclusion reste ouverte.

L'aventure policière, dont les jeunes lecteurs d'aujourd'hui raffolent, élargit également l'espace autour du héros. Si bien des romans d'Agatha Christie sont repris, à tort ou à raison d'ailleurs, en édition de jeunesse, nombre d'auteurs parmi les plus célèbres se prêtent mal à l'être, et particulièrement Simenon (on trouve cependant l'une ou l'autre de ses œuvres sur les rayons des bibliothèques pour adolescents), avec ses atmosphères lourdes, souvent sordides, ses passions troubles, son érotisme récurrent. Le cas Simenon, précisément, peut réamorcer la discussion sur ce qui est « reprenable » dans les lectures d'adultes. Le critère n'est pas seulement celui d'éviter des situations d'une *horreur* malgré tout « surmontable », mais aussi, dans un registre moins cruel, celui de la sauvegarde, dans les décors, les sentiments ou l'imagination, d'une certaine *fraîcheur*. Or, le roman policier est souvent glauque, mais justement pas ceux d'Agatha Christie qui est une aristocrate, aux énigmes très cérébrales, véritables puzzles. Et ce n'est donc pas par hasard qu'ils ont été annexés dans les collections qui nous concernent, en dépit des préventions de caste de leur auteur et d'une trop réelle froideur sur le plan humain.

Emile, protagoniste d'*Emile et les détectives* (1929), prototype du genre – le héros étant un jeune détective –, succès de librairie jamais démenti jusqu'à nos jours, mène son enquête loin du milieu familial. Il poursuit le truand et réussit, tout en découvrant Berlin en cours de route, à démasquer le coupable.

Les romans policiers actuels retiennent bien entendu l'attention par les mérites d'une intrigue à rebondissements ou, pour le moins, bien conduite à son terme. Mais ils offrent davantage. Certains sont construits autour de personnages d'enquêteurs débrouillards et dotés de qualités d'imagination. Les enquêteurs d'aujourd'hui ne s'intéressent pas seulement à leurs investigations. Ils participent à un certain degré seulement du mythe de Sherlock Holmes, le plus célèbre détective privé de la littérature, créé en 1888 par A.C. Doyle. Cependant, si les détectives actuels de la fiction sont encore fascinés par des figures comme Sherlock Holmes et ses épigones, Miss Jane Marple, Hercule Poirot, etc., la grande différence, c'est qu'ils ont tourné le dos à ce que ces ancêtres avaient d'archaïque pour, le plus souvent, s'ouvrir avec une pleine participation humaine au social et au drame engendré par toutes espèces de misères jusqu'à la plus *« unfashionable »* (la moins distinguée). Ils s'analysent eux-mêmes et les autres, traversent les milieux et les paysages les plus divers, dont l'auteur s'emploie à rendre les atmosphères. L'aventure policière entraîne le héros adulte – ou enfant détective le temps d'un livre ou d'un film – à rencontrer des hommes issus de milieux très différents du sien. La qualité esthétique de la littérature policière tient, au-delà d'une écriture fréquemment humoristique, à la personnalité de l'enquêteur, au rendu des émotions de cet observateur des climats et des hommes. Certains écrivains accordent autant d'importance à la peinture d'aspects, voire de graves problèmes du monde contemporain, qu'à la mise en place d'une action haletante. Si nombre de détectives se contentent encore de faire leur métier, l'ouverture, la participation paraissent cependant caractéristiques du polar des adolescents.

Le succès de la série des *Sans Atout* (trois volumes entre 1971 et 1974), de Boileau-Narcejac, célèbre tandem du roman policier français, se confirme. Maniant un style alerte et accrocheur, l'auteur construit ses enquêtes avec adresse et campe des personnages entraînants. Au premier plan, le héros, François Robion, dit Sans Atout, jeune détective capable de déjouer des énigmes embrouillées. La narration se déroule dans le point de vue de cet adolescent parisien amené à raisonner sur des événements insolites et sur lui-même. En se moquant de ses angoisses, il pratique l'art de l'autodérision :

> Ecartelé en étoile le long du mur, il resta un moment suspendu, incapable de ramener à lui sa jambe gauche, qui n'obéissait plus. Il en avait les larmes aux yeux de colère, d'impuissance et de peur.
> Enfin elle osa se décoller et, pour ainsi dire, le rejoindre. C'était une étrange impression d'être servi par des membres qui semblaient avoir conquis leur indépendance. Il fallait presque parlementer avec eux, leur parler comme à des bêtes aimables, mais capricieuses.[121]

Nous avons déjà vu comment Bernard Ashley introduit dans la chronique scolaire et domestique (*The Trouble with Jonathan Croft*) le problème du racisme. Quelque dix ans plus tard, il intègre à l'aventure policière de *Pièce à conviction* (*Running Scared*, 1986), l'évocation de la banlieue londonienne et de ses habitants, autochtones et immigrés en butte aux extorsions et à la brutalité des racketteurs. Le roman est structuré autour du personnage de Paula, adolescente de quatorze ans, mal prise entre la volonté de son grand-père, chauffeur de taxi dans lequel a été trouvé la pièce à conviction – la moitié d'une monture de lunettes – le diktat de Elkin, chef des mafieux, et les injonctions de la police. Elle a pour amie Narindah, jeune immigrée de la seconde génération, partagée entre un double attachement à sa patrie d'adoption et à ses origines indiennes. Le continuel va-et-vient des protagonistes, la rapidité des transitions de l'un à l'autre, à peine interrompus par quelques réflexions, confèrent au récit de Ashley une grande vivacité. Toutefois, l'agencement de l'intrigue et un rythme soutenu l'emportent ici de loin sur le portrait intime des personnages.

Les polars d'Anthony Horowitz sont rédigés dans un style particuliè-rement vif et drôle. Dans le langage « potache » du cadet des frères Diamant, Nicholas, treize ans, narrateur du roman *Le Faucon malté* (*The Falcon's Maltheser*; Prix du Polar-Jeunesse au Salon de Grenoble 1988), tout vous retient. Le titre allusif (à D. Hammett, bien sûr) est déjà en lui-même un clin d'œil divertissant.

---

121   Boileau-Narcejac, *Les pistolets de Sans Atout*, Hatier-G.T. Rageot, 1973, p.87.

C'est sur un ton plein d'entrain, comme s'il s'adressait à un copain présent, que Nick parle des lieux qu'il découvre au cours de son enquête. Dans le ton, Nick a quelque chose d'un Petit Nicolas qui aurait à peine grandi. D'un hôtel minable, le « Splendide », il dit :

> C'était une bâtisse carrée et hideuse, de la couleur d'un fromage moisi. Une enseigne au néon rouge ornait le premier étage, mais tellement encrassée qu'on ne lisait plus les lettres. Une rangée de poubelles montait la garde devant la porte d'entrée, leurs monceaux de détritus ajoutant à la délicieuse atmosphère des lieux. Comme vous le savez, les établissements hôteliers sont classés par étoiles ou fourchettes, en rapport avec leurs qualités. L'hôtel *Splendide* ne méritait même pas un cure-dent ![122]

C'est encore sur ce même mode, mais acerbe, que notre détective en herbe émet ses avis sur les gens, sur ses parents par exemple :

> Vous savez comment se comportent certains parents avec leurs enfants. Je ne pouvais même pas éternuer sans une autorisation signée en deux exemplaires,[123]

ou sur les policiers, l'inspecteur Snape et son adjoint :

> Si ces brutes épaisses étaient des policiers, je me demandai à quoi ressemblaient les truands,[124]

et les tueurs psychopathes :

> Ils me souriaient tous les deux de leur sourire figé, et je me demandais s'ils n'étaient pas contraints de sourire en permanence depuis qu'on leur avait remodelé le visage.[125]

Les personnages de Horowitz sont bien croqués, à commencer par Nick, jeune adolescent, rapide dans ses réactions, ingénieux et plein d'audace. Sans cesse, au cours de périlleuses aventures en cascade, il doit suppléer aux carences de son frère aîné Tim (Herbert), trente ans, détective privé que l'inspecteur Snape de Scotland Yard traite d'« ex-policier malchanceux, sans cervelle et incompétent ». L'histoire démarre quand un nain se fait assassiner après avoir confié à Tim un mystérieux paquet en lui demandant d'en prendre le plus grand soin.

Peut-être Dashiell Hammett, auteur de romans noirs dont le célèbre *Faucon maltais, The Falcon's Malteser* (1930), a-t-il inspiré Horowitz,

---

122   A. Horowitz, *Le Faucon malté*, Hachette Jeunesse, Bibliothèque Verte, Aventure policière, 1990, p.46.
123   *Ibid.*, p.15.
124   *Ibid.*, p.53.
125   *Ibid.*, p.142-143.

mais celui-ci recrée l'œuvre du maître en lui donnant une coloration humoristique. Un exemple, l'écrivain britannique a transformé la fameuse statuette en « chocolats maltés ».

A l'égal du précédent, *L'ennemi public No.2* (*Public Enemy No.2*, 1987; relevons à nouveau l'humour ou l'ironie désacralisante du titre), autre bon roman policier d'Anthony Horowitz, vaut par une intrigue passionnante, par son humour, et par une évocation convaincante des rapports entre adolescents, ainsi qu'entre adolescents et policiers. On y retrouve le jeune Nick, chargé par Snape de découvrir le chef du réseau de voleurs qui mettent Londres à sac.

Le protagoniste du roman policier n'est pas toujours, à l'image de l'Emile d'Erich Kästner, un petit adolescent détective. Le polar destiné à la jeunesse tourne également autour d'une figure d'adulte, celle bien entendu du *commissaire*, ce commissaire à qui Simenon, parmi les premiers, a su donner, par son Maigret, une remarquable épaisseur humaine, alors que le Lestrade de Conan Doyle n'était guère plus qu'un piètre imbécile, repoussoir de Sherlock Holmes.

Le commissaire Félix, surnommé le Matou, est le personnage central d'un thriller riche en suspense de Jo Pestum, *Le Matou sort ses griffes* (*Der Kater zeigt die Krallen*, 1988). Sur le modèle des Navarro, Derrick et autres Chief Inspector Morse des téléséries policières, il donne son aura à l'histoire. Le Matou a le sourire énigmatique. C'est un homme d'action économe de ses propos. Il se montre à la fois fasciné et saturé par son métier. Heureux quand, tel un vieux renard, il a élucidé un meurtre; saturé jusqu'au dégoût quand le téléphone l'arrache à ses rêves ou qu'il doit renoncer aux charmes des bois et de la campagne voisine de Düsseldorf. A noter, la présence d'un personnage juvénile, à qui sa naïveté joue des tours.

La langue savoureuse d'un jeune narrateur confère avant tout son mérite à *Comme une bombe* (1988), de l'écrivain belge Delperdange. L'accent est mis sur les relations entre une jeune et charmante tante et son neveu – le narrateur –, grand adolescent plus débrouillard que maint adulte. Ensemble, ils enquêtent sur un meurtre.

C'est une écriture alerte, rapide et humoristique que Marie-Aude Murail met au service d'histoires originales et bien construites de détectives improvisés. *Dinky rouge sang* (1991) repose sur une énigme policière aux connotations psychologiques. Au centre de l'histoire, deux protagonistes : Nils Hazard, trente-quatre ans, professeur à la Sorbonne, spécialiste des Etrusques et Catherine Roque, son élève et amie. Le professeur est traumatisé par un tragique souvenir d'enfance : la mort de ses parents dans un accident de voiture quand il avait trois ans. Pour lui, ils ont été assassinés par quelqu'un qu'il connaît. Luttant contre son « amnésie », il s'efforce, au cours de cauchemars quotidiens, de revivre la scène fatale afin de retrouver le coupable. Epreuve couronnée de succès. Fort de sa propre expérience et avec l'aide de Catherine, détective passionnée, il va résoudre d'autres énigmes criminelles en remontant aux haines et aux rivalités familiales.

Le charme de ce roman relève, entre autres, de l'évocation des rapports légèrement ambigus entre l'élève et son professeur. Catherine ne serait-elle pas amoureuse de son savant aîné ? Quoi qu'il en soit, elle passe son temps à défier cet enquêteur qu'elle ne trouve pas assez entreprenant à son goût et le stimule à en faire davantage.

Le détective étruscologue réapparaît dans *Tête à rap* (1994). Cette fois, c'est pour l'auteur l'occasion de décrire le monde de la misère terrorisé par des gangs de la drogue, et sans doute d'élargir son horizon au champ du social, après une énigme principalement liée au psychisme individuel.

Dans la veine rajeunie des mystères à élucider, *A louer sans commission* (1991), de Didier Daeninckx, pose le problème de la vieillesse, en particulier des personnes d'âge, isolées et sans ressources financières, chassées de chez elles par les agissements des spéculateurs de l'immobilier. A l'évocation des atmosphères de quartiers parisiens pauvres, peuplés de paumés et d'immigrés, l'auteur accorde une écriture résolument moderne, familière et très personnelle.

Un jeune couple chaleureux a recueilli un vieillard misanthrope dont tous ignorent l'identité. Les jeunes gens mènent une enquête, mais ne réussissent pas à découvrir qui est Monsieur X. Celui-ci leur laisse en héritage une foule de souvenirs précis de faits divers, repris à la masse des journaux qu'il a entassés au cours de sa vie et à des romans populaires tombés dans l'oubli.

L'investigation chez Yves Hughes, auteur de *Vieilles Neiges* (1994), est comme chez Daeninkx plus psychologique que policière. L'intrigue se déroule dans une station de sports d'hiver, hors-saison. A son arrivée à Bourtinelle, un village dans les Alpes, l'inspecteur Yann Gray venu de Paris, va seul, tel un Maigret (et il s'agit en effet d'un roman au climat quelque peu simenonnien), interroger, un à un, habitants, propriétaires de la station de ski, médecin, notaire..., unis par une commune réticence à témoigner sur le meurtre de leur ancien maire, Augustin Millon, entré vivant dans le téléphérique et retrouvé mort à l'arrivée. A l'origine du meurtre, il y a (de nouveau !) une sombre affaire de profit immobilier. Gray cherche à se faire une idée des mentalités et à pénétrer les consciences.

La qualité littéraire de ce polar d'atmosphère est dans la saisie des personnages, brossés à petites touches, et dans le rendu des ambiances. L'inspecteur est séduit par la montagne, mais comment, se demande-t-il, en communiquer la présence au commissaire Parmelan :

> Comment lui faire saisir, dans son bureau en plein cœur de Paris, ce bloc épais de montagne qui semblait vous épier, ici... l'odeur du serpolet, de la sève, des sapins... la pluie qui s'évaporait des branches, le soleil sur les ancolies et le bois du balcon avec ses trèfles découpés, le bec de la pie... l'ombre des pitons sur le village et ces deux cabines qui se balançaient en cadence, couple d'araignées molles qui ne se rencontraient pas au bout de leurs fils d'acier ? Comment lui faire sentir tout ça, et voir les regards et entendre les silences que j'avais rencontrés ?[126]

En Grande-Bretagne, c'est à un thriller qu'est attribué, en 1994, le prestigieux Carnegie Medal. *Stone Cold*, de Robert Swindells est un roman impressionnant sur la vie des jeunes sans-abri à Londres. Sa construction narrative est originale. Deux discours à la première personne se croisent. L'un est mis dans la bouche d'un jeune garçon. Link a fui un beau-père brutal. Il se retrouve dans la capitale où il cherche vainement du travail. Il raconte son quotidien de laissé-pour-compte sans aucune ressource et contraint de sélectionner chaque soir des porches pas trop humides pour y passer la nuit. Au début, l'amitié d'un autre démuni, plus expérimenté, Ginger, l'aide à survivre. Le second discours, publié en caractères gras, donne froid dans le dos. C'est celui d'un tueur. Autrefois instructeur à l'armée, il se targue d'avoir, durant vingt-neuf ans, formé des hommes à partir de déchets humains. Démilitarisé pour des raisons « médicales » qu'il ne comprend pas, Shelter (= abri, c'est le surnom qu'il se donne) se croit dorénavant chargé d'une nouvelle mission, celle de nettoyer la capitale de ses marginaux. Il croit bien faire en supprimant les sans-abri. L'auteur use d'une grande subtilité dans les propos qu'il attribue à ce fou, cynique et cruel. Quand il parle de ses contrôles de nuit, de ses promenades de repérage, on croirait entendre un policier. Les

---

126   Y. Hughes, *Vieilles Neiges*, Gallimard, Page blanche, 1994, p.87-88.

dialogues entre le tueur et ses victimes sont saisissants. Il se complaît à jouer au chat avec de malheureuses souris. Il déjoue la méfiance de ses victimes par des paroles rassurantes de bienfaiteur de l'humanité. Affichant un sourire de grande commisération, il leur propose des endroits confortables pour passer la nuit. On devine la suite.

Ce prix de 1994 propose désormais à la critique des jeunes le thème récurrent dans l'actualité, et dans la fiction adulte, de l'auto-défense xénophobe et de son justicier purificateur.

C'est un des traits dominants de l'évolution récente que les genres littéraires montrent une tendance croissante à se féconder mutuellement. Ainsi le policier envahit-il la science-fiction – le kidnapping du héros est rendu possible, par exemple grâce à un vaisseau spatial – tandis que le fantastique s'insinue dans le policier.

Captivant et suggestif, le « *thriller* » de l'Américain Michael Paine, *La vallée des morts* (*Cities of the Dead*, 1988) suscite l'intérêt par la fusion de l'enquête policière et d'une atmosphère qui confine au fantastique. L'histoire se déroule en Egypte, pays où, au début de notre siècle, apparaissent d'inquiétants et étranges phénomènes. Un prologue crée l'ambiguïté. Une fillette est enlevée. Allongée sur une table de marbre et entourée d'un prêtre et de femmes vêtues de noir qui lui maintiennent les bras et les jambes, elle meurt sous le coup du poignard doré qu'un homme lui plonge dans le cœur. A quelle époque l'événement se passe-t-il. S'agit-il d'un sacrifice rituel ou d'un assassinat à but commercial ? L'intrigue révèle l'existence de pilleurs de tombes et d'un trafic de momies. Le visage de ces dernières trahit l'épouvante.

Le prologue introduit le lecteur au journal tenu par Howard Carter (personnage historique qui découvrit, rappelons-le, la tombe de Toutânkhamon), inspecteur des monuments de Haute-Egypte renvoyé par son directeur, Gaston Maspero, autre célèbre égyptologue. Pour gagner sa vie, il se fait le guide de riches touristes, parmi eux le millionnaire américain Henri Larrimer. Instable, l'esprit faible et s'adonnant de surcroît au haschich, celui-ci ne fait plus la distinction entre la réalité et ses rêves. Il croit au surnaturel et s'imagine qu'il va redonner vie à des momies. Carter doit lutter pour ne pas se laisser entraîner par les hallucinations de son client. Lui-même ne trouve pas d'explications rationnelles à des phénomènes inquiétants, tel l'éphémère retour à la vie de cadavres d'animaux et d'humains emmaillotés de bandelettes. Jusqu'au bout de son récit, Michael Paine nous tient en haleine par une atmosphère oppressante et de bons dialogues révélateurs à la fois de l'Egypte ancienne et récente.

Un policier de Michel Honacker, *La sorcière de midi* (1991; Prix Versele), charmant récit raconté sur un ton jovial, est pourtant axé sur la disparition d'enfants. Il glisse tout doucement vers le surréel quand Edmond Willoughby, le jeune narrateur, apprend que son meilleur copain, Harold Sanghorn, d'apparence tout à fait conforme, hormis peut-être des oreilles effilées et pointues, est en fait un enfant surnaturel. C'est un sylphe, un seigneur des bois, investi d'une mission. Il a été envoyé parmi les villageois pour détruire une sorcière voleuse d'enfants. Réalisme et surnaturel sont soutenus par un constant humour sous-jacent qui ne nuit en rien au suspense. Humour, d'ailleurs, nourri d'allusions littéraires. Edmond caractérise l'un ou l'autre copain à la façon du Petit Nicolas. Il n'en retient qu'un trait unique, et cette simplification amuse. A la différence de la sorcière de Grimm, celle de Honacker n'» enfourne » pas les enfants. En les plongeant dans un grand chaudron, elle les réduit à l'état de marionnettes. Le personnage du narrateur et celui du sylphe retiennent l'intérêt. Le jeune Willoughby, fils de pasteur, décrit les êtres et les choses avec une gentille ironie :

> C'est vrai que je suis trop gros mais ce n'est pas ma faute à moi. C'est le Seigneur qui l'a voulu ainsi pour que je n'aie jamais froid dans la vie, comme dit maman, qui en sait quelque chose parce qu'elle n'est pas mince non plus.[127]

Le récit signé par Virginie Lou, *Le Miniaturiste* (1996), paru dans la récente collection Page Noire de Gallimard, ressortit à la fois à la veine policière (selon la définition du Petit Robert, celle-ci « concerne des activités criminelles plus ou moins mystérieuses »), et au courant fantastique. *Le Miniaturiste* mélange l'étrange et la tendresse. Deux adolescents à la veille de leurs quinze ans s'éprennent l'un de l'autre, mais bientôt Alicia ne reconnaît plus Edmund, totalement envoûté par les créations d'un miniaturiste chinois. Lei Tchang expose, en effet, dans la vitrine de son magasin londonien des modèles réduits d'avions, chasseurs et bombardiers, ainsi que des figurines, reproductions tellement parfaites, qu'on croirait les premières grandeur nature et les secondes vivantes. Des enfants vendraient jusqu'à leur âme pour les acquérir. En présence d'oncle Lei, Edmund sent qu'il n'est plus maître de lui. Alicia est également subjuguée par les manières onctueuses du vieil artiste

127   M. Honacker, *La sorcière de midi*, Rageot-Editeur, Cascade Policier, 1991, p.14.

asiatique, habile de ses doigts autant qu'à se rendre sympathique. En un premier temps, elle cherche auprès de lui chaleur et valorisation. Il n'empêche que lorsque dans la pénombre les yeux de Lei « luisent de l'éclat glacé des armes blanches »,[128] la jeune fille est prise de soupçons :

> J'aurais pu dire si cette étrange et pesante atmosphère n'avait régné dans l'entourage du miniaturiste, qu'Edmund était « dans la lune ». Mais le terme approprié dans les circonstances troubles que nous vivions était plutôt « possédé ». Edmund était possédé. L'étrange remarque de l'oncle Lei, quelques heures auparavant, sur le « terrible désir de possession », m'est revenue en mémoire. Avait-il voulu suggérer que ceux qui veulent posséder sont possédés à leur tour ?[129]

Edmund acquiert un bombardier. Il le fait fonctionner. Des bombes tombent dans la cour de l'école.

Relevons en passant le stéréotype du vieux Chinois fourbe et implacable, sur le modèle de Fu Manju et autres docteurs No. Ce roman proprement hallucinant, habité par des héros incapables de se situer entre le rêve, l'illusion sensorielle et la réalité, fait partie d'un vaste et récent univers textuel juvénile qui peut se définir comme une *littérature de la frontière* : « Sans relâche, le jeune héros passe et repasse de l'identifiable à l'invraisemblance et la transition est devenue un constituant fondamental du récit. C'est par rapport à ce tracé mouvant entre la réalité et l'impossible que le jeune protagoniste moderne cherche anxieusement à se situer. »[130]

La production des deux dernières décennies montre bien que l'aventure policière située dans les pays, les décors et les milieux les plus divers, offre une large ouverture sur le monde extérieur. Elle constitue une riche et passionnante introduction aux divers aspects de la société contemporaine; aux problèmes individuels et familiaux de toujours (la remontée aux origines d'une disparition, d'un meurtre implique l'exploration des consciences), mais aussi aux questions sociales les plus motivantes (solitude, vieillesse, pauvreté, immigration, mafia, drogue, spéculation immobilière…). C'est de plus un genre versatile, d'une inspiration de plus en plus accueillante : le réalisme des données de base n'exclut ni le fantastique ni les percées de la science-fiction.

---

128   V. Lou, *Le Miniaturiste*, Gallimard Jeunesse, Page noire, 1996, p.65.
129   *Ibid.*, p.81.
130   G. Ottevaere-van Praag, *Le Roman pour la jeunesse*, p.200-201.

L'anticipation

A l'heure où l'on inventorie le relief planétaire à la recherche des traces qu'astéroïdes, météorites et comètes ont pu laisser sur la Terre, comment le champ de l'imaginaire des écrivains de ce second demi-siècle n'en serait-il pas nouvellement fécondé ? Comment cet imaginaire, parfois ludique, pourrait-il ne pas se laisser entraîner dans le rêve par la réalité problématique des OVNI (acronyme apparu dès 1972), et les images de fascinantes collisions entre planètes simulées par les ordinateurs ? L'exploration spatiale apporte son lot de clichés pris par des sondes; elle apporte la vision en direct d'une descente sur la Lune, et à présent force panoramas et vues photographiques rapprochées de Mars, bientôt d'autres planètes. Cependant, la littérature d'anticipation ne repose pas seulement sur l'aventure dans l'espace, mais aussi souvent depuis des siècles, sur des utopies, positives ou négatives. Aujourd'hui, elle s'inspire également des progrès dans maints domaines scientifiques et techniques : transplantations d'organes, procréation artificielle, clônage, réalité virtuelle, paléontologie, et il faut en passer.

Ne doit-on donc pas s'attendre à l'éclosion d'une littérature à l'image de ces mondes ouverts à toutes sortes de possibilités ? Cependant, donner vie à des planètes et à des galaxies, prévoir des phénomènes et en décrire la beauté ou l'horreur hallucinante, inventer de toutes pièces des créatures exige un grand talent, poétique et visionnaire, convaincant. En outre, l'écueil des récits de science-fiction est sans doute l'absolue priorité accordée aux situations et aux décors aux dépens de l'approfondissement psychologique. Si la guerre entre le Bien et le Mal se déroule parmi les « étoiles » ou sur terre contre des extraterrestres, il ne faut pas pour autant priver, dans le roman, les combattants de toute complexité et faire comme nombre de cinéastes qui, heureux de pouvoir exploiter à présent des effets spéciaux des plus spectaculaires, ont tendance à se contenter de scénarios quelque peu puérils, animés par des protagonistes schématisés.

La littérature de science-fiction fondée sur des données plausibles diffère de la littérature fantastique porteuse d'un imaginaire illimité. Néanmoins, des critiques américains interprètent le raccourci SF non seulement comme l'abréviation de science-fiction, mais aussi de « *Space Fantasy* ». En fait la ligne de partage entre réel et imaginaire fluctue au cours des temps. Ce qui, à une époque, n'est encore qu'une simple spéculation de la fantaisie, se transforme un jour en réalité et la réalité en fantaisie. Ainsi des villageois ont surnommé « dragon cracheur de feu » un corps céleste tombé, il y a cent ans, dans l'Oural. En revanche, les monstres tels que nous les présente le récit fabuleux (ogres, dragons,...) empruntent maintenant leurs formes à la fois au réel et à l'imaginaire. Ce sont des robots, des automates, bref toutes sortes de machines inspirées notamment par les engins que l'homme envoie dans l'espace.

Précédant la *Space Opera*, les œuvres à caractère merveilleux nous ont depuis longtemps habitués à des bonds dans le temps et dans l'espace. Aujourd'hui, le récit de voyages vers d'autres planètes, vers des mondes parallèles déjà vérifiables et peut-être habités, mobilisent l'imagination.

L'hybridation des genres, dont il a été question plus haut à propos du roman policier, rapproche, à travers les perceptions incertaines du héros, le récit fantastique et le récit d'anticipation. En effet, le premier est fondé sur le trouble du héros déstabilisé par l'irruption de forces inexplicables dans sa vie quotidienne. En un premier temps, il les considère comme surnaturelles, en un second, il essaie de se les expliquer rationnellement. Dans le roman de la société post-moderne, ses hypothèses frôlent le domaine de la science-fiction.

Autrefois, des personnages romanesques armés de pouvoirs surnaturels conféraient au récit sa dimension merveilleuse; de nos jours, l'écrivain attribue à ses actants des pouvoirs à mi-chemin entre le surnaturel et le parapsychologique. Margaret Mahy, Anthony Horowitz singularisent leurs protagonistes en les dotant de capacités inexpliquées qui permettent de communiquer mentalement avec d'autres esprits (télépathie). Et la petite Matilda de Roald Dahl ne déplace-t-elle pas les objets à son gré, phénomène que certains croient avoir constaté dans la réalité (télékinésie) ? Ce protagoniste d'un nouveau genre ne contribue-t-il pas d'une certaine manière à l'interférence entre le fantastique et la science-fiction ? Encore faut-il observer la différence entre une saine fantaisie d'auteurs imaginatifs et les fréquents et dangereux dérapages d'investigateurs de l'insolite avides d'en remontrer, de substituer leurs « résultats » à la précautionneuse rationalité de la science officielle !

La littérature d'anticipation ne repose pas nécessairement sur des intrigues allègrement situées dans le futur. C'est essentiellement la crainte du futur qu'expriment un grand nombre de romans contemporains. A la relative confiance d'un Jules Verne dans les progrès de la science a succédé l'angoisse d'un avenir sombre où, sous l'effet des avancées de la technologie, notre planète irait vers sa ruine et ses habitants, prisonniers de sociétés uniformisées et sous strict contrôle, verraient leur esprit asservi. Un célèbre roman, *Un raccourci dans le temps* (*A Wrinkle in Time*, 1962; Newbery Medal 1963) de l'Américaine Madeleine L'Engle, offre une image négative de la planète Camazoz. Les hommes privés de volonté y errent à la merci d'un énorme cerveau, *It*.

Les bons livres de science-fiction, ancrés dans le psychologique (souci de maturation, d'identité; cf. *Grinny* de Nicolas Fisk, voir p.154), et conçus pour une audience juvénile sont rares, mais les jeunes lecteurs lisent les romans, repris ou non en édition de jeunesse, de H.G. Wells, de Ray Bradbury et d'autres encore. Cependant, dès les années quarante et cinquante (voir chapitres précédents) apparaissent quelques romans pour la jeunesse inspirés par la perspective d'aventures spatiales et de sociétés utopiques : des œuvres pessimistes, celles de l'Américain Robert Heinlein; des récits plus réjouissants, ceux d'un autre Américain, William Pène Du Bois.

Les écrivains des années soixante mélangent une vision pessimiste du futur à une grande nostalgie du passé. L'Anglais Peter Dickinson, nous l'avons vu, nous projette l'avenir comme le retour à un passé antérieur aux machines. Selon l'auteur, il vaut peut-être encore mieux revenir à une forme de vie primitive qu'avancer vers un avenir dangereux. Sa trilogie, « The Changes » (1968-1970), racontée dans un style fait de détails précis, évoque le recul progressif de l'Angleterre contemporaine vers une société agricole et nous plonge dans une sorte de moyen age chaotique, enfoncée dans son ignorance. Des changements climatiques ont suscité des réactions de dégoût à l'égard des machines. Le Mal, c'est donc bien les machines, symbole d'une technologie destructrice. Mais comme Peter Dickinson n'est pas un sot, il sait très bien, et nous le fait sentir, que son moyen age a amplement besoin d'être « retouché ». Malgré tout, pas de manichéisme temporel, donc.

A la façon de *La guerre des mondes* (*War of Worlds*, 1898) de H.G. Wells, la *Trilogie des Tripodes* de John Christopher semble mettre en garde contre l'assujettissement des terriens à des envahisseurs venus de l'espace. Les martiens de Wells ont une réplique dans les Tripodes, monstrueuses tours métalliques chargées d'empêcher les hommes de penser. Si, après la Seconde Guerre mondiale, Tolkien et les auteurs de romans épiques représentent le Mal comme une force insidieuse aux contours vagues, les écrivains de l'anticipation emploient toute leur imagination à lui donner des formes très précises. John Christopher est également l'auteur d'une seconde trilogie, *The Prince is waiting* (1970-1972). L'action se déroule cette fois après la troisième guerre mondiale. Les vestiges de la société moderne se mélangent à une féodalité brutale et primitive.

Christian Grenier consacre, depuis 1968, l'ensemble de sa production littéraire à la science-fiction. Son imagination et son goût de la précision scientifique se déploient notamment dans *La Machination* (1973; Grand Prix de Littérature pour la Jeunesse de la Communauté radiophonique des programmes de langue française en 1972, avant publication). Le récit est axé sur les contacts entre les habitants de la Terre et ceux d'une planète artificielle, Alti, la onzième du système solaire. La coupole géante de son soleil artificiel la rend invisible au regard des Terriens. Il y règne une civilisation sereine. Dans cette société utopique :

> Chacun dispose des derniers perfectionnements de la technique qui, aussitôt mis au point, sont automatiquement adaptés à chaque intérieur. Les transports ? Outre le transmat, une multitude d'engins terrestres mobiles sont mis à la disposition de qui veut les emprunter. Les loisirs ? Une quantité innombrable de distractions sont à la portée de tous les Altiens, dont la majorité emploie son temps de liberté à perfectionner ses connaissances dans les domaines qui l'intéressent...[131]

Mais voilà, parmi les Terriens, certains craignent la concurrence des Altiens et le héros, un jeune cosmonaute âgé de dix-sept ans en 2013, devra, soutenu par ses alliés extraterrestres, déjouer un complot fomenté par ces Terriens jaloux de leur suprématie.

Yasutaka Tsutsui, *La traversée du temps* (1976) associe les bonds dans le temps à l'irruption dans la vie scolaire d'un jeune extraterrestre. L'écrivain japonais décrit les hésitations angoissées de l'héroïne, Kasuko Akiyama, élève de troisième, qui sait un jour à l'avance ce qui va se passer. La traversée du temps engendre la confusion dans son esprit et la fait souffrir. Son condisciple, Masaru Fukamachi, lui fait comprendre qu'elle a des pouvoirs particuliers. Masaru, qui vient du futur, n'est revenu que provisoirement dans le passé. Les deux adolescents s'éprennent l'un de l'autre mais devront s'oublier quand Masaru retournera dans le futur. Par le biais du jeune garçon né en 2649, chercheur très doué – « il a mis au point une formule chimique dont les effets devraient permettre de traverser le temps et l'espace » –, l'auteur

---

131   Ch. Grenier, *La Machination*, Paris, Editions G.P. Rouge et Or, 1973, p.115.

Le second creux de la vague économique (1973-2000...)   309

exprime son attachement au présent, soit « une époque relativement paisible » :

> Je préfère ton époque à la mienne : les gens sont gentils, vous prenez le temps de vivre et les contacts humains rendent tout cela plus facile...[132]

Le récit d'anticipation ne raconte pas seulement l'intrusion des extraterrestres parmi les terriens, mais aussi la renaissance de la vie après les cataclysmes. Les héros de ces robinsonnades modernes sont des enfants et des adolescents dotés de qualités propres à les faire subsister malgré tout.

Robert O'Brien, écrivain américain, organise son récit, *Z comme Zacharie* (*Z for Zachariah*, 1975) autour de Ann, seize ans, seule survivante d'une catastrophe nucléaire. Courageuse, optimiste, et animée d'une intense volonté de survie, elle va faire renaître, dans une vallée américaine miraculeusement épargnée par le cataclysme, l'ancien mode de vie agricole, celui d'avant le temps des machines. Elle a trouvé de l'eau non contaminée et du bois pour se chauffer. S'efforçant de remettre en route la petite ferme de ses parents disparus, elle cultive la terre – au moyen d'un tracteur, il est vrai – et élève quelques animaux. Elle s'approvisionne en outils et en aliments dans le magasin du village. L'histoire se dramatise quand elle est confrontée à un autre survivant, échappé aux radiations. John Loomis est un psychopathe. Bien que Ann, bonne, patiente et compréhensive, l'ait nourri et soigné avec dévouement, il cherche non seulement à prendre possession de ses biens, mais il l'agresse sexuellement. Ann est obligée de fuir. Toutefois, le récit se termine sur une note d'optimisme. La jeune fille a l'espoir de prendre en charge comme institutrice une classe d'élèves sans maître qu'elle a entrevue dans ses rêves.

La fréquente liaison sexualité-SF est donc ici transposée dans le secteur littérature juvénile.

L'Américaine Nancy Bond décrit, au fil des pages de deux pleins volumes, *Contre vents et marées* (*The Voyage Begun*, 1981), la vie au début du XXIe siècle dans une région côtière confrontée au manque total de carburant et à la destruction du milieu naturel. Le relief donné aux réactions des personnages, en particulier juvéniles, de ce récit bien mené

---

132   Y. Tsutsui, *La traversée du temps* (trad. du japonais), l'Ecole des loisirs, 1990, p.138.

psychologiquement, en fait un bon SF adapté aux goûts des jeunes, qui y retrouveront leur propre sphère.

Le roman de la survie après une explosion nucléaire prend chez Gudrun Pausewang (lauréate du Prix national de la Littérature de jeunesse allemand) le caractère d'un avertissement extrêmement dur. *Les enfants de Swewenborg* (*Die letzer Kinder von Swewenborg*, 1983), récit aux accents pamphlétaires auquel on a reproché son pessimisme absolu, fut à l'époque très contesté. Raconté par un adolescent âgé d'environ treize ans, il montre les effets de la bombe atomique. Les adultes sont incapables de lutter. Les seuls enfants seront-ils en mesure, eux en qui tout dévouement n'est pas mort, d'assurer un jour la paix ? Ce roman catastrophe prend au fond Golding à contre-pied. Pas aussi pessimiste qu'on a pu le dire, donc.

Le thème de la survie matérielle et spirituelle après un désastre naturel dû à l'imprévoyance écologique est abordé par Jean Joubert. Le narrateur, treize ans, des *Enfants de Noé*, 1987 (Prix de la Fondation de France 1988) décrit l'existence des siens, ces enfants de Noé « naufragés de la société industrielle ». En 2006, leur chalet dans les Alpes, nouvelle Arche, est brusquement coupé du monde extérieur lors d'une tempête de neige tout à fait anormale provoquée par des expériences dans la zone polaire. L'auteur décrit l'existence des rescapés revenus aux conditions de vie du passé : les communications sont rompues, ni téléphone, ni radio, ni télévision… L'adolescent exprime une immense confiance en son père, qui jamais ne perd son sang-froid et fait montre d'une extraordinaire ingéniosité.

L'écrivain américain William Sleator fait également partie de la catégorie des auteurs inspirés par l'éloignement temporel et spatial, ainsi que par des probabilités scientifiques. *Singularité* (*Singularity*, 1985) se situe à mi-chemin du fantastique et de la science-fiction. Deux adolescents, des jumeaux de seize ans, vont passer leurs vacances dans une maison inconnue. Ils se trouvent bientôt aux prises avec des phénomènes « anormaux ». Harry, le narrateur, ne parvient pas à se situer dans la réalité et ce monde non identifiable. Quand du bétail disparaît dans la pinède voisine, il pense d'abord à des envahisseurs venus d'un lointain univers. Ensuite, il réussit à localiser un espace étroit d'où se propage la puissance surnaturelle, à l'intérieur d'une dépendance de la vieille bâtisse. L'histoire raconte la lutte des deux jumeaux contre la force insaisissable. Ils luttent ensemble, mais l'un devra l'emporter sur l'autre. Barry refuse désormais de suivre partout Harry et cherche à s'affranchir de l'ascendant qu'a pris sur lui son frère jumeau. Ce roman attrayant, mais un peu compliqué, s'élabore à partir de l'hypothèse que la dépendance de la maison où les jumeaux passent leurs vacances a été construite sur une « singularité », une étoile éteinte. Quelques heures y correspondent à des années de la vie actuelle. Première apparition de l'hypothèse récente du trou noir cosmique dans l'aventure juvénile. Comme quoi le roman suit l'actualité scientifique.

L'invention imaginative n'est pas sollicitée par les seules vicissitudes dans le temps et l'espace, mais aussi par les perspectives offertes à la reproduction humaine sur le plan de la génétique, perspectives dans lesquelles des manipulations sur l'homme ou l'animal (voire le végétal), potentiellement angoissantes, jouent un rôle dont la presse rend compte avec régularité !

Les thèmes inquiétants de l'heure sont rapidement repris, c'est évident. Relevons pourtant qu'il est de fausses nouveautés. Ainsi, si les trous noirs viennent d'être étrennés, les manipulations, elles, remontent au moins au post-darwinisme avec *L'Ile du Docteur Moreau* de H.G. Wells, livre probablement annexé aux juvéniles.

Un enfant préfabriqué à l'usine et trop parfait – il est surdoué, obéissant, toujours raisonnable et poli – est livré par erreur à une femme anticonformiste. Voilà le sujet d'un roman drôle et plein de fantaisie de Christine Nöstlinger, *Le môme en conserve* (*Konrad oder Das Kind aus Der Konservenbuchse*, 1975). Avec l'aide de la petite Sophie (une voisine), l'originale Madame Barlotti va transformer Frédéric en « sale gosse » (d'où pareil à ses pairs). Le directeur de la fabrique dont il est sorti ne le reconnaît plus.

Ici, c'est la référence au *Brave New World* (1932) d'A. Huxley qui semble l'évidence.

Charlotte Kerner, auteur de *Qui est ma mère* (*Geboren 1999*, 1989) nous alerte sur les interrogations angoissées que connaîtront les enfants issus de la procréation médicalement assistée. Elle imagine un adolescent de dix-sept ans né en 2016. C'est un enfant adopté, apparemment très peu sensible. Ses camarades le surnomment « Ice Karl ». En fait, il souffre d'ignorer ses origines. Le récit relate la découverte du mystère de sa naissance par le protagoniste. Fécondé *in vitro*, son embryon a été replacé dans une matrice artificielle. L'intérêt du roman tient avant tout aux questions que se pose le héros. Autrement dit, certaines interrogations SF recoupent le psychologique – toujours productif, même si né avant-hier déjà – des maturations adolescentes.

Comme nous avons eu l'occasion de le voir, Peter Dickinson (né en Zambie de parents anglais) a donné la preuve de son originalité au travers d'œuvres d'inspiration variée. Cet écrivain (cf. *The Changes*) raconte bien, fait réfléchir et manie un style dense, d'une grande précision. *Eva* (1988) est un roman passionnant, écrit dans un esprit humaniste et écologique. Comme le Vercors des *Animaux dénaturés* (1952), Dickinson s'interroge sur la définition de l'homme et de l'animal. Par l'intermédiaire de son héroïne, l'interrogation identitaire et d'appartenance va progressivement se faire jour.

A la suite d'un grave accident de voiture, à un moment du futur, Eva, une adolescente de treize ans, reste pendant huit mois dans le coma. Pour lui assurer une sorte de survie consciente minimale, les médecins transplantent son cerveau dans le corps d'un chimpanzé. Très habilement, l'auteur retrace l'évolution de la jeune fille vers son état final. A la différence des récits fabuleux où la métamorphose se joue en un court instant, ici elle constitue la substance narrative. Eva est humaine par la pensée, animale par sa sensibilité. Parfois la partie humaine l'emporte en elle sur l'animal, parfois le contraire. On l'exploite à des fins commerciales. Souvent déprimée, elle traverse des périodes d'intense solitude. La tendresse de sa mère la soutient et ne lui fera jamais défaut. Finalement, elle obtient qu'une colonie de chimpanzés soit rendue à son environnement naturel. Elle les accompagne, retrouve la sérénité et meurt parmi eux. Au-delà de l'affabulation chirurgicale, ce roman relaie le contenu du conte philosophique de Vercors, *Les Animaux dénaturés*.

La science-fiction, dans *La Nuit des enfants rois* (1981), de Bernard Lentéric, confine à la littérature d'épouvante. Ce best-seller, déjà porté à l'écran, se trouve maintenant en bibliothèque de jeunesse. Le style de ce roman saisissant est simple et familier; la narration, extraordinairement rapide, est imprégnée d'ironie et d'humour. Côté science-fiction, Bernard Lentéric s'inspire des possibilités offertes par des ordinateurs ultra-perfectionnés, côté psychologie par les potentialités des jeunes. L'auteur exprime à l'égard des enfants « plus près de l'état de nature et donc incomparablement plus aptes à la cruauté »,[133] une méfiance comparable à celle de William Golding, auteur de *Sa-Majesté-des-Mouches*. Lentéric montre que les enfants sont enclins à se laisser fanatiser par un sentiment

---

133   B. Lentéric, *La nuit des enfants rois*, Le Livre de Poche, 1981, p.167.

de pernicieuse supériorité dès qu'ils s'assemblent et prennent le commandement. Enfants et adolescents considérés en groupe ne sont pas davantage l'objet d'un processus d'idéalisation dans ce roman français de science-fiction que dans le récit philosophique anglais cité plus haut :

> Tout s'est toujours passé comme si, s'agissant de cruauté, les enfants pouvaient de très loin surpasser les adultes, quand l'occasion leur en est donnée.[134]

Ici, l'inhumanité des protagonistes résulte en grande partie de leurs capacités d'exception. Il y a en eux du savant fou et de l'apprenti sorcier.

L'auteur a dédicacé le roman à son fils. Faut-il considérer *La nuit des enfants rois* comme un récit d'avertissement ? Le rôle favorable ou maléfique d'un ordinateur humanisé, héros romanesque à part entière, relève de la personnalité de son utilisateur. Ici, par bonheur, le maître de Fozzy, le plus puissant et le plus rapide des ordinateurs, capable d'imiter la voix humaine (entre autres celle de Gary Grant, de Judy Garland et de Dustin Hoffman), est Jimbo Farrar, « un type jeune et extrêmement gentil », d'une intelligence supérieure. Liés d'amitié, l'homme et la machine entretiennent un dialogue constant. Jimbo se confie et demande conseil à Fozzy. L'ordinateur a pour mission de découvrir des enfants géniaux. Il en trouve sept. Ceux-ci, devenus adolescents et traumatisés par les violentes agressions qu'ils ont subies dans Central Park, unissent leurs forces destructrices pour se venger. Puisqu'ils ont subi la violence, ils la rendront. Ensemble, les Sept forment un esprit collectif et une seule volonté. Jimbo, pour sa part, luttera par tous les moyens pour que le monde ne tombe pas entre leurs mains. Son combat est rendu encore plus dramatique quand les Sept réussissent à contrôler Fozzy.

L'auteur individualise ses personnages juvéniles selon leur degré de cruauté et de fanatisme, mais aussi selon la force de leur attachement les uns aux autres et à Jimbo. Le plus mauvais des jeunes génies, animé d'une haine féroce, c'est Gil, « Geronimo Yepes » :

> Des Sept, il est le plus dangereux. Et il pense :
> « Le moment est venu de tuer quelqu'un.
> « Peu importe qui.
> « Quelqu'un.
> La haine formidable qu'il a accumulée pendant tant d'années, cette haine d'une inimaginable férocité, ne saurait se satisfaire d'un vol. Même d'un vol de cent et quelques millions de dollars.

---

134   *La nuit des enfants rois*, p.167.

« Enfantillages. Dans lesquels nous finirons nous les Sept, par nous affadir, en perdant de notre élan et de notre force. Il n'y a pas d'autres choix que d'aller plus loin. Et ils me suivront : nous nous aimons. »[135]

Ce roman aux multiples facettes ne se limite pas à la peinture de la cruauté et de la violence. C'est aussi un roman d'amour et d'affection, entre Jimbo, sa femme et ses enfants, entre Jimbo et les Sept qu'il aime et cherche à récupérer pour ne pas avoir à les « démolir ». L'attitude de Jimbo Farrar envers les surdoués diaboliques – il est en partie avec eux, en partie contre eux – apporte à l'intrigue sa dimension énigmatique et son nuancement psychologique.

Tel un nouvel Aldous Huxley (rappelons *Le Meilleur des mondes*, 1932), l'Américaine Lois Lowry dénonce, au niveau de jeunes lecteurs, le péril de sociétés futures entièrement standardisées. *Le passeur* (*The Giver*, 1993) décrit l'existence d'une communauté où tout, jusqu'à la vie intime, est prévisible et règlementé. Un Comité des Sages exerce un contrôle constant et empêche la moindre infraction aux lois. Tout écart est sanctionné par une prise obligatoire de pilules. Les incapables et les vieux sont « élargis ». Les hommes n'éprouvent plus d'émotions, ni colère, ni tristesse; leurs perceptions sensorielles sont simplifiées, le chromatisme et l'auditif ramenés à l'indistinction des couleurs et des sons. La nudité et l'amour sont bannis. Une froide politesse régit les rapports. Quotidiennement, on analyse en famille les rêves et les sentiments de chacun. On use d'un vocabulaire aseptisé. Il est, par exemple, impropre d'utiliser le verbe « aimer ». Langue de bois, métaphore des totalitarismes historiques.

Lois Lowry souligne le rôle de la mémoire et de l'oubli. Les membres de la communauté ont été privés de leurs souvenirs, hormis l'unique dépositaire de la mémoire collective. Jonas, le jour de ses douze ans, apprend qu'il doit lui succéder. C'est à lui qu'incombe désormais le rôle de « passeur ». Initié par son prédécesseur, il réapprend la vie avec ses souvenirs de plaisir et de souffrance. Il découvre les émotions et les sentiments. Thème du retour à la vie « naturelle » avec ses joies, ses souffrances et la mort consciente (cf. *Zardoz*, 1974, film de John Boorman). Le jeune garçon saisit toute l'horreur de la société codifiée et mensongère où il a vécu jusqu'à présent. Il se révolte contre la civilisation de « l'identique » et parvient à s'échapper en emmenant son petit frère avec

---

135   *La nuit des enfants rois*, p.169.

lui. Il est seulement dommage qu'il laisse, semble-t-il, le reste de la communauté proche de l'état de légumes !

Se nourrissant de sujets très variés, à partir de l'aventure dans l'espace, de la reproduction humaine, des mutations génétiques, de la parapsychologie, de la technologie, la littérature de l'anticipation offre un champ vaste pour l'imagination. On peut penser qu'elle préfigure parfois sinistrement l'avenir, mais elle exprime aussi la nostalgie du passé et se prête à l'éloge de modes de vie antérieurs, notamment par l'évocation d'un retour à une existence « primitive » après des cataclysmes.

Mais tout n'est pas qu'idylle ici non plus : la nostalgie de la lampe à huile, de la traction chevaline et de la navigation à voiles, est un thème réactionnaire qui fait bon marché des acquis les plus positifs d'une science qui serait au service de l'homme et de la planète.

Certains sujets parallèles à ceux du roman réaliste ou fabuleux pourraient se révéler d'autant plus séduisants aux yeux des adolescents qu'ils recoupent leur problématique spécifique, c'est-à-dire leur souci de structuration identitaire et de maturation. Des récits convaincants tels *Grinny, Eva...* sont fondés sur le comportement du héros mis en présence de bouleversements causés dans sa vie quotidienne par des phénomènes anormaux et des créatures venues d'un autre monde. Qu'il s'étaye sur le récit fabuleux ou de science-fiction, le romancier donne l'impression, en voulant matérialiser l'étrange et l'inexplicable, de chercher à conjurer la peur de la différence et de l'anormalité. Autrement dit le désir d'intégration-maturation du jeune trouverait dans la SF un terrain métaphorique particulièrement porteur.

Le courant épique, folklorique et merveilleux

A l'écart de la science-fiction, des écrivains continuent à se faire les créateurs de mondes irréels. Ici encore, la qualité des romans relève, au-delà du style, de la richesse de l'invention et de la puissance de la vision (la beauté des images appartenant en propre au style).

Avant 1970, la priorité est donnée à la création d'atmosphères magiques et à l'action héroïque. Le jeune héros est chargé d'une mission dans la lutte du Bien contre le Mal (cf. *La Couronne d'argent*, 1968, de Robert O'Brien). Il n'est guère question de ses souffrances intimes. Après 1970, au contraire, des liens subtils de nature psychologique relient le monde merveilleux à la réalité. Le recours à l'imaginaire n'est pas gratuit. En effet, l'aventure fabuleuse s'inscrit dorénavant dans un processus de maturation personnelle. Elle offre au héros le moyen de combattre d'abord pour lui-même. Le pays fantastique, chez Astrid Lindgren, Diana Wynne Jones et Michael Ende, est conçu comme un lieu magique où le jeune protagoniste, dominant ses peurs, résout les conflits qu'il rencontre dans la vie réelle. La maîtrise de son insatisfaction existentielle se consolide au fur et à mesure de la résistance qu'il oppose aux obstacles rencontrés dans un cosmos parallèle. Maint début romanesque le présente avant son voyage vers l'irréel comme un être tourmenté par la solitude, des hantises identitaires, des déficiences physiques et morales ou l'approche de la mort. En contre-exemple, le *livre interactif* qui correspond, avec sa relative absence de psychologie, à un fabuleux antérieur à 1970 !

Astrid Lindgren joue avec grand talent sur divers registres, entre autres la fantaisie imprégnée d'humour (cf. *Fifi Brindacier*, les *Zozo la tornade*), et la fantaisie sérieuse de tonalité fantastique. *Les frères Cœurs-de-Lion* (*Bröderna lejonhljärta*, 1973), notamment, est une histoire épique passionnante. Et pourtant, par son caractère ouvertement symbolique, elle en rebute plus d'un. Ce récit chargé de multiples métaphores entrecroise différents thèmes, celui de l'amitié et de la solidarité entre frères, ceux de la mort, de la victoire de l'individu sur lui-même, du combat du Bien (la liberté) contre le Mal (l'oppression, la cruauté).

Jonathan, l'aîné de deux frères, est beau, bon et courageux. Il va aider son cadet, Charles, un gringalet aux jambes tordues et plus que froussard, à vaincre son angoisse de la mort. L'enfant est tuberculeux et se sait condamné. Jonathan le stimule à rejoindre un pays « au-delà des étoiles où tout peut arriver, où l'on vit des aventures extraordinaires ». Les deux frères se retrouvent au pays de Nanguiyala divisé en deux vallées. La vallée des Eglantiers a déjà été conquise par Tenguil le tyran, « cruel comme un serpent », secondé par un horrible dragon, Katla. Tenguil offre ses victimes en pâture au dragon. Menacés par Tenguil, les habitants de la vallée des Cerisiers, gouvernés par la forte, sage et inébranlable Sophia, mènent encore une vie paisible. Charles, malgré sa peur croissante, est entraîné à lutter avec son frère contre le tyran et ses soldats. Pas mieux que chez Tolkien (à qui on pense ici inévitablement), on ne distingue les visages de ces paladins du Mal, dissimulés sous des casques noirs. Charles s'interroge sur les raisons de l'existence du Mal :

> J'avais du mal à croire que Tenguil, ou le Mal lui-même puisse exister dans ce
> monde. Tout était calme et paisible.[136]

Il aura également à s'étonner que le traître ne soit pas celui qu'on
croit. C'est Yossi, apparemment « si gentil et joyeux, qui avait les joues
si roses, qui m'avait consolé et qui m'avait donné des gâteaux quand
j'étais triste ».[137]

Ronya, fille de brigands (*Ronja rövardotter*, 1981), est également un
roman épique, plus tardif, du célèbre écrivain suédois. Cette fiction à
consonnance merveilleuse et folklorique est une superbe re-création,
d'atmosphère nordique, du thème de Roméo et Juliette. Ronya, fille de
brigands, petite adolescente ardente et très attachée à son indépendance,
se prend d'affection pour Rik. Celui-ci appartient à une famille de
brigands rivale. Grâce à l'inébranlable amitié entre les deux enfants, les
familles finiront par mettre fin à une vieille haine tenace.

L'analyse des relations entre Ronya et Rik, et parallèlement entre
Ronya et son père, est remarquable. Après sa rencontre avec Rik, Ronya
s'éloigne de son père, Mattis, homme violent, autoritaire et intolérant.
Cependant, il n'est pas dépourvu d'affection et reste très attaché à Ronya.
Il souffre de l'éloignement de sa fille, mais finit par la comprendre. Après
cette évolution, père et fille passent de la rupture à la réconciliation.

Un des grands attraits du livre réside dans l'évocation de la forêt
enchantée. On la voit se transformer d'une saison à l'autre. Elle est
peuplée d'êtres surnaturels (trolls, nains gris, elfes...). Face aux plus
maléfiques, les elfes griffus, les deux enfants apprennent à mesurer leurs
forces :

> Les elfes griffus étaient beaux et follement cruels. Leurs yeux durs comme la
> pierre scrutaient la forêt à la recherche des proies que leurs griffes acérées
> déchireraient jusqu'au sang.[138]

A. Lindgren est aussi à l'aise dans l'évocation du folklore nordique
que dans celle du quotidien suédois.

Diana Wynne Jones, écrivain anglais, nous introduit d'emblée, à la
manière de Tolkien, dans un pays inventé, celui de Dalemark (*Cart and
Cwidder*, 1975, *Drowned Ammett*, 1977). Il s'agit une fois encore des

---

136   A. Lindgren, *Les frères Cœur-de-lion*, Librairie Générale Française, LP, 1987,
      p.68.
137   *Ibid.*, p.103.
138   A. Lindgren, *Ronya fille de brigands*, Le Livre de Poche, 1984, p.32.

péripéties de la rivalité entre les deux contrées d'un même royaume : le Nord y est régi par des Comtes portés à la tolérance, le Sud par des tyrans. Leurs sujets n'osent s'exprimer de peur d'être aussitôt envoyés en prison.

En revanche, *Charmed Life* (1977), de tonalité comique, présente un monde parallèle à l'Angleterre. Un garçon Cat Chant, doué d'énormes pouvoirs magiques, succèdera à un grand magicien, Chrestomanci. A l'inverse, sa sœur Gwendolen, antipathique, mais dotée également de pouvoirs surnaturels, sera punie. Son imagination même lui joue de mauvais tours : elle provoque de la sorte les phénomènes les plus étranges.

Chronologiquement, l'analyse de *L'Histoire sans fin* (*Die Unendliche Geschichte*, 1979), la copieuse (d'autres diront sans doute la substantielle) geste épique de Michael Ende aurait trouvé ici sa place s'il n'en avait été question précédemment (parmi les romans mi-réalistes, mi-fabuleux, p.231-232) sous l'angle des rapports entre l'imaginaire et la réalité. En effet, l'action épique de cette œuvre métaphorique, de grande envergure par son foisonnement et sa cohérence, se déploie dans un univers d'invention.

Le féminisme anime *Casque de feu* (*The Hero and the Crown*, 1984; médaillé du Newbery, 1985), de l'Américaine Robin McKinley. L'action de ce récit poétique est conduite par la fille d'un roi et d'une sorcière. De sa mère, Casque de feu a hérité de pouvoirs magiques. Bien que trop indépendante au goût de son entourage – elle passe ses journées à chevaucher –, elle finit par obtenir la considération de tous en sauvant son pays et les siens. Seule, chassant et tuant les dragons ennemis, elle mène à bien sa dangereuse mission.

Le beau livre des *Princes de l'exil* (1994), de Nadine Garrel, déroule une geste symbolique. Ce bref roman d'initiation mêle la philosophie, le merveilleux, l'aventure et l'amour. L'écrivain retourne à un passé mythique. Il imagine deux royaumes (encore la dualité de royaumes et de mondes !), deux royaumes fort différents, divisés par une Muraille infranchissable. D'un côté, Swamoth, le Pays du Soleil où tout est lumière et sécurité, de l'autre, Klomoth, le Pays de l'Ombre, aride et dangereux. L'héroïne, Yliria, fille du roi de Swamoth, est une adolescente décidée, à l'esprit aventureux. Au cours d'une randonnée, son chien lui fait découvrir un trou dans la muraille. Elle passe par la brèche et s'engage au royaume de Klomoth. Après y avoir subi de nombreuses épreuves, elle mûrit. Elle rencontre l'amour et apprend à se connaître elle-même et les autres. Dorénavant, elle ne se contentera plus du bonheur sage, uniforme et mesquin qu'elle a connu, enfant, à Swamoth. Notons, chez N. Garrel, le féminisme et sa greffe sur le tronc très fructifiant issu de la graine plantée par le fondateur Tolkien.

Nadine Garrel prône la tolérance. Elle demande qu'on aime les choses et les gens pour ce qu'ils sont. Il faut abattre la Muraille, symbole d'une « monotonie exaspérante » pour que les différences s'épanouissent librement. Ses héros sont des princes sans royaume, épris d'errance, « chez eux nulle part, chez eux partout, ne possédant rien, possédant tout, des Princes de l'exil... »,[139] ce qui marque en différence avec Tolkien, chantre, avec les Hobbits notamment, de l'enracinement.

Chez Garrel, lointain épigone du Romantisme, les Princes sans attaches ont quelque chose de byronnien.

The Ghost Drum (1987; Carnegie Medal 1988), de l'Anglaise Susan Price, est une œuvre toute irriguée de thèmes folkloriques. Sa structure narrative et le rendu des atmosphères, les rythmes variés d'une phrase particulièrement bien adaptée à l'action et aux personnages, confèrent son originalité au roman.

Le narrateur, un docte chat retenu par une chaîne en or, tourne sans cesse autour du même arbre. Il annonce ce qu'il fait et de quoi il va parler. Il explique au lecteur l'enchaînement des péripéties. L'histoire se passe, semble-t-il, en Russie. Après la mort du czar, Chigis, une grande et bonne sorcière – c'est la Babayaga des contes traditionnels russes; elle habite dans une maisonnette construite sur des pattes de poule – va utiliser son art magique pour sauver le jeune czarevitch. En effet, telle Blanche-Neige menacée de mort par sa marâtre, Safa risque d'être tué sur les ordres de sa tante, la princesse impériale, Margaretta. Celle-ci, pour combattre Chigis, s'allie avec un magicien maléfique (cf. Gandalf contre Saruman chez Tolkien). Chigis meurt mais revient de l'au-delà pour emmener Safa avec elle. L'auteur donne un grand relief à tous ses personnages, en particulier à l'imposant chat-narrateur et à Chigis. C'est au travers de cette figure positive de sorcière que Susan Price met en valeur l'importance des rêves.

Si l'action de type épique et merveilleux se déroule encore, sur le modèle des récits antérieurs à 1960, dans des contrées imaginaires (comme dans *Alice au pays des merveilles, Le magicien d'Oz, Peter Pan, Bilbo le Hobbit, Le Lion et la Sorcière blanche...*), elle se développe

---

139   N. Garrel, *Les Princes de l'Exil*, Gallimard, Folio Junior, 1984, p.19.

aussi et de plus en plus souvent au sein même du monde réel. Nous avons déjà vu précédemment comment les romans mi-réalistes, mi-fabuleux se situent dans un cadre identifiable. La petite héroïne de *La source enchantée* (1975) de Natalie Babbitt appartient à notre monde, mais elle s'y emploie à aider une famille d'immortels et à sauver un de ses membres condamné en justice. Pour rappel, elle doit se substituer en prison en Mae Tuck, une immortelle appelée à passer en justice afin d'éviter que le secret de la source ne soit divulgué avec les conséquences catastrophiques qu'on imagine.

Un an avant la parution de ce roman américain, William Mayne avait publié en Grande-Bretagne *A Year and a Day* (1976), une initiation, tout comme le récit de Natalie Babbitt, à la perception du temps et de la mort (voir p.228), mais par le truchement d'un enfant surnaturel débarqué dans le monde familier.

C'est par une saga ancrée dans le monde tangible qu'Anthony Horowitz valorise l'action juvénile. Elle progresse au long de trois volumes; *Les portes du diable* (*The Devil's Door Bell*, 1983); *La Nuit du Scorpion* (*The Night of the Scorpion,* 1985); *La Citadelle d'argent* (*The Silver Citadel,* 1986). L'auteur a l'art de conjuguer l'aventure fantastique et l'énigme policière. Ses jeunes protagonistes, adolescents dotés de pouvoirs surnaturels, sont au nombre de cinq. Ce sont les Bons, chargés de déjouer les complots des Anciens, créatures maléfiques revenues sur la Terre et acharnées à y récupérer leur pouvoir.

Martin Hopkins, protagoniste des deux premiers récits, est un orphelin victime des puissances infernales. Aidé par un adulte, un journaliste, il mène une lutte difficile, car il est sans cesse pris d'hésitations entre la réalité et les phénomènes invérifiables qu'il s'efforce malgré tout d'expliquer rationnellement.

Pour l'emporter, les Anciens cherchent à créer le chaos et à désorganiser la société. Deux jumeaux télépathes (*La Citadelle d'argent*) démantèlent un trafic de drogue que les Anciens ont dissimulé sous les dehors d'une organisation de bienfaisance.

Les récits bien construits d'Horowitz, nés d'une imagination polymorphe, intègrent habilement l'imaginaire à l'évocation de la vie contemporaine. Les personnages, cernés à travers un réalisme de tonalité joyeuse, sont déclinés au cours d'excitantes aventures à multiples rebondissements. Le cadre, New York en particulier, est l'objet de bonnes évocations.

Narrateur passionnant, doué de grande imagination, Stephen King, maître du roman fantastique et du roman d'épouvante, sait imposer en quelques phrases personnages, situations, atmosphères et décors. L'action de ses romans se déroule généralement dans des petites villes du Maine (USA), telles Bangor et Derry. La lecture de la plupart de ses romans convient à de grands adolescents et à des pré-adultes. Toutefois, King suscite particulièrement l'intérêt par son rendu du monde intime des plus jeunes. *Ça* (*It*, 1986), considéré comme son chef-d'œuvre, détaille la réalité psychique d'enfants à l'un ou l'autre titre malchanceux. Parmi les sept membres du « Club des ratés », on compte un bègue, un bigleux, un asthmatique, un obèse, un juif, un noir et une fille ! Le romancier confère un grand relief à leurs rapports aux parents. Il a une manière particulièrement originale d'intégrer le fabuleux au réel. Le merveilleux, métaphore de l'angoisse, relève de la conscience des actants et se relativise en quelque sorte dans le psychologique. Les figures monstrueuses (loups-garous, dragons...), réminiscences de terreurs ancestrales, perdent de leur consistance à mesure que les jeunes protagonistes ne croient plus en elles :

> Se pouvait-il que *Ça* se protège du simple fait que, comme les enfants deviennent des adultes, ils deviennent également soit incapables d'un acte de foi, soit handicapés d'une sorte de dégénérescence spirituelle, une atrophie de l'imagination ?[140]

« Ça » prend toutes sortes de formes terrifiantes qu'il puise dans l'imaginaire enfantin. Unis par l'affection et la solidarité, les sept cherchent à le tuer et sa disparition (provisoire !) coïncide avec leur accession à l'âge adulte. Moralité, seule la foi dans la magie rend la magie possible.

Le Mal, dans *Les yeux du dragon* (1987), roman que King écrivit spécialement pour sa fille de treize ans – et publié en édition de jeunesse – a l'apparence d'un magicien effrayant, un monstre au visage indéfinissable, acharné à détruire la paix. Ici encore, les problèmes freudiens sont un des ressorts de l'action. Flagg le maléfique, conduit par son instinct de destruction, va se servir d'un enfant, le fils cadet du roi. Thomas souffre de l'indifférence de son père et de l'admiration paternelle envers son frère aîné. Le cadet, rendu impuissant par sa jalousie, n'a pas

---

140   S. King, *Ça*, Editions J'ai lu, 1990, vol. 3, p.154.

la force de s'opposer aux diaboliques machinations de Flagg. Au dénouement, il se ressaisit et confirme ainsi sa victoire sur le Mal.

Depuis 1950, et de décennie en décennie, des œuvres de haut vol jalonnent le parcours de la fiction épique à caractère merveilleux. Dans les années cinquante, J.R.R. Tolkien crée de toutes pièces un univers imaginaire parfaitement structuré, *Le Seigneur des Anneaux*; à la fin des années soixante-dix, Michael Ende associe par le biais du héros juvénile le « pays fantastique » au monde réel : c'est *L'Histoire sans fin*; et aujourd'hui, en cette fin du XXe siècle, Philippe Pullman, auteur d'une triologie remarquable[141] par son inventivité et la beauté des images, *A la croisée des mondes* (*Black Materials I, Northern Lights*, 1995) crée un monde magique très cohérent à l'intérieur même du nôtre. A l'entrée de son livre, Pullman précise que l'action se passe dans un univers au fond assez peu insolite, mais différent de mainte manière, et annonce que le deuxième volet de sa trilogie se déroulera dans l'univers que nous connaissons et le troisième, entre les deux univers.

Il est difficile, une fois entamée la lecture de ce roman puissant, animé d'une forte tension dramatique et imprégné d'intense émotion, de se soustraire à son enchantement. Il se lit à plusieurs niveaux, car sa fantaisie s'élargit à la philosophie. *Northern Lights* est une riche parabole sur la préservation de l'intégrité de la personnalité humaine. Les hommes appartiennent au monde réel, mais ils sont flanqués d'un « *daemon* », animal aimant ou haineux, incarnation de leur âme. La séparation entre le corps et l'âme – retour à la vieille dualité du corps et de l'âme (d'ailleurs éculée) héritée du Moyen Age chrétien et « ramenable » à Platon lui-même – est un rouage essentiel de l'intrigue. Un homme tombé aux mains de ses ennemis est privé à tout jamais de son « *daemon* » et sans lui, il est réduit à l'état d'épave errante. S'il survit, il n'est plus qu'un corps sans volonté. Métaphore de l'esclavage.

Ce grand « *thriller* » de tonalité fantastique et teinté de science-fiction est centré sur une petite adolescente de douze ans, Lyra Belacqua. Avant de retrouver ses parents, elle est élevée, telle une orpheline, à Oxford,

---

141   Gallimard Jeunesse a d'ores et déjà publié la traduction du premier volume, *Les Royaumes du Nord*, en 1998. Le second volume de *Black Materials, The Subtle Knife* (*La Tour des anges*) a paru en 1998.
       Selon une enquête réalisée par la BBC Television et la chaîne de librairies Waterstone's, les enfants, à l'inverse de leurs parents, préfèrent Philippe Pullman à Tolkien ou à C.S. Lewis (*Le Monde*, septembre 1997).

parmi les érudits. Après la mystérieuse disparition de Roger, son ami et compagnon de jeux, Lyra, enfant indépendante, passionnée et de grande audace, décide de se joindre à la quête, dans le Grand Nord, d'enfants enlevés – au « *Gyptian people* » – et probablement objets d'atroces expériences. Le bruit court que les Gobblers, noms des ravisseurs, arrachent cruellement aux petits leur « *daemon* » pour les empêcher de devenir un jour des adultes pensants. En fait, les enfants sont l'enjeu de la lutte entre les adeptes d'un libre essor des découvertes scientifiques et les représentants de la religion. Lyra découvre que ses parents, Lord Asriel et sa mère Mrs Coulter, jouent dans ce combat un rôle néfaste de premier plan. De son côté, elle s'engage à fond, aux côtés du « *Gyptian people* », venu de l'est de l'Angleterre. Sa participation sera essentielle. Grâce à un objet magique, un lecteur de symboles, elle devine et devance les événements. Elle dicte à ses compagnons adultes la conduite à suivre. Elle-même a besoin de la réconfortante présence de Pantalaimon, son « *daemon* » qui, au gré des circonstances, se métamorphose de petit animal cajôleur (chat, hermine...) en bête féroce (lion, aigle, loup...).

L'évolution sentimentale de Lyra est bien dessinée. Elle s'attache à Lord Faa, leader des Gyptians, un homme dévoué et conscient de ses responsabilités, à Farder Coram, spécialement chargé de veiller sur elle, au grand ours blanc banni par son peuple, Iorek Byrnison et à l'aéronaute texan Lee Scoresby. Par ailleurs, elle apprend à se méfier de sa mère, une femme jeune et jolie, adorable en apparence, mais en réalité une grande ambitieuse, avide de pouvoir. Mère indigne, cette cruelle captatrice d'âmes juvéniles remplace le personnage traditionnel de la sorcière dévoreuse d'enfants (cf. *Hänsel et Gretel*). Quant à son père, elle n'a pas confiance en lui, mais elle l'admire pour la force de ses convictions. Considéré comme dangereux parce qu'il croit fermement à l'existence de mondes parallèles dissimulés derrière les Lumières du Nord, il voudrait établir un pont entre le plus rapproché parmi eux et la Terre. Ses ennemis l'ont emprisonné quelque part dans l'Arctique; des ours armés le surveillent nuit et jour. Lyra court les plus gros dangers pour le libérer, mais elle n'aime pas son père. Elle a peur de sa folie. Elle lui reproche son indifférence, son insensibilité et son ingratitude.

Pullman accumule de magnifiques descriptions de spectacles grandioses, en particulier des lumières et du grand silence de l'Arctique, d'un vaste ciel où volent des armées de sorcières, et aussi de châtoyants combats entre les hommes, les ours et les êtres surnaturels... Du Jérôme

Bosch revisité par Jules Verne (*Le Sphinx des Glaces*) ! A sa grande
épopée, il prête toutefois une écriture simple, mais dense et variée.

Le merveilleux, certes, ne se cantonne pas dans le scénario épique.
Depuis les années trente, des écrivains (Pamela Travers, Mary Norton,
Annie Schmidt, Christine Nöstlinger...) cristallisent la trame narrative
autour de l'irruption dans le quotidien d'un être surnaturel dérangeant ou
encore d'un héros doté, dans le monde vrai, de pouvoirs extraordinaires
qu'il utilise pour mener une action bienfaisante (Maurice Druon, Roald
Dahl, Margaret Mahy...). Le merveilleux se dégage également de rêves
compensatoires issus de la dialectique intime du héros (cf. les romans de
L. Bojunga Nunes, Philippa Pearce, Els Pelgrom...). La prolifique
romancière anglaise Helen Creswell perpétue outre-Manche dans les
années quatre-vingt la tradition des voyages dans le temps
(*Mondiaal*, 1987).

Roald Dahl, pour sa part, continue à associer le merveilleux et un
humour dominé par l'extravagance. Une potion magique (*La potion
magique de Georges Bouillon, George's Marvellous Medecine*, 1981)[142]
permet à un enfant de se venger de l'adulte au point de le faire
disparaître. Georges fait subir à sa grand-mère, créature affublée de tous
les défauts possibles, une série de métamorphoses burlesques.

Un autre Anglais, Willis Hall, cumule également merveilleux
et humour. Ce passionné de littérature vampirique transforme, à l'usage
des enfants, un descendant de Dracula en un vampire végétarien, bon,
pacifique et épris de musique (*Le dernier des vampires, The Last
Vampire*, 1982). Le comte Alucard, un homme un peu triste, se
transforme souvent en chauve-souris. Il est poursuivi par la réputation de
son sanguinaire ancêtre. La rumeur publique s'acharne contre lui. On
l'empêche de jouir de ses vacances dans une petite ville balnéaire. La
police est sur ses traces. Seul le jeune Edgar Hollins et une bande de
loups lui font confiance. Mystère et suspense s'ajoutent au
psychologique. Les parents Hollins sont comiquement individualisés. Le
père, colérique, s'énerve à tout bout de champ; la mère, une femme très
naïve, confond les loups avec les chiens.

Edgar Hollins et ses parents sont les protagonistes d'un autre récit
réaliste à consonnance fabuleuse et comique, *Un si petit dinosaure*
(*Henry Hollins and the Dinosaure*, 1988). Edgar se bat pour conserver

---

142   Voir l'intéressante analyse de ce roman par J. Hue et S. Sebag, *La potion magique
de Georges Bouillon de R. Dahl*, Armand Colin, « Tous en classe », 1977.

l'immense animal préhistorique né d'un petit galet qu'il a ramassé un jour sur la plage. Il est le seul à reconnaître que ce monstre énorme qui terrifie les populations n'est qu'un débonnaire dinosaure herbivore. Ce n'est pas aux enfants que l'on fait croire n'importe quoi.

En cette fin de siècle, réalité et merveilleux s'interpénètrent toujours plus étroitement dès lors que le prodigieux s'élabore à partir du protagoniste lui-même.

Le Rêveur (*The Daydreamer*, 1994), premier livre pour enfants de l'écrivain britannique Ian McEwan, est une œuvre remarquable et peut-être en voie de devenir un classique, tant le petit lecteur y retrouve sous une forme imagée, originale et variée, sa vérité intérieure. Le romancier montre que la magie et l'onirique sont partie intégrante de son quotidien. En exergue au texte, une phrase d'Ovide. En effet, Pierre, le petit héros de dix ans, doué d'une imagination ample et d'un solide esprit inventif, *métamorphose* au cours de ses rêves diurnes ce qu'il n'aime pas, craint ou envie. Parce qu'il voyage à tout moment dans ses pensées et dans son imagination, on le trouve difficile. Ce rêveur invétéré est accusé de gaspiller son temps. Et pourtant, ses évasions oniriques répondent à l'une ou l'autre situation embarrassante de son vécu au jour le jour : par exemple, chargé de surveiller sa petite sœur sur le chemin de l'école, voilà qu'il l'oublie dans le bus. Aussitôt son esprit inventif déploie un scénario compensatoire qui lui permet de sauver la fillette attaquée par des loups. Un jour qu'il n'a pas envie d'aller à l'école et voudrait paresser à la maison comme le vieux chat de la famille, âgé de dix-sept ans, son rêve éveillé lui fait perdre sa forme et prendre la place du matou. Toutefois, il garde sa conscience de garçonnet et se rend compte de ce que c'est que d'être chat. La peur de perdre une chambre pour lui tout seul qu'on vient de lui accorder, génère, à l'occasion d'une nouvelle rêverie, un terrible combat contre l'armée de poupées de sa sœur, décidées à la lui reprendre et menées par la plus horrible d'entre elles. Grâce à une huile destinée à graisser les outils de jardinage, il réussit à faire disparaître (momentanément !) père, mère et sœur et peut ranger enfin la maison à sa guise; ou encore, jaloux d'un bébé, il échange sa place contre la sienne. A son tour d'être regardé avec dédain et dégoût. Rien de tel pour apprendre la tolérance que de se mettre, au sens littéral de l'expression, dans la peau des autres. Au dernier chapitre, Pierre se transforme, dans un climat imprégné de poésie, en adulte avant de revenir, avec joie et soulagement, à l'âge de ses douze ans.

Le Rêveur séduit par une heureuse composition romanesque – c'est-à-dire par l'adresse de l'écrivain à mêler, sans transition perceptible, les fantasmes au réel –, la précision d'une écriture portée par un choix judicieux de détails suggestifs et drôles, et enfin par une grande finesse psychologique.

Avec Marie-Hélène Delval, le récit glisse du merveilleux dans le fantastique.[143] *Les Chats* (1997) est un court roman d'épouvante de grande qualité (réservé à des lecteurs adolescents). L'horreur infiltre peu à peu la vie quotidienne d'un enfant de douze ans, Sébasto, quand un, puis cinq autres chats au regard métallique, tous noirs et parfaitement identiques, prennent possession du perron d'une vieille maison isolée, en bordure du bois. C'est là qu'habite Da, son grand-père d'adoption qu'il aime et admire. La peur de Sebasto croît au fur et à mesure que les chats égorgent, sans les manger, des animaux de plus en plus gros, dont ils boivent le sang. Ne finiront-ils pas par s'attaquer à Da, se demande anxieusement Sebasto. Coincé entre réel et surnaturel, le jeune garçon s'efforce de rester calme et de faire la part de ses fantasmes :

> Le lendemain, les chats étaient toujours trois. Le surlendemain aussi, et je commençais à m'habituer à leur présence. Da avait raison, les bêtes d'une même portée, nées quelque part dans le bois ou dans une ferme des environs, avaient élu domicile chez lui, voilà tout. Et mon imagination en délire avait créé de toutes pièces un roman noir à deux sous parce qu'un renard avait égorgé une malheureuse poule.[144]

Les chats maléfiques (ils doivent en fait permettre le retour sur terre du démon Astaroth) peuplent ses rêves. Il est de moins en moins certain de ce qu'il entend ou voit. La force du roman tient, à côté de son agencement et de ses qualités stylistiques, au rendu de la montée d'une angoisse liée chez le jeune protagoniste à sa profonde affection pour une personne âgée. Les chats, symboles de destruction, sont la figuration d'une peur intime, celle de voir disparaître un jour un grand-

---

143   Jacques Baudou a souligné « le retour du fantastique dans les collections pour enfants et adolescents ». Ce fantastique, à ses yeux « n'est qu'une 'banlieue' d'un ensemble plus vaste que la critique anglo-saxonne appelle la *fantasy* et qui recouvre à la fois le merveilleux, le fantastique classique et la descendance proliférante de J.R.R. Tolkien et de son *Seigneur des Anneaux* ». J. Baudou, « Vampires, fantômes et loups-garous/L'incroyable retour du fantastique dans les collections pour enfants et adolescents », *Le Monde* du 27 novembre 1998 (Salon du livre de jeunesse).

144   M-H. Delval, *Les Chats*, Bayard Editions, 1997, p.63.

père, tendre confident de toutes les heures, de leurs peines et de leurs joies.

De *Danse avec les spectres* (1998), récit de séduisante écriture et de savante construction dû à Sarah Cohen-Scali, se dégage également une forte atmosphère fantastique. Le sculpteur Antonin Loez cherche un endroit tranquille pour y exercer sa profession. Il achète donc une bâtisse isolée au fin fond de la Bretagne. A peine débarqué, il apprend que la maison est hantée. Les villageois, auditeurs assidus des histoires de sorcières d'une vieille conteuse, l'accueillent froidement. Antonin cherche, en vain, une explication rationnelle à des phénomènes plus qu'étranges. D'où viennent ces cris aigus dans la nuit et ces gémissements étouffés ? Pourquoi son chat noir est-il mort « cloué sur la porte du garage, une pointe plantée en plein cœur, une croix de bois fichée dans l'œil gauche, la gueule ouverte, bourrée de goudron »[145] et pourquoi ces mutilations infligées à l'une de ses statues ? Le père Antoine, curé du village, s'emploie à lui expliquer la mentalité de ses paroissiens : « Le lendemain de la Seconde Guerre mondiale a remis le diable à la mode. »[146] La maison achetée par Antonin est la seule à avoir été épargnée par les bombardements allemands et les villageois sont convaincus que « certaines nuits de pleine lune, on voit apparaître derrière la fenêtre du grenier, une silhouette de femme, le visage dissimulé par un masque effroyable avec, à ses côtés, un chat noir... »[147] La tension narrative croît à mesure que le héros s'épouvante de cris de douleur, de hurlements atroces dont il traque désespérément l'origine. En fait, ces phénomènes anormaux ont une origine naturelle. Mais les situations en apparence cauchemardesques renvoient clairement à des superstitions ancestrales, à des sentiments de haine, de vengeance et de culpabilité que les hommes éprouvent au cours de leur évolution. L'auteur raccorde avec maestria l'horreur surnaturelle et l'Histoire ancienne, celle des procès de sorcellerie au Moyen Age, l'épouvante irrépressible et l'Histoire récente, celle de la Seconde Guerre mondiale (assassinat d'enfants juifs pendant la guerre).

Le roman de S. Cohen-Scali n'appartient guère au genre de la *fantasy* car la magie n'y prédomine pas, outre que les personnages féeriques sont

---

145   S. Cohen-Scali, *Danse avec les spectres*, Rageot-Editeur, Cascade Pluriel, 1998, p.65.
146   *Ibid.*, p.75.
147   *Ibid.*, p.76.

carrément absents. A la différence du roman de Delval, le fantastique, bien que nourri du terreau morbide des crimes de l'humanité, est ici de ceux qui trouvent *in fine* une explication rationnelle. En fait, l'effroi est dans les cœurs, pour des raisons historiques, il ne rôde pas à l'extérieur.

En cette fin du XXᵉ siècle, la *fantasy* s'épanouit en Grande-Bretagne, pays de vieille tradition dans ce genre (cf. la trilogie de Ph. Pullman). Des liens toujours plus étroits rapprochent le surnaturel de la réalité. Ainsi la Britannique Joanne K. Rowling réussit un magnifique équilibre entre ces deux composantes dans *Harry Potter and the Chamber of Secrets* (1988; Smarties Book Prize, prix destiné aux romans pour les 9-11 ans).[148] C'est un récit tumultueux, mais parfaitement cohérent, d'une grande inventivité imaginative et d'une fantaisie foisonnante, alliée cependant à une forte dose d'humour. Au plan moral, cette fantaisie n'a d'ailleurs rien de gratuit car elle implique un fervent appel à la tolérance et au refus du racisme.

L'intrigue, bien construite et passionnante, se déroule à Hogwarts School, un énorme château tout en tourelles et donjons. On y enseigne la sorcellerie et la magie, leur histoire ainsi que la pratique : comment composer les potions, etc. Si les élèves possèdent chacun baguette et chaudron, ils n'ont pas encore le droit de s'en servir en dehors de l'école, où trop de gens se méfient des ensorceleurs. A l'instar de n'importe quel collège anglais, le sport occupe une place majeure à Hogwarts, mais ici il se pratique à califourchon sur des manches à balai. Au centre du récit, il y a Harry Potter, douze ans, orphelin maltraité par un oncle et une tante qui ne supportent pas son anomalie, entendez ses dons magiques.

Personnage moral et très réfléchi, c'est un petit gars courageux, prêt à voler au secours des plus faibles et des méprisés. Il a de la ressource. De surcroît, c'est un champion de quidditch, un genre de cricket. Il est épaulé par deux grands amis, un garçon et une fille. Autour d'eux se côtoient toutes sortes de personnages réels ou fantastiques (elfes, fantômes, araignées parlantes…) bien individualisés. Tout comme dans le

---

148   La traduction française du premier roman consacré à Harry Potter vient de pa-
      raître, *Harry Potter à l'école des sorciers* (*Harry Potter and the Philosopher's
      Stone*, 1997 ; Smarties Book Prize, 1997). « Une réussite parfaite qui joue avec
      virtuosité du mystère et du frisson. [...] Il s'agit d'un de ces ouvrages qui vous
      ensorcelle dès les premiers paragraphes et vous procure un sentiment continu de
      jubilation », écrit Jacques Baudou dans *Le Monde des Livres* : « Ensorcellement,
      d'une plume malicieuse, J.K. Rowling conte les aventures scolaires d'un petit
      apprenti sorcier » (Page Jeunesse, 29 janvier 1999).

monde sans magie, amitié et dévouement, haines et jalousies décident des comportements. En fait, ce roman « scolaire » extravagant – on y suit régulièrement les cours, mais ils sont consacrés à l'Histoire de la magie, à la fabrication des potions... et quand le professeur, un fantôme, entre en classe, c'est en traversant le tableau – appartient à sa façon au genre épique, car Harry et ses amis mènent un incessant combat contre les forces du Mal, représentées par d'arrogants meneurs basés à Slitheren, une des quatre « maisons » qui composent le collège. Ici sont rassemblés les enfants issus de familles de magiciens pur-sang. Ces mauvais sont épris de hiérarchie et de pouvoir. Leur but est d'écraser par n'importe quel moyen et d'exclure du collège tous ceux qui par leur naissance n'appartiennent pas à leur caste, les demi-sang et les Muggles, de sang impur.

En France,[149] la *fantasy* prend avec Christian Lehmann une dimension polémique. Réalité, fantastique et merveilleux se rencontrent dans *La Citadelle des cauchemars* (1998). Une créature surréelle, en l'occurrence bien sûr une gargouille ailée, assure la liaison entre la vie quotidienne du héros et ses aventures surnaturelles. Virulente dénonciation de la littérature fantastique de mauvaise qualité, ce roman, stimulant par l'invention imaginative et une habile ordonnance textuelle, s'affirme également, dans le sillage de *L'Histoire sans fin*, comme un vibrant playdoyer en faveur de l'imaginaire.

Tel Bastien, le protagoniste de Michael Ende, chargé d'arracher à son destin le Pays Fantastique, menacé de désertification par la progression du Néant, Vincent, douze ans, a pour mission de sauver la Citadelle, bastion de l'Imaginaire où se sont réfugiés les derniers grands Conteurs. La Citadelle est sapée de jour en jour par le Marais, symbole d'ennui et de médiocrité. A la mort de son grand-père qui lui contait régulièrement des histoires, parfois cruelles, Vincent est saisi par l'angoisse. Ses rêves se transforment en cauchemars hantés par une massive et gigantesque créature en pierre. Chaque nuit, elle le réveille d'un coup de griffe appliqué à la fenêtre de sa chambre au sixième étage d'un immeuble.

---

149   Stéphane Manfrédo fait remarquer que « L'intérêt des jeunes pour les genres de l'imaginaire n'a cesse de croître depuis les années quatre-vingt ». S. Manfrédo, « L'humour dans la science-fiction et le fantastique pour la jeunesse » in *La revue des livres pour enfants*, n° 183, septembre 1998, p.59. Les meilleures ventes de Gallimard Jeunesse du mois de décembre 1998 lui donnent raison. Parmi elles, *Les Royaumes du Nord* de Ph. Pullman (15 640 exemplaires), *Harry Potter à l'école des sorciers* de J. Rowling (10 222 exemplaires).

Il devient insomniaque. Fang, l'être surnaturel, finit par entrer, mais bien loin de vouloir l'agresser, elle vient lui demander d'aider les Conteurs retranchés dans la Citadelle. Ils risquent à leur tour d'être engloutis par le marais. Fang transporte Vincent par les airs à la Citadelle, où il retrouve son grand-père. L'aïeul conjure son petit-fils de reprendre le flambeau car il a hérité du don de raconter et d'écrire de « bonnes » histoires :

> […] Je n'avais plus que toi à qui passer le flambeau.
> C'est si important ?
> Regarde autour de toi, Vincent. Regarde ce qui nous entoure. Ces histoires ne sont pas seulement destinées à faire peur, elles nous unissent à notre passé, aux hommes qui nous ont précédés. La Bible même est pleine d'histoires terrifiantes. Ces histoires nous rendent humains, Vincent, elles nous apprennent à aimer la vie, elles nous rappellent que nous sommes mortels, que les autres sont mortels, elles nous enseignent la compassion. Un homme qui n'a peur de rien, Vincent, est un homme qui ne reculera devant rien. Devant aucun sacrifice, devant aucune horreur. La plus ancienne et la plus forte émotion de l'Humanité, Vincent, c'est la Peur …[150]

Pour faire reculer le Marais, Vincent doit résister aux hommes en costume-cravate (cf. *Momo*), des piles de petites fiches à la main, l'esprit obsédé par des calculs de juste prix, et aussi à des vendeurs de posters et d'images à collectionner. Ordinateurs et frénésie de consommation ne sont pas les seules entraves au rayonnement de l'Imaginaire. Le grand coupable est D.L. Stern (alias R.L. Stine), l'auteur de *Chair de poule*, vulgaire plagiaire de H.Ph. Lovecraft, de A.C. Doyle et de Bram Stoker (créateur de Dracula). En définitive, c'est lui le grand responsable de la destruction de la Citadelle. C'est à cause de lui que les bons romans d'épouvante ne se lisent plus et que le livre se transforme en marchandise lucrative. A l'épilogue, toutefois, la Citadelle va retrouver ses droits. Le roman de Ch. Lehmann se lit comme la version enfantine du refus de la société de consommation.

Les *animaux doués de parole* ont apporté depuis la plus haute Antiquité une dimension merveilleuse à une littérature autrefois sérieuse et à vocation didactique. Symboles de vices et de vertus, ils servaient d'écran entre l'enfant et un monde cruel. Aujourd'hui, ils participent de la fantaisie, d'un mélange de philosophie, d'humour et de poésie (cf. *Les Contes*

---

150   Ch. Lehmann, *La Citadelle des cauchemars*, L'Ecole des loisirs, Medium, 1998, p.68-69.

du Chat perché, les récits de Dick King-Smith).[151] Sous le couvert de la fiction animalière, des écrivains se livrent également à une critique féroce des régimes autoritaires.

Après Alberto Manzi (*Le Castor Grogh et sa tribu*, 1949) et Richard Adams (*Les Garennes de Watership Down*, 1972), le grand écrivain turc d'origine kurde, Yachar Kemal, utilise la métaphore animalière pour dénoncer à son tour, dans un récit de longue haleine, l'oppression des petits (entendez : peuples) par les grands (ou grandes puissances). *Le roi des éléphants et Barbe-Rouge la fourmi boiteuse* (*Filler Sultani Ile Kirminzi Sakalli Topal Karinca*, 1979) oppose le roi des Eléphants, dictateur impitoyable, avide et ambitieux, au peuple des fourmis, ces « petites choses » pas plus grandes que des têtes d'épingles, mais riches et intelligentes. Il les réduit à l'état d'esclavage. La mauvaise foi du tyran se manifeste au travers d'une rhétorique aux accents hitlériens. Il parvient à faire oublier aux fourmis jusqu'à leur identité et les persuade qu'elles aussi sont des éléphants ! Mais les « petites choses » se ressaisissent et sous la conduite de Barbe-Rouge luttent pour retrouver leur indépendance et la liberté. Elles s'unissent et, grâce à leur ingéniosité, réussissent à anéantir l'armée des éléphants. L'art de Kemal émane d'une esthétique de l'archétypal et du contraste caricatural.

Le merveilleux d'un bref récit, à écho existentiel, de Daniel Pennac, *L'œil du loup* (1984), procède de dialogues entre un jeune garçon venu d'Afrique et un vieux loup borgne, enfermé dans la cage d'un zoo. De son œil unique, il observe le monde. L'enfant et l'animal, désormais complices, se racontent leur difficile existence passée, le premier en Afrique, le second en Alaska.

Hans Dorrestijn, écrivain néerlandais, se mettant lui-même en scène, s'associe à un animal dans trois romans écrits avec beaucoup d'esprit et où perce la critique sociale. Le dernier, *Le Chat espagnol joue double jeu* (*De Spaanse kat speelt dubbele spel*), a paru en 1987. Dorrestijn est la victime d'un chat, Piel, à qui il a appris à parler. Piel est ambitieux et matérialiste. Il s'habille et se chausse à l'image du Chat Botté. Il est d'ailleurs aussi ingénieux que son brillant ancêtre et son maître ne peut se passer de lui, mais l'animal l'implique sans cesse dans des situations inextricables.

---

151   Un éditeur français pour la jeunesse, Mango, commence à publier les récits de l'écrivain anglais Brian Jacques qui s'est illustré dans la « *fantasy* » animalière.

Doué d'une riche faculté d'invention, l'écrivain italien Pietro Sissa
(*Quando un gatto diventa re*, 1988, *Quand un chat devient roi*) apporte a
la fable classique, de tradition ésopienne, une coloration ironique.

Pour échapper à un gros chat « noir comme un Abyssin » et assurer
leur survie, des souris ont trouvé un stratagème : caressant la vanité du
félin, elles en font leur roi. A celui-ci en succède un autre. Les deux chats
prennent goût au pouvoir et se font la guerre. Les discours des deux
potentats se réclament de la liberté, de la démocratie, de la justice et de la
civilisation, mais, dans leur bouche, les mots ont perdu tout leur sens et
sonnent creux.

L'écrivain basque Bernardo Atxaga a fait d'une vache philosophe et
parfois sentencieuse l'héroïne de *Mémoires d'une vache* (1992; traduit du
castillan). Mo, la vache noire est née, en 1940, au Pays Basque. La guerre
entre fascistes et républicains, commencée en 1936, se prolonge dans une
vallée isolée. Mo pose un regard naïf, parfois perspicace et inquiet, sur
les hommes :

> Comme touchée par un rayon, j'eus tout à coup une révélation : je compris que la
> mort existait et qu'elle pouvait prendre la forme d'un couteau ou d'une massue. Je
> crus presque sentir le couteau s'enfoncer dans mon cœur et la massue s'abattre sur
> ma tête. Les gaillards aux grandes dents désiraient bel et bien me tuer. Un frisson
> me parcourut l'échine.
> – *Karral, karral*, entendis-je alors.
> Pris d'un fou-rire *Lunettes Vertes* se moquait de mon angoisse.[152]

Elle ponctue ses réflexions et méditations sur le destin d'amusants
proverbes de son cru : « Vache qui s'efforce de discourir, ensuite ne
cesse de dormir. »

La Britannique Henrietta Brandford donne la parole à une chienne,
narratrice de *Fire, Bed and Bone* (1997; Guardian Award en 1998). Le
début de ce bon récit fait immanquablement penser à la fable de
La Fontaine, *Le Loup et le Chien* : des loups sont descendus à la ferme
pour parler à la chienne de liberté. La chienne ne veut pas en entendre
parler. Outre qu'elle va mettre bas, elle apprécie son confort (chaleur,
nourriture et sécurité) et se sent très attachée à ses maîtres (Rufus et
Comfort) et à leurs enfants. Mais bientôt les événements se précipitent.
Nous sommes en 1381 et les paysans, épuisés par les privations, décimés
par la peste, fomentent une révolte contre des autorités impitoyables et
injustes. La chienne ne supporte pas le spectacle des horribles traitements

---

152   B. Atxaga, *Mémoires d'une vache*, Gallimard Jeunesse, Lecture Junior, p.50.

infligés par d'autres hommes à ceux qu'elle aime. Ces gens de bien ont été arrêtés à la suite d'une dénonciation et enfermés sans autre procès dans les pires conditions. Rufus sera pendu. Ecœurée, la chienne tourne le dos à sa vallée et à son village pour rejoindre la forêt. Elle y savourera longtemps la vie sauvage et libre, mais reviendra néanmoins au village pour aider son ancienne maîtresse.

L'originalité du roman de H. Bradford relève de l'étonnante restitution, à la faveur des perceptions auditives, visuelles et surtout olfactives d'une chienne, des peines et des joies de l'animal, mais aussi des situations humaines et sociales, sans oublier le sentiment de la nature.

C'est sur un ton léger que le Chilien Luis Sepulveda nous conte une jolie fable écologique nimbée de poésie, vectrice d'un message de tolérance et de solidarité, *Histoire d'une mouette et d'un chat qui lui apprit à voler* (*Historia de une gaviota y del gato que le enseno a volar*, 1996; Prix Versele 1998). Zorbas, le chat « grand noir et gros » a promis à une mouette mourante engluée de pétrole de sauver le poussin contenu dans l'œuf qu'elle vient de pondre et de lui apprendre à voler. Zorbas sera aidé par les autres chats du port de Hambourg. « Il est très facile d'accepter et d'aimer ceux qui nous ressemblent, mais quelqu'un de différent c'est très difficile, et tu nous as aidés »[153] (sous-entendu : sur la voie de la tolérance), explique-t-il à Afortunada, la petite mouette heureuse d'avoir appris à voler grâce à un chat.

On peut se demander si l'intégration toujours plus poussée du fabuleux au monde réel, telle qu'elle se constate dans des œuvres récentes, ne correspond pas, en définitive, à un triomphe de l'imaginaire, qui, loin d'être une composante plutôt anodine du récit, apparaît donc comme franchement déterminant. Peut-être la peur de la médiocrité, de la grisaille et de l'indifférence, plus affirmée aujourd'hui qu'hier, incite-t-elle l'écrivain à montrer, dans des récits à la croisée du réalisme et du magique, que la perception de la vie chez le jeune héros, si bien installé qu'il soit dans le monde réel, doit passer par la fantaisie et le rêve. La traversée d'un cosmos enchanté, ou du moins la rencontre avec l'onirique, sont désormais présentés comme un élément moteur de la maturation intime, voire comme une introduction indispensable à la vie réelle.

---

153   L. Sepulveda, *Histoire d'une mouette et d'un chat qui lui apprit à voler*, Métailié/ Seuil, 1996, p.103.

Conclusion

L'histoire du roman de jeunesse, conditionnée au fil des temps par la perception que chaque époque se fait du non-adulte, comporte deux périodes distinctes. Dès 1750 et jusqu'au lendemain de la Première Guerre mondiale, elle s'organise, à l'exception de quelques réussites majeures dont la rareté fait de véritables contre-exemples, selon une perspective résolument adulte. L'écrivain établit donc avec ses lecteurs des rapports de soumission et d'autorité. Il leur transmet, pour ainsi dire de supérieur à inférieur, sa propre vision des choses.

La seconde période, à laquelle cette étude est avant tout consacrée, débute aux alentours de 1950, précédée ici encore par un petit nombre de livres de grande portée parus juste avant la guerre ou juste après, mais elle ne prendra son plein essor que passé 1960, à l'heure où l'édition pour la jeunesse connaît une extraordinaire expansion. Comme si la reconnaissance de l'enfant doté d'une identité propre se manifestait simultanément sur le plan du marché des livres et celui de l'orientation littéraire, c'est à cette époque en effet que se généralise une nouvelle perspective romanesque, celle du non-adulte.

La majorité des fictions se modulent dorénavant dans le point de vue d'un enfant ou d'un adolescent. Par le biais des observations et des jugements perspicaces que les écrivains prêtent aux jeunes protagonistes, le roman de jeunesse moderne appartient à une littérature de dénonciation critique du monde et de la société (relevons donc en passant son intérêt au moins documentaire pour les historiens et les analystes du social). Les romanciers contemporains, ceux de la *modernité juvénile*, s'efforcent désormais de rendre leur voix imperceptible pour laisser la parole aux jeunes, à qui ils font confiance au moins autant, si pas plus, qu'aux adultes. Ils veulent que les jeunes imposent leur réalité et ils s'emploient à nouer avec eux des relations de connivence.

S'étonnera-t-on que le monde en rapide mutation que nous connaissons depuis trois quarts de siècle ait engendré des aînés moins assurés de leurs certitudes que jadis ! L'esprit d'ouverture et de tolérance manifeste dans les œuvres contemporaines est peut-être d'ailleurs un corollaire de leurs doutes.

Au terme de ce parcours, n'est-on pas amené à reconnaître, comme notre Introduction l'avançait, que le point de vue des enfants et des

adolescents a généreusement fécondé « leur » roman moderne, auquel il
confère unité et originalité ? L'évolution de ces dernières années montre
à suffisance que le règne actuel de la perspective juvénile implique de
toute évidence une unité littéraire qu'on peut aller jusqu'à qualifier de
planétaire. Et d'un grand nombre de livres de valeur, il ressort que la
substance romanesque coïncide avec de fines analyses du psychisme du
non-adulte. Qu'elles appartiennent au registre réaliste ou fabuleux,
relèvent d'une tonalité grave ou humoristique, le mérite des œuvres tient
en grande partie au rendu subtil et nuancé de l'évolution vers la maturité
à partir du regard que le jeune protagoniste porte sur les événements, les
hommes, la nature, les atmosphères, les décors... Tout se passe comme si
la perspective juvénile entraînait un dépassement de la division en genres
au profit de l'idée d'initiation.

Cette nouvelle optique a enrichi les *structures narratives,*[1] qui tendent
à devenir plus complexes. C'est depuis que le roman explore le monde
intime des jeunes que s'est développé le monologue voué à l'analyse
introspective. Les flashs-backs explicatifs d'une situation présente
corrigent une excessive linéarité dans le déroulement de l'intrigue. La
singularité des héros actuels se révèle au cours de dialogues qui collent à
la personnalité authentique des jeunes interlocuteurs. Les voix narratives
elles-mêmes se multiplient.

Henri Bosco, dont les romans seront repris en collection de jeunesse à
une époque plus tardive, fait figure à cet égard de précurseur. Dès 1937,
L'Ane Culotte, bien que publié d'abord pour les adultes (mais à
proprement parler dicté à des lycéens, ses élèves), avait su alterner les
angles de vision.

---

1   Parmi celles-ci (la présente note ne faisant pas le détail entre les tendances dans
     les *structures* et dans l'*écriture*), la fameuse « mise en abîme », attestée entre
     autres dans la célèbre saga de Michael Ende, ainsi que le recours à la perception
     simultanée d'époques différentes, la notable récurrence du non-dit dans la
     dernière période du roman, et enfin le triomphe de la transition d'un univers à
     l'autre sur une base non plus magique (armoire de passage...), mais presque
     exclusivement psychologique.
     M. Nicolajeva, dans *Children's Literature Comes of Age* (p.207), arrive, soit dit
     en passant, à des conclusions identiques. Elle précise cependant que si les formes
     narratives évoluent actuellement dans le sens de la complexité (subtilité des
     coordonnées spatio-temporelles, intertextualité, raffinement du rapport entre texte
     et réalité), une telle orientation de la littérature de jeunesse ne concerne jusqu'à
     présent qu'un petit nombre d'œuvres modernes de qualité.

La nouvelle perspective a libéré également l'**écriture**. A l'écriture contraignante, toujours très correcte, suscitée par un récit autrefois porteur d'édification, a succédé un langage spontané tout autre que neutre de ton, très proche du parlé. Fondé sur une scrupuleuse adéquation au plaisir du jeune lecteur, il s'impose par le choix de tournures expressives et de détails particulièrement tangibles. Même des propos plus graves sont servis par un style narratif décrispé, à la limite de l'humoristique.

L'**humour**, aujourd'hui omniprésent, ressortit également au point de vue du non-adulte. Il se dégage du coup d'œil amusé et démythifiant du jeune héros. Celui-ci tourne volontiers en ridicule l'autorité, parents et professeurs. L'écrivain lui fait épingler les maladresses, bizarreries, faiblesses et contradictions de ses aînés. L'adulte est fréquemment soumis, dans la perception de l'enfant, à un processus de réduction et de déformation. Les rapports normaux sont inversés, un énorme pouvoir est dévolu aux plus faibles. Pas de sarcasme gratuit cependant : loin de tout système, les exemples de connivence et d'affection réciproque entre générations sont nombreux.

Pas davantage de critique unilatérale, car les jeunes protagonistes se moquent beaucoup d'eux-mêmes, de leur vie intime et de leur apparence.

Il peut surprendre que de 1929 à 1945, les romans, miroirs de la société, ne renvoient pas au désenchantement généré par la grande crise économique ni à la peur d'un nouveau conflit mondial. Bien évidemment, dans cette période qui voit la montée des totalitarismes, la propagande et la mise en condition à tous les niveaux des citoyens dans les pays concernés faisaient obstacle à la libre créativité sur le plan de la littérature juvénile. On retiendra tout au contraire les retouches racistes et les manipulations textuelles dont l'œuvre d'un Karl May a été la victime.

Ailleurs, les romans destinés alors à la jeunesse offrent encore l'image d'une société stable et sereine, confiante en ses valeurs. Que règne la paix sociale – ou qu'on veuille seulement faire croire à son existence dans une classe (ou une caste) donnée –, que par dérobade on estompe les drames, les problèmes cruciaux de l'heure, et la littérature s'affadit en perdant de sa substance.

Construits autour d'enfants et d'adolescents sans préoccupations intimes, les récits, de tonalité optimiste, sont gais, les dénouements heureux. La misère n'effraye pas (voyez Ch. Vildrac, L. Ingalls Wilder, E. Farjeon). Le bonheur est encore et toujours lié à la permanence des choses. Autrefois lente et peu variable, la vitesse d'évolution de la littérature de jeunesse va s'accélérer au cours de la seconde moitié du vingtième siècle seulement.

Cependant, les inquiétudes de l'époque semblent déjà se traduire par l'expression d'une certaine méfiance vis-à-vis de l'adulte, et inversement par une confiance accrue en l'enfant. L'écrivain se plaît à la description d'existences juvéniles à l'écart de la présence de ses aînés. Le portrait de l'être intime de l'enfant gagne en authenticité. La prise en compte des œuvres proposées aux non-adultes et, donc, pas seulement de ce qui est écrit pour eux, montre que, quelle qu'ait été la gamme d'âge visée à l'origine, des livres comme *Emile et les détectives, Les Contes du Chat Perché, Le Petit Prince, Les disparus de Saint-Agil, La Maison des Petits-Bonheurs, Fifi Brindacier*… accordent dès ces années trente une large place au point de vue de l'enfant/adolescent et à son langage particulier.

Une œuvre marquante de cette période est à la croisée des chemins. La trilogie des *Fifi Brindacier*, roman-charnière de diffusion mondiale, clôt comme exemple ultime la représentation d'une enfance insouciante et libre de conflits identitaires, mais la romancière Astrid Lindgren en préfigure résolument une nouvelle par son anti-autoritarisme, ses aspirations à la liberté, au pouvoir de l'enfant et sa constante remise en question des valeurs adultes. L'écrivain suédois revendique pour l'enfant le droit à être lui-même. Autrement dit, les tours de garnements de jadis (voyez *Il Giornalino di Gianburrasca*, 1912) ont fait place, parfois à travers des situations identiques, au sérieux d'une affirmation qui va se radicaliser toujours davantage.

On observe, à la même époque, une intégration plus étroite de l'imaginaire au réel. Les écrivains ne cherchent pas à fuir la réalité, mais à la transposer. Tolkien, par exemple, développe la psychologie individuelle de personnages surnaturels, et Pamela Travers introduit le personnage fabuleux dans la vie quotidienne.

Dès le lendemain du second conflit mondial, entre 1945 et 1960, l'annonce du grand essor de l'édition juvénile profite surtout aux plus jeunes lecteurs. Cependant, nombre de romans de la littérature générale publiés pour la première fois dans ces années-là (on peut citer Vercors, M. Pagnol, R. Bradbury, A.C. Clarke, W. Golding, I. Calvino, S. D'Arzo, J.D. Salinger, J. Kessel, et bien d'autres) entrent progressivement sous leur forme intégrale dans les collections et les catalogues de bibliothèques spécifiques (scolaires, communales ou municipales pour les jeunes).

Les récits inspirés par les événements liés à la Seconde Guerre mondiale, qui reste sans doute trop proche, ne sont pas encore fréquents. En 1946, Colette Vivier publie *La Maison des Quatre-Vents*, premier roman sur la Résistance conçu pour les enfants. Quelques récits anglais (P. Travers, I. Serraillier, N. Streatfeild), et l'un ou l'autre en allemand (H. Winterfeld), en russe (L. Voronkova) ou encore d'origine américaine (M. De Jong) racontent l'errance des enfants sans parents et la difficile adaptation de petits évacués à de nouvelles conditions de vie. La valeur du célèbre *Journal d'Anne Frank* (1947) dont la jeune rédactrice, malgré la situation atroce où elle se trouve, réussit à alterner les tons graves et légers, voire humoristiques, ne tient pas seulement à l'authenticité historique, mais à la reconstitution sans pathos d'une évolution adolescente dans des circonstances exceptionnelles. Sans se référer à un contexte précis, Erich Kästner et Alberto Manzi manifestent, dans des récits animaliers, autour des thèmes de la liberté et de la paix, leur rêve de reconstruction.

Il est curieux de constater qu'après un cataclysme mondial, les chroniques réalistes, qu'elles soient domestiques ou scolaires – la distinction du cadre tendant à s'estomper – confirment le sentiment de bonheur, de sécurité et de stabilité que traduisait paradoxalement le roman de la période précédente. L'euphorie de l'après-guerre repousse à l'arrière-plan le souvenir de l'horreur. L'approche de la vie est chaleureuse. La bonne humeur règne (B. Cleary). A.M.G. Schmidt raconte merveilleusement les joies et les peines des plus petits. Des écrivains (A. Ransome, W. Mayne) restituent des atmosphères sereines. Leurs protagonistes juvéniles, tournés surtout vers la vie extérieure mais néanmoins respectueux de l'adulte, de ses valeurs et de ses traditions ne souffrent pas de préoccupations profondes. Les artistes poétisent la nature (H. Bosco, Ch. Vildrac dans *Amadou et le bouquillon*), des décors champêtres, ferme ou village; ou urbains, comme tout un quartier avec ses rues (P. Berna). L'intrigue repose souvent sur la solution d'une énigme et les chasses au trésor sont monnaie courante (A. Lindgren, Ph. Pearce, P. Berna). Le jeune héros exerce ses talents de détective joyeux et inventif dans le cadre de sa vie quotidienne (A. Lindgren, A. Ransome).

Par ailleurs, l'aventure exotique ou maritime, du moins celle située dans un ailleurs très lointain, annonce une ouverture vers les peuples étrangers (R. Guillot, Rütgers van der Loeff, F. Mühlenweg, H. Kaufmann, K. Lütgen, R. Amstrong). Le jeune protagoniste, sans doute un peu artificiel, un rien surfait à ce stade, acquiert le sens des responsabilités au fur et à mesure qu'il surmonte le danger.

Le roman historique des années cinquante prend une nouvelle dimension sous la plume de Rosemary Sutcliff, dont le succès déborde largement le lectorat juvénile. Avec elle s'efface la distinction entre roman historique et roman réaliste. Le développement physique et moral du personnage juvénile assume autant d'importance que la reconstitution d'une époque révolue. La transmission du passé, sous-tendue cette fois par l'optique d'un jeune héros en pleine évolution, tempère ce que ces récits pourraient avoir sinon d'abusivement documentaire.

Cependant, à cette même époque, la réalité romanesque est loin d'être toujours idyllique. Dès 1954, W. Golding montre comment l'instinct de destruction et de mort se manifeste déjà chez l'enfant. Le Suédois H. Kullman décrit chez les jeunes, parallèlement à la camaraderie et à la solidarité, un climat de violence sauvage.

D'ailleurs, il n'y a pas que Golding ou Kullman. Repris au fil des ans, petit à petit, par les collections de jeunesse, apparaissent dans ces années-là des romans qui donnent des images innovatrices insolites du non-adulte : celle de l'enfant indépendant, affranchi de la famille, agressif et visant à démasquer l'adulte (*Zazie dans le métro*), celle de l'adolescent en proie au mal de vivre, révolté contre la société, anxieux, solitaire, victime de l'incommunicabilité et de l'indifférence parentale. Ainsi le héros de *L'Attrape-cœurs* de J.D. Salinger, digne successeur de Huckleberry Finn. Faut-il encore justifier la présence ici de Golding, de Salinger ou de Queneau ? Il n'est que trop certain – et d'ailleurs notoire – que ces œuvres pour adultes ont rencontré succès et influence auprès du public adolescent.

La fiction à caractère fabuleux s'épanouit, à l'instar des récits réalistes, telle, dans le domaine littéraire, une retombée compensatoire par rapport à la guerre, à partir d'un grand désir de paix, de vie simple sans bouleversements. Riche de fantaisie et de poésie, elle prend des formes variées. Les œuvres de T. Jansson, D. Buzzati, G. Rodari, E.B. White, E. Lillegg, O. Preussler, J. Krüss sont des hymnes au bonheur, à la bonté, à l'entente et à l'entraide. Les écrivains créent des microsociétés animales, végétales et humaines par le biais desquelles ils insufflent l'amour de la vie. La miniaturisation de personnages humains ou surnaturels souligne le rapport de forces entre puissants et faibles; les « petits » sont souvent obligés de se cacher (M. Norton, R. Godden, A.M.G. Schmidt, T. Inui). Mais, grâce à un don magique, le jeune protagoniste est fréquemment mis en mesure de s'opposer à un adulte belliqueux (M. Druon). A ce stade, c'est donc encore un pouvoir surnaturel qui est chargé de rétablir l'équilibre.

Les années cinquante sont marquées par la magistrale épopée du *Seigneur des Anneaux* que J.R.R. Tolkien, harmonisant réel et fabuleux, et donc loin de bouder les réalités du monde tangible, construit à partir d'un roman conçu avant la guerre pour son fils : *Bilbo le Hobbit, Histoire d'un aller et retour*. Inversement, l'allégorie d'inspiration chrétienne de C.S. Lewis se joue dans un cosmos fort éloigné de notre quotidien. Un lion héraldique, métaphore christique évidente, y est chargé de faire régner la paix.

Dans cet épanouissement du merveilleux, un nouveau type d'intégration des mondes, lié à la perception du temps et de la durée, se fait jour. Les allers et retours entre le passé et le présent, qu'on trouve déjà dans des romans d'Edith Nesbit, au début du XXe siècle, et un peu plus tard chez Alison Uttley, se répercutent dorénavant sur le trajet intérieur du héros. Quand passé et présent se mélangent en passant par sa vie intime, le protagoniste hésite entre la réalité que lui offre ses rêves et celle de son vécu quotidien. Les contours du monde réel commencent à vaciller; il ne fait plus la distinction entre la réalité et l'imaginaire. Confrontés au merveilleux dans la vie ordinaire, les personnages de Lucy Boston et de Philippa Pearce sont contraints à se poser des questions sur leur situation dans la réalité. Cet irréel renouvelé inaugure de la sorte une façon originale d'explorer les consciences juvéniles.

A partir de 1960, les écrivains des *Golden Sixties*, époque des grandes remises en cause (autour de mai 68) des valeurs traditionnelles, mettent toujours plus en évidence de jeunes protagonistes très critiques à l'égard de leurs aînés. Et bientôt, comme en écho à la grandissante instabilité sociale du dernier quart de siècle, les livres renverront à une progressive radicalisation du questionnement des jeunes sur eux-mêmes et les autres.

Le roman montre comment le non-adulte se transforme sous l'effet d'expériences intimes nées de ses relations à autrui (parents, grands-parents et autres adultes de son entourage, camarades, étrangers...). Ses réactions à l'événement, banal ou exceptionnel, sont prioritaires. Les événements sont choisis en fonction de son développement psychologique et accélèrent son processus d'évolution vers la maturité. En d'autres termes, l'enjeu de l'écrivain est à chercher dans la crédibilité – au regard de la génétique comportementale – des réactions juvéniles de son héros face à une situation donnée.

Les personnages d'enfants et d'adolescents sont individualisés par l'âge, le caractère, le milieu géographique et social, le langage, l'absence de l'un ou l'autre parent, la couleur de la peau, l'amour de la nature et des animaux... (œuvres de A.M. Matute, Sempé/Goscinny, M. Gripe, U. Wölfel, J. Blazkova, L. Garfield, J. Paton Walsh, E. Neville, C. Bødker, S. North, L. Fitzhugh, M. Argilli, J.M. de Vasconcelos, P. Wrigston, I. Southall, V. Hamilton, A. Pierjean, P. Härtling et de tant d'autres).

Cependant, si le livre privilégie des projections intérieures, il n'en néglige pas pour autant, dans le registre de l'objectivité, le monde tel qu'il est et a existé de tout temps (la vie et la mort, le mouvement, les changements, la succession des jours, un arbre, le ciel, la mer...). Les meilleurs auteurs accèdent alors à un équilibre qui intègre les invariants tout en évitant par ailleurs les écueils du psychologisme.

Les romans consacrés à la Seconde Guerre mondiale et aux autres conflits d'un passé proche, se font plus abondants (ceux par exemple de Y. Meynier, N. Ciravegna, J.P. Richter, A. Zei, J. Paton Walsh, N. Bawden, A. Holm, J. Joffo, E. Hautzig, J. Terlow, F. Uhlman, Ch. Nöstlinger, P. Berger, J. Lindgard). L'authenticité des sentiments résulte souvent de la participation, proche ou lointaine, aux événements, telle qu'elle fut vécue par les écrivains eux-mêmes.

Après R. Sutcliff, d'autres romanciers font revivre un passé plus éloigné à travers le regard de l'enfant (J.Cl. Noguès) ou de jeunes adultes (M. Diekmann, H. Burton, K.M. Peyton).

La fiction à affabulation merveilleuse, marquée par une inventivité effervescente et polymorphe, emprunte diverses voies, anciennes ou nouvelles. A côté d'une féerie traditionnelle, axée sur un temps et des lieux invérifiables, ponctuée cependant de références au monde contemporain (romans épiques de L. Alexander, U. Le Guin; récits à la manière du conte merveilleux de T. Dragt, P. Biegel, O. Preussler, J. Terlow, ou encore le *Momo* de M. Ende), se développe un fabuleux ancré dans le monde réel. Le jeune héros du roman épique nouvelle manière est assailli dans sa vie quotidienne par des puissances hostiles et impalpables. Le Mal (depuis Tolkien) est sans visage. C'est une force latente et destructrice, porteuse de permanente angoisse, mais que l'opposition et la résistance renverront à son néant.

Dans les romans d'anticipation, ce maléfice se confond (même si l'on tient compte de l'apport de Jules Verne et de l'intégration de H.G. Wells aux lectures juvéniles) avec une technologie envahissante. Il faut noter que jusqu'à présent la science-fiction ne constituait qu'une part infime de la littérature de jeunesse. Le jeune héros y a désormais pour mission de repousser l'adversaire pernicieux et d'assurer le retour à une vie antérieure sereine (romans de A. Garner, J. Christopher, P. Dickinson, S. Cooper).

Les chroniques de la vie quotidienne, parfois de tonalité humoristique, s'édifient à partir d'un élément fabuleux, catalyseur des émotions et des attitudes. Des écrivains de la décennie précédente (A.M.G. Schmidt, M. Druon, entre autres) avaient montré le chemin. Les situations et les rapports humains se cristallisent chez G. Rodari (*La tarte volante*) ou encore chez A.M.G. Schmidt (*Cette mystérieuse Minouche*), Ch. Nöstlinger (*Le roi des concombres*), N. Fisk (*Grinny*), P. Lively (*Le fantôme de Thomas Kempe*), P. Farmer (*A Castle of Bone*) autour de l'intrusion d'un phénomène magique dans l'ordinaire des jours. Une fantaisie à dominante ludique investit les récits de R. Dahl, M. Lerme-Walter. Des animaux parlants, des jouets doués de raison, peuplent des romans de grande portée, œuvres de moralistes (et non plus de moralisateurs !), véritables invitations à la réflexion philosophique et politique (*Les Garennes de Watership Down* de R. Adams; *L'automate et son fils* de R. Hoban).

De 1974 à l'an 2000, à l'image d'une société secouée par une crise à la fois économique, sociale et morale, plongée dans une actualité internationale frustrante (chômage, dislocation des familles, immigration, pollution…), le réalisme souvent léger des périodes précédentes fait place à une version dure de la même esthétique. Toutefois, tel un contrepoids à une tonalité globale triste, l'approche humoristique se répand généreusement. La généralisation du point de vue juvénile, amorcée dès avant les années soixante, débouche sur la désacralisation de l'adulte. On le montre indifférent, hésitant et plein de préjugés. Le Bien est presque toujours du côté des jeunes. Ils représentent la loyauté, la ténacité, la générosité. On les dote d'une volonté exemplaire pour les charger de responsabilités qui incombent normalement à leurs aînés. Une nouvelle forme d'*idéalisation* de l'enfant/adolescent opposé à l'adulte démissionaire remplace l'ancienne. On peut se demander si, à la longue, elle n'implique pas le danger d'une nouvelle forme d'édification autour d'un jeune systématiquement supérieur à l'aîné. Le roman fait l'éloge du jeune héros à l'esprit critique aiguisé, rebelle et indépendant.

A leur époque, Alice, Pinocchio, Tom Sawyer et Huckleberry Finn qui n'acceptaient pas l'autorité et les normes comme allant de soi, étaient encore, rappelons-le, de brillantes exceptions. Aujourd'hui, la « sagesse » juvénile se substitue donc à l'omniscience de l'adulte. En fait, l'écueil de la littérature de jeunesse réside dans la simplification manichéiste, d'origine pédagogique. Mais cet écueil, ne l'éviterait-elle pas en se penchant plus souvent sur les problèmes des anti-héros, des ennemis, des mauvais, en d'autres mots sur les causes freudiennes, sociales, civilisationnelles du Mal ?

Cependant, ce processus d'idéalisation du non-adulte, enrayé dès les années cinquante par W. Golding, est freiné par la diffusion d'un sentiment grandissant de méfiance à l'égard des jeunes regroupés en bande. Des romans de R. Cormier, B. Lentéric… montrent comment la violence se propage quand les jeunes s'associent et acceptent la direction de chefs dévorés par leur volonté de puissance et mécanisés par leur totale absence de sensibilité.

Les tendances déjà à l'œuvre dans la période précédente se confirment aussi sur d'autres plans. En pleine croissance depuis les années soixante-dix, le roman *d'atmosphère historique* est fondé sur la reconstitution d'un contexte social, politique et religieux. Les faits eux passent à l'arrière-plan. Le jeune protagoniste réagit aux situations d'hier comme il réagirait à celles d'aujourd'hui. Il tente d'assurer la continuité entre présent et passé (voir les œuvres de L. Garfield, K. Paterson, de J.M. Merino). Restent les aléas de la restitution intérieure : un jeune héros de 1750 aurait-il réagi ? Y avait-il de jeunes héros ? Stevenson était un poète dans tous les sens du terme !

Les très bons romans *rétrospectifs* (soit, vus dans le passé, mais du vivant de l'auteur) qui souvent s'inspirent, pour leur part, d'un thème majeur, la Seconde Guerre mondiale, sont fréquents. Leur qualité relève d'une plongée dans la mémoire, le plus souvent autobiographique (œuvres de R. Westhall, P. Lively, M. Magorian, E. Pelgrom, J. Oberski,

Cl. Gutman, H. Mingarelli, S. Heuck, F. Elman, A. Siegal, M. Levoy, U. Orlev, B. Burko-Falcman). Le roman rétrospectif renvoie aussi à la Récession des années trente (M.D. Taylor, K. Kordon), à la guerre civile en Espagne (E. Teixidor), au conflit irlandais (J. Lingard), à la décolonisation de l'Algérie (J.P. Nozière), à la révolution culturelle en Chine (Fen Ji Kai, Ya Ding), à la vie rurale entre les deux guerres (J. Cassabois)...

La vie domestique et intime demeure un territoire prioritaire du livre de jeunesse. Le rôle du passé, mais cette fois dans la vie individualisée, est mis en évidence. Les écrivains contemporains concèdent une importance accrue à la personne âgée. De personnage secondaire, elle tend à devenir un personnage central. Valorisée en proportion de sa disponibilité, de sa généreuse attention et de sa capacité à transmettre les traditions, cette figure positive aide le protagoniste juvénile à se repérer et à remédier à ses malaises intimes (notamment chez P. Lively, M. Bosse, N. Babbitt, J. Branfield, J. Howker, G. Kuijer, P. Härtling, Ch. Nöstlinger, S. Vermot, A. Bröger, R. Piumini, T. Bowler).

La recherche de repères identitaires liée à l'évocation de vieux manoirs introduit également le passé dans le présent (E. Dunlop, B. Solinas Donghi, H. Montardre).

Cas particuliers, à rebours de l'inspiration domestique, mais à elle rattachés en creux, par l'absence, nombre de romans modernes dépeignent la solitude morale du héros juvénile en dehors du cadre familial (F. Holman, E.H. Rhodes, J.M.G. Le Clézio, I. Southall, G. Mebs, J. Demers, J. Gardam, C. Voigt) ou même à l'intérieur du foyer (E. Cl. Haugaard, S. Aquilino, T. Lenain, C. Coman, A. Provoost, S. Perez, K. Hesse). Les uns décrivent l'existence solitaire comme un nécessaire rite de passage avant la sortie de l'enfance, d'autres la levée de l'isolement grâce à l'amitié, à l'amour (S. Fleischman, K. Paterson, U. Le Guin, N. Babbitt, M. Desplechin, A. Desarthe), ou encore à l'évasion onirique (L. Bojunga Nunes, M. Ende, E. Pelgrom, M. Déon, M-S. Roger, R. Piumini).

A l'encontre des récits merveilleux du passé, les œuvres modernes n'hésitent pas à intégrer étroitement la fantaisie et une réalité quotidienne des plus pénibles (I. Dros, J. van Leeuwen, S. Schell, Ph. Ridley, Th. Breslin, S. Gandolfi). La fantaisie est toujours liée à une crise dans le quotidien. Si Alice ne s'ennuie pas, plus de Wonderland ! Toutefois, aujourd'hui le relief et la présence même de ce quotidien en crise sont fortement accentués. En contraste.

Le roman familial (ou domestique) puise sa force dans l'art d'exprimer au plus juste les difficiles relations que le héros, doté lui-même d'épaisseur psychologique, entretient avec soi et ses proches (N. Bawden, T. Haugen, P. Maar, R. Welsh, P. Fox). Père et mère ne sont pas toujours cernés dans leur égoïsme et leur mesquinerie, leur désintérêt et leur indécision (à témoin Cl. Gutman, Stéphanie, S. Towsend, A. Chambers, S. Perez), mais présentés aussi comme des alliés compréhensifs et affectueux (par S. Morgenstern, Ch. Donner, P. Modiano, G. Anfousse, S. Waugh, A. Vieira). Les chroniques de la vie au foyer reflètent la précarisation du couple et du lien familial. Elles traduisent les sentiments contradictoires du héros au sein d'une famille en train de se défaire ou de se recomposer (A. Fine, U. Stark, L. Werneck). Ici et là, l'humour et la fantaisie l'emportent sur la dimension psychologique (W. Hall). Il arrive également que l'élément fabuleux soit intimement intégré au réalisme psychologique (L. Bojunga Nunes, M. Mahy).

La peinture de la vie intime et domestique s'accompagne du récit d'aventures en dehors de la maison (Ch. Donner, V. Dayre), de la description pointue d'un milieu social (H. Troyat) ou encore de l'évocation d'une région et de ses paysages (B. Doherty). Elle se focalise également sur les relations entre amis d'origines sociales parfois diverses (B. Ashley, J. Mark, Ph. Delerm).

L'approche humoristique dans les romans domestiques met encore en exergue le renversement des rôles. L'auteur oppose le non-adulte raisonnable, parfois moralisateur, à un aîné faible et indécis, typé jusqu'à la caricature (œuvres de M. Richler, R. Dahl, M-A. Murail, D. Pennac). Néanmoins, cette perspective si féconde aujourd'hui fait aussi intervenir la joyeuse et espiègle fantaisie de l'enfant, et parfois celle de son aîné (B. Reuter).

La révélation du monde extérieur, à l'écart du foyer, que ce soit à l'école (R. Cormier, B. Ashley, Ph. Barbeau, G. Kemp, D. Pennac) ou dans la rue (G. Paulsen, M. Burgess); la découverte d'un ailleurs plus lointain (P. Pelot, P. Pieterse), de pays et de peuples étrangers (A. Manzi, S. Gordon, L. Beake, N. Silver, S. Fisher Staples, R. Shami), élargit bien entendu l'horizon domestique. L'ouverture sur des traditions, des conditions de vie et des modes de pensées éloignées de celles du personnage central est tout naturellement amenée par le thème de la camaraderie et de l'amitié (T. Jones, J. Needle, P. Pohl). Aujourd'hui, *le roman d'aventures*, à l'égal du roman réaliste, historique et merveilleux, tire sa substance du parcours psychologique du héros à la recherche de soi (R. Piumini). Inversement aux récits du passé, nos romans « exotiques » se signalent par une volonté de compréhension à l'égard de la différence. Ils offrent à présent une image généralement acceptable des sociétés contemporaines.

Le roman policier sollicite l'intérêt non seulement par une intrigue captivante, habilement construite, et une écriture alerte, souvent drôle (A. Horowitz, M-A. Murail, Delperdange), mais aussi par le personnage de l'enquêteur, adulte ou adolescent, conduit à observer les milieux et les paysages les plus divers et à s'analyser lui-même et les autres (J. Pestum, Y. Hughes). En outre, le polar retient aisément l'attention lorsque l'auteur mêle aux événements la peinture de problèmes contemporains : chômage, racisme, rackets, existence difficile des sans-abri et des vieilles personnes sans ressources… (B. Ashley, R. Swindells, D. Daeninkx). Il séduit par ses retours à des civilisations anciennes, par exemple l'étrusque (M-A. Murail) ou l'égyptienne (P. Paine). Le fantastique envahit maintenant le roman policier (V. Lou) comme le policier intervient dans la science-fiction.

De nos jours, l'inspiration à la source des *romans d'anticipation* est variée. Les narrations se tissent à partir d'une multitude de sujets en rapport avec l'actualité scientifique et son extrapolation, citons : aventure dans l'espace, irruption de l'extraterrestre parmi les terriens (C. Grenier, Y. Tsutsui, W. Sleator), reproduction humaine (Ch. Kerner), renaissance à la vie après les cataclysmes (R. O'Brien, N. Bond, G. Pausewang, J. Joubert), mutations génétiques (P. Dickinson), crainte devant des sociétés programmées (L. Lowry), parapsychologie, technologie menaçante (B. Lentéric). Plus les récits recoupent la problématique spécifique de l'adolescent, autrement dit sa quête d'un équilibre intérieur, plus ils semblent convaincants.

L'intégration du merveilleux au réel se poursuit. L'action épique de type merveilleux se déroule soit dans un monde imaginaire où le protagoniste trouve la solution aux problèmes que les jeunes affrontent dans la vie ordinaire (M. Ende, D. Wynne Jones, A. Lindgren, R. McKinley, N. Garrel, S. Price), soit au sein du monde « courant » (A. Horowitz, Ph. Pullman, I. McEwan, J.K. Rowling, M-H. Delval, Ch. Lehmann).

Des écrivains associent subtilement le merveilleux à l'humour (R. Dahl, W. Hall), tandis que chez Y. Kemal, D. Pennac, B. Atxaga, L. Sepulveda, H. Brandford, la synthèse procède du discours philosophique des animaux parlants, selon une tradition qui remonte à Esope, à travers Firenzuola, Cervantes, La Fontaine, sans oublier Marcel Aymé.

De 1974 à la fin du siècle, les grandes tendances apparues après 1950 dans le roman destiné à la jeunesse se sont donc confirmées. Le processus créatif s'est développé à partir de la réalité intérieure du non-adulte. Par ailleurs, les romans traduisent une prise de conscience plus aiguë qu'auparavant d'un sentiment de solitude et d'insécurité.

La division des genres tend à disparaître devant la notion de maturation et de perfectionnement personnel. Fantaisie et humour se mêlent à une tonalité dominante réaliste, et le réalisme au récit fabuleux. L'originalité des œuvres contemporaines réside précisément dans l'étroite imbrication, sous des formes toujours plus variées, du réalisme psychologique et de l'imaginaire au travers d'atmosphères envahies par le rêve et la magie. Le croisement de plus en plus fréquent du merveilleux et du réalisme impliquerait-il l'apologie de la fantaisie considérée désormais comme une valeur indispensable à un épanouissement équilibré dans la vie réelle ? Va-t-on vers un droit au rêve, comme on parle du droit au plaisir ?

La littérature telle qu'elle se profile dans les collections de jeunesse est plus riche et plus variée que jamais. La finalité pédagogique ne freine plus comme dans les siècles passés le libre épanouissement de la création artistique. *Ce n'est d'ailleurs parfois qu'après coup que l'écrivain apprend qu'il a écrit un livre pour les jeunes.* Tout au plus était-il conscient d'avoir été inspiré par l'enfant d'autrefois qui demeurait en lui.

L'exploration de thèmes nouveaux et les modes d'écriture originaux laissent à penser que la distance entre les deux publics, l'adulte et l'adolescent, ira dorénavant s'amenuisant. La différence tient, au-delà des goûts, à l'accessibilité du texte, à un tonus général plus optimiste, voire à une présentation plus positive. Il devient difficile de tracer une ligne de partage entre les romans pour adolescents, ou pour post-adolescents. De la collection « Page blanche » (voir son catalogue), *Le monde de l'Education* ne disait-il pas : « Cette collection de textes littéraires contemporains a su se tailler une large place dans la bibliothèque des 14-25 ans. »

Une nouvelle catégorie de lecteurs ne serait-elle pas en train de se développer ? Des collections de jeunesse (en France comme à l'étranger) réunissent des romans susceptibles de répondre aux aspirations et aux interrogations propres à une nouvelle gamme d'âge correspondant à l'extension dans les deux sens du concept de « jeunes », celle des pré-adultes et aussi, pourquoi pas, des « nouveaux adultes » (parce qu'entre quatorze et vingt-cinq ans, on peut devenir père, éligible, être condamné à mort, etc.).

D'autre part, peut-on exclure du patrimoine littéraire des jeunes (à partir de treize ans selon les expériences, les goûts et les compétences des lecteurs), des œuvres publiées en dehors des collections juvéniles[2] dont ils contribuent eux-mêmes au large succès (notamment en les couronnant de prix spéciaux dont, depuis dix ans, « leur » Goncourt); par exemple le roman de Luis Sepulveda, *Le vieux qui lisait des romans d'amour*, best-seller grâce spécialement aux collégiens et lycéens ?

A l'heure où le format esthétique des livres de jeunesse ne compte pas moins que le fond, ne peut-on s'attendre à voir un jour sur les rayons des œuvres pour adultes d'autres titres encore que les *Aventures de Pinocchio*[3] ou une sélection des romans de la Comtesse de Ségur ?[4] Depuis le XVIIIe siècle, la littérature pour la jeunesse s'est appropriée, quitte souvent à les adapter, nombres d'œuvres pour adultes. Quand verra-t-on la littérature générale accorder décidément leur place aux meilleurs récits destinés aux jeunes ?

---

2   Relevons que les plus récents catalogues d'œuvres proposées aux adolescents *à partir de douze ans* incluent dorénavant des livres de Cavanna (*Les Ritals*) et de Patricia Highsmith (*L'Inconnu du Nord-Express*).

3   Le roman de Carlo Collodi a paru en 1997 en Livre de Poche, Coll. Mille et Une Nuits, n° 176.

4   Sélection publiée en 1997 par Actes Sud dans sa collection « Babel ».

Bibliographie

Aers, L., « The Treatment of Time in Four Children's Books », *Children's Literature in Education* 2, 1970, p.69-81.

Anderson, Ch., *Michel Tournier's Children. Myth, Intertext, Initiation*, Peter Lang, 1998.

Arfeux-Vaucher, G., *La vieillesse et la mort dans la littérature enfantine de 1880 à nos jours*, Editions Imago, 1994.

Baumgärtner, A.C., *Le livre allemand pour la jeunesse* (ouvrage collectif), Friedrich Verlag, Velber, 1974.

Beckett, S., « Voix/voies narratives dans *L'Ane Culotte* », in *Culture, Texte et Jeune Lecteur*, présentation de Jean Perrot, Actes du Xe Congrès de l'International Research Society for Children's Literature (1991), Presses Universitaires de Nancy, 1993.

Blampain, D., *La littérature de jeunesse pour un autre usage*, Bruxelles, Nathan/Editions Labor, 1979.

Blount, M., *Animal Land, The Creatures of Children's Fiction*, New York, Avon Books, 1974.

Boero, P., *Una storia, tante storie, Guida all'opera di Gianni Rodari*, Torino, Piccola Biblioteca Einaudi, 1992.

Caradec, F., *Histoire de la littérature enfantine en France*, Paris, Albin Michel, 1977.

Causse, R., *Guide des meilleurs livres pour enfants*, Paris, Calmann Lévy, 1986.

Current Trends in Comparative Children's Literature Research, ouvrage collectif, présentation de B. Kümmerling-Meibauer, « Compar(a)ison » An International Journal of Comparative Literature (II/1995), Berne, Peter Lang, 1996.

Darton, H., *Children's Books in England : Five Centuries of Social Life*, 3rd ed., revised by Brian Alderson, Cambridge University Press, 1982.

Diamant, N., *Dictionnaire des écrivains français pour la jeunesse 1914-1991*, L'Ecole des loisirs, 1993.

Doderer, K., *Lexicon der Kinder-und Jugendliteratuur*, Weinheim und Basel, Beltz Verlag (3 volumes), 1979.

Dyhrenfurth, I., *Geschichte des Deutschen Jugendbuches, mit einem Beitrag über die Entweicklung nach 1945 vom M. Dierks*, Zurich/Freiburg, Atlantis verlag, 1967.

Egoff, S.A., *Thursday's Child, Trends and Paterns in Contemporary Children's Literature*, Chicago, American Library, 1981.

Escarpit, D., *La littérature d'enfance et de jeunesse en Europe : Panorama historique*, Paris, PUF, « Que sais-je ? », 1981.

Escarpit, D., Vagné-Lebas, M., *La littérature d'enfance et de jeunesse. Etat des lieux*, Paris, Hachette jeunesse, 1988.

Eyre, F., *British Children's Books in the Twentieth Century*, London, Longman, 1971.

« Fictions adolescentes », *Ianus Bifrons*, Presses Universitaires de Nancy, n° 1, 1992.

Garner, A., « Coming to terms », *Children's Literature in Education 2*, Ward, Lock Educational, Exeter, Saint Luke's College, July 1970, p.15-29.

Ghesquière, R., *Het Verschijnsel Jeugdliteratuur* (« Le phénomène de la littérature de jeunesse »), Louvain Acco, 1986, (première édition en 1982).

Held, J., *L'imaginaire au pouvoir*, Paris, Editions ouvrières, 1977.

Hunt, P., *Children's Literature. The Development of Criticism*, Routledge 1990.

Hunt, P., *Criticism, Theory and Children's Literature*, Oxford, Basil Blackwell, 1991.

Hunt, P., *An Introduction to Children's Literature*, Oxford University Press, 1994.

Jan, I., *La littérature enfantine*, Paris, Editions ouvrières, 4e édition, revue, augmentée et mise à jour, 1984.

Jan, I., *Les livres pour la jeunesse, un enjeu pour l'avenir*, Paris, Sorbier, 1988.

Kümmerling-Meibauer, B., *Klassiker der Kinder– und Jugendliteratur : Ein Internationales Lexikon,* Stuttgard : Verlag J.B. Metzler, 1998.

Lesnik-Oberstein, K., *Children's Literature Criticism and the Fictional Child*, Oxford, Clarendon Press, 1994.

Linders, J., de Sterck, M., *Nice to meet You, A Companion to Dutch and Flemish Children's Literature*, Amsterdam, Dutch Trade Publishers Association, Antwerp, Flemish Book Trade Association, Frankfurt Book Fair 1993.

Livres d'enfance, livres de France, sous la direction d'A. Renonciat en collaboration avec V. Ezratty et G. Patte, Hachette Jeunesse, IBBY France, édition bilingue (F-A), 1998.

Livres d'enfance en Europe, ouvrage collectif coordonné par I. Nières, Ville de Pontivy, COBB, 1992.

Livres pour les enfants, ouvrage collectif, Editions ouvrières, Collection Enfance Heureuse dirigée par Jacques Charpentreau, 1973.

Manfrédo, St., « L'humour dans la science-fiction et le fantastique pour la jeunesse », *La revue des livres pour enfants*, n° 183, septembre 1998, p.59.

Meek, M., *Rosemary Sutcliff*, The Bodley Head, 1962.

Nicolajeva, M., « Literature as a Rite of Passage: A New Look at Genres », *Compar(a)ison*, Berne, Peter Lang, II/1995, p.117-129.

Nicolajeva, M., *Children's Literature Comes of Age. Toward a New Aesthetic*, New York and London, Garland Publishing, Inc., 1996.

Nobile, A., *Letteratura giovanile*, Brescia, Editrice La Scuola, 1990.

Otten, C.F., Schmidt, G.D., *The Voice of the Narrator in Children's Literature* (ouvrage collectif), Greenwood Press, 1989.

Ottevaere-van Praag, G., *La littérature pour la jeunesse en Europe occidentale (1750-1925), Histoire sociale et courants d'idées*, Berne, Peter Lang, 1987.

Ottevaere-van Praag, G., « Le passé et sa transmission dans le roman contemporain pour la jeunesse », *Compar(a)ison*, 1995, II, p.131-145.

Ottevaere-van Praag, G., *Le roman pour la jeunesse. Approches – Définitions – Techniques narratives*, Berne, Peter Lang, 1996, 2ᵉ éd., 1997.

Ottevaere-van Praag, G., « L'humour dans le roman contemporain pour la jeunesse : évolution d'une forme d'esprit et d'une technique », *Alice. Des littératures de jeunesse et de leurs environs*, éd. Le Hêtre Pourpre, Modave, Belgique, 1996, n° 3, p.59-68.

Patte, G., « Les propositions de l'imaginaire », *Les livres pour les enfants*, Paris, Editions ouvrières, « Enfance Heureuse », 1977.

Pennac, D., *Comme un roman*, Gallimard, 1992.

Perrot, J., *Du jeu, des enfants et des livres*, Paris, Editions du Cercle de la Librairie, 1987.

Perrot, J., « La Littérature d'Enfance et de Jeunesse », *Précis de Littérature Comparée*, ouvrage collectif sous la direction de P. Brunel-Y. Chevrel, Paris, PUF, 1989, p.299-319.

Perrot, J., *Art baroque, art d'enfance*, Presses Universitaires de Nancy, 1991.

Poslaniec, Ch., *L'évolution de la littérature de jeunesse, de 1850 à nos jours au travers de l'instance narrative*, Presses Universitaires du Septentrion, Thèse à la carte, décembre 1998.

Soriano, M., *Guide de Littérature pour la Jeunesse*, Paris, Flammarion, 1976.

Towsend, J. Rowe, *Written for Children, An Outline of English-language Children's Literature*, Garnet Miller, 1965, fifth edition, London, The Bodley Head, 1990.

Westin, B, *Children's Literature in Sweden*, Stockholm, The Swedish Institute, 1991.

Index chronologique des œuvres étudiées ou citées (1929-2000)

(Rappelons que l'optique choisie intègre les romans lus aujourd'hui par la jeunesse sans prise en considération du public d'origine.)

1929 Kästner, E., *Emile et les détectives* (trad. de l'allemand)

1930 Maurois, A., *Patapoufs et Filifers* (France)
      Ransome, A., *Swallows and Amazons* (Grande-Bretagne)
      Vildrac, Ch., *La colonie* (suite de *L'Ile rose*, paru en 1924, France)

1931 Duhamel, G., *Les jumeaux de Vallangoujard* (France)
      Kästner, E., *Le 35 Mai* (trad. de l'allemand)

1932 Wilder, L. Ingalls, *La petite maison dans les grands bois* (*Little House in the Big Woods,* Etats-Unis)

1933 Buzzati, D., *Barnabo des montagnes* (trad. de l'italien)
      Tetzner, L., *Erwin und Paul* (premier volume de *Die Kinder aus Nr. 67*, Allemagne)

1934 Farjeon, E., *Jim at the Corner* (Grande-Bretagne)
      Travers, P.L., *Mary Poppins* (trad. de l'anglais, Grande-Bretagne)

1935 Masefield, J., *The Box of Delights* (Grande-Bretagne)
      Véry, P., *Les disparus de Saint-Agil* (France)

1936 Ransome, A., *Pigeon Post* (Grande-Bretagne)
      Streatfeild, N., *Ballet Shoes* (Grande-Bretagne)

1937 Bosco, H., *L'Ane Culotte* (France)
      Garnett, E., *The Family from One-End Street* (Grande-Bretagne)
      Tolkien, J.R.R., *Bilbo le Hobbit ou l'histoire d'un aller et retour* (*The Hobbit*, Grande-Bretagne)

1938 Rawlings, M., *Jodi et le faon* (*The Yearling*, Etats-Unis)
      White, T.W., *L'Epée dans la pierre* (*The Sword in the Stone*, Grande-Bretagne)

1939 Aymé, M., *Contes du Chat perché* (France)
      Uttley, A., *A Traveller in Time* (Grande-Bretagne)
      Vivier, C., *La Maison des Petits-Bonheurs* (France)

1940 Trease, G., *Cue for Treason* (Grande-Bretagne)
      Wilder, L. Ingalls, *Un hiver sans fin* (*The Last Winter*, Etats-Unis)

1941 Estes, E., *The Moffats* (Etats-Unis)
      Knight, E., *Lassie, chien fidèle* (*Lassie Come Home*, Grande-Bretagne)
      McCloskey, R., *Homer Price* (Etats-Unis)
      O'Hara, M., *Mon amie Flicka* (*My Friend Flicka*, Etats-Unis)

1942 BB' (D. Watkins-Pichford), *The Little Grey Men* (Grande-Bretagne)
      Vercors, *Le silence de la mer* (France)

1943 Forbes, E., *Des étoiles nouvelles* (*Johnny Tremain*, Etats-Unis)
      Saint-Exupéry, A. de, *Le Petit Prince* (France)

1944 Bosco, H., *L'enfant et la rivière* (France)
      Buzzati, D., *La fameuse invasion de la Sicile par les ours* (trad. de l'italien)
      Jansson, T., *Moumine* (le premier de douze récits, Finlande, écrit en suédois)
      Lindgren, A., *Fifi Brindacier* (trad. du suédois)
      Orwell, G., *La ferme des animaux* (*Animal Farm*, Grande-Bretagne)

1945 Lindgren, A., *L'as des détectives* (trad. du suédois)
      Lindgren, A., *Fifi princesse* (trad. du suédois)

1946 Vivier, C., *La Maison des Quatre-Vents* (France)

Kessel, J., *Le Lion* (France)
Vercors, *Les animaux dénaturés* (France)
White, E.B., *La toile de Charlotte* (*Charlotte's Web*, Etats-Unis)

1953 Kullman, H, *Le voyage secret* (trad. du suédois)
Schmidt, A.M.G., *Jip en Janneke* (Pays-Bas)
Winterfeld, H., *L'Affaire Caïus* (trad. de l'allemand)

1954 Baumann, H., *Steppensöhne* (Allemagne)
Boston, L.M., *The Children at Green Knowe* (Grande-Bretagne)
De Jong, M., *The Wheel on the School* (Etats-Unis)
Lindgren, A., *Mio, mon Mio* (trad. du suédois)
Sutcliff, M., *The Eagle of the Ninth* (Grande-Bretagne)
Tolkien, J.R.R., *Le Seigneur des Anneaux* (*The Lord of the Rings*, Grande-Bretagne)

1955 Berna, P., *Le cheval sans tête* (France)
Bradbury, R., *Farenheit 451* (Etats-Unis)
Cleary, B., *Fifteen* (Etats-Unis)
Dhôtel, A., *Le Pays où l'on n'arrive jamais* (France)
Lütgen, K., *Kein Winter für Wölfe* (Allemagne)
Mayne, W., *A Swarm in May* (Grande-Bretagne)
Pearce, Ph., *Minnow on the Say* (Grande-Bretagne)
Rodari, G., *La gondola fantasma* (Italie)
Sutcliff, R., *Outcast* (Grande-Bretagne)

1956 Bosco, H., *Le Renard dans l'île* (France)
Frère, M., *Vacances secrètes* (écrivain francophone d'origine belge)
Gebhart, H. von, *La petite fille venue d'ailleurs* (trad. de l'allemand)
Krüss, J., *Le Chasseur d'étoiles et autres histoires* (trad. de l'allemand)
Lewis, C.S., *The Last Battle* (dernière des sept chroniques de Narnia, Grande-Bretagne)
Lindgren, A., *Rasmus et le vagabond* (trad. du suédois)
Serraillier, I., *Le poignard d'argent* (*The Silver Sword*, Grande-Bretagne)

1961 Blazkova, J., *Un merveilleux grand-père* (trad. du slovaque)
Richter, H.P., *Mon ami Frédéric* (trad. de l'allemand)
Sempé/Goscinny, *Les récrés du Petit Nicolas* (France)
Wölfel, U., *Tim, souliers de feu* (trad. de l'allemand)

1962 Aiken, J., *Le manoir aux loups* (*The Wolves of Willouggby Chase*, Grande-Bretagne)
Calvino, I., *Marcovaldo ou les saisons en ville* (trad. de l'italien)
Clarke, A.C., *L'Ile des Dauphins* (*Dolphin Island*, Grande-Bretagne)
Dragt, T., *De brief voor de koning* (*Letter for the King*, Pays-Bas)
Gripe, M., *Hugo et Joséphine* (trad. du suédois)
L'Engle, M., *Un raccourci dans le temps* (*A Wrinkle in time*, Etats-Unis)
Meynier, Y., *Un lycée pas comme les autres* (France)
Pearce, Ph., *Un chien tout petit* (*A Dog so small*, Grande-Bretagne)
Preussler, O., *Le Brigand Briquambroque* (trad. de l'allemand)
Sempé/Goscinny, *Le Petit Nicolas et les copains* (France)
Stockum, H. van, *Le Veilleur* (*The Winged Watchman*, Etats-Unis)
Zei, A., *Le tigre dans la vitrine* (trad. du grec)

1963 Burton, H., *Time of Trial* (Grande-Bretagne)
Dahl, R., *Fantastique Maître Renard* (*Fantastic Mr Fox*, Grande-Bretagne)
Garner, A., *The Moon of Gomrath* (Grande-Bretagne)
Holm, A., *David, c'est moi* (Danemark, trad. de l'anglais)
Lindgren, A., *Zozo la tornade* (trad. du suédois)
Neville, E., *C'est la vie, mon vieux chat* (*It's Like This, Cat*, Etats-Unis)
North, S., *Rascal* (*Rascal*, Etats-Unis)
Sempé/Goscinny, *Les vacances du Petit Nicolas* (France)
Süskind, P., *L'histoire de Monsieur Sommer* (trad. de l'allemand)
Vesaas, T., *Palais de glace* (trad. du norvégien)

1964 Alexander, L., *Chroniques de Prydain* (*Prydain Cycle*, cinq romans parus de 1964 à 1968, Etats-Unis)
Biegel, P., *Le royaume de l'araignée* (trad. du néerlandais)

Dahl, R., *Charlie et la chocolaterie* (*Charlie and the Chocolate Factory*, Grande-Bretagne)
Fitzhugh, L., *Harriet l'espionne* (*Harriet the Spy*, Etats-Unis)
Garfield, L., *Jack Holborn* (Grande-Bretagne)
Linde, G., *Exploits pour une pierre blanche* (trad. du suédois)
Sempé/Goscinny, *Joachim a des ennuis* (France)

1965   Diekmann, M., *Le chirurgien de la flibuste* (trad. du néerlandais)
Garner, A., *Elidor* (Grande-Bretagne)
Southall, I., *Course contre le feu* (*Ash Road*, Australie)

1966   Berger, P., *La Maison rouge* (trad. de l'allemand)
Dahl, R., *Le doigt magique* (*The Magic Finger*, Grande-Bretagne)
Rodari, G., *La tarte volante* (trad. de l'italien)

1967   Bødker, C., *Silas et la jument noire* (Danemark)
Christopher, J., *Les Montagnes Blanches* (*The White Mountains*, premier volume de la trilogie des Tripodes, Etats-Unis)
Dahl, R., *James et la grosse pêche* (*James and the Giant Peach*, Grande-Bretagne)
Dias de Moraes, A., *Trois garçons en Amazonie* (trad. du brésilien)
Garfield, L., *Smith* (*Smith*, Grande-Bretagne)
Garner, A., *The Owl Service* (Grande-Bretagne)
Gripari, P., *La sorcière de la rue Mouffetard et autres contes de la rue Broca* (France)
Hinton, S.E., *The Outsiders* (Etats-Unis)
Hoban, R., *L'automate et son fils* (*The Mouse and His Child*, Grande-Bretagne)
Konigsburg, E.L., *Fugue au Métropolitain* (*From the Mixed-Up Files of Mrs Basil E. Frankweiler*, Etats-Unis)
Peyton, K.M., *Flambards* (premier volume de la trilogie, Grande-Bretagne)

1968   Aiken, J., *The Whispering Mountain* (Grande-Bretagne)
Alexander, L., *The High King* (dernière des Chroniques de Prydain, Etats-Unis)
Byars, B., *Ma renarde de minuit* (*The Midnight Fox*, Etats-Unis)
Cleary, B., *Ramona la peste* (*Ramona the Pest*, Etats-Unis)

Dickinson, P., *The Weathermonger* (Grande-Bretagne)
Garfield, L., *Black Jack* (Grande-Bretagne)
Haützig, E., *La steppe infinie* (*The Endless Steppe*, Etats-Unis)
Le Guin, U., *A Wizard of Earthsea* (premier volume de la trilogie Earthsea books, Etats-Unis)
O'Brien, R.C., *La couronne d'argent* (*The Silver Crown*, Grande-Bretagne)
Wrightson, P., *I Own the Racecourse* (Australie)
Zindel, P., *John et Laura* (*The Pigman*, Etats-Unis)

1969 Biegel, P., *De tuinen van Dorr* (« Les jardins de Dorr », *The Gardens of Dorr,* Pays-Bas)
Dickinson, P., *Heartsease* (*The Changes*, Grande-Bretagne)
Paton Walsh, J., *A deux on est plus fort* (*Fireweed*, Grande-Bretagne)
Sabatier, R., *Les allumettes suédoises* (France)
Vasconcelos, J.M. de, *Mon bel oranger, Histoire d'un petit garçon qui, un jour, découvrit la douleur* (trad. du brésilien)

1970 Blume, J., *Dieu, tu es là ? C'est moi, Margaret* (*Are You there, God ? It's me, Margaret*, Etats-Unis)
Bødker, C., *Sur la piste du léopard* (trad. du danois)
Christopher, J., *The Prince is Waiting* (premier volume d'une trilogie, Etats-Unis)
Dickinson, P., *The Devil's Children* (*The Changes*, Grande-Bretagne)
Lerme-Walter, M., *Les voyageurs sans souci* (France)
Lindgard, J., *Le Douze juillet* (*The Twelfth Day of July*, Irlande)
Schmidt, A.M.G., *Cette mystérieuse Minouche* (trad. du néerlandais)

1971 Argilli, M., *Ciao Andrea* (trad. de l'italien)
Biegel, P., *Le petit capitaine* (trad. du néerlandais)
Christopher, J., *Beyond the Burning Lands* (deuxième volume d'une trilogie, Etats-Unis)
Ciravegna, N., *La rue qui descend vers la mer* (France)
Garfield, L., *L'étrange affaire d'Adelaïde Harris* (*The Strange Affair of Adelaïde Harris*, Grande-Bretagne)

Joffo, J., *Un sac de billes* (France)
Lindgren, A., *Les frères Cœur-de-lion* (trad. du suédois)
Lively, P., *Le fantôme de Thomas Kempe* (*The Ghost of Thomas Kempe*, Grande-Bretagne)
Nöstlinger, Ch., *Hanneton vole* (trad. de l'allemand, Autriche)
Sachs, M., *Du soleil sur la joue* (*A Pocket full of Seeds*, Etats-Unis)

1974 Cormier, R., *Les Chocolats de la discorde* (*The Chocolate War*, Etats-Unis)
Hamilton, V., *M.C. Higgins the Great* (Etats-Unis)
Holman, F., *Le Robinson du métro* (*Slake's Limbo*, Etats-Unis)
Lively, P., *The House in Norham Gardens* (Grande-Bretagne)
Manzi, A., *Le village des fous* (trad. de l'italien)
Pelot, P., *Le hibou sur la porte* (France)
Pelot, P., *Le train ne sifflera pas trois fois* (France)
Vestley, A., *Aurore, la petite fille du bâtiment Z* (trad. du norvégien)

1975 Babbitt, N., *La source enchantée* (*Tuck Everlasting*, Etats-Unis)
Dahl, R., *Danny le champion du monde* (*Danny, The Champion of the World*, Grande-Bretagne)
Bawden, N., *Le petit cochon de poche* (*The Peppermint Pig*, Grande-Bretagne)
Déon, M., *Thomas et l'infini* (France)
Härtling, P., *Oma* (trad. de l'allemand)
Haugen, T., *Les oiseaux de nuit* (trad. du norvégien)
Jones, D. Wynne, *Cart and Cwidder* (Grande-Bretagne)
Lively, P., *Going Back* (Grande-Bretagne)
Nöstlinger, Ch., *Le môme en conserve* (trad. de l'allemand, Autriche)
O'Brien, R.C., *Z comme Zacharie* (*Z for Zachariah*, Grande-Bretagne)
Paterson, K., *Le voleur du Tokaïdo* (*The Master Puppeteer*)
Rhodes, E.H., *Le prince de Central Park* (*The Prince of Central Park*, Etats-unis)
Richler, M., *Qui a peur de Croquemoutard* (*Jacob Two-Two meets the Hooded Fang*, Canada)

Wrightson, P., *The Ice is Coming* (Australie)

1978 Baumann, H., *J'ai bien connu Icare* (trad. de l'allemand)
Bojunga Nunes, L., *La maison de la marraine* (trad. du brésilien)
Byars, B., *The Cartoonist* (Etats-Unis)
Chambers, A., *Breaktime* (Etats-Unis)
Hauger, T. Torstad, *Prisonnier des Vikings* (trad. du norvégien)
Kuijer, G., *La maison au fond du jardin* (trad. du néerlandais)
Le Clezio, J.M.G., *Lullaby* (France)
Needle, J., *Mon ami Chafiq* (*My Mate Chofiq*, Grande-Bretagne)
Oberski, J., *Années d'enfance* (trad. du néerlandais)
Paterson, K., *Gilly et la grosse baleine* (*Great Gilly Hopkins*, Etats-Unis)
Tournier, M., *L'aire du muguet* (France)

1979 Bojunga Nunes, L., *La fille du cirque* (trad. du brésilien)
Bosse, M.J., *Les 79 carrés* (*The 79 squares*, Etats-Unis)
Ende, M., *L'Histoire sans fin* (trad. de l'allemand)
Hartman, E., *Oorlog zonder vrienden* (« La guerre sans amis », *War without Friends*, Pays-Bas)
Haugen, T., *Joakim* (trad. du norvégien)
Jones, T., *L'une est noire, l'autre blanche* (*Go Well, Stay Well*, Afrique du Sud)
Kemal, Y., *Le roi des éléphants et Barbe-Rouge la fourmi* (trad. du turc)
Manzi, A., *Les Insoumis* (trad. de l'italien)

1980 Brandfield, J., *Un chemin en Cornouailles* (*The Fox in the Winter*, Grande-Bretagne)
Buten, H., *Quand j'avais cinq ans, je m'ai tué* (*Burt*, Etats-Unis)
Chambers, A., *Le secret de la grotte* (*Seal Secret*, Grande-Bretagne)
Daele, H.van, *Pitjemoer* (Flandre)
Garfield, L., *John Diamond* (Grande-Bretagne)
Härtling, P., *Ben est amoureux d'Anna* (trad. de l'allemand)
Manzi, A., *Le fou* (trad. de l'italien)
Pef, *La belle lisse poire du prince Motordu* (France)
Reuter, B., *Le Monde de Buster* (trad. du danois)

Schädlich, J., *Le coupeur de mots* (trad. de l'allemand)

1981 Bond, N., *Contre vents et marées* (*The Voyage Begun*, Etats-Unis)
Bosse, J.M., *Ganesh* (Etats-Unis)
Dahl, R., *La potion magique de Georges Bouillon* (*George's Marvellous Medicine*, Grande-Bretagne)
Härtling, P., *Vieux John* (trad. de l'allemand)
Kuijer, G., *Les bonbons sont faits pour être mangés* (trad. du néerlandais)
Lentéric, B., *La nuit des enfants rois* (France)
Lindgren, A., *Ronya, fille de brigands* (trad. du suédois)
Louki, P., *Un papa pas possible* (France)
Magorian, M., *Bonne nuit, Monsieur Tom* (*Good Night, Mister Tom*, Grande-Bretagne)
Malineau, J.H., *La Tue-Mouche* (France)
Mark, J., *Hairs in the Palmof the Hand* (Grande-Bretagne)
Marijn, J., *Vogels voor de kat* (« Des souris pour le chat », Flandre)
Orlev, U., *Une île, rue des Oiseaux* (trad. de l'hébreu)
Siegal, A., *Sur la tête de la chèvre* (*Upon the Head of the Goat*, Etats-Unis)
Voigt, C., *Les enfants, Tillerman, C'est encore loin la maison ?* (*Homecoming*, Etats-Unis)
Vos, I., *Wie niet weg is wordt gezien* (« Si t'es vu, t'es pris », *Hide and Seek*, Pays-Bas)

1982 Camus, W., *Le Faiseur-de-Pluie* (France)
Chambers, A., *Dance on my Grave* (Grande-Bretagne)
Hall, W., *Le dernier des vampires* (*The Last Vampire*, Grande-Bretagne)
Mahy, M., *The Haunting* (Nouvelle-Zélande)
Rodgers, M., *Si j'étais moi* (*Summer Switch*, Etats-Unis)
Towsend, S., *Journal secret d'Adrian Mole, 13 ans 3/4* (*The Secret Diary of Adrian Mole aged 13 3/4*, Grande-Bretagne)

1983 Dubelaar-Balzamont, T., *Jamais deux sans trois* (trad. du néerlandais)
Gutman, Cl., *Toufdepoil* (France)

Horowitz, A., *Les portes du diable* (*The Devil's Door Bell*, Grande-Bretagne)

King-Smith, D., *Le cochon devenu berger* (*The Sheep-Pig*, Grande-Bretagne)

Mebs, G., *L'enfant du dimanche* (trad. de l'allemand)

Pausewang, G., *Les derniers enfants de Swewenborg* (trad. de l'allemand)

Pussey, G., *Fiston et Gros-Papa* (France)

Stéphanie, *Des cornichons au chocolat* (France)

Voigt, C., *Le héron bleu* (*Solitary Blue*, Etats-Unis)

1984 Doherty, B., *Une famille à secrets* (*White Peak Farmer*, Grande-Bretagne)

Dorrestijn, H., *De Wraak van de Spaanse kat* (« La vengeance du chat espagnol », Pays-Bas)

Garrel, N., *Les Princes de l'exil* (France)

Hamilton, V., *A Little Love, A Journey of Discovery can reveal more than You expect*, Etats-Unis)

Howker, J., *Le Blaireau sur la péniche* (*Badger on the Barge and other Stories*, Grande-Bretagne)

Howker, J., *Le secret du jardin* (*The Topiary Garden*, Grande-Bretagne)

McLachlan, P., *Sarah la pas belle* (*Sarah Plain and Tall*, Etats-unis)

Mahy, M., *The Changeover* (Nouvelle-Zélande)

McKinley, R., *Casque de feu* (*The Hero and the Crown*, Etats-Unis)

Noguès, J.C., *Papa fantôme* (France)

Nöstlinger, Ch., *Le lundi tout est différent* (trad. de l'allemand, Autriche)

Pelgrom, E., *L'étrange voyage de Sophie* (trad. du néerlandais)

Pennac, D., *L'œil du loup* (France)

Stark, U., *Les casse-pieds et les fêlés* (trad. du suédois)

Towsend, S., *Les Aventures d'Adrian Mole, 15 ans* (*The Growing Pains of Adrian Mole*, Grande-Bretagne)

1985 Brisou-Pellen, E., *L'étrange chanson de Sveti* (France)
Cormier, R., *Après la guerre des chocolats (Beyond the Chocolate War*, Etats-Unis)
Feng Ji Kai, *Que cent fleurs s'épanouissent* (Chine)
Horowitz, A., *La Nuit du Scorpion (The Night of the Scorpion*, Grande-Bretagne)
King-Smith, D., *Cul-blanc (Saddle-Botton*, Grande-Bretagne)
Leeuwen, J. van, *Deesje* (Pays-Bas)
Mopurgo, M., *Le jour des baleines (Why the Wales came*, Grande-Bretagne)
Morgenstern, S., *Terminale ! Tout le monde descend* (France)
Pludra, B., *Le cœur du pirate* (trad. de l'allemand)
Pohl, P., *Jan, mon ami* (trad. du suédois)
Sleator, W., *Singularité (Singularity*, Etats-Unis)

1986 Aldrige, J., *La véritable histoire de Spit MacPhee (The True Story of Spit MacPhee*, Australie)
Ashley, B., *Pièce à conviction (Running Scared*, Grande-Bretagne)
Bröger, A., *Ma grand-mère et moi* (trad. de l'allemand)
Fleischman, S., *Le souffre-douleur (The Whipping Boy*, Etats-Unis)
Garfield, L., *La Rose de Décembre (The December Rose*, Grande-Bretagne)
Gutman, Cl., *La folle cavale de Toufdepoil* (France)
Härtling, P., *Béquille* (trad. de l'allemand)
Heuck, S., *La guerre de Rébecca* (trad. de l'allemand)
Horowitz, A., *Le Faucon Malté (The Falcon's Maltheser*, Grande-Bretagne)
Horowitz, A., *La Citadelle d'argent (The Silver Citadel*, Grande-Bretagne)
Howker, J., *Isaac Campion* (Grande-Bretagne)
King, S., *Ça (It*, Etats-Unis)
Merino, J.M., *L'or des songes* (trad. de l'espagnol)
Pieterse, P., *Le Jour des Géants* (trad. de l'africaans)
Pussey, G., *Fiston marie Gros-Papa* (France)
Solinas Donghi, B., *Quell'estate al castello* (Italie)
Stark, U., *Laissez danser les ours blancs* (trad. du suédois)
Sutcliff, R., *Au nom du roi (Flame Colored Taffeta*, Grande-Bretagne)

Teixidor, E., *La drôle de valise de Renco* (trad. de l'espagnol)

1987 Anfousse, G., *Les catastrophes de Rosalie* (Québec)
Barbeau, Ph., *L'odeur de la mer* (France)
Creswell, H., *Mondiaal* (Grande-Bretagne)
Dorrestijn, H., *De Spaanse kat speelt dubbele spel* (« Le chat espagnol joue double jeu », Pays-Bas)
Dros, I., *Annetje Lie in het holst van de nacht* (« Annelie au cœur de la nuit », Pays-Bas)
Dunlop, E., *The House on the Hill* (Grande-Bretagne)
Fine, A., *Madame Doubtfire – Quand Papa était femme de ménage* (*Madam Doubtfire*, Grande-Bretagne)
Fox, P., *L'homme du clair de lune* (*The Moonlight Man*, Etats-Unis)
Gordon, S., *En attendant la pluie* (*Waiting for the Rain*, Afrique du Sud)
Gudule, G., *Rosaloche la moche* (écrivain d'origine belge)
Horowitz, A., *L'ennemi public n° 2* (*Public Enemy no 2*, Grande-Bretagne)
Joubert, J., *Les enfants de Noé* (France)
King, S., *Les yeux du dragon* (*The Eyes of the Dragon*, Etats-Unis)
Kordon, K., *Je t'écris de Berlin* (trad. de l'allemand)
Leeuwen, J. van, *Het verhaal van Bobbel die in een bakfiets woonde en rijk wilde worden* (« L'histoire de Bobbel qui habitait dans un cyclohome », Pays-Bas)
McCaughrean, G., *A Little Lower than the Angels* (Grande-Bretagne)
Olaizola, L. de, *Le chasseur de Madrid* (trad. de l'espagnol)
Paulsen, G., *Cours, Tête-de-cuivre* (*The Crossing*, Etats-Unis)
Piumini, R., *La Verluisette* (trad. de l'italien)
Price, S., *The Ghost Drum* (Grande-Bretagne)
Shami, R., *Une poignée d'étoiles* (trad. de l'allemand)
Vieira, A., *Voyage autour de mon nom* (trad. du portugais)
Ya Ding, *Le Sorgho rouge* (Chine, écrit en français)

1988 Dahl, R., *Matilda* (Grande-Bretagne)
Delperdange, *Comme une bombe* (écrivain belge francophone)
Dickinson, P., *Eva* (Grande-Bretagne)

Gordon, S., *Rébecca* (*The Middle of Somewhere*, Afrique du Sud)

Monfils, N., *Les fleurs brûlées* (écrivain belge francophone)

Nozière, J-Cl., *Un été algérien* (France)

Provoost, A., *Mijn tante is een grindewal* (« Ma tante est une baleine pilote », Flandre)

Süskind, P., *L'histoire de Monsieur Sommer* (trad. de l'allemand)

Westhall, R., *Les vagabonds de la côte* (*The Kingdom by the Sea*, Grande-Bretagne)

Wintrebert, J., *Comme un feu de sarments* (France)

1991   Arrou-Vignaud, J-Ph., *Le livre dont je ne suis pas le héros* (France)

Beaude, P-M., *Le muet du roi Salomon* (France)

Daeninckx, D., *A louer sans commission* (France)

Dayre, V., *C'est la vie, Lili* (France)

Desarthe, A., *Je ne t'aime pas, Paulus* (France)

Fox, P., *L'Ile aux singes* (*Monkey Island*, Etats-Unis)

Honacker, M., *La sorcière de midi* (France)

Murail, M-A., *Dinky rouge sang* (France)

Ridley, Ph., *Krindlekrax* (Grande-Bretagne)

Silver, N., *Un doute sur la couleur* (*An Eye for Colour*, Afrique du Sud)

Willard, B., *La saison des moissons* (*The Farmer's Boy*, Grande-Bretagne)

1992   Atxaga, B., *Mémoires d'une vache* (trad. du castillan)

Bawden, N., *Les bonbons magiques* (*Humbug*, Grande-Bretagne)

Cormier, R., *La balle est dans ton camp* (*Tunes for Bears to dance to*, Etats-Unis)

Elman, F., *La double chance de Juliette* (France)

Gutman, Cl., *L'hôtel du retour* (France)

Haugaard, E.Ch., *La mort de M. Ange* (*The Death of M. Angel*, Etats-Unis)

Mahy, M., *Le secret de Winnola* (*Underrunners*, Nouvelle-Zélande)

Pennac, D., *Kamo et moi* (France)

Pennac, D., *L'évasion de Kamo* (France)

Schell, S., *Marie Pouceline of de nicht van de generaal* (« Marie Pouceline ou la nièce du général », Pays-Bas)

Lou, V., *Le Miniaturiste* (France)
Morgenstern, S., *Lettres d'amour de 0 à 10 ans* (France)
Perez, S., *J'aime pas mourir* (France)
Sepulveda, L., *Histoire d'une mouette et du chat qui lui apprit à voler* (trad. de l'espagnol, Chili)
Werneck, L., *Un goût d'étoiles* (écrit en français, écrivain brésilien)

1997 Bowler, T., *River Boy* (Grande-Bretagne)
Brandford, H., *Fire, Bed and Bone* (Grande-Bretagne)
Burko-Falcman, B., *L'enfant caché* (France)
Desarthe, A., *Je manque d'assurance* (France)
Hassan, Y., *Un grand-père tombé du ciel* (France)
Hesse, K., *Out of the Dust* (Etats-Unis)
Hines, D., *Batman Can't Fly* (Grande-Bretagne)
Perez, S., *Comme des adieux* (France)
Rowling, J.K., *Harry Potter à l'école des sorciers* (*Harry Potter and the Philosopher's Stone*, Grande-Bretagne)
Wagneur, A. et Fleutiaux, P., *La maison des voyages* (France)

1998 Cohen-Scali, L., *Danse avec les spectres* (France)
Lehmann, Ch., *La Citadelle des Cauchemars* (France)
Roger, M-S., *A la vie, à la...* (France)
Rowling, J.K., *Harry Potter and the Chamber of Secrets* (Grande-Bretagne)

1999 Pullman, Ph., *His Dark Materials III*, (Grande-Bretagne)

Index général